源于威廉·江恩培训课程的投资技术与智慧

真实而系统阐述江恩商品期货交易的原理与法则

The W. D. Gann Master Commodity Course

Original Commodity Market Trading Course

全球证券投资经典

江恩商品期货核心教程

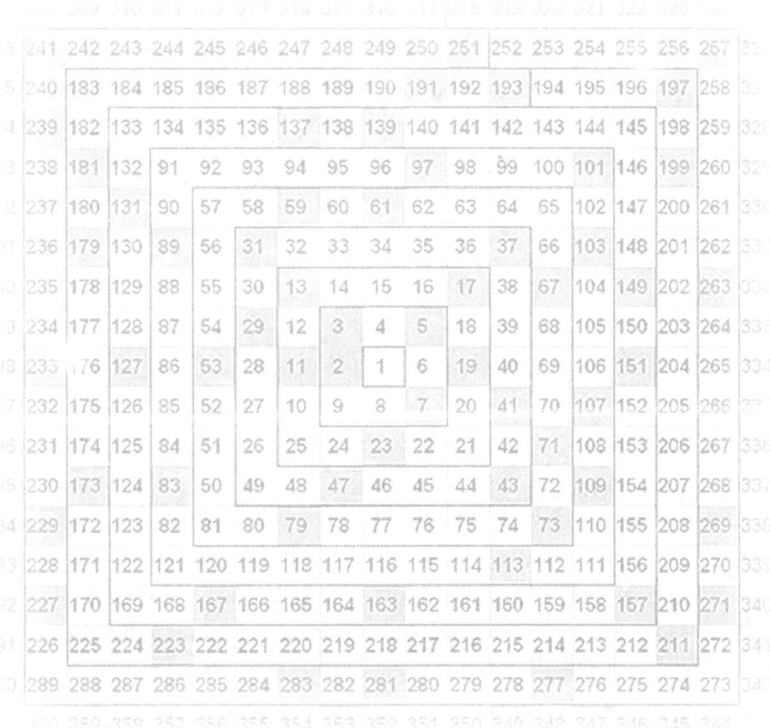

〔美〕威廉・D・江恩／著

向元勇／译

天津社会科学院出版社

图书在版编目(CIP)数据

江恩商品期货核心教程 /（美）江恩著；向元勇译. —天津：天津社会科学院出版社，2014. 11
ISBN 978-7-5563-0091-4

Ⅰ. ①江… Ⅱ. ①江… ②向… Ⅲ. ①期货交易-教材 Ⅳ. ①F830. 9

中国版本图书馆 CIP 数据核字(2014)第 276961 号

出版发行：天津社会科学院出版社
出 版 人：针会兵
地　　址：天津市南开区迎水道 7 号
邮　　编：300191
电话/传真：（022）23360165（总编室）
（022）23075303（发行科）
网　　址：www. tass-tj. org. cn
印　　刷：北京领先印刷有限公司

开　　本：880mm×1230mm　1/16
印　　张：22
印　　数：2000 册
字　　数：435 千字
版　　次：2014 年 12 月第 1 版　2014 年 12 月第 1 次印刷
定　　价：49. 90 元

目　　录

第一篇　谷物期货教程

第二篇　棉花期货教程

第三篇　鸡蛋期货教程

第四篇　主计算图表及相关图表教程

第五篇 主图表教程

第六篇 商品期货其他相关摘要

第一篇

谷物期货教程

Chapter 1
投机是份利润丰厚的职业

第 1 节　谷物期货交易应用操作指南

至 1911 年，我已经在股票和商品期货交易市场获得巨大收获，名气大振，许多普通投资者强烈要求我写一本关于我在证券市场如何操作的书。他们的要求已经在我的第一本出版物——《投机是有利可图的职业》中给予了回答。随着时间的流逝、市场的度幻我的投资经验不断丰富，同时我意识到更多人需要我的帮助，看来我应该写作更多图书帮助那些正努力提升自己期货交易操作水平的投资人。

这本指导教程写于 1954 年 5 月，恰逢我 76 岁生日之时，出书的目的不是为了赚钱，因为我的收入远大于支出，对金钱的追求已不是我最终的目标。我意在总结我 52 年来期货交易市场投资积累的宝贵经验，以便给那些需要帮助的人提供更多期货交易知识和期货操作法则。这本教程实用性强，只要人们认真学习和领悟本书所有规则，就可以开设一个少量资金的账户进行期货交易，并且能获得市场成功操作的体验。

我的亲身经验表明，商品期货交易比股票交易更能赢利，用相同的资金、承担更小的风险，你能博取更大利润。商品期货交易与日常生活中的交易无太多区别。商品价格变化遵循供需规律，而且大多数时间与季节性波动趋势一致。

当你学会这些交易规则并且在实际操作中加以应用时，你必须摒弃对市场的期望、恐惧、臆测，因为这些都是赌性心理，这种心理将会给你的资金带来极大风险。你必须遵循我在实际交易中已经证明的期货交易数学规则。同时你也要亲自验证这些规则在市场过去和未来的效果。当你验证了这些规则并按其进行交易的时候，这意味着你已经开始踏入期货投机的门槛。

如何让投机变得有利可图

如果你想要投身于商业，那么投机或投资无疑是世界上最好的生意！要想获得成功，你必须认真研究并做好充分准备，任何猜测、依赖内幕消息、寄托于希望或心怀恐惧的心理都将导致你的失败。只有在正确的操作规则指导下你方可成功。

基本规则

请你务必牢记这些基本规则。当商品期货行情趋势向上并持续上升时，它将创出更高的底部和更高的顶部；反之，当行情趋势向下并持续下跌时，它将创出更低的顶部和更低的底部。你要知道，价格可能在狭窄的区间盘整数周、数月，甚至数年。但是经过长期盘整后，如果价格跌破前期低点，这预示着行情将会向下创出新低；同理，当价格突破前期高点或历史顶部后，这预示着行情将会向上创出新高。这就是你必须制作一张反映价格行情长期变化的图表以便于观察期货价格处于何种位置和哪个阶段的原因。

制作的图表类型

中国有句古话：一图抵万言，就是说一幅图能形象展示事物多方面的状态。因此你在交易前应该充分制作行情图形和表格，以研究商品期货价格的变化。制作的图表应该能反应年、月、周高低点的价格变化。如果你能找到更久远的数据，这对预测效果更好。对于以年为单位的高低点图表，你应该追溯到 5、10、20 年甚至更早的数据；对于以月为单位的图表，应该追溯至少 10 年的数据；对于以周为单位的图表，应该追溯 2、3 年的数据。当期货市场行情活跃时，你需要采集每天的高低点数据，并连续记载几个月。当期货价格行情发生巨大突变后，需要每天记录并制作图表。

紧跟主要趋势

只要跟随主要趋势的波动方向进行操作，你就能在期货市场中获利丰厚。请记住：只要趋势向上，不要因为价格太高而不敢买入；反之，只要趋势向下，也不要因为价格太低而不敢卖出。绝不因为价格高或你认为它已经涨太高了而卖空，也不能因为价格高而获利了结。买卖交易中要抛弃对市场的期望、恐惧或臆测，必须依据明确的规则来操作。同时不能因为价格太低而买进，通常有足够的理由会证明市场价格为什么会如此低，并且行情可能创出新低。

买卖规则

在应用这些规则前你首先要设置“止损指令”来保护资金的安全。当你进行交易时，你可能会犯错，或者市场趋势已经改变，这时候你所设定的“止损指令”将保护你的资金安全，并将你的损失限定在一定限度内。一次或多次小损失容易通过一次大的赢利赚回来，但是一次大损失要想挽回则是多么困难。

牢记经过验证的正确方法

《圣经》中提到的一句话值得我们珍视——检视身边万事万物，并迅即抓住善的事物。通常人们相信市场创新高后买进或创新低后卖出的操作方法是错误的，然而这种方法获利丰厚，前提是你必须有充足理由证明这种高买低卖的方法是紧跟市场趋势的，并且这种方法的获利机会比基于臆测、希望和恐惧来买卖大得多。

持续上涨

大量事实证明，期货市场行情在经过一轮持续、快速而活跃的上涨后将会出现一轮快速下跌，或者在短期内出现比上涨速度更快的下跌。因此，你必须在快速的行情变化中制作周、日图表，这样你就能在最短时间内确定行情变化趋势并随机而动。

短期暴跌

通常市场行情出现一波持续上涨后紧随的是快速下跌，这种变化行情可能持续一个月到七周时间，之后出现超买行为以调整行情，这样就奠定了第二波上涨的基础。

如果你能够抓住任何一个大周期循环结束时行情将要变化的拐点，那么在快速而活跃的市场中，你可以在一年和一个月交易中能获取巨额利润。选择商品期货作为投资对象来赚钱的机会无处不在，一旦抓住行情顶部拐点与底部拐点都能让你获利丰厚。

以低风险赢得高利润

只要你在交易前应用所有规则，在行情上涨或下跌趋势变化明朗后建仓，同时用“止损指令”进行保护，那么你就能以较小的风险获得最大利润。

抛弃固有思维

永远不要固执认为市场的价格一定会上升到多高或下降到多低。绝原因在于你可能在满怀希望或心怀恐惧下交易，从而不能跟随市场趋势，也就不能应用这些规则判断市场趋势的改变。不要在你毫无根据认定的价格上买入或卖出。

学会锁定你的盈利

用“止损指令”锁定盈利非常重要，在你获得利润后，这些利润就成为你的资本，所以必须要像保护本金一样用“止损指令”保护你的既得盈利。最可怕的是你盈利后期贸然进行逆势操作而造成亏损。“止损指令”能保护你的利润，及时止损可以保护你的本金，以便你有机会再次进场。记住，当你清仓离场时，你唯一的损失只是失去或错过机会。

在我 52 年市场操作中，亲眼目睹很多人由于市场趋势转变而仓位依然不变而导致破产。有些人在行情启动初期由于小有斩获而放弃继续追随保持清仓离场，这可能犯了大错从而失去大赚机会。如果你能设定“止损指令”将会让你在行情发生不利变化时自动离场。

把握交易时机

进场太早或出场太晚都会导致你出现亏损或错失良机。当市场出现明确的趋势变化或你明白市场趋势已经改变时，你就要把握机会。当发现市场出现明确的趋势改变信号时立即进行买卖。遵循我所写的《如何在商品期货交易中获利》一书中的所有规则。我的那本《如何在商品期货交易中获利》中的不少规则在这本教程没有提到结合所有规则，你将能把握更多机会，由此获得更多成功。

期望和恐惧心理的危害

我之所以反复提到这些规则，因为我看到不少人在期望与恐惧中交易而导致破产。如果你期望市场按你的意愿上涨或下跌，那么你的操作不会获得成功。当你对市场涨跌怀有恐惧心理而进行交易时也不会获得成功。对市场不切实际的幻想和毫无依据的期望，将会毁灭你。“对市场的敬畏是智慧的开始”，经常保持对市场怀有一颗敬畏之心，那么在你犯错时就能及时采取行动而避免失败。深入研究市场行情运行的本质，这将帮助你获得成功；充分研究市场过去的走势，也能帮助你把握市场未来的趋势。

顺应市场趋势

你要明白你不能左右市场变化方向，你应该顺应市场、跟随趋势。一些成功的商业人士习惯于对别人发号施令并强行让别人执行他们的指令，一旦这些人进入期货市场，尤其是初次进入市场时，他们常常希望市场遵循他们的指令或按照他们的愿望运行。他们必须认识到市场趋势是不可能按照他们意愿运行的，他们必须应用市场规则来跟随趋势并且通过设置止损指令来保护本金和利润。犯一些小错误以及蒙受一点亏损是没有害处的，这些少量的亏损相当于是一个成功投机者成长途中所缴纳的学费。如果你计划让投机成为你的谋利职业，你必须学会所有的规则并应用这些规则来判断市场趋势。专业人士，比如律师、医生、会计师以及工程师都会耗费多年时间进行专业训练以及花费大量金钱去学习职业成功技能。所以你必须花费时间和金钱去学习专业知识从而变成一个成功的投机者或投资人。

短时间内获利技巧

多数人希望快速赚钱，这就是他们亏损的内因。他们在没有做好基本准备，或者没有经过期货知识专业培训的情况下就进行投机或投资，从而没有期货操作知识指导，其结果就是犯下严重错误并造成亏损。只要你拥有了期货市场操作相关知识并且做好了准备，那么你可以在最短的时间内赚到大钱。因此你必须学会并遵从我总结的且已经被很多事实证明过的规则，这样当你面临快速上涨或快速下跌的市场行情时，就能短时间内赚到大钱。

不要试图主导市场或操控市场。遵从由市场主力操控的市场趋势，你将会随市场主力获利而赚钱。在市场主力准备快速拉升价格时买入，在快速打压价格时卖出，这样你就能在短期内获利。当市场趋势明确时才交易，并且要根据明确的规则进行交易。

认真研究 1953 年以及 1954 年的大豆期货行情图表和我给予的案例，并且使用我建议的方法设置“止损指令”，这样利润唾手可得。

1954 年 3 月 8 日到 1954 年 5 月 27 日，大豆期货从 343½涨到 422，在 50 个自然日，即 35 个交易日内就有 78½美分/蒲式耳的利润，如果购买 10000 蒲式耳将获得 7800 美元的收益。假如你在 1953 年 8 月最低点 1.05 美元/蒲式耳处开始买进大豆期货，这时正是期货牛市后期，行情创出新高后卖出从而在短时间内获得较大利润。这不是臆测而是遵从规则，当市场主力买进的时候，你也要顺应趋势而买进这样就能获得利润。

参考我在 5 月黑麦期货的交易案例，你将会看到在短期内行情从一个相对高点急跌到一个相对低点的空头中我是怎样赚取丰厚利润的。

市场中交易者赔多赚少的原因

我在书中已经反复阐述在期货市场的失败不是市场击败你，而是由于人性的弱点导致你亏损。普通人通常都想在低点买进而在高点卖出。比如农场主想要高价卖出他的农产品而低价购买它所需要的原料；工薪阶层总是想拿高工资而享受低消费。这些都违背了经济规律的基本原理。要想投机成功，你不能期望低买高卖而必须寻找通往利润的路径。当你的市场操作与那些期望赢利而失败的人规则相反时，你才能赚钱。

当你掌握高买低卖操作方法后你将会从期货市场中盈利。因此你必须要学会跟随行情趋势变化，只要市场趋势向上就不要担心价格太高而不敢买进，同样只要市场趋势向下也不要担心价格太低而不敢卖出。

同一时期一个期货品种上涨而另一个下跌

1953～1954 年 5 月大豆期货与 5 月黑麦期货比较

1946 年 5 月 7 日，5 月黑麦期货上涨到历史最高点 286½。许多人可能记得这个高价，他们在随后价格下跌中一路买进而不是卖出。为什么要买进呢？因为 5 月黑麦期货在达到 286½高价后下跌，看起来价格便宜了 2 美元，所以他们买进。价格到达 150 时看起来仍然便宜，于是他们继续买进，但是这时趋势已经开始向下并且价格到达更低水平。由于市场趋势向下，导致供大于求或者卖出数量大于买进数量，于是价格跌破 125 后继续下移。

5 月大豆期货从 1947 年 10 月的 334 涨到 1948 年的 436¾，然后趋势开始反转向下，在不到一个月的时间里，5 月大豆期货跌至 320½，之后三个月价格又攀升至 425。这样的大幅度波动是市场多空博弈的结果。多数人因为不能及时发现牛市行情而晚进场，等到价格下跌 1 美元/蒲式耳时，他们感到后悔莫及，于是他们又开始卖出，而此时价格却又开始回升，结果可想而知。

1953 年 8 月 20 日，5 月大豆期货下降至 239。1953 年 4 月上升至 309。当 5 月大豆期货达到 270 的时候，多数人认为价格太高而决定卖空。而明智的人知道此时行情趋势向上，他们选择买入。1953 年 12 月当 5 月大豆期货攀升至 1953 年 4 月的历史高点 311 时，大部分人认为价格已经足够高了，由于从 8 月到现在经历了 4 个月，大豆期货上涨了 70 美分/蒲式耳，因此他们开始卖空，并期望在低点买入。

1953 年 12 月 17 日 5 月大豆期货跌至 295¾并创出底部，然后又上升至 310，1953 年 12 月行情都在顶部盘整。大部分人认为价格已经见顶而卖空，少数明智的人按照我的规则继续买入，因为市场趋势一直是向上的。

1954 年 4 月 27 日 5 月大豆期货价格到达 422，在 8 个月零 7 天的时间里，上涨了 1.82 美元/蒲式耳，这是有史以来最大的涨幅，也是最大的波幅。

许多散户甚至拥有百万美元资产的大户纷纷抛出手上的期货合约，当5月大豆期货突破4美元/蒲式耳时，他们又惊惶失措不计代价的反手买进他们卖空出去的期货合约，并期望价格上涨到5美元/蒲式耳。为什么会出现此种现象呢？究其原因在于社会流传大豆供给短缺的信息，这使人们陷入了恐慌的购买狂潮中。

4月26日、5月和7月大豆期货合约触及涨停板，一天内上涨达到10美分/蒲式耳。据报纸媒体报道，当天期货市场无量涨停。卖空者在市场下跌了50~70美分/蒲式耳的时候开始胆战心惊地买入，他们期盼价格会升高。

这一现象说明空头已失去希望，进而变成绝望以至于他们开始空头回补或买入。4月27日，5月大豆期货以422开盘，收于411，比26日无量涨停时价格低。当天，7月大豆期货以415开盘，收于405，比前一日无量涨停时低了4美分。行情已经发生变化。从240开始上涨就买入的明智买家现在变成了卖家；他的在上升趋势中随价格升高买进，此时开始反向操作，在价格下降中不断卖出。

4月30日价格有所反弹，但是没有到达4月27日的高位。5月3日，真正的卖方市场出现，导致价格下跌了10美分/蒲式耳，5月期货合约以400⅝价格跌停收盘，7月合约以398⅛的跌停收盘，一天跌了10美分。为何价格如此暴跌呢？这是因为明智的交易者在4月20日价格创出新低的时候卖出，并且他们在价格一路走低的时候持续卖出，而此时那些期望低买高卖的投资者在价格一路走跌的情况下买入导致亏损。当大豆期货跌至350美分、250美分甚至在2美元以下时，期货看上去很廉价，这时候那些投机者想起1954年4月27日的422和415高点，他们认为此时价格处于低位，于是大量买入，企盼价格可以上涨到从前的高位。或许行情会出现他们期望的结果，但几率很小。结果他们损失了大量资金，而那些跟随下降趋势卖空的人是在新低卖出从而获得了丰厚的利润。

赚取利润的方法就是要顺应市场趋势变化，而不是企盼市场顺应你的意愿。应用我的《如何在商品期货交易中获利》一书中的所有法则，跟随市场的主要趋势，在趋势向下的时候，无论价格多低都要卖出，在趋势向上的时候，无论价格多高也要坚持买入。这样你才能使投机成为有利可图的职业，你才能获利而不是亏损。

第2节　商品期货交易规则

规则1：行情创新高或者到达前期顶部时买入。

规则 2：当价格上涨至历史低点水平上方时买入。

规则 3：当价格下跌到前期顶部或高点水平下方时卖出。

规则 4：在价格创新低时卖出。

作为一般规则，应该等待价格上涨到至少超过前期高点 2 美分买入才比较安全，更重要的是在买入之前要等待收盘价超过前期收盘价。同样，等待价格下跌到至少低于前期价格 0.5 美分时卖出才比较安全，重要的是在卖出之前等待收盘价低于前期收盘价才算更加安全。

规则 5：收盘价。

当市场行情处于非常活跃并且快速变化的时候，等收盘价在日、周图表上显示高于前期高位或低于前期低位时才进行买卖。利用日高低点图表和收盘价超过前期高位或低于前期低位的点就显得非常重要。天内价格可能快速拉升，但是在临近收盘时价格可能会下降几美分，从而收盘价比上一交易日更低。同时如果价格出现一个急剧下挫，价格可能会运行到前一天低位的下面，但是却收在上一交易日高点附近。因此在日、周、月高低点图表中收盘价是非常重要的。在图表中价格超过历史的高点或跌破历史低点的时间越长，趋势向上或向下发生变化的可能性越大。记住这条规则，当价格上涨到一个新高位时，通常要回调到前期历史高点，这就是一个安全买点；当价格跌破历史低点时，通常要反弹到前期历史低点，这是一个安全卖点。当然无论何种情况都要用“止损指令”进行保护。

规则 6：设置止损指令。

当你进行交易时，无论何时都必须要用“止损指令”保护你的本金和利润安全。

规则 7：必需的资金量。

重要的是要清楚知道你的本金数量，以便确认你能在任何一次交易上承担的风险，切记不要亏损你的本金。当你进行一次交易时，所冒的风险永远不能超过本金的 10%。如果你已经有一到两次的损失，就相应减少交易量。

对于黑麦和大豆期货的交易，你应该至少能有 1500 美元来交易 5000 蒲式耳。假如在每次交易中你冒亏损 3 美分/蒲式耳的风险，那么只有连续 10 次亏损才会损失掉本金。理论上可能会连续亏损，但是只要你运用规则，损失全部本金则几无可能。对于大豆期货的交易，特别是在较高的价位，你应该至少有 3000 美元资金以便能交易 5000 蒲式耳，因为必须要有冒损失 5 美分/蒲式耳的风险，但是利润却比交易其他品种大很多。

你应该首先尝试以 500 美元的资金开始 1000 蒲式耳或 2000 蒲式耳的小量交易，在操作中要遵循规则，并选择亏损不超过 3 美分/蒲式耳的品种，这样多数时候你的损失风险不超过 1 美分/蒲式耳。此方法同样适用于小麦、玉米和猪油期货品种。

燕麦期货的行情波动幅度比较小，仅需要黑麦或小麦期货交易的一半资本金即可。

规则 8：买卖规则。

当价格下跌至前期最高点的 50% 时买入，同时在低于前期底部 3 美分处设置“止损指令”。另一个最值得买入点是最高点和最低点的中点处。例如，黑麦期货的历史最高价是 286½，286½的 50% 就是 143½，当市场价格跌破 143½超过 3 美分时，市场行情处于一个非常弱势的地位。黑麦期货最低价格是 30 美分/蒲式耳；最高与最低即 286½和 30 之间的中点价位就是 158¼。现货交易的黑麦历史最高价格是 335，它的 50% 就是 167½。我们曾经列举过这样的情况：当黑麦或其他农产品期货跌破 167½、158¼、143½时将会出现什么行情走势。

卖出价位

当价格在远低于高低点中点价位处上涨并首次触及该中位点时，这是一个卖出点或做空点，同时要在不超过该中位点价位 3 美分处设置止损点。例如，五月黑麦期货首次上升并触及 143½，如果日图表显示它正形成顶部，则这是一个短期卖出价位，止损点设置在 146½处。下一个卖出点位是 158¼，即 30 和 286½的中位价 158¼。当五月黑麦期货价格上升到此价位时，你应该观察此时的阻力位并做空，在 161½处设置止损点。此后下一个卖出价位是167½，即 335 的 50% 。再下一个点是 30 与 335½的中位价 182½，该价位是最强的阻力位，也是最重要的卖出点，你可以在 185½处设置止损点。

在你开始交易前确定你已经掌握所有的操作规则并遵循它们，同时设置一个“止损指令”来保护资金安全。

确定止损点

你必须在盘整价格低点以下设置止损点，包括在日图表中的低点下面。在周及月图表中止损位置必须设定在高于前期的顶部或者低于前期的底部。将止损点设定在日图表或周图表中低于收盘价的位置比较安全，这样触及的可能性较小，因为这是根据趋势的变化而设立止损点的，只要顺应趋势，止损点就不会被触及。将止损点设置在日图表或周图表收盘价位上方比将止损点设置在日图表底部下端或顶部上端触及的次数多一些。在某种程度上市场行情中的价格盘整或行情反转就是因为市场买卖者的这些止损方式形成的。确定在何处设置止损点是非常重要的。对于市场价格低于 1 美元/蒲式耳的谷物期货设置规则为：把低于底部价格 1 美分特别是低于收盘价 1 美分或是高于收盘价 1 美分处设置为止损点是比较安全且能减少触及次数。当谷物期货价格从 1 美元/蒲式耳上升到 2 美元/蒲式耳时，止损点应该设置在至少高于高点 2 美分或低于低点 2 美分，或者高于收盘价 2 美分或低于收盘价 2 美分处。

当市场价格从 2 美元攀升至 3 美元时，此时至少应该在高点以上或者低点以下 3 美分处设置止损点。

当市场价格从 3 美元/蒲式耳上升到 4 美元/蒲式耳时，在此高价位，价格快速并大幅波动，为了资金安全，止损点必须设置得更远些，止损点至少要选择在离高低位 4 ~5 美分/蒲式耳处。当市场趋势改变时，只要你的资金处于安全状态且止损点未被触及，在哪里设置止损点没有任何区别。在高价区的后期，价格从 3.5 美元/蒲式耳上涨到 4 美元/蒲式耳情况极少发生，止损点可以设置在低于日收盘价 1 ~2 美分处或高于日收盘价 1 ~2 美分处。当价格处于高位时，你必须根据日高低点图表来判断市场趋势变化的迹象，然后通过周高低点图表来确认趋势的变化。

当商品期货在高位卖出时，遵从我的《如何在商品期货交易中获利》一书中的所有规则，如果你已经研读了我的高级预测教程，那么你可以在短期内应用大周期循环规则。

学海无涯勤为路，持续研究并学习新知识，这样在未来一定能给你带来更多财富。

交易前的准备

检查所有价格的记录，包括整个期间每年每月每周每日的记录。这些记录包含了最近数周或数年内的一些历史高点，或一些历史低位价格及相应的时间。然后计算在你进行交易前和交易后所能承受的风险，并设置止损指令保护资金可能面临的风险。

周高低点图表

周高低点图表是一个非常重要的市场趋势指示。当价格上涨连续超过数周的高点或低点，或者下跌连续超过数周的低点时，这是一个重要指示，它预示着市场行情发生了重大改变并将会持续数周。

月高低点图表

当价格上涨超过几个月来的高位或下跌低于几个月份中的低位时，则意味市场趋势已经出现重大改变并将持续数月。

年高低点图表

当价格上涨超过数年来的高位时或下跌低于数年来的低位时，毫无疑问可以确定这是一波长期大行情持续运行的信号，或者在一个短期内至少有更大的上涨或下跌，当历史高点被突破或者历史底部被击穿时，通常观察到价格将返回到历史高点或低点。在历史高点被突破或者历史底部被击穿后，预期市场价格将再上升到历史高点以上或者下跌到历史低点以下。

研究年高低点图表你将发现行情涨跌的依据。记住，当行情被超越的时间越长，后市越可能上涨或下跌。

我们运用3000美元的资金，将上述规则用于黑麦期货的交易并以此来证明这些规则的可靠性。首先，在做5月黑麦期货交易前必须知道关于黑麦期货的历史运行状况。

1951年7月23日，黑麦期货价格跌至169，即在离高点50%价位相距1.5美分处站稳，说明多方力量增强，是不错的买点，因为行情在8月20日的最低价169价位上有两个支撑。我们在169价位买入10000蒲式耳，并且在165½处设置止损点或在高点50%价位下2美分处设置止损点。

行情随后开始上涨，9月20日，由于此时价格超过两个顶部或者高点，所以我们在价格181处再次买入10000蒲式耳。1951年11月因为该价格我们在价格210处买入10000蒲式耳，超过了1951年4月3日的历史顶部。1951年12月10日以及12日出现高于218的两个高点即221½和221。由于我们已经分别在169、181、210价格处各买入了10手，那么在价格219卖出所有的黑麦期货获得94美分/蒲式耳或者说9400美元的利润。现在我们锁定3000美元的本金，用余下的利润继续交易。

1951年12月12日，我们以218价格卖出20000蒲式耳，并将止损点设置在223½处。

1952 年 1 月，我们以 204 价格卖出 20000 蒲式耳，并将止损点下移到 208。2 月 5 日、11 日、27 日以及 3 月 4 日的市场价格分别为 194、192½、193. 5 和 193。此时我们在价格 195 处空头平仓并回补 40000 蒲式耳合约，这些交易利润合计是 8200 美元。加上前次利润总计 17600 美元。

1952 年 3 月，价格到达 211，这是一个更低顶部，于是我们以价格 207 卖空 40000 蒲式耳合约。

5 月 1 日价格跌至 193，与 3 月 4 日的低位相同。我们以 194 价格空头回补，赚取 13 美分/蒲式耳，合计 5200 美元利润。加上以前 17600 美元利润共计 22800 美元。由于 5 月 20 日期货合约将到期，于是我们停止交易。虽然在 7 月、9 月、11 月可继续进行交易，但是我们必须等到 1953 年 5 月黑麦期货合约进入交易市场并且趋势明朗时才开始行动。

1952 年 7 月 23 日市场价格达到 218½，低于历史高位 221½。7 月 19 日下跌到 207，8 月 14 日上升到 219，这是仅低于 1951 年高位的第二高价。我们以价格 218 卖空 5000 蒲式耳，并将止损点设在 222½处。行情趋势向下移动，8 月 18 日、19 日、29 日以及 9 月 20 日市场价格从 196½跌至 195½，与 1952 年 5 月行情相同。我们知道，由于季节性的趋势变化，通常 8 月下旬和 9 月上旬价格比较低。我们在价格 197 处平掉 50000 蒲式耳合约空头，并在 197 价位买入 50000 蒲式耳合约，同时将止损点设置在 194 处。11 月 13 日价格达到 213¾，但是比 8 月 14 日的顶部低，此时我们必须等到一个明确趋势信号出现时才卖出。11 月 24 日、28 日出现低点价位 204，于是我们将止损点提高到 203，这时已经触及止损点，于是我们以价格 203 平仓 5000 蒲式耳，并卖空 5000 蒲式耳，这样便赚取了 263000 美元利润。再次以价格 203 卖空 5000 蒲式耳，将止损位提高到 209。

12 月市场行情跌破了历史低点 195，我们以价格 193 卖出 25000 蒲式耳，同时在 196 处为 75000 蒲式耳合约设置止损位，1953 年 1 月价格跌破 1952 年 7 月的低位，并创下新低 190。我们以 188 的价格卖空 25000 蒲式耳，并在 193 处为 100000 蒲式耳合约设置止损点。

1953 年 1 月 12 日市场价格跌至 180，1 月 15 上升到 187，此时将 100000 蒲式耳合约的止损点降低到 189½。

2 月 13 日价格降至 171，3 月 3 日上升到 182½，这时将止损点降至 186。

3 月，市场价格向下跌破 171。当价格击穿 1927 年 7 月 21 日的低点 169 时，我们以价格 166 卖出 25000 蒲式耳合约，此时价格已经击穿 335½的 50%，即 167¼，随着大势走低，这时市场行情非常微弱。

3 月 3 日价格高点达到 182½，将止损点设置到 186。

3 月下旬价格跌破低点 171。当价格跌破 1951 年 7 月 21 日的低点 169，并击穿 335½的

50%，即167¾时，我们以价格166再次卖出25000蒲式耳，此时下跌行情已经非常的疲弱。

5月11日价格低点是154。由于5月期货合约即将在5月20日到期交割，我们在价格156平掉空头125000蒲式耳。目前我们已经累计利润69550美元可用来继续交易。现在就可以操作100000蒲式耳了，这将获得70美分/蒲式耳的利润。如果亏损3美分/蒲式耳，100000蒲式耳的损失为3000美元，假如连续10次亏损，我们仍然有一半以上的本金可以操作，这样就很安全。

我们将等待1954年5月黑麦期货上市后，观察其行情表现，以决定如何操作。

1953年7月6日，5月黑麦期货合约以新低价格153开盘。7月7日上涨到156，此后当它跌穿153时，我们以152价格卖出100000蒲式耳，止损点设置在157处。随后行情暴跌，于是我们以价格140卖出25000蒲式耳，原因在于它比286½的50%即143¼低3.5美分，该价格也是1946年5月7日以来的高位。我们等待价格跌至此价位3美分以下再操作，在短期走强以前，此价位是市场处于非常疲软状态的分界线。

1953年7月28日市场价格低点为133½，8月6日价格高点达到140¾；我们将125000蒲式耳合约的止损点设在145处，此后行情继续下跌并且跌破低点133½。于是我们以131½的价格卖出25000蒲式耳，并将止损位设置在142½处。

8月13日价格低点为121，8月17日价格高点为135½，将止损位下移至137。8月28日、9月15日、9月23日价格低点分别为116½、114½、115。我们知道，由于季节性影响，价格低点常常出现在8、9月份，并且趋势也经常在此期间发生反转，因此我们将短期止损点设置在121处。目前账户共有资金127500美元可以动用，于是以价格121买入100000蒲式耳合约，止损点设置在114处。

11月2日价格高点为134，11月17日和11月30日价格低点为133.5美分，我们将止损点设置在120.5处。12月14日出现底部高点133½，于是我们将止损点设置在129处。价格触及止损点后，我们以129卖出100000蒲式耳，获利8.5美分/蒲式耳，此时我们共有135500美元的资金。我们以价格129卖空100000蒲式耳，并将止损点设置在136处。

12月23日价格低点为120。

1954年1月3日和14日价格低点分别为120½和121¾，比底部价格稍高。我们以124的价格买入100000蒲式耳，获利5美分/蒲式耳，总资金变成140500美元。再次以124价格买入100000蒲式耳。

1954年1月22日至27日的价格高点为128，比前期顶部稍低。于是将止损点设置到124处。如果止损点被触发时我们损失的仅仅是佣金。接着我们以价格124卖空100000蒲式耳，止损点设置在125处。3月29日价格低点为101½，4月2日价格高点为110½，此时我们将止损点下移到 112½。4 月 19 日价格高点为 108¾，再次将止损点下移至 110¾。市场行情不断走低，4 月 30 日价格低点为 93½，我们继续保持空头仓位，并将止损点设置在 104½处或高于 3 月 29 日的价格低点 3 美分处。假如我们在价格 96 处平掉空头头寸，这将本金在 33 个月内由 3000 美元变成 173700 美元。假如资金缩水 50%，仍然有 86850 美元。这就是你不用臆测、期望，仅使用前面提到的规则就能以较小的风险获得巨大利润的证明。

以上操作证明：只要你跟随市场涨跌趋势，不管价格运行多低，你都能通过卖空获得巨额利润，不管价格运行多高你都能通过做多获得巨额利润。这里有人会问：为什么大多数人在期货市场交易中不能赚钱？答案就是因为人性的弱点。他们在希望、恐惧中交易，明白价格应该低买高卖，在实际操作中却没有按照规则的指示来交易；你一定要明白赚钱的总是市场的主力，不管价格多高或多低，他们都能通过买卖赢利。已故华尔街传奇投机家杰西·利弗莫尔以这种方式曾经在市场中赚了约 1500 万美元。像克劳福德这样有胆量敢在下跌趋势中进行大胆交易的人能够赚大钱。但是普通人常常心怀恐惧、希望而没有胆量进行交易，这使得他们不仅仅错过赚大钱机会，而且亏损累累。如果你渴望成功，你就必须遵守规则，并在亲自验证这些规则后，大胆地应用这些规则，那么赢利就在眼前。

大豆期货高低点记录

参见五月大豆期货图表 1-1。

1936 年 10 月 5 日，5 月大豆期货上市交易，开盘价为 120，此后价格一直上涨，到 1937 年 1 月达到 164。

1938 年 10 月价格低点为 69；1937 年 7 月 27 日价格低点达到 67。这是 5 月大豆期货开盘以来的最低点。

1940 年 8 月价格低点为 69。此后市场价格一直上涨，到 1941 年 9 月 14 日到达高点 202。10 月 19 日价格低点为 154½。

1942 年 1 月价格高点为 203，仅仅超过 1941 年 9 月价格高点 1 美分。12 月价格低点为 166。

1943 年 1 月价格高点为 186。这时政府相应主管部门停止了大豆期货交易，直至 1947 年 10 月重新恢复交易。1947 年 10 月 5 日，大豆期货从 334 开始上涨到 405，超过了 1920 年 2 月以来的所有价格顶部，因此你要在 334 或 336 价位买入，因为此时价格行情处于新高水

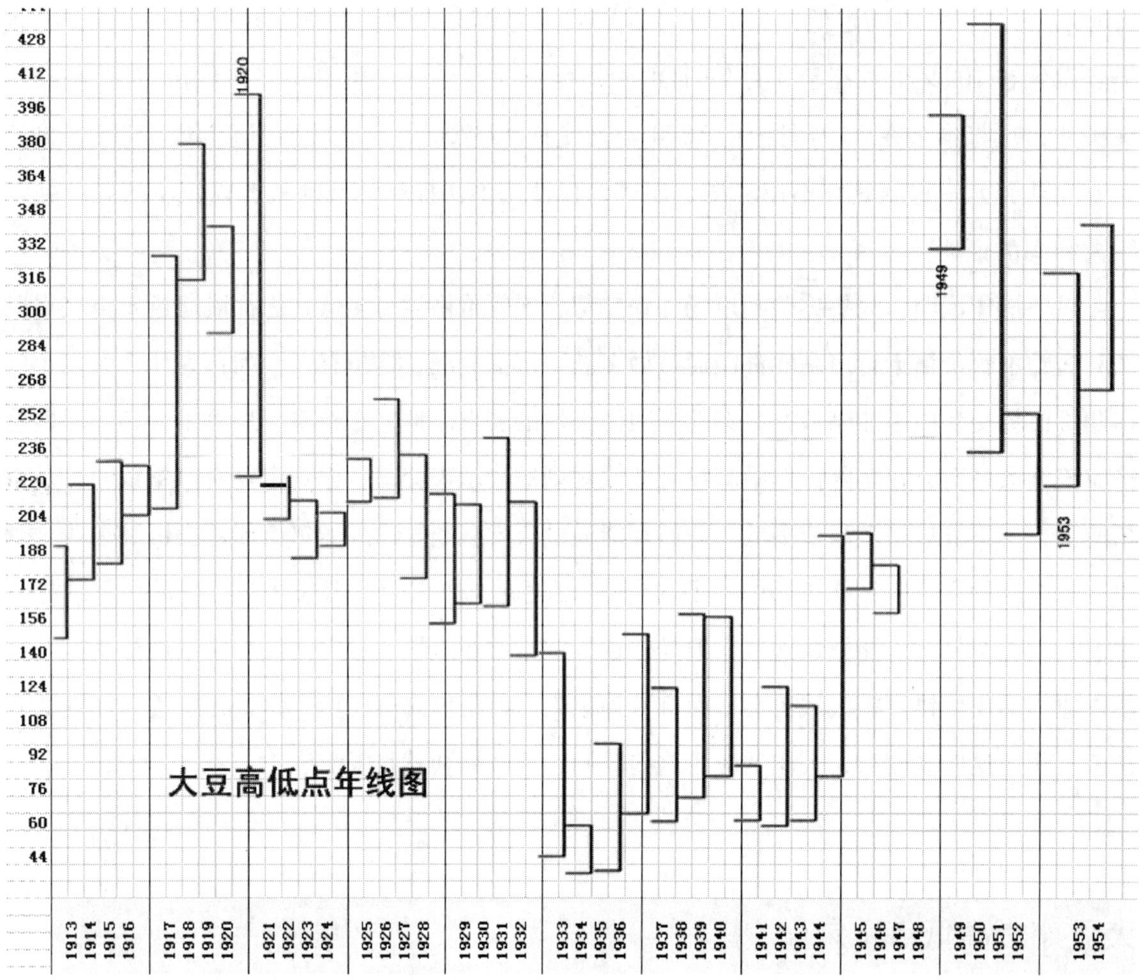

图 1–1

平，一旦买入就坚决持有，直到市场行情发出明确的卖出信号为止。

1948 年 1 月 15 日价格高点为 436¾，这是历史上的最高价格。此时你必须制作一张日高低点图表和一张周高低点图表，以便能获知市场趋势何时将改变、确定在何处设置止损点，以及在何处实施平多做空。市场指标显示，1948 年 1 月 19 日你要做空。此后市场大幅下跌至 1948 年 2 月 9 日，5 月大豆期货到达低点 320½，这时日图表再次显示，你应该空头回补。1948 年 5 月价格上涨到 425。1948 年 10 月市场价格以 249 开盘，并下跌到 239，这是 1932 年 12 月价格低点 44 与极限高点 436.75 的中点，因此将止损点设置在 236 处。

1948 年 11 月价格高点为 276¾。日和周高低点图表显示这是卖出价位和平多做空时机。接着行情出现一波快速下跌导致做多账户出现大量的清算。

1949 年 2 月 14 日价格低点为 201.5 美分，与 1941 年的价格低位持平，由于它恰好高于 2 美分/蒲式耳，使之成为一个买入位。

1950 年 5 月价格高点为 323½。1950 年 6 月 25 日朝鲜战争爆发，由此引发商品价格飙升，因此，我们将可以获得大量买入机会。随后商品期货开始大幅上涨，到 1950 年 7 月，大多数合约价格超过 280。

1950 年 10 月 16 日，5 月大豆期货价格低点为 232½，接着价格行情快速上涨。

1951 年 2 月 8 日价格高点为 344½。在这个时期政府将 5 月大豆期货以及其他合约的价格设置了上限 333。此后 11 月，大豆期货从 334 的价格高点下跌到 7 月份的 262。

1951 年 6 月，将于 1952 年交割的 5 月大豆期货开盘价为 287。

1951 年 7 月 9 日价格低点为 268¾。在 10 月价格突破前期三个月顶部，价格区间达到 281～283。由于价格再创新高，所以这时根据操作规则你要再次买入。

1952 年，在 3 月、4 月和 5 月初价格到达低点 282。由于这 3 个月价格都处在相同的低点水平，应买入。

1952 年 5 月价格高点为 314，与 1951 年 12 月价格高点相同，这是一个卖出价位。

1952 年 8 月，新合约的价格低点是 291，8 月末到达高点 314¾，三个顶部处于同一水平上。这时应该卖出并将止损点设置在 317 处。

1952 年 10 月价格低点为 298。

1952 年 12 月价格高点为 311，这是个更低的顶部，是一个卖出价位。

1953 年 2 月价格低点为 282，与 1952 年 3 月、4 月和 5 月价格低点 284 相差幅度小于 3 美分，此时应买入并将止损点设置在 279 处。

1953 年 4 月价格高点为 309，比 1952 年 12 月的顶部低，应该卖出。

1953 年，5 月期货合约下跌到 292。

第 3 节　5 月大豆期货历史最大涨幅

这里所说的最大涨幅是指从期货价格从低点水平到高点水平的最大上涨幅度。

5 月大豆期货的买入过程

我们以 3000 美元的资本金进行交易，同时根据上述所有规则进行操作。1953 年 8 月 20

日 5 月大豆期货价格低点为 239½。

我们以价格 240 买入 10000 蒲式耳，首次承受本金的 10%（300 美元）的风险，将止损点设置在 240 之下 3 美分即 237 处。为什么在这个价位买入呢？因为此时价格与 1948 年 10 月的低点相同，另外这是依据已经证明的数学规则计算出。1932 年价格低点为 44，1948 年价格高点为436¾，其 50% 为 240⅜，这是一个可以用止损点保护的买入价位。

1954 年 5 月价格以 256 开盘，上涨至 259¾，然后下跌到 239½。

1953 年 9 月 2 日价格高点为 263，当天收盘于 259。我们根据现有的信息推断价格将走得更高，但是根据收盘价格规则，在收盘价格未超过合约自上市以来的历史价格 260 之前，我们不能买进。9 月 16 日，价格低点为 248¾。我们把在价格 240 买入头寸的止损点提高 10 个点到246¾。10 月 10 日，5 月大豆期货收盘价为 261。现在以价格 261 买入至少 10 手合约，并将止损点提高 10 个点到 255 或到本周的价格低点下面 1 美分处。

在一周上涨中，10 月 31 日收盘价为 282，高于 1953 年 2 月的历史价格低点 280。这是价格即将走高的迹象，意味着我们有赚取巨大利润的机会，因此在价格 282 买入 5000 蒲式耳，同时将止损点提升到 275。查阅交易记录，留意新高与历史高点，这样我们将发现何时会出现阻力位。我们找到 314¾、313½、311，以及 309 高点。这些高点出现在 1952 年和 1953 年，根据规则，我们预测在这些价位水平附近行情将出现回调。

1953 年 12 月 2 日，价格高点为 311¼，与 1952 年 12 月高点一致。此时以价格 310 卖出 25000 蒲式耳，这样我们可以使用赚取的 12300 美元利润和 3000 美元的本金，即总共 153000 美元的资本来运作。我们以价格 311 卖出 25000 蒲式耳，并将止损点设置设在 316。虽然我们知道行情趋势是上升的，但根据规则我们预期在这些历史高点附近将出现回调。随后价格快速下跌到 12 月 17 日的价格低点 295¾，这是 1953 年 3 月、4 月和 5 月的价格低点。我们以价格 297 平掉 25000 蒲式耳的头寸，此时赚了 13 美分/蒲式耳的利润，这样使得操作资金增加到 18800 美元。在这个价位我们能支付每蒲式耳 30% 的保证金来交易，或者为 10000 蒲式耳支付 3000 美元，也可以为 25000 蒲式耳支付 7500 美元。这样的交易显得保守。

我们以价格 297 买入 25000 蒲式耳，将止损点设置在 293。价格从 12 月 17 日的低点开始上升并创出更高底部和更高的顶部，表明市场行情趋势向上。

我们遵循收盘价规则，即当收盘价格高于过去数月或数年的历史顶部时，预示价格将继续走高。

1954 年 1 月 19 日，价格高点为 315½，收盘价 314½，并未超过所有历史高点。此时我们等待收盘价达到 316½时才可买入。

1月22日，收盘价为317。我们以价格317再次买入25000蒲式耳。

2月22日，价格低点为309¼，已经下跌到1953年的最后行情顶部。此时我们将止损点设置在307处。

从前期记录中我们推测下一个历史顶部是1951年2月的344¼，这是下一个要留意的价格。

2月24日和25日，价格高点分别为340½和342。价格历史顶部是344½，这是价格走高的起点，前三天的低点价格是335½，只要价格未超过344½，我们就将止损点设置在333½处。

3月4日，价格高点是359¾，收盘价359。3月5日，价格低点是349；3月8日，价格低点是343½，这是一个历史顶部水平和买入位置。我们以345买入15000蒲式耳，并将止损点提升到341处。

3月19日，价格突破3月4日的高点359½，表明后市价格会更高。3月19日我们以361买入15000蒲式耳。3月25日，价格高点是371。4月1日，价格低点是354½，这是比3月11日和16日更高的底部。这时将所有的5月大豆期货止损点提升到352。4月9日，价格创出新高并以375收盘，表明后市价格继续走高。

4月13日价格高点为382½，4月14日价格低点是376½。此时将止损点提升到373。4月15日价格高点为388，收盘价387¼。我们以387再次买入10000蒲式耳。

4月20日价格高点为402，收盘价396。我们知道当收盘价超过4.00美元时表明市场价格继续走高。我们也知道1948年5月最后的价格高点是425，可以预测5月大豆期货将到达历史顶部附近，但现在是锁定利润的时候了，因此不能继续买入。

4月27日价格高点为407½，收盘价402，低于行情顶部但超过4美元，预示价格将继续走高。

4月23日价格低点是398¼，收盘价403½。现在将所有做多止损点提高到395。

4月27日价格高点是422，与1948年5月的高点425相差3美分。当天价格从239½涨到422，价格波动182½，这是历史上最大的波幅。

4月27日，市场价格从高点422迅速下跌，并在当天以最低价411收盘。现在我们将止损点设置在低点下5美分处，即406处。

4月28日价格低点为406½，离止损点相距0.5美分。4月28日、29日和30日，价格高点分别为414½、415½和416¾。当价格在4月30日到达316¾时，由于这些价格开始创出更低的顶部，所以我们必须通过提高止损点来保护积累的利润。因此将止损点提高到411¾或者这天顶部价格下面5美分处。

4月30日，当天市场交易后期，5月大豆期货下跌到410¼，触发止损点。我们以价格411清空所有多单。经统计在8个月内赚取了926000美元的总利润，由此显示：在10天里我们以本金3000美元进行交易的风险极低而赢利丰厚。

以上操作毫无疑问地证明：如果你遵循规则并且用止损指令保护，你不会因为价格太高而不敢买入。当极端行情发生时，拥有胆量和专业知识并遵循规则的人才能赚取利润。在这些行情运行过程中，我们并未猜测应该在哪里买入或在哪里卖出。由于价格接近行情尾声或时间到达交割期，我们将不能再在这个合约上继续交易，而只是让市场显示它本身的变化，同时我们在规则指导下买入，并用明确的指示设定止损点，更遵循规则在极限高点价位卖出。大豆期货的巨大涨幅不是特例。其他商品期货，如咖啡、可可粉、棉花、棉籽油、猪油、黑麦、小麦、玉米也同样能如此。如果你仅学会规则，那么当市场行情运行在这些极端水平时，不用试图猜测顶部在何处，只要简单地跟随市场趋势并移动止损点则可，在买入时候不要顾虑价格太高而不敢买入，只要如上操作，你肯定可以赚钱。

第4节　其他谷物期货行情

5月玉米期货

在图1-2中你将发现，5月玉米期货图表上包括所有自1925年1月到最近的主要行情波动记录。如同我们操作大豆期货和小麦期货一样，仔细研究这些行情图表，并应用所有规则。

你要从1925年1月价格从137开始下跌的位置留意这张图表。在图表上行情不断创出更低顶部和更低底部，到1926年创出围绕价格67和69的两个底部，成为买入价位。当价格上升且超过另一顶部97时，你便可以加仓买入。1927年8月价格高点是122，这是一个卖出价位。之后价格下跌，并在1928年创出稍高的底部后反弹上涨到1928年5月。随后行情在价格80以下创出三个底部。1928年~1929年，行情形成围绕价格110和112的顶部。

1930年7月，行情到达最后价格高点，比较历史顶部，这是做空的点位，当价格跌穿低点77和78时，要坚决卖出。当价格跌穿1926的价格低点67时，继续卖出。下跌行情持续，到达1932年5月的价格低点28美分/蒲式耳，期间创出了更低底部和更低顶部。此后

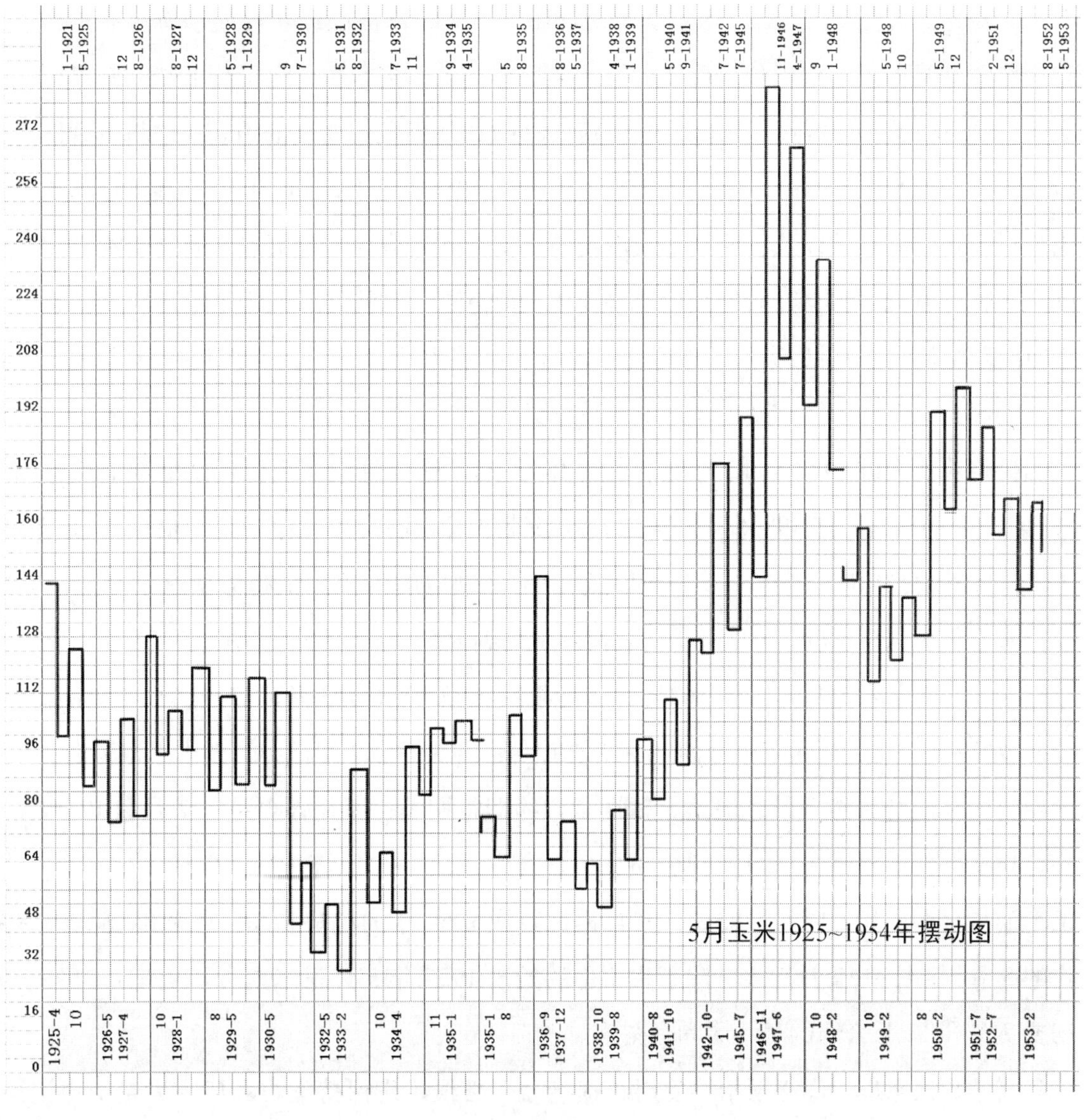

图 1-2

反弹到 41，在 1933 年 2 月出现最后的价格低点 24 美分/蒲式耳。1933 年 3 月，罗斯福总统就职后交易所重新开张，所有商品期货和股票出现大涨，价格很快突破所有顶部，从图表你可以看到有一个快速上涨图形，此时应该买入。1933 年 7 月，5 月玉米期货价格高点达到 80.5 美分/蒲式耳，低于历史低点价格，这是卖出信号。

1934 年 4 月，价格低点为 40 美分/蒲式耳，高于前期底部且处于另外一个底部。在这个价位水平主要趋势再次反转向上，并上涨到 1935 年 5 月。接下来一期货合约在 1935 年 9 月创出最低 56 美分/蒲式耳。当它突破次级顶部并创出更高水平时，你继续在高价位买入。此时你能看到主趋势继续震荡向上且未突破震荡底部，随着行情变化，价格最后突破 1937 年 5 月的高点，并在 1947 年 4 月上涨到 187½，1947 年 6 月回调到 142，然后恢复上涨。当价格突破高点 173 和 187½时，你应该继续买入。此后伴随小幅回调的一波快速上涨行情，1947 年 9 月价格达到高点 288。对于 5 月玉米期货而言，这时价格已经超过前期所有高点，你要等待周图表和日图表上出现趋势反转向下迹象后再行动。接着主趋势持续下跌，创出更低底部和更低顶部，到 1949 年 2 月价格到达最后低点 110。回顾查看你的图表，你将发现历史顶部位于 112 和 108 处，因此，当 5 月玉米期货在 1949 年 2 月下跌到 110 时，基于这里价位曾经出现过行情急剧下跌以及长期利率被取消的历史，此处成为一个买点。通过观察日图表和周图表，你将看见它们将在何处显示趋势变化。留意这个时间之后的两个更高底部，特别是在 1950 年 2 月出现的最后底部，即低点 124 处。在这里你应该买入，而且在价格突破 1949 年 5 月的高点 137 时，你应该在新高水平继续买入。

当价格再次突破 1948 年 12 月价格高点 152½时，你要继续买入。行情继续上涨，到达 1951 年 12 月的最后高点 198½。你要在 2 美元/蒲式耳左右卖出，由于此价格仅高过历史底部 192 且比其他任何底部更低一些，因此这是平多做空的价位。主趋势从这个高点反转向下，空头仓位应保持不变。5 月玉米期货持续下跌到 1953 年 9 月并创出低点 138。

行情在 1953 年 12 月上涨到 162½，未能再次突破 1953 年 3 月的高点，你要再次做空。行情恢复跌势，并在 1954 年 4 月创出 148 的低点后出现一个小幅反弹。至本书截稿时，5 月玉米期货的主趋势依然下跌，但是 5 月期货合约即将期满，因此你要遵守 7 月和 12 月合约的趋势指示，新玉米要在 12 月交割，故 12 月合约是最好的趋势指标。因此，你要准备 12 月玉米期货合约的日、周和月图表，并且遵循其在 1954 年的趋势指示。你始终要制作玉米期货的 5 月、7 月和 12 月图表。除了我给你的始于 1925 年 5 月玉米期货历史记录以外，你还需要 7 月和 12 月合约的日、周和月图表。

我在此再次重申：你必须始终使用止损指令，必须始终保持学习和研究大量历史记录，这样你就能像成功操作玉米期货一样在其他任何期货品种上取得成功。

5 月玉米期货在 1925 ~ 1954 年的震荡运行

1928 年和 1929 年的价格最低点约 76 美分/蒲式耳，在这价位附近出现三个低点。当这些低点水平被击穿时，应该卖空，特别是当行情击穿 65 美分/蒲式耳时，你要继续卖出。在 1933 年 2 月出现最后的低点 24。早在 1860 年、1893 年和 1896 年 5 月玉米的低点就在 20 美分/蒲式耳。因此当价格出现在这些低价水平时，这是长期投资买入点。在图表上你能看到主趋势从 2 月的最低点开始持续上涨，到 1933 年 7 月价格涨至 83 美分/蒲式耳时，恰好位于一系列历史底部上方。由于这是一波快速上涨，因此是卖出信号。然后行情下跌到 1934 年 4 月，并创出两个与历史底部相同价位水平的底部，成为买入位。此后价格上涨，到 1935 年达到 95 美分/蒲式耳。1935 年 8 月低点到达 56 美分/蒲式耳，这是买入价位，当价格穿过 60 时加仓买入，行情在价位 96 附近的系列历史顶部波动中保持仓位稳定。当行情穿过 97 时，继续加仓买入。

1937 年 5 月高点 139，在日、周高低点图表上显示这是卖出价位。之后主趋势下跌并创出更低底部和更低顶部，1939 年 8 月价格达到与 1934 年 4 月的低点大致相同的低价位 42 美分/蒲式耳，形成一个买入价位。此后行情出现更高底部和更高顶部。你应该每次在主趋势穿过历史顶部时买入，特别是在穿过历史顶部 142 时重仓买入。行情持续上涨，到 1947 年 9 月达到高点 288。日图表和周图表显示这是快速下跌的一个顶部。下跌行情持续创出更低顶部和更低底部，并恐慌性下跌到 1949 年 2 月，5 月玉米期货卖出价为 110。回顾 1928 年和 1929 年行情，你将发现价格形成围绕 112 和 110 的系列顶部，使之成为买入价位。之后主趋势反转向上并创出更高底部。当价格穿过 135 时，你要继续买入，当价格穿过 150 时，你要加仓买入。上涨行情持续到 1951 年 12 月达到高点 198。回顾过去行情，玉米期货价格一直低于 2 美元，即使在牛市中，总会出现回调。然而，此时主趋势向下，价格持续下跌到 1953 年 9 月并创出 137 的低点。1953 年 12 月出现与 1953 年 3 月相同的 162 高点，形成一个卖出价位。

1954 年 3 月价格下跌到 148 美分/蒲式耳，一直到当前行情都在窄幅盘整。然而在主趋势下跌中，你要制作 12 月玉米期货的日图表和周图表并研究行情走向，只要行情处于下跌趋势，就要坚决做空。

将运用在玉米期货交易上的所有规则应用到其他商品期货交易上，你同样会获得成功。大多数时候玉米期货行情的波动幅度非常大，当其活跃时，获取利润的机会更多。

黑麦期货在 1932 ~ 1954 年的盘整

参考图 1-3。大多数时候，进行黑麦期货交易是有利可图的，记录显示在获取利润方面它仅比小麦期货少。透过图表你能明白行情底部和顶部如何形成，当价格下跌到一个新低水平时你应该买进，当价格突破一个新高水平时则卖出。注意 1938 年到 1945 年当低点价格围绕 42 美分/蒲式耳和 40 美分/蒲式耳价位波动并形成一系列底部时，这是一个可以确定的投资买入位。1941 年 2 月当最后的低点到达 41 时，价格开始上涨，当价格穿过 54 时你要加仓

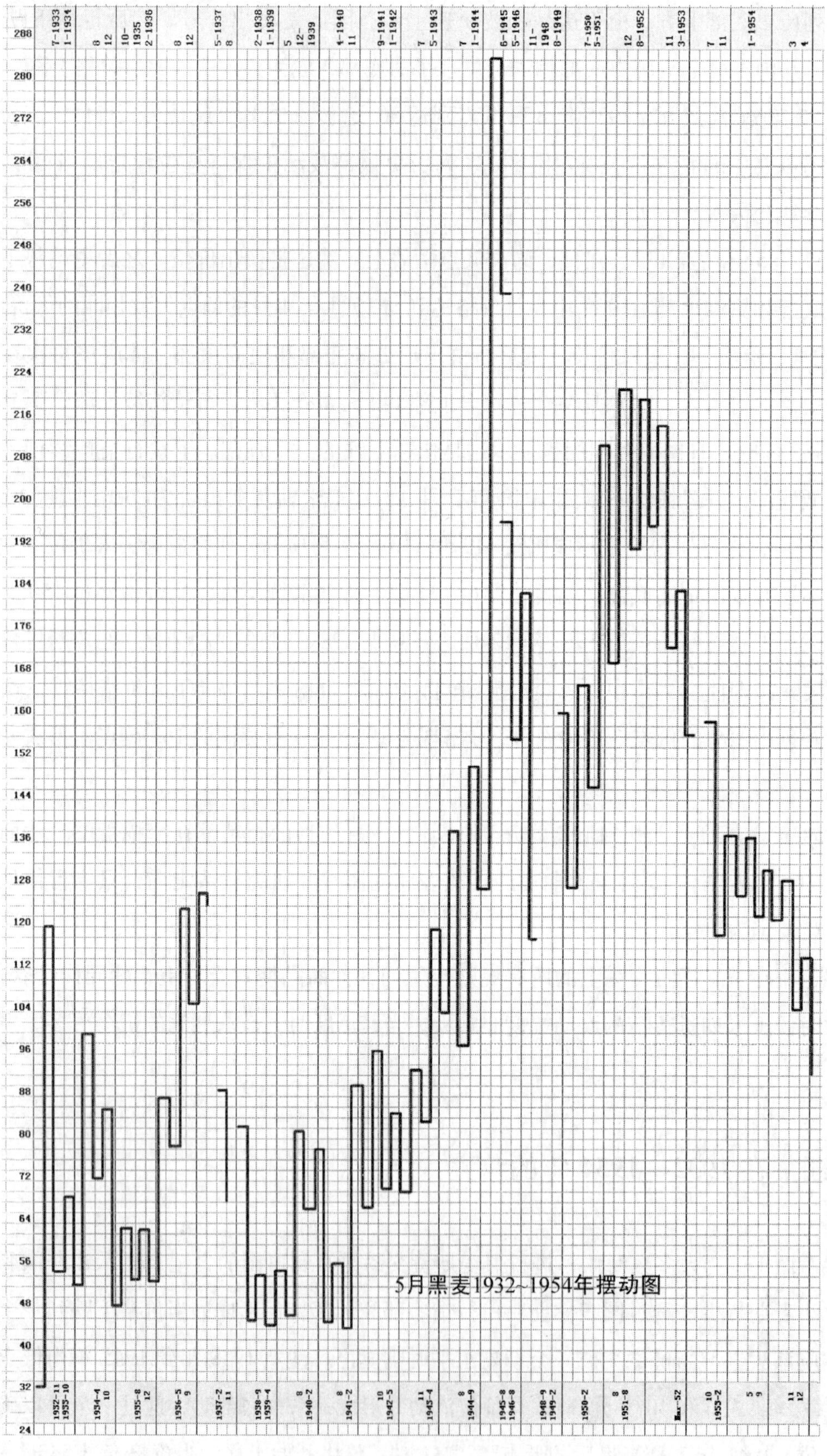

图 1-3

买入。行情持续上涨并在 1942 年 1 月到达高点 93；趋势从这价位临时掉头向下，并跌到 1942 年 5 月和 11 月，低点分别为 68 和 66，形成相对于 1941 年 10 月而言更高的底部，也是很好的买入价位。当价格行情穿过 81 后，你要继续买入，之后价格回调到 1943 年 4 月水平并穿越 90；当价格穿过 95 时候继续买入，当价格穿过 1933 年、1936 年和 1937 年的高点时，预示后期价格继续走高，要加仓买入。最后的低点出现在 1944 年 9 月的 94。此后出现一波快速上涨的行情并穿过 1944 年的高点，这是加仓价位，当穿过 152 要继续加仓。行情快速上涨到 1946 年 5 月 7 日的高点 286½，这是历史上的最高价格。根据你记载的日高低点图表和这个高点指标，表明这个是卖出并做空价位。随后行情开始快速下跌。

1948 年 7 月，下个期货合约以 196 开盘，价格远低于其他期货合约交割价位，这时你要做空。主趋势持续下跌，并创出更低顶部和更低底部，到 1949 年 2 月到达低点 115。相对于 1943 年 7 月的历史高位来说，这是一个买入价位。行情从这一水平位快速上涨，并创出更高底部和更高顶部。当价格穿越 160 时，加仓买入；当穿越 165 时，继续买入。

1951 年 5 月，高点 210½。期货合约即将到期交割，应该停止交易。

1951 年 8 月，低点 168。日图表显示行情为上升趋势，此时应买入。

1951 年 12 月，高点 221½。日高低点图表显示这是个卖出水平，你要做空。

1952 年 3 月，低点 190。指标显示这是行情底部，继续买入。

1952 年 8 月，高点 219。这是更低的顶部，你要卖出。

1952 年 10 月，低点 193。这是更高的底部，你要买入。

1952 年 11 月，最后的高点是 214，这是第三个较低的顶部和卖出价位；应向下持续做空。当价格击穿 193 时，你要卖出；当击穿 190 时，继续卖出；在短暂的回调后，期货合约在 1953 年 5 月到期并收于 153。新期货合约在 1953 年 7 月开盘于 156，一旦下跌到历史底部 152，你应做空。

1953 年 9 月 15 日，低点 115，与 1949 年 2 月低点相同，形成买入价位。11 月 2 日价格涨到 134，此后价格回调并于 11 月 17 日结束，在 12 月 14 日再次上涨到 134，创出双重顶部并成为卖出价位。之后价格持续下跌，并创出更低的底部和更低的顶部。当价格跌穿 118 时，卖出。当价格跌穿 1949 年和 1953 年的最低点 115 时，要继续卖出。下跌持续到 1954 年 5 月，此时 5 月期货合约交易价格为 88¾，7 月期货合约跌到 91½，12 月期货合约跌到 1 美元。当价格降低到多年来的最低点水平时，将会出现暴跌并导致大量账户清算。

写到这里时，黑麦期货价格已经太低，理应出现一个反弹。你要注意到，在 5 月价格低点已经下跌到 1943 年 3 月围绕 84 到 90 区间形成的系列历史顶部价位。但是在 1954 年和 1955 年对于期货交易者来说，应该持有 7 月和 12 月期货合约，在 1955 年，5 月期货合约开盘交易之后，制作日和周高低点图表，这样就能确定黑麦期货的行情趋势，并能通过交易获取巨额利润。

遵循《投机是有利可图的职业》这一册子中的所有规则，同时要仔细阅读我那本《如何从商品期货交易中获利》中有关黑麦期货的全部规则。只要你认真研究、操作，并用止损单指令来保护，同时只根据确定的指标来交易，你就能在黑麦期货交易中赚取可观的利润。

5 月大豆期货以 10 美分或更大幅度震荡运行（1950. 10. 16 ~ 1954. 5）

参考图 1-4。此图表显示，从 1950 年 10 月 16 日开始行情剧烈震荡，其原因在于朝鲜战争爆发后，大豆期货经过大幅上涨之后，从 8 月开始急剧下跌并形成低点。从图表你可以看到，1950 年 10 月 16 日价格从 232½的低点迅速涨到 1951 年 2 月 8 日的高点 344¼，那时政府将大豆价格限定在 333。我已经在图表上用“B”（买入）和“S”（卖出）分别标记了买入位和卖出位。

1951 年当政府将大豆价格限定在 333 时，通过 11 月大豆期货图表，你可以看到这是一个顶部，你可以做空 11 月期货合约。

1951 年 7 月 9 日，5 月大豆期货下跌到 268¾，主趋势再次反转并上涨到 1951 年 12 月 10 日的高点 314。

1952 年 2 月 27 日和 4 月 21 日，低点分别为 381 和 328，图形显示这是一个买入价位，此后价格到达 1952 年 5 月 21 日的 311。相对于 1951 年 12 月顶部来说，这是卖出价位，不过 5 月期货合约已经到期交割，你必须等待 1952 年 7 月 24 日以 291 开盘的新合约。此后趋势反转向上，并涨至 314。8 月 14 日价格下跌到 306；8 月 26 日形成双重顶；9 月 3 日价格达到 314，这是卖出价位，将止损位设在 316。主趋势持续下跌到 1953 年 2 月 13 日的低点 280，与 1952 年 4 月的低点近似，这是买入价位。此后价格迅速上涨到 4 月 16 日的高点 309，这是最后一个高点，接着期货合约下跌到 296½并到期交割。

1953 年 7 月 25 日新合约以 256 开盘并上涨到 259½。当价格跌穿 256 时做空，因为 256 低于前期所有的底部，预示未来价格走低。价格持续下跌到 8 月 20 日的低点 239½，如周和日图表显示的那样形成买入价位。价格在 9 月 3 日上涨到 263，然后回调到 9 月 16 日的 248¾。你将注意到我在这图表上一直用“B”（买入）标记价位，因为更高的底部和更高的顶部显示主趋势一直向上。

1954 年 1 月 22 日，高点 317½。超过 314，311 和 309 这些所有的顶部价位，这是价格

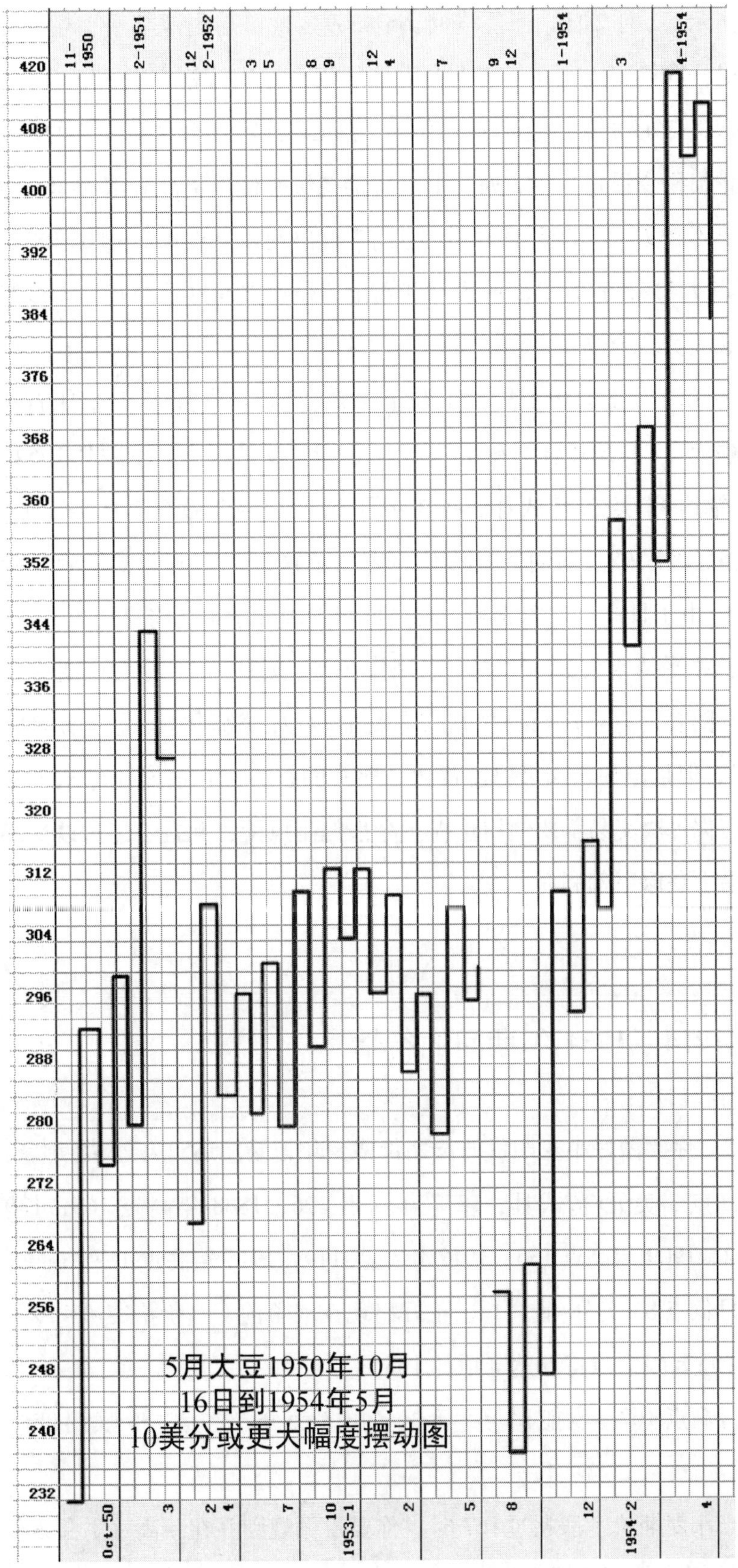

图 1-4

将走高的明确指示。2月2日，当价格回调到309¼这一历史顶部水平位时，你该买入。当价格突破317时，继续买入，在行情上升中持续买入。当价格突破345时，也要买入。3月4日，高点359¾，3月8日，低点343½，恰好回调到1951年2月8日的历史顶部，这是买入价位，并将止损指令设定在342处。上涨行情持续并创出更高底部和更高顶部，在行情每次创新高时都要不断买入，直到1954年4月27日出现极高点422。4月28日，低点406½；4月29日，高点417½，这是更低的顶部和卖出价位；然而这是个行情走弱的标识，当价格跌破406时，形成卖出价位。

1954年5月12日，5月大豆期货下跌至372，这是从4月27日以来首次出现50美分/蒲式耳的下跌幅度。7月期货合约在4月27日创出415的高点后下跌到1954年5月12日的低点368⅛，跌幅达47美分/蒲式耳。我在4月30日以412做空7月期货大豆，并在400½卖出；由于价格已经跌破了前期低点价位，表明了这是一个明确的下降趋势。应在396和390½再次卖出，由于日高低点图表和小时高低点图表显示市场将见底反弹1~2天，在5月12日以370的价格平掉空头头寸。你应当制作5月、7月和11月大豆期货合约的日高低点图表和周高低点图表，只要你根据规则交易就能赚取巨额利润。大豆期货真的是“百万富翁的制造工厂”，但是记住，如果你违背大豆期货的趋势，它也能让你从一个百万富翁迅速破产。因此，当你每次交易都要使用止损指令来控制风险，并且不能过度交易，这样你就能在大豆期货交易上获取巨额利润。

小麦期货在1914~1954年期间的行情

参考图1-5。你要做好小麦期货的长期价格变化记录。1852年小麦期货低点28美分/蒲式耳；1867年高点3美元/蒲式耳；1877年高点176；1888年高点165；1898年高点185，1905年高点122，1909年高点135；1912年高点119，1915年高点167。

1914年6月低点84美分/蒲式耳，正好出现在战争前。当价格突破119和122时，你要买入并预测下一重要阻力点将到达老顶部165。

1915年9月高点167。没能比165价格多出3美分，这是一个卖出价位，止损点设在168处。

1916年，当小麦期货上涨超过167时，你要遵循规则并在新高水平买入。然后查看下一个历史高点185。当它也被穿越时，在新高价位继续买入，因为自1898年创出的185这个历史顶部以来已经很长时间了，在如此长的时间，可以预期到价格还会上涨得更高，尤其是处

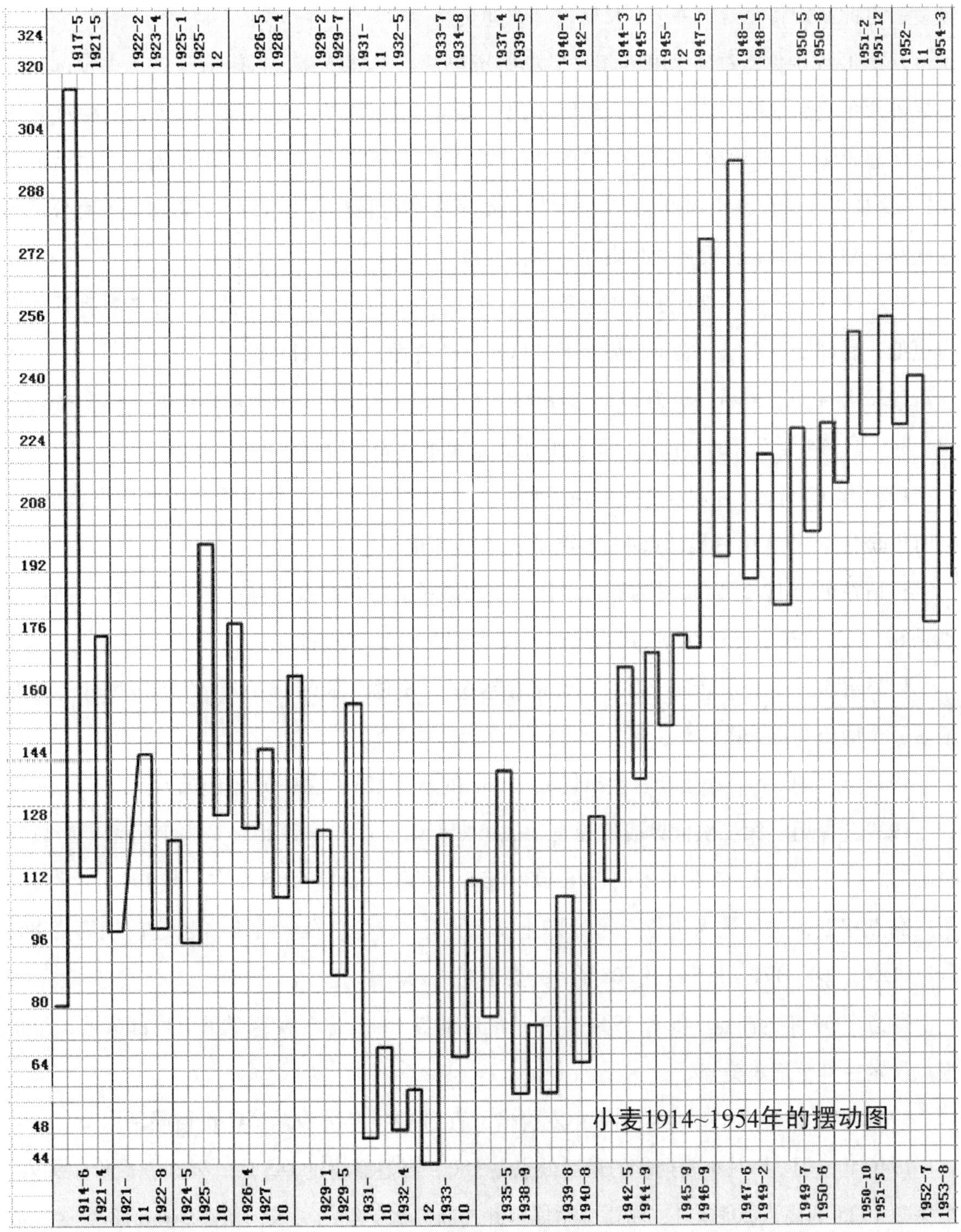

图 1–5

于这样一个战争环境的市场中。

下一个历史高点是 3 美元/蒲式耳，这是自 1867 年以来的极限高点。当这个高点被突破时，因为没有其他高点作为参照，接下来的一个高点必定成为趋势转换位。

1917 年 5 月 11 日，5 月期货合约高点 325。此时政府停止期货市场交易，直到 1920 才恢复。自此我们将会给出关于 5 月期货合约的交易指示。

从图 1-5 中你能看到，1920 年之后哪些历史低点将被跌穿，当价格跌破历史顶部和历史底部水平之后显示主趋势向下，继续卖出。参考小麦期货从 1914 年～1954 年行情变化图表。注意 1921 年到 1924 年的 105、104 和 101 的这些低点；在 1924 年 3 月创出的最后低点 101，这是买入价位，止损点设定在 99 处。接下来的行情顶部是 127、150 和 181 美分；当这些高点被突破时，你要遵循规则并在新高价位买入。

1925 年 1 月，高点 205⅞；从这个高点开始趋势反转向下，通过图表，你能看到顶部变得更低，底部变得更低，表明趋势向下。这时你要遵循全部规则并做空。

1928 年 4 月，最后高点为 171。当价格 116、112、93 和 84 分别被击穿时，你要持续卖出。84 是 1914 年 6 月的最低点，价格低于这个水平则表明后市会出现更低走势。

1932 年 12 月，5 月期货合约的最后低点是 43⅜。这也是 5 月期货合约的历史最低点，同时也是自 1895 年 1 月最低点 49 美分/蒲式耳以来的最低点。

行情在创出 1932 年 12 月的低点后你要找出最后的历史高点并且留意它们。这些高点分别是 62、73、130、135、150、164、171、181、185 以及 205⅞。

1933 年当主趋势反转向上时，在价格穿越 62、73 时，你要买入，并留意 1929 年 2 月的最后一个历史高点 130。

1933 年 7 月，5 月小麦期货创出仅低于 130 的新高 128，这是卖出价位。

1939 年 9 月。第二次世界战争爆发，战争期间对于小麦来说始终是牛市行情，当战争打响后，你应该买入。5 月小麦期货在 1939 年 8 月的交易价是 62. 5 左右，与 1932 年 5 月的历史高点相近，这是买入价位，同时将止损点设定在 60 左右。当价格超过前期高点 86、117、128、164、171、185 以及 205⅞时，要不断买入。

留意 1937 年的高点 145 和 1944 年 9 月最后低点 144，你要在这个历史顶部买入，将止损点设定在其下面 3 美分处。

1944 年和 1945 年。政府限制了小麦价格，直到 1946 年才取消这些价格限制。

1946 年 9 月，5 月小麦期货的最后低点是 180。当上涨超过 185 后，要在新高价位买入，当突破 1925 的高点 205⅞时，你要遵循规则并在新高水平继续买入，留意 300 到 325 这些曾经最高期货价格的阻力水平。

1947 年 11 月和 1948 年 1 月，5 月小麦期货高点 306⅞。这时需要研究周和日图表上的这些高点位置，在图表上你会看到趋势是如何反转向下的，此时应该卖出所有小麦多头并做空。

自 1948 年 1 月的高位之后开始第一轮暴跌，价格在 1948 年 2 月不到一个月时间内下跌到 229，然后反弹到 252，再次下跌到 196½。你能通过图表看到 1949 年 7 月的低点是 191¾，在此之后趋势反转向上，并创出更高底部和更高顶部。

1951 年 2 月，高点 261 之后的低点是 235。

12 月高点 265½，这是向上震荡的最后高点。你要做空，在价格跌破 235 之后更要持续做空。

1953 年 8 月，低点 186¾，次级趋势从这个价位水平反转向上，并在 1954 年 3 月创出高点 231，此后未能涨到 1951 年 5 月的低点 235，这说明行情疲软，价格会走低。此后趋势掉头向下，5 月小麦期货在 1954 年 5 月 12 日下跌到 195¼，7 月小麦期货跌到 189. 5。本书写到这里时主趋势依然向下。

第 5 节　小　结

只要遵循这本教程中的所有规则，以及我所写的《投机是份有利可图的职业》这一篇教程和《如何从商品期货交易中获利》这本书中的所有规则。不要自负！继续绘制图表并研究，你就会在投机事业中获得成功。

虽然我年已 75 岁，并取得了一些突出的成绩，但我从未认为自己已经掌握了所有规则。我依然不断修正自己的主图表；我的三维图表证明了价格、时间和成交量之间的关系并能显示市场的速率、速度以及趋势。同时我还发现了新的时间主图表。

自从我度过第 75 个生日以来，我已花费了超过 20000 美元的研究费用，并且正为判断未来的趋势做充分准备。

学会努力工作和学习。你越是努力学习，越会取得更大成功。知识是你能拥有的最宝贵的东西，它比金钱更重要。你永远不可能失去知识，任何人也无法从你身上将它们偷走。因此，尽可能获得足够的知识是非常重要的。

我通过写作《投机是份有利可图的职业》这一篇的教程，已成功帮助他人在商品期货交易中获得成功。在生活中没有比给予他人提供帮助更快乐的事了。《圣经》告诉我们，一个人不应该锋芒毕露，我相信通过传递我的成果来帮助他人，这始终能让我感到非常愉快。同样，通过帮助他人，你也会取得更大的成功。

Chapter 2
谷物期货机械交易方法和趋势指标

第1节 保证必需的交易资金

当开始交易时，首要而最重要的事情是确定必需的资金，以便你能持续交易1年、2年、3年、5年，甚至20年，并且不会亏损本金。如果你总有资金进行交易，你就有弥补损失并赚钱的机会，但如果你冒险把所有资金倾注在一两次交易中而出现亏损，那么你就会失去赢利的机会。"安全第一"，这是你必须要牢记的操作原则。

芝加哥期货交易所（CBOT）小麦期货的交易单位是每手5000蒲式耳，实际上，你也能交易1000蒲式耳的小单。当小麦市场价格在50~70美分/蒲式耳时，每手保证金将是750美元。按规则止损位应设在日线底部或趋势线以下1~2美分/蒲式耳处。

如果你冒平均每次1.5美分/蒲式耳或每5000蒲式耳75美元的风险，你的750美元只有连续亏损10次才能暴仓。如果你按规则在趋势线的顶部或底部，以及双重或三重顶底进行买卖，暴仓绝不会发生，这也从未出现过。一般交易中很少会出现连续三次亏损。即使你出现连续三次亏损造成资金缩水200~250美元，那么在下次交易5000蒲式耳时只能冒仅亏损1美分/蒲式耳的风险。

假定你三次交易总共损失5美分/蒲式耳，然后你再次交易中赚了10美分/蒲式耳，亏损和盈利综合计算，你合计赚了5美分/蒲式耳。当然，在一个非常活跃而大幅波动的市场中，加码操作将可能多赚50美分/蒲式耳或者1美元/蒲式耳。无论你有多少资金，最重要的事情就是你始终要顺应市场趋势而不逆趋势操作。

当小麦市场价格在75美分至1美元/蒲式耳之间时，你应该有1000美元资本金作为保证金才能操作5000蒲式耳的合约。当价格在1美元到1.5美元/蒲式耳之间时，需要保证金1500美元。价格在1.5美元到2美元时，需要2000美元保证金。

玉米期货和黑麦期货：当玉米和黑麦的市价在25~40美分/蒲式耳时，它们的一手期货合约保证金需要500美元。当市价在40~75美分/蒲式耳时，需要保证金750美元，当市价在1美元到1.75美元/蒲式耳时，需要保证金2000美元。当价格更高时，经纪商要求你的账户里要有更多的保证金，因为此时风险更大。

第2节 制作行情图表

制作各类图表

你应该制作包含有每日开盘和收盘价格的日高低点图表，并且跟随价格变化画上趋势线。同时你也要单独制作三日高低点图表、周高低点图表。还需要制作过去15~20年的月图表，这样你才能清晰知道行情重要的顶部与底部，以及过去阻力位。这些对你研判行情是非常有帮助的大豆、玉米、燕麦、黑麦、小麦的日、周、月图表上的价格刻度基本是相同的。⅛英寸对应1美分/蒲式耳或1英寸对应8美分。为了让时间平衡，或使时间与价格成正方，应使用1美分的价格对应1个时间单位（后面章节将会用到）。

图表上的趋势线指标

对两个活跃的期货品种制作日高低点图表，并在上面标上开盘价与收盘价。

通过跟踪每日价格运行来获取趋势指标或趋势线。只要行情上涨并创出更高的底部和更高的顶部，趋势指标或趋势线每天上移到最高点价格处，只要市场继续创出更高的顶部和更高的底部，那么趋势指标或趋势线也要持续上移。

如果第一天期货行情反转并且创出低于前期¼美分或更低的底部，就将趋势线移到新的底部。如果在第二天期货行情运行到更低的底部，你要将趋势线移动到那天底部，只要行情不断创出较低的底部，就将趋势线继续向下移动。

如果第一天期货行情创出更高底部和更高顶部，你要将趋势线移动到那天的顶部。趋势线要跟随期货合约价格的波动而调整。

日内新高和新低

如果期货合约的当天，早盘创出比上一交易日更高的顶部，而收盘前下跌，并创出比上一交易日更低的底部，就要将趋势线移动到当天的早盘顶部位置，然后再移动到当天收盘的底部位置。

趋势指标的意义是显示出每一个更高的顶部和更低的底部，这样你就能分辨出价格是如何从最后的顶部开始下跌或者从最后的底部开始上涨的。

日内行情

我将一天内的波动定义“日内行情”，意指期货合约创出比上一交易日更高的底部但是未创出更高的顶部；也就是说，它继续在上一个交易日的价格范围内波动。

如果期货合约处于下跌中，期间只反弹一天且行情创出更高的底部但未创出更高的顶部，然后跌破到新低，我认为此时向上移动趋势线是不重要也是不可取的；也不用将止损位向上移动到日内顶部，除非它在长期下跌市场内出现一波快速移动。

当期货合约上涨时，市场创出更低的顶部但并没有创出当日更低底部，价格在上一交易日的范围内波动，使用同样的规则；如果在下一个交易日它创出更高的顶部，那么趋势线就不要移动并且不用提高止损位，除非市场处于快速移动的长期上涨行情中。

日内行情有时会持续2~3天，那就意味着在2~3天行情波动中并未跌破先前活跃行情的底部或突破顶部。当这类行情出现后，要留意观察价格变化。如果它连续数天跌破底部，要做空。如果连续数天突破顶部，可以认为趋势向上，要做多。

第3节　如何使用止损指令

使用这种方法的基本规则就是：你必须要根据趋势指标在行情的底部下或顶部上1、2或3美分处设定止损位。

记住止损位要根据趋势指标设定在行情底部下面或者顶部上面，而不是设在当日的高点上和低点下，除非你应用 7 ~ 10 天的规则及遵循金字塔式方法交易或者在顶底出现警示信号，这时你应将止损位设定在顶部上或者底部下。

当市场行情运行缓慢时，你可以使用 1 美分的止损价差来就得利润，但是当价格快速波动时，行情的运行经常会超过顶部上方或低于底部下方 1.5 美分，但不会超过 2 美分，因此相距 2 美分的止损点位将不会被触发。因此止损位应设定在趋势线底部下方或趋势线顶部上方 3 美分处被触发机会将少于在 1 美分或 2 美分处。然而按惯例，我仅仅提倡在很活跃的市场上使用 3 美分价差设立止损位。

当小麦市价很高时，你必然将止损位设的更远一些，但是在大多数情况下，我建议止损位差距不超过 3 美分/蒲式耳。然而，在小麦期货已经历过一次大牛市或大熊市并且你已大赚后，此时你可以跟随上涨行情将止损位设定在每天的底部下或者顶部上 1 美分处，或者跟随下跌行情将止损位设在底部下 3 美分/蒲式耳处，或者将止损位设在底部下或者顶部上 5 美分/蒲式耳处，直到你设定的止损位有效触发。在任何一次交易中始终不要冒超过 5 美分/蒲式耳的风险，除非你已经赢利丰厚才能够设定相距 5 美分/蒲式耳的止损位。

1/2 美分规则和止损位

小麦期货创出一系列相同的底部或者顶部后行情将变得非常活跃，那么你最好将止损位提高到这一系列底部上面 1/2 美分处或顶部上面 1/2 美分处。通常，当价格向下跌破或向上突破 1/2 美分时，预示行情将沿着那个方向更进一步发展。

第 4 节　空仓规则

绝不在交割日交易相应期货合约。也就是说，一定要在 4 月 30 前清空 5 月小麦期货，并且在 5 月不要交易这个期货合约；在 7 月内不做 7 月期货合约；在 9 月内不做 9 月期货合约，在 12 月期间不做 12 月期货合约。当你在交割月拥有头寸时可能会要求随时交割，所以要选择远离交割月的期货合约。

第5节　交易规则

买点和卖点

规则1：根据趋势指标交易

最简单和最容易的规则就是买入10000蒲式耳，5000蒲式耳，或以其他单位的蒲式耳合约开始交易。将止损位设定在最后的趋势线底部下1美分处，然后跟随设定止损位的趋势线操作，期间不要参照其他的任何指标，直到行情突破前一个趋势线底部下的止损位，即止损位触发。相反，卖出10000蒲式耳或其他单位，顺应下跌趋势并在每条趋势线顶部上方1美分处设定止损位，直至止损位触发。

记住，坚持让你的趋势指示作为你的操作指南，当行情反转时，跟随它并且不要期望行情会改变，除非趋势指标发出警示信号。这就是指标的应用：随市场趋势而动，当它改变时，你必须随之改变，并变换自己的交易角色。

当市场行情活跃时，这条规则将使那些谨慎的投资者或交易商每年获得巨额利润。依靠这条规则在更高点卖出能使你赚更多的钱。

规则2：在双重底或者三重底买入

在双重底或者三重底买入时，根据价格与行情的活跃程度将止损位设在1、2、或者3美分处。当一段行情在多天里处于同一价格水平时，在趋势指标上我们把它叫双重底。三重底是指第三次出现同一价格水平的底部区域。第二个或第三个底部比先前底部稍微更高或更低一些，但是要记住这条规则例外的情况：

当你在行情到达第三个底部买入时，绝不要冒超过1美分的风险，因为当第3个底部被击穿时，尤其如果这是同一价格水平附近的底部，而且你的止损位已经触发，预示主趋势已经变化，你应该迅速改变策略并做空。

当趋势改变时总是要调整到相反的方向。如果处于多头市场而你的止损位被触发，你必须反向做空。如果你处于空头市场而趋势已改变并且你的止损位被触发，你必须做多或买入相等数量的合约。

当在同样的价位水平创出三重底部时买入期货合约是最安全的，同时在三重底部最低的价格下不超过1美分处设置止损位来进行保护。

规则 3：在双重顶或三重顶卖出

这条规则正好与规则 2 相反。在双重顶或三重顶部卖出并将止损位设定在顶部上的 1、2、3 美分处，但是在第 3 个顶上设置的止损点位不要超过 1 美分，因为通常来说，当行情第四次到达同样的价格水平时，它会突破前期顶部并且走得更高。因此，当行情超过第 3 个顶时总是发出一个明确的信号，你可以更高的价格买入。

当在同样的价格水平附近形成一个三重顶时是最安全卖出点，同时在更高的三重顶处将止损位设置在不超过 1 美分处。

规则 4：第四次到达同样的价格水平

3 重底与 3 重顶部的力量是最强大的，但是注意当价格第四次达到与它几乎相同的价位水平是很重要的。当行情穿越三重顶或者第 4 次到达同样价格水平时，变换操作并增加仓位是安全的。

行情在底部时反向运用此规则。当行情跌破或第 4 次达到相同价位水平时，趋势已经显现。因此当三重底被跌破时，卖出所有的多头仓位并做空。要顺应趋势而不逆势操作。

规则 5：三重底后的上升底部

期货行情创出三重底后，会有一次或多次回调，使得第四次底部高于前期底部，这是行情增强的信号，预示着接下来的价格将会走高。如果第五次底部价格较高，那么指标强烈的显示一波上涨行情将会出现。

规则 6：三重顶后的下跌或更低的顶部

在三重顶出现之后，观察第 4 个顶或在已经突破第 3 个顶部后第一个回调。如果第 4 个顶低于先前的顶部，它是弱势信号并预示后市价格会走得更低。如果在一次下跌后，形成的顶部即第五个顶部仍然低于先前的顶部，预示行情极弱，后市价格将更低。

规则 7：在快速活跃的市场中运用 7 ~ 10 日规则

当谷物行情非常活跃时，价格每天在快速下跌中形成更低的顶部和底部，当它已经下跌 7 天或者更多天后，你的止损位应该设定在每天的顶部上方 1 美分处，当止损位被触发后，立即反手买进，并将止损位设定在上个交易日底部下方 1 美分处。

在行情非常活跃并快速上涨时，价格已经上涨 7 ~ 10 天或者更长时间但未突破前期底部，你要跟随行情并将止损位提高到每天的底部下 1 美分处，直到它被触发。然后反手做空，同时将止损位设定在上个交易日顶部上 1 美分处。

当行情突破主趋势线顶部或者跌破最后的趋势线底部才可确认主趋势已经改变。

金字塔式交易

规则 8：金字塔式交易技巧

通过金字塔式交易可以赚取大量的利润，按金字塔式交易规则操作是非常安全的。

如果你用 750 美元到 1000 美元本金进行首次 5000 蒲式耳合约买卖，当市场在你的预料中波动幅度为 5 美分时，那么你将获得 250 美元的利润，因此只要趋势指标显示主趋势处于上升或下降过程中就进行 5000 蒲式耳合约的买卖。当市场每次按你的意愿波动了 5 美分时，你就持续进行 5000 蒲式耳或者更多合约的交易，将止损位设定在不超过趋势线底部 1 美分或每天最低点上 1 美分处。如果是做空，则不要超过趋势线顶部或者每天最高点 1 美分。如果你持续加码直到你已经持有 25000 蒲式耳单位合约，那么你应该在 30000 蒲式耳的止损位处设置卖出交易指令，这样你将有 5000 蒲式耳的空单可以交易。只要市场不断按你的意愿运行，可以用同样的方法继续加码。

记住当价格在 60 美分到 1 美元/蒲式耳之间按你的意愿波动了 15 ~ 25 美分，你要特别注意仔细观察趋势的变化，尤其在你已经亏损一两次后就要更加留意把握买卖时机。

规则 9：操作变换或金字塔式交易

以金字塔式交易赚取的大量利润是通过积累与分配操作方式获得。金字塔交易方法应该在双重底或 3 重底部之后应用。当你实施这一操作时，每天涨 5 美分就买进，止损位设在每天底部的 1 美分下或者最后趋势线底部下。通过将止损位设定在趋势底部下 1 美分处来跟随趋势，直到趋势变化才卖出。但在一个快速变化的行情中，如果你已经买入 5 ~ 6 单位期货合约，那么坚持将止损位设定在每天底部下 1 美分处是最安全的。因为在一个快速变化和活跃的高价位市场行情中，期货价格通常会在 2 天内下跌 10 ~ 12 美分并不会跌破趋势线的底部或者不会跌破 3 日图表的底部。如果你运用规则能判断出顶部出现的日期，那么你能在趋势改变前或者行情跌破前期底部前出仓。

规则 10：仅根据趋势线指标进行金字塔式交易

金字塔交易计划实施起来简单容易。你只要根据规则 1 就能完成首笔交易。在趋势线指标显示行情穿越趋势线顶部 1 美分后买进第 1 手合约；然后在行情跌破交易区域范围后根据规则 9 买进第 2 手合约。记住：在行情未突破交易幅度的最高顶部前不要买进第 2 手合约。

熊市中，在趋势线指标显示行情跌破趋势线底部 1 美分后卖出第 1 手合约；然后在行情跌破交易区域范围后根据规则 9 卖出第 2 手合约，即在行情跌破区域最低底部时卖出第 2 手合约。

规则 11：最安全的金字塔交易规则

对于金字塔式交易而言其中最安全的规则是：当行情运行到非常高或者非常低的价位水平时交易 5000 蒲式耳合约，当市场在你的意愿下变动了 5 美分时买入另一手 5000 蒲式耳合约；当价格变动超过 5 美分时，买入或卖出 5000 蒲式耳合约；在下一个有利于你的 5 美分变动时，买入或卖出 5000 蒲式耳；跟随市场涨跌趋势持续进行这样的操作，直到主趋势改变。

规则 12：快速和宽幅波动市场中的交易方式

在一个像 1915 ~ 1917 年、1929 年、1933 年、1945 年、1946 年的快速变换市场中，当你进行金字塔式交易并获取巨额利润后，你就将止损位调整到市场正常位置的 7 ~ 10 美分下。在一轮暴跌中，止损位调整到低位水平线上 3 ~ 5 美分处，因为当市场出现剧烈波动时候，你不能等待趋势指标显示行情突破趋势线顶部或前天顶部而改变策略；同样，对于通过信号、开盘价和收盘价确定的底部可以应用这条规则。在上涨行情中反向运用此规则。

规则 13：何时不用进行金字塔式交易

绝不在双重顶和双重底附近进行二次金字塔式交易。

对谷物期货进行金字塔式交易前首先要将资金安全放在第一位。在行情积聚和分散区附近进行第二手合约买卖是不可取的。在一波行情大涨或下跌后，你必须等到趋势出现明确的变化信号后才能进行金字塔式交易。

行情经常在 10 ~ 12 美分幅度内维持几天或者几周的上下波动，它不会突破顶部的最高点或者跌破底部最低点。当行情一旦突破波动区间并穿过顶部最高点或跌破底部最低点时，这就预示着一轮大的行情即将开始，你应该着手进行金字塔式交易。当行情创出一轮新高时买进第二单合约或者创出新低时卖出第二单合约。

小麦期货则有其独特性和与众不同的运行轨迹。它经常快速的上涨或者下跌而且期间只有小的回调，经常是回调 2 天或反弹 2 天直到长期趋势结束。在行情长期上涨或者长期下跌后，小麦期货将持续数日、数周、数月的窄幅震荡。当你在这个区间交易时，无论它的形态如何变化，你必须要依赖顶部和底部形态进行交易，你必须等待行情突破上涨或下跌的交易区间才能进行新一轮金字塔式交易。当小麦期货窄幅波动时，意味着你的利润也会减少。

如何确定趋势的改变

规则 14：次级趋势指标

在下跌市场行情中，趋势线图表上未显示趋势已经改变前绝不认为次级趋势已经向上。在趋势指标中显示趋势发生变化，那么行情就必定会穿越最后顶部上面 1 美分甚至更多。根据行情价格与活跃程度来决定是否在上一顶部的 1 美分、2 美分或者 3 美分处设置止损位。

在上涨市场行情中，在趋势线图表或趋势指标中未显示趋势已经改变前不要认为次级趋势已经向下，除非行情已经突破趋势线的最后底部下 1 美分甚至更多。

记住：当行情只是跌破每日底部超过 1 美分或上涨超过每日顶部 1 美分的情况下，不能认为行情趋势已经改变。

规则 15：主要趋势指标

在一轮行情长期上涨后，除非三日图表上的底部被跌破否则不能制定主趋势已经改变。

在一轮行情长期下跌后，除非三日图表上的顶部被突破否则不能判定主趋势已经改变。

规则 16：反转点

观察行情最后阶段的启动位置和价格变化，当这个价格被有效跌破后，可以认为主趋势正向下发生改变。

当行情位于高价位强势区时，观察最后的底部或者从开始上涨到创出新高这段行情的价格变化，当这个价位水平被跌破时，意味主趋势即将反转向下。

观察行情最后阶段位置和价格下跌变化，当这个价格被有效上穿后，可以认为主趋势正向上发生改变。

当行情低位水平处子弱势状态并且以较低的价格缓慢运行，不断创出更低的顶部和更低的底部时，这时要观察行情最后底部或行情转向点，即使行情创出新低也不要认为趋势已经转向，直到行情穿过转向点的价位水平才可确认主趋势改变。

规则 17：第二个和第三个更高的底部及更低的顶部

观察第二个和第三个更高的底部。当行情跌破第二个更高的底部时，可以判断主趋势已经向下。

观察第二个和第三个更低的顶部。当行情突破第三个更低的顶部时，可以认为主趋势已经向上，至少暂时要顺应这段趋势。

规则 18：行情的分段运行

研究行情的不同阶段或者在第一个低价位水平与第 1、2、3、4 或者第 5 个顶部之间的走势非常重要。在行情已向上运行几段并回调后，当其即将结束时，在前期最末段的顶部上的成交量将会减少，行情最后底部运行的成交量也比早期阶段少，这些迹象表明行情运行已经结束，并且已经接近了顶部。然后应用其他规则操作并观察趋势指标和三日图表上趋势的反转。

在下跌行情中应用同样的规则。当行情下跌或分段运行变得模糊时，预示抛压减弱。

规则19：相距顶底处3美分指标

在非常弱势的市场中留意与任何的低价位水平第一个相距3美分的上涨行情，在非常强势的市场中留意第一个完全的3美分反弹，这都预示次级趋势的改变。

完全3美分可以这样理解例如，从低点60美分，反弹到63需要3美分。如果低点在59.5美分，在其未反弹到63美分前，我们认为不是完全3美分。

在上涨行情中反向应用这条规则。假定有时已经上涨到50⅞美分却还未回调到完全3美分；然后如果下跌到47美分，则认为它是完全3美分的回调，预示着次级趋势正在反转中。在本例中，如果行情只跌到47½美分甚至47¼美分，我们不认为它是完全的3美分回调，因为完全的点位建立在整数上。

规则20：2天的行情急剧变化信号

经过长期下跌后，行情经常出现连续2天的快速大幅反弹，然后是在这2天反弹的顶部或前期底部的水平位盘整几天或几周，这就是一种支撑与积聚力量的表现。当这2天反弹的顶部被突破后，预示着你可以买入第二手合约，以进行金字塔式交易。

在2天的快速下跌行情中应用同样的规则，当行情第三天未下跌时，主趋势不会改变，但是如果2天快速回调的底部最后被击穿，这便预示主趋势将反转，你就要再次进行金字塔式交易了。

重要的开盘价与收盘价

规则21：日顶部信号

当行情非常活跃并达到极限的高点与低点时，观察开盘价与收盘价就显得极其重要。

在一轮上涨行情到达极限高点价位的那天，如果当天收盘价接近那天低点，或者收盘价低于当天中点价格，或者收盘价低于开盘价，预示着卖者多于买者，行情已经开始准备向下调整了，至少暂时如此。当这种情况出现时，你就要毫不犹豫卖出并做空，并将止损位设定在那天最高点上1美分处。

规则 22：日底部信号

在一轮长期下跌行情中出现了一个急剧下跌的时候，如果当天收盘价高于开盘价，或者收盘价高于当天中点价，或者收在最高价上面，在进行宽幅震荡后价格比前几天还低，预示着买者多于卖者，行情准备转势向上或者将会迎来一轮预期强烈的反弹。所以你要平掉空头，反手买进，而不用等待行情走到比前期顶部更高的位置或者穿越趋势线顶部。

规则 23：接近顶部或底部的收盘价和更低或更高的开盘价

如果行情在一轮大涨后收盘价接近或等于顶部价格，然后第二天早盘低开 1～2 美分，那就证明后市较弱且将走低，特别是在未突破前期高点时尤其明显。

如果行情处于下跌中，收盘价接近前期的较低水平位而第二天早盘高开 1～2 美分，价格末突破开盘价并收在当天最高点，这是行情走强的信号，预示后市一路走高。如果行情以弱势收盘并在第二天早上高开后，直到当天上午 11 点末跌破开盘价，那么后市价格将会更高，你应该买进。

规则 24：行情急剧下跌或快速拉升后的盘整

行情在下跌一段时间且经历急速下跌后，收势疲软或收在低位水平附近，如果在接下一天行情波动幅度非常狭窄，同时价格下降幅度很小且收盘在同一价位水平，预示市场行情调整结束，你的止损位应该在底部上要下移 1 美分。

行情在上涨一段时间且已经急速拉升后，收盘强劲或收在高位水平附近，如果在接下一天行情的波动幅度非常狭窄，预示价格接近顶点，你的止损位应该在底部下要上移 1 美分。

规则 25：连续数天收盘价在同一水平

注意一轮长期上涨或者长期下跌后的收盘价。

如果行情连续数天收盘在同一价位水平附近，预示行情在这一价位水平遇到强大的阻力。如果第一天收盘价高于或低于多天来的收盘价，暗示趋势将改变，你应该顺势而为。

规则 26：收盘价与同一价位水平附近的三个顶部或底部

当行情急速上涨并创出顶部时应关注其收盘情况。如果收盘价低于中点价或者低于当天低点，则行情正在形成顶部。那么当其第二次或者第三次上涨到同一价位水平后，如果当日收在低点附近，趋势即将下跌，无疑是个卖出信号。

在下跌行情中反向运用这条规则。如果在同一价位水平附近出现三重底且每次收盘价格都接近当日高点，说明后市将走得更高，行情趋势即将向上。

注意：所有这些规则运用在活跃、快速移动市场中效果最好，在活跃的市场中交易会获得巨额利润。如果你遵守这些规则，你就能赚钱！在开始操作之前只要遵循这些规则，成功非你莫属。

第6节 行情图表及分析方法

空间图表——活跃市场高价位运行的规则

历史记录显示，在大多数时期小麦的市场价在1.75～3.5美元/蒲式耳区间波动。这些高价在未来可能会重视，因此当市场每天波动10～20美分/蒲式耳时你必须明白该采用何种交易方法；在价格接近顶部或底部时要明白如何平仓离场，因为市场价格的变动非常快速，以至你不能按规则等待趋势线底部被击破，也不能等待底部被跌破或顶部被突破，特别是日波动在15美分/蒲式耳或日波动在7～10美分/蒲式耳情况下更明显。

当行情以暴涨或暴跌的状态出现时，你应该制作有三点的空间图表。我的意思是，当小麦期货从任何顶部下跌3美分或从任何底部上涨3美分时，你应该做好记录。当小麦期货第一次突破底部3美分，可以认为趋势临时反转。虽然这种反转期间可能仅有一到两天，但是它却是离场警告信号。

如果你查看行情记录时你也应该制作一张变动1美分的图表。然而，当市场行情在高价位区域非常活跃时，我认为最好制作行情变动3美分的图表。

小时图表

在行情快速变化、活跃的市场中，获取每小时价格对于记录每小时的高点、低点很重要，此时要标记每小时开盘价与收盘价。

应用同样的规则制作日高低点图表。当市场行情首次击穿小时趋势线底部或者突破趋势线顶部时，预示趋势已经暂时反转。

如果行情在顶部或底部同一价位水平盘整了数小时，当市场穿过小时图表顶部或者击穿小时图表底部1美分/蒲式耳时，可以断定行情趋势至少暂时改变并顺势而为。

在窄幅波动或者每天波动1～3美分的市场中，如果你制作了小时高低点图表，你将会体验到它在趋势快速变化中的价值。

所有这些规则都是为了保护你的本金和利润；帮助你尽可能在行情接近顶部和底部时即时平仓。不要忘记始终要使用止损指令，当市场行情反转时，它就是保护你的“紧急制动阀”和“安全阀”。

三日图表或主趋势指标

三日图表需要与日高低点图表和趋势线分开单独制作。它是与短期趋势相关的指标，也是用于机械式交易的趋势线。

如何绘制三日图表

三日图表或者主趋势指标的应用规则如下：

三日图表是记录 3 天或者 3 天以上市场行情波动情况的图表。当行情启动上升，连续三天创出更高的底部和更高的顶部时，将三日图表上的趋势线上移到第 3 天顶部；如果后市继续上涨，连续 3 天或 3 天以上无回调的情况下创出更高的顶部，你就继续将三日图表上的趋势线上移到每天的高点，直到行情回调 3 天或者连续 3 天或 3 天以上创出更低的底部才停止。于是你就将三日图表上的趋势线下移，只要行情在 3 日内未出现反弹情况下创出更低底部，继续将趋势线移动到最低价格处。

如果行情首次从任何底部连续反弹 3 天或 3 天以上，并创出更高的顶部，上移趋势线。

三日图表建是立在更高的顶部与更低的底部基础上，并非反应收盘价格。行情也许在第 3 天收盘在一个较低价格，如果它未创出较低的底部，这时在三日图上就不作任何调整。行情也可能从底部开始到第 3 天收在一个较高的价格但是在当天未创出更高顶部，在这种情况下三日图表上的趋势线也不做调整。

特殊情况

在绘制三日图表时特殊的情况：即当行情以非常活跃的方式接近顶或者底部时并出现宽幅震荡，并且在不到三天的时间内趋势线指标突破了顶部或底部，如果在此方向上已经出现过 3 日价格变动，那么就在 3 日图表中按同样的方法记录此波动相关数值。

趋势变化指标

规则 27：三日波动中的顶部突破或底部跌破

在三日图表中行情波动幅度超过 1～3 美分时就是主趋势变化的可靠信号。当行情跌破三日图表中的底部时，应该确认主趋势已经反转向下；当行情穿越三日图表中顶部时，至少暂时应该确认主趋势已经反转向上。

在一个运行缓慢或者不活跃的市场中，行情跌破最后 3 日底部下 1 美分或者穿越 3 日顶部上 1 美分时，表明趋势发生变化。

规则 28：三日图表的首次回调与首次反弹

行情在一轮长期上涨中，观察三日图中第一次出现较低价格或者第一次出现下跌，这种情况经常被看作是牛市结束的第一个标志。

进一步，在三日图表上观察第二个 3 日行情运行情况，如果它比趋势线底部或者次级趋势指标更低，或者低于三日图中的 3 日底部。这些都是趋势即将反转的强烈信号。

在下跌行情中反向运用这条规则。在一轮长期下跌后，观察 3 日的首次反弹，这经常被视为趋势即将改变的第一个信号。

规则 29：三日图上第三次波动

在一轮长期上涨或者下跌后观察三日图表上的第三次运行是极其重要的。例如：行情回调 3 日，然后创新高；接着是第二次 3 日回调后上涨到新高；再次是第三次 3 日回调并再创新高，那么在大多数情况下这是行情结束的标志。根据行情的高点位置和其活跃性，如果在三日图表上，3 日波动行情第三次跌破底部 1、2 或者 3 美分，这是主趋势已经反转向下的明确信号。

如何结合趋势线指标与三日图表进行分析

趋势线指标包含市场的次级趋势，当它跌破前一个趋势线底部 1 美分或者穿越上一个趋势线顶部 1 美分时，说明行情反转，次级趋势启动。但是三日图表却显示着市场的主趋势。

不逆势操作才会安全。换言之，如果在三日图表中趋势显示向下，那么在反弹行情中要卖空并在次级趋势上设定止损位。同样，在三日图表中趋势显示向上，等待 3 天的回调行情，除非遇到急速上涨的情况，一般买进好于卖出。

当次级趋势指标创出了双重顶（底）或者三重顶（底），然后跌破了这些底部或者突破了这些顶部，说明主趋势已经改变；但是如果市场在低位窄幅波动且成交稀少时，不能由此确定主趋势已经改变。除了在快速的上涨行情中外，3 日波动运行中大多数行情显示主趋势变化情况，只要跟随趋势操作就能赚钱。

跟随趋势，并且跟随与三日图表保持一致的主趋势才能在市场中赚取巨额利润。

第 7 节　阻力水平

每段行情都要创出一些与前期的价格波动成精确比例的顶部或者底部。行情极限高点和极限低点或者主要趋势和次级趋势间的波动是非常重要的，如果对这个波动区间按适当比例分割，这样我们就能在反转行情中（无论上涨或是下跌）测量出阻力位或者支撑位。结合趋势指标仔细观察这些阻力位水平，将止损位设定在其附近进行交易，你就能获得巨大的成功。

波动幅度

1/8 分位

波动幅度是极限高点与极限低点的差值，即波动幅度二极限高点一极限低点。

将波动幅度 8 等分得到 1/8 分位，这就是阻力水平或买卖点。当行情在这些水平位停滞并在其附近创出底部或顶部时，趋势指标中显示出反转位，这就是买点或卖点。

1/3 和 2/3 分位

在对行情进行 8 等分得到 1/8 分位后，下一个重要的分位就是将波动幅度 3 等分依次得到 1/3 和 2/3 分位。这些 1/3 和 2/3 分位的点位非常强大，特别是它们跌到接近前期其他阻力位时或者是当它们被宽幅分割时尤其如此。

最高卖出价位

下一个重要的分割就是对最高价格的分割，如对小麦、玉米或者黑麦期货的历史高价位和次高价位进行分割。

将最高卖出价 8 等分得到 1/8 分位，进行 3 等分则得到 1/3 分位和 2/3 分位。

记住：在价格跌破波动幅度的 1/2 分位后，行情通常会下跌到最高卖出价位的一半位置，同样也会以此方式运行到其他阻力位。

当行情上涨时，通常会穿越最高卖出价位的一半位置，然后上涨到波动幅度的中间位置，在此遇到阻力位。

观察谷物期货最重要的波动行情

第一重要点位：观察过去 30、20、10、5 和 3 年之间极限低点和极限高点的阻力位；

第二重要点位：小麦、玉米或者黑麦期货合约的阻力位或以往最高卖出价的分割点。

选取一年或一年以上行情波动情况：选取极限低点和极限高点之间的区间，通过 8 等分得到阻力点；

然后找到第 2 个顶部或者比极限高点低的顶部，再进行 8 等分得到重要的阻力点；

再次找到第 3 个或第 4 个较低的顶部，继续进行 8 等分得到阻力点。

当观察到最后的波动行情时，也许行情已经运行了数周或数月，但要记住观察的第一个阻力位是最重要的。

阻力位的次序

当行情上涨并穿越其 1/4 分位点时，下一个重要的点就是中点（即 1/2 分位）或重心点或其波动的均值水平位。

再下一个就是 5/8 分位。

中点被穿越后的下一个最强点就是 3/4 分位。

如果在以上点位行情波动幅度非常大，那么观察它在 7/8 分位的变化显得很重要。这个点位常常是上升行情顶部位置。

在观察这些阻力位时，始终要结合你的趋势指标——日图表与三日图表，如果行情围绕这些阻力位开始做顶或者做底，那么在操作中可以放心的做多或者做空。

均值点或中点

始终记住波动幅度或行情极限高点的50%回调位或中间点是非常重要的点，这是一个将波动幅度或者最高卖出点2等分的平衡点。这些点在下跌行情中是作为支撑点或卖出点，也是上涨行情的阻力位。

当行情上涨或下跌到这个中点时，根据价格是否处在高位或者低位而买卖，同时将止损点设置在1～3美分处。

在更宽的波动幅度或者更长的时间周期内，这个中点显得尤其重要。

当行情上涨到中点并在此回调了几个点，最终穿越了中点，那么你能在阻力位表上预测到下一个阻力点。

此规则同样适用于下跌行情，当其在中点遇到几次支撑，然后跌破中点，你能在阻力表上预测下一个阻力点或下一个重要的底部。

当行情在中点上至少1美分处运行时代表最强烈的行情指示，这显示买点或支撑位都在这个重要的阻力位上。

当行情上涨但仅仅到达离中点距离不到1美分时则是一个弱势信号；然后行情下跌并跌破趋势线或者其他阻力点。

突破重要中点后的下一个阻力位

在重要中点被突破后要观察的下一个阻力位正是一些前期运行的下一个中点。这里重要中点是指谷物期货走势中的极限波动幅度的中点。

重要中点被穿越后另外一个非常重要的阻力水平位是最高卖出价的中点。这是比次级波动幅度的中点还强大的支撑位，因为它将最高卖出价从中分开，在其未被突破1、2或3美分前，无论价格处于高点、低点或者处于中点，都是强势买卖点。

接近同一价位水平的阻力位

当两个中点或任意其他两个阻力点（这在波动区间内或者最高点的分割点上）出现在

同一价位水平时，你就要将其相加并且除以 2，这两个点的中位点经常被作为下跌行情中支撑点或者反弹中的卖出点。

如何寻找阻力位

当你发现重要的阻力位或某一价位水平中最强的中点时，注意观察是否有其他的阻力位（包括 1/8、1/4、3/8、5/8 或 2/3 分位）也在此价格附近。

在相同价格的范围内你可能会发现 3 或 4 个这样的阻力位。如果你发现的越多，当行情到达这些点位时你将会发现其会遇到更强大的阻力。

然后选择围绕相同价格的最高与最低的阻力位，并将它们相加求出阻力的平均点位。

当行情到达这些阻力位时观察它们的活跃性。如果它们伴随巨大的成交量非常快速的上涨或者下跌，行情将会突破这些阻力水平，除非它真正停止或在这些水平位附近盘整 1 ~ 2 天；此对应决定买卖并设定止损位。

12 的倍数

你会发现下列数字对你的趋势指标有所帮助；对过去的记录进行检查你会发现 5 月小麦期货在 12 的倍数和 12 的 1/4 及 12 的 1/2 处创出了许多顶和底。例如：48、54、60、66、72、78、84、90、96、102、108、114、120、126、132、138、144、150、156、162、168、174、180 等。

对照日高低点图表，当行情围绕 12 的整数倍价格或者½倍价格盘整几天时，你可以在这些点位附近买卖并设定止损位。

你同样会发现小麦期货价格波动幅度通常为 10 ~ 12 美分/蒲式耳或者 23 ~ 24/蒲式耳，36/蒲式耳或者 38 美分/蒲式耳，换句话说，它的波动幅度都是基于 12 的倍数。

无效行情波动

每种机器都有无效运转（即空转）的情况，谷物期货行情的运行也会出现无效运转，这就驱使价格在一个阻力水平上下轻微波动，平均波动幅度大约是1⅞美分。

当行情非常活跃并且在沉重抛压下非常快速的上涨或下跌时，它经常在中点或其他阻力位上方1~1⅞美分幅度内运行，但是不会到达3美分处。

在下跌行情中应用同样的规则，它经常跌破一个重要的阻力点1⅞美分，但不会超过完全的3美分。

世界万物受重力作用的法则都是一样的。如果我们打一个穿过地球的洞，然后在洞口投下一个球，动力将推动其接近重力中心，但是当它变得缓慢向下时，最终它将精确的停留在中心。这就是谷物期货行情围绕重要中心运行的方式。

第8节　周高低点图表

在用趋势线指标和三日图表记录的周高低点图表上可以应用同样的规则。

只要行情每周在周高低点图表上创出更高的底部和更高的顶部，那就将趋势线上移到当周顶部。在接下的一周，如果行情未创出比前一周更低的底部或者更低的顶部，就不要移动趋势线；但是如果第一周行情跌破周底部1/2美分或者更多，你就要将趋势线下移到当周低点，只要行情不断创出更低的底部就要继续将趋势线下移到每周的低点处。

如果行情在第一周创出比前一周更高的顶部，则将趋势线上移到第一周顶部，此规则同样可以应用于其他趋势线指标中。

例如：如果行情下跌了一到两周并创出较低的底部，然后上涨创出较高的顶部；接着再回调一周创出比前一周更低的底部；此后行情向上且创出新高，在下一周或者后面任一周创出极限高点，并突破回调的底部，这时你就该确认周图表趋势已经反转向下。

周图表的趋势变化比三日图表趋势变化更加可靠。

像日图表和三日图表一样，周图表上经常创出双重底和三重底以及双重顶和三重顶。因此当行情在周图表上创出双重底或者三重底时，你就要认识到这是主趋势单边上涨行情即将改变的强烈信号。当行情在周图表上创出双重顶或者三重顶时，你要认识到这是行情遇到阻力形成最后顶部的信号。

3 周行情

将 3 日图表规则应用到周图表上。行情经常回调 3 周且不会在第 4 周创出更低点。如果在第 4 周早期弱势走低，并且在第 4 周末强势收盘或者收盘价接近当周顶部，那就是主趋势还未改变的信号，行情将会继续走高。但是在任何时候行情回调 3 周后跌破底部然后反弹，那么行情处在弱势中并预示后市走低，尤其当行情处在高位水平时更是如此。

在下跌行情中反向应用这些规则。如果行情从任意底部反弹 3 周，然后创出新低，随后突破前 3 周反弹的顶部，这种变化在趋势中显得非常重要，预示它是某个周期的一个阶段。

7 ~ 10 周行情

行情已形成顶点和分配完成后，小麦期货经常仅经过 2 ~ 3 天的快速上涨或者快速下跌后反转运行，向上运行或者向下运行 7 ~ 10 天。这时候你可以通过金字塔加码交易方式获得丰厚的利润。

在一轮行情开始后观察第 38 到 52 天行情运行，如果在此期间未形成底部或者顶部，那么观察行情在第 66 ~ 70 天的运行。

回顾图表并检查行情的运行，你将会明白这些规则的重要性！

我的许多学生成功地运用三日图表和周图表进行长线交易，并且用这两种图表成功地进行了金字塔式交易。

这种基于固定法则的机械交易方式，排除了人为因素干扰，也去除了主观的期望、恐惧以及臆测的影响。坚持学习这些规则，并且在活跃的市场中运用它们。记住：只有实践才会获得成功。实践和学习得越多你将取得更大的成功。应用所有的规则，随时更新你的图表，不要猜测，只要你认真践行成功就在眼前。

第 9 节　如何确定顶点和趋势的变化

顺应行情趋势或者波动的方向你会在谷物期货市场中赚到大钱。如果你应用这些规则，市场将会告诉你主要或者次要的趋势何时会改变。不要在猜测、期望和恐惧中交易。给市场充分的时间来显示趋势的变化。在市场趋势未改变前不要放弃操作规则或者不要收割利润。

无论在正常或异常市场行情中，根据价格高低点水平的活跃性和波动幅度来确定趋势是否改变。异常的价格和波动幅度出现在战争期间或战争后。谷物大丰收或者大减产之年导致行情运行到极点。在异常的市场中你千万不要去猜测顶部或底部到达时间，因为它们差不多总是运行的比人为的因素或你既知事实还要更长久。这就是你为什么必须应用这些规则，等待市场行情显示趋势变化明确后再行动。

四条操作规则

规则 1：时间规则

时间因素是最重要的。当行情时间到来时，时间或者空间运行将反转。

做好市场所有交易日的变化记录；同时也保留一手的日历记录包括每个回调或者反弹。当行情超越上一个时间运行的反转时机时，可以认为趋势已经改变，至少暂时已经改变。在一些重要的顶部或底部以及首个回调或者反弹到达后，几乎都要创出一个微小的更高底部或者更低顶部的第二波行情。这一波次级行情的持续时间大约是 1 ~ 3 天或者更多，这些次级行情时长都依赖于市场的活跃性和其上涨或者下跌的持续时间长短。但是在判断趋势改变之前你必须观察一个前期行情反转点。

规则 2：波峰和波谷

当行情上涨时，它将在主要的波动中继续创出更高的底部和更高的顶部。你必须观察所有的回调或底部；当一个波谷第一次被击穿时，无论其是经历 1、2、3 天或更多天数，此时应该确定趋势已经改变并要跟随操作。

当市场下跌时，它将创出更低的底部和更低的顶部。因此，当最后的波峰被穿越时，预示趋势已经改变。

规则 3：空间与价格的运行

通过空间的变化，可以计算从顶部到底部行情下跌或从底部到顶部行情上涨的每蒲式耳的美分数值。

例如，假设小麦从 80 美分/蒲式耳开始上涨到 90 美分/蒲式耳，接着回调到 85 美分/蒲式耳；然后涨到 1 美元/蒲式耳，并到达 112 美分/蒲式耳；此后回调到 107 美分/蒲式耳，那么它第二次在空间里逆转了 5 美分。紧接着行情继续上涨，价格达到 120 美分/蒲式耳；并快速回调到 113 美分/蒲式耳，下跌了 7 美分/蒲式耳，超过了前两次的 5 美分/蒲式耳回调。

我们称这个幅度的变化叫“平衡过度”，它预示着趋势即将改变。但你在时间周期未被反转和行情的最后的底部未被击破前千万不要仅依赖这个“幅度变化”给你提供的趋势改变指标。

规则 4：阻力水平

当价格反向调回到上一波的½或更多时，也是趋势改变的一个信号。下跌行情中一波价格的 50% 或更大反弹是趋势改变的第一个指标。但是这些指标必须要被时间规则所证明后才能确认趋势已经改变。

学习和回顾过去的行情会验证你判断的准确性和这些规则的价值。研究这些例子并比较五月小麦期货在 1924 ~ 1925 年和 1945 ~ 1946 年间的行情走势。

一般的行情运行空间

通常，小麦期货或者黑麦期货回调或者下跌幅度不会超过 7 ~ 10 美分/蒲式耳，极端的情况下在涨势启动前也不会超过 12 美分/蒲式耳。根据规则，当行情已被时间规则所确定后其回落或者反弹幅度超过 12 美分时则认为趋势已经改变。

当行情处在下跌中时，其平均反弹幅度为 7 ~ 10 美分/蒲式耳，但是很少超过 12 美分/蒲式耳。在极端疲软的市场中，反弹不会超过 3 ~ 5 美分/蒲式耳，当然这些情况必须基于价格处在正常还是异常水平来考量。

谷物期货位于最强或最弱行情时的表现

当小麦、黑麦或者玉米期货正在上涨并且处在快速上升的最后阶段时，经常在最后的 2 天回调，然后涨势继续。上涨行情有时会运行 42 ~ 49 天或者 6 ~ 7 周，在极端情况下会运行 3 ~ 4 个月，但是在第 84 ~ 90 日历日期间对于观察趋势的变动是非常重要的。

记住，市场涨跌的周期越长，时间规则显示主趋势变化的信号越可靠。同样，一个巨大波动幅度更能显示的趋势已经改变。

第 10 节 应用实例

5 月黑麦期货实例

1945 年

6 月 1 日低点 131⅜美分。

19 日高点 146½美分，上涨 15 美分。反弹持续时间未超过 2 天，前一日的底部被跌破幅度未超过 1 美分。

19 日是个信号日。接着出现一波快速的 2 日回调。

21 日低点 138½美分。然后一天内反弹到达 142½美分，接着跌穿前期底部。

25 日低点 135½美分，此后开始反弹。

7 月 2 日高点 141¾美分。它未能穿越 6 月 22 日的最后顶部。趋势开始下跌，市场创出更低价格。

7 日低点 130¼美分。行情然后反弹。

13 日高点 138¼美分。这是 8 美分/蒲式耳的正常反弹幅度。然后下跌到 18 日低点 129 美分，这是一个信号日，此时次级趋势开始调整。

8 月 4 日高点 139¾美分，比 7 月 2 日顶部低 2 美分，同时超过 7 月 13 日顶部仅 1½美分，这是一个止损点设定在 142½美分处的卖出水平。行情主趋势再次掉头向下，随后没有出现过超过一天的反弹。

21 日低点 124 美分，从最后顶部持续下跌 13 天，跌幅 15 美分；从 6 月 19 日顶部则是持续下跌 51 个交易日即 60 个日历日，下跌幅度 22½美分，这是趋势变化观察点。此后市场连续反弹 3 天，显示趋势正在变化，行情将会创出更高的顶部和更高的底部。

31 日高点 139⅜美分，上涨到最后顶部附近。然后回调 3 天。

9 月 5 日低点 133½美分。注意这次下跌幅度少于 6 美分。随之继续上涨。

10 月 15 日高点 153½美分。

20 日低点 148¼美分，此时行情已经持续回调 5 个交易日并下跌 5¼美分/蒲式耳。时间、波动和空间运动规则都没有显示行情到达顶部，因为底部波动未被击穿，因此可以确定是另外顶部的 3 日回调，就像围绕顶部 153½美分的 3 天回调一样。紧随就是一波快速上涨。

11 月 13 日高点 182⅛美分。接着是快速的回调。

16 日低点 169¼美分。这是一个 3 日回调和一个差不多 13 美分/蒲式耳幅度的空间调整，超过以前的空间调整。虽然空间规则显示趋势已经变化，但是未超过之前的时间周期，底部波动也未被击穿。因此，在时间反转前或底部波动未被击穿前，不能由此判断次级或者主趋势已经改变。接下来是 3 天陡直反弹。

20 日高点 187 美分，从 8 月 21 日的最低点上涨了 63 美分。通过对 1924～1925 年的回顾你将发现从那时 119 美分上涨到 182¼美分，上涨了 63 美分。空间规则使之成为一个卖出水平，止损位设定在其上 3 美分处。11 月 20 日是个信号日，当天价格以最低点收盘，后市继续下跌。

23 日低点 173½美分，下跌 13½美分。这超过前期的回调空间，但是时间周期却未超过并且底部波动也未被击穿。接下来是 3 天反弹。

27 日高点 181¼美分，几乎达到 11 月 13 顶部，使之成为一个卖出水平，将止损点设定在其上 3 美分处。其后行情恢复下跌并击穿 173½美分，位于第一个底部波动下方，并且从顶部开始的时间周期已经超过 8 月 21 日以来所有回调时间周期。

12 月 5 日低点 160 美分。在 12 个交易日即 15 日历日内下跌 27 美分/蒲式耳，这是一个正常的 2 周回调。市场将会反弹并创出更高的底部。

10 日高点 169 美分。

15 日回调低点 161½美分，这是第 2 个更高的底部。上涨趋势恢复，价格穿越 12 月 10 日的高点 169 美分，显示主趋势再次向上。

对于此后的上涨，请看“5 月黑麦期货波动对比图表分析”。

5 月黑麦期货价格和时间运行比较

1924～1925　　　　1945～1946

交易日　　　　日历日

3 日行情

1924 年：11 月 1 日，5 月黑麦期货价格达到 119 美分，此后行情大涨，期间未出现超过 10 美分/蒲式耳的回调幅度且回调周期也未持续超过 9 天。

1925 年：1 月 28 日，高点 182½美分，在 88 天中上涨了 63½美分。注意在波动图表上显示了整个上涨期间未出现波动而且回调底部也未被击穿过。整个过程中最长的回调时间是 9 个日历日，最大的回调幅度是 10 美分/蒲式耳。这种情况曾在 1924 年 12 月 27 日到 1925 年 1 月 5～6 日期间出现过。因此市场下跌幅度超过 10 美分/蒲式耳或者持续时间超过 9 个日历日或被击穿底部波动来判断行情趋势改变。参考规则 1、2、3 和 4。应用这 4 个规则你能确定趋势何时将改变并卖出或做空。

1925 年

1 月 28 日高点 182½美分。1 月 29 日低点 176½美分，下跌 6 美分。

30 日高点 181½美分，上涨 5 美分，这是更低的顶部。

2 月 3 日低点 169½美分，下跌 13 美分，自 1 月 28 高点以来时间间隔是 6 个日历日。两个指标共同显示顶部已经创出，2 个底部被击穿及价格下跌幅度超过 10 美分，这说明行情进入空头市场。

4 日高点 177½美分，从 2 月 3 日低点计算上涨了 8 美分。这是做空价位，将止损位设定在183½美分即在 182½顶部上面 1 美分处。接下来是一个持续超过 9 个日历日的下跌行情。

11 日低点 154 美分，在 14 个日历日内下跌 28½美分。

16 日高点 164 美分，在 5 天内正常反弹了 10 美分。

17 日低点 155 美分，这是比 2 月 11 日更高的底部，是支撑信号。

20 日高点 162 美分，是更低的顶部。

21 日低点 157¼美分，这是第 3 个更高的底部，在此支撑位可以买入。止损点设定在 165 美分或 2 月 16 顶部上面 1 美分处。若止损被触发，你应该持续买入。

3 月 2 日高点 170¼美分，与 2 月 9 日高点相同，形成双重顶。此时卖出或做空并将止损点设定在 172½美分处。此后这个顶部未被穿过，主趋势继续向下，击穿 2 月 11 日，17 日和 21 日的所有低点，显示行情疲软。期间反弹未持续超过 3 或 4 天。行情最终跌破 1924 年 11 月 1 日的低点 119 美分，这是后市更弱的标志。你应继续做空。

17 日低点 110½美分，在48 天内价格从 182½美分下跌了 72½美分。时间规则已经说明在行情运行了 6 到 7 周或者 42 ~ 49 天时要留意趋势的变化。经过这波下跌行情后，止损点要设定在昨日顶部上 1 美分处。

18 日高点 123½美分，上涨了 13 美分，这是价格走高的信号。

20 日低点 113 美分，下跌 10½美分，相比 3 月 17 日是更高的底部，只相隔 3 天。当下次再穿过前日顶部时，这是买入位。

3 月 24 日高点 130 美分；3 月 25 日低点 124½美分；3 月 26 日高点 130½美分，3 月 24 日 ~ 26 日创出双重顶。当价格跌破 3 月 25 日低点 124½美分时，后市将继续下跌。你要卖出并做空。

4 月 16 日低点 103 美分，从 182½美分下跌了 79½美分，接近 1. 00 美元/蒲式耳，这是一个自然支撑位——留意趋势改变的时间。

22 日高点 112½美分，上涨 9½美分。

27 日低点 102¼美分，仅比 4 月 16 低¾美分，这是双重底并且显示这是个支撑位，应该买入并将止损点设在 99 美分处。后市趋势反转，价格将穿过 4 月 27 日的顶部 112½美分。

5 月 8 日高点 129 美分。注意 3 月 24 ~ 26 日的两个老顶部 130 美分和 130½美分。你应该在这些老顶部价位卖出，并将止损点设在 130½美分处。趋势反转向下。

22 日低点 112 美分；5 月 25 日高点 120½美分。当期货合约到期时，低点在 114½美分。

1926 年 5 月交割的 5 月黑麦期货

7 月 16 日低点 90½美分。

31 日高点 105¾美分。

8 月 11 低点 93 美分，这是比 7 月 16 日低点 90½美分更高的底部，买入并将止损点设定在 89½美分。

9 月 2 日高点 100¼美分。

3 日低点 97¼美分。

6 日高点 101¼美分，这是更高顶部和更高价格的迹象。

8 日低点 98¾美分，这是第 3 个更高的底部，是有效的支撑位。价格穿过 9 月 2 日和 6 日顶部，也穿过 7 月 31 日和 8 月 18 日的顶部。这预示行情处于强势及价格将走高。接着行情出现陡直上涨。

10 月 6 日高点 140½美分，在 92 日内上涨 50 美分。按照规则经过 3 个月或者 90 日后要留意趋势的变化。从 8 月 18 日到 26 日这 8 天内，行情从 107 美分下跌到 93 美分，下跌了 14 美分，这是最大的跌幅。因此你要将止损点提升到前一天低点下方 1 美分处，当下跌超过 8 天和跌幅超过 14 美分时还要留意趋势变化。

11 日低点 127 美分，5 天内下跌了 13½美分，这是趋势即将改变的信号。

16 日高点 137½美分，在 5 天内上涨了 10 美分，并创出较低的顶部，这是卖空位并且将止损点设在 141½美分处。当行情再次下跌超过 8 天和下跌幅度超过 14 美分时，显示主趋势向下。

1945 ~ 1946 年虽然价格的波幅比较大，但走势与 1924 ~ 1925 年相似。参考前面 5 月黑麦期货分析并加以研究比较。

Chapter 3
两日运行图表反转

两日运行图表反转

多年的操作经验已经证明日高低点图表并不能很好地显示趋势变化的信号，毕竟一天的时间周期太短。两日运行图表就是记录2天的上涨或下跌走势的图表。如果谷物期货开始上涨，仅持续一天的回调，就没有必要记录这个回调；但是当这个行情运行持续2天或2天以上的时候，只要行情创出更低的底部，你就要在图表上把趋势线移动到底部下。在上涨行情中，只要行情创出更高的底部和更高顶部并持续2天或2天以上的时间，你就要在两日图表上将趋势线上移到每一天价格的高点，直到另一个反转行情出现。

当价格处于高位水平且每日波动幅度在7~10美分/蒲式耳或者更多时，两日图表常常会显示一个反向运行或周期变化的标志，而三日图表却未能显示。

例如：7月大豆期货从1949年11月22日涨至12月5日，在两日图表上出现一个反向运行标志。从1949年12月到1950年2月4~6日，两日图表出现一个更低的顶部，说明主趋势向下。2月6日，价格跌至219美分。如果你查看自己制作的阻力表，由于218⅜美分是5月大豆期货历史最高卖出价的一半，你就应在这个价位买入。因此，你在这个重要中点位置买入5月大豆期货或7月大豆期货，并在217美分处设置止损点。但是，如果你想等到两日图表中出现明确的趋势变化信号，你可以在7月大豆期货穿越225美分时买入，在两日图表上它位于最后一个顶部上。从这时起在两日图表上有六次向上的波动，行情不断创出更高的顶底。如果你将止损点设定在两日图表的底部下面，你将在整个行情运行中获得大约1美元/蒲式耳的利润。

5 月大豆期货从 1948 年的高点 436¾美分到低点 201½美分之间幅度的中点是 319½美分。7 月大豆期货在 5 月 8 日的价格是 320¾美分，5 月大豆美分价格是 323¾美分。如果你在 319 美分附近卖出并做空，你将在短短几天内获得丰厚的利润。注意 1950 年 3 月 27 日至 30 日，7 月大豆期货在 3 天中跌了 16 美分/蒲式耳，这是价格和时间上的最大回调。注意下一个回调是 4 月 25 日至 27 日，2 天跌了 11 美分/蒲式耳，在价格和时间上都比上一次回调稍小，因此没有显示趋势发生变化的信号。

5 月 3 日，高点 317 美分；5 月 5 日，低点 298¼美分，下跌了 19 美分/蒲式耳，比 3 月 30 日下跌的幅度还多 3 美分。这是价格回调并已经失去平衡，但未超越 3 天时间周期的平衡。紧接着两日价格出现了回调，在 5 月 8 日到达了 320¾美分，最后一天涨幅较小，未高过前一顶部 4 美分/蒲式耳。这是两日图表上出现的时间反转，但是在三日图表上却没有显示。在两日图表反转中如果你等候出现更低价格，第二天你还能在高位水平卖出。5 月 12 日当价格跌至 297½美分时，即低于 5 月 5 日底部的位置，这是两日图表自 2 月 6 日以来第一次跌破底部。记住规则：快速运行的趋势大约持续三个月，2 月、5 月、8 月、11 月是趋势变化的重要月份。

下跌行情仍在继续，5 月 17 日，7 月大豆期货跌至 284½美分。注意到两日图表上最后一个底部是 284 美分，形成于 4 月 27 日，记录这个双重底，这是买入位。日图表上的每日高点变得更低，从 219 美分到 320¼美分区间计算已下跌了三分之一，这是个支撑位。5 月 18 日的价格是到自 5 月 8 日以来的第一次上升波动高点。

5 月 23 日，7 月大豆期货价格是 301 美分。注意 320¾美分与 284½美分的中点是 302⅝美分。因为在两日图表上主趋势已经向下，5 月 24 日将是第 6 天上涨，所以这是第一个阻力位或卖出位。因此，当价位从低点持续上涨 7 天时，特别是在重要的中点附近时，这对于观察趋势的变化非常重要。当 7 月大豆期货经过这轮反弹创出顶部并跌破双底 284 美分时，预示下一步将到达 219 美分和 320¾美分的中值 269⅞美分。注意在日高低点图表上的 267 美分与 271 美分之间有一系列的顶部和底部，但是 3 月 27 日形成的老顶部 264 美分是一个重要支撑位。注意 405 美分与 44 美分的⅝处是 269⅝美分，436¾美分的⅝是 273 美分，276½美分与 201½美分的⅞是 267 美分，201½美分与 436¼美分的¼处是 260⅜美分。你应当将这些重要的阻力位标记在日图表上或者两日图表上。

时间阻力水平

你可以像记录价格阻力位一样记录时间阻力位。

将一年8等分，每等份大约是45天，一年3等分，每等份是120天即4个月。观察这些时间周期的重大变化。记录日期是以极限高点或极限低点为起始点，而不是按历法上的年作为起点。

例如：1947年11月29日，小麦期货到达高点，与1948年1月16日形成双重顶。因此，时间周期应该从这些日子开始，5月大豆期货在1948年1月16日到达顶部。1948年2月9日，5月大豆期货卖出价为201½美分，到达新低，用这个时间周期加上90天（四分之一年），就会得到趋势变化日期大约在1950年5月8日，这就是大豆期货到达顶部的准确日期。7月大豆期货在1950年2月6日到达新低，正好与1948年低点位置相差3天。5月大豆期货也在1950年2月3日到达底部。如果5月小麦期货呈现季节性的下跌行情，你应当观察1950年8月8日至10日，8月23日至25日附近趋势的变化。就像分析7月大豆期货一样，应用所有这些规则，在两日图表上跟随趋势指示分析所有谷物期货指标。

请牢记，学习研究的时间越长，你就会获得更多的利润。一定要跟随趋势并等待出现明显的信号后才可以进行交易，永远不要依靠猜测来买卖。

Chapter 4
大豆、谷物、小麦、燕麦和黑麦期货交易规则（上）

（1950 年 9 月版本）

第 1 节　两日图表的运行规则

当行情连续上涨两日或多日时，则将两日图表从低位水平随之向上移动。只要市场价格创出更高的底部和更高的顶部，就将两日图表趋势线上移到当日价格的最高点，随价格上涨而保持趋势线持续上移。如果价格首次反转且连续两天创出更低的底部，就将两日图表趋势线下移到价格最低点，只要价格反弹天数不超过 2 日则继续下移趋势线。

当两日图表的顶部被穿越时，这是价格即将走高的信号。当两日图表的底部被击穿时，表明价格会走低。

规则 1：趋势信号

只要两日图表上的底部未被击穿，则主趋势将一直向上；只要两日图表上的顶部未被穿越，则主趋势将一直向下。你必须跟随主趋势方向进行交易，当主趋势上升时买进，当主趋势下降时卖出，同时遵循其他所有规则。

规则 2：趋势反转

规则总是有例外的时候，这些例外情况通常发生在市场非常活跃和价格快速变化期间，这时价格每天波动幅度在 7 ~ 10 美分/蒲式耳。从例子中你可以明白，这些情况下的行情反转或者趋势改变在一天内发生。当价格接近极限高点或者极端低点时，你只能记录 1 天价格变化而不是 2 天的变化，当第一次波动被击穿，或者价格跌破 1 天内的反弹时则认为趋势已经改变，至少暂时改变。当价格在低位水平附近非常活跃且宽幅波动时，如果价格穿越了 1

天内的顶部，根据规则可以认为趋势已经改变，随之进行相应的交易。

规则 3：止损指令

市场时常犯错，从而导致行情趋势突然发生改变的纠正错误，所以你必须坚持使用止损指令保护你的资金安全。当两日图表创出更高的底部和更高的顶部时，在两日图表底部下1～2美分/蒲式耳处设置止损点，随着趋势线向上而将止损点随之向上移动。当价格穿越顶部或者击穿底部时，观察在同一价位水平的一系列顶部或底部形态至关重要。采用难以触发的止损方式进行交易，你将获得丰厚利润。不要猜测，让市场自己告诉你它的本来面貌！只根据规则和明确的信号进行买卖。

当价格下跌时，基于两日图表上的趋势向下，要持续卖空并跟随市场下跌趋势而将止损点设定在顶部上 1～2 美分处。通常，顶部 1 美分以上位置的止损点很少被触发。

规则 4：依据双重顶底或三重顶底买卖

记住价格经常第 3 次到达它们曾经到过的同一价位水平，但是几乎在相同的情况下，第 4 次它们将继续上移并到达更高的水平。因此，当价格第 4 次到达相同的水平时，要卖空。当价格在下跌中多次到达相同的水平时，第 4 次下跌不应该买进，因为通常行情会走得更低。

规则 5：依据重要的中位点买卖

50% 的跌幅或者最高卖出价一半的价位是最安全的买点之一。曾经极限高点和极限低点之间的 50% 涨幅也是最重要和最安全的卖点之一，尤其是它第一次到达时。根据买卖点，止损位应分别设定在中点上 1～2 美分处，或在中点下 1～2 美分处；在阻力位下要应用所有规则，并将¼，⅝，⅓，⅔以及¾分位点作为重要的阻力位

规则 6：10～14 天的运行

当主趋势向上时价格持续上涨，期间出现少于 10～14 天的回调，然后主趋势恢复上涨。只要两日图表上价格穿越一系列顶部且价格不断向新的高位运行，一般在 10～14 天的回调期间买入比较安全。在下跌市场中反向应用这条规则，只要两日图表显示主趋势向下，在 10～14 天的反弹期间卖出，当两日图表底部被击穿或者连续数天同一价位盘整的低点水平被击穿时及时卖出。

记住，当市场在牛市的最后阶段快速上涨时，期间回调很少有超过 2～3 天。因此，在回调期间买入是安全的，止损位设置在两日图表最后底部下 1 美分处。在熊市中反向应用这条规则。当熊市的最后阶段出现快速下跌行情时，反弹很少超过 2 天，有时仅仅 1 天。因此，在回调期间卖出是安全的，止损点设置在两日图表的顶部上 1～2 美分处。所以将止损点设定在 2 天底部下或 2 天顶部上之后，你可以不断地买入或卖出。

第 2 节　基于两日图表的趋势线指标交易规则

你应该在两日图表上的反弹位买入，或者当两日图表的顶部被穿越时买入，同时将止损位设定在在两日图表最后底部下 1 ~2 美分处。当行情经过一轮长期的上涨之后止损位触发，或两日图表的底部被击穿时，你应改变操作，转为卖出做空。

回顾5 月、7 月和11 月大豆期货日图表和两日图表，你能看出通过两日图表来交易优势明显！那些买点和卖点已经标示在两日图表上，同时止损点也用红色标注上。底部下方与顶部上方都用红色的×注明。

举例说明：7 月大豆期货从 1949 年 11 月 16 日上涨到 1949 年 12 月 5 日，在两日图表上仅仅出现一次反弹。从 12 月 5 日到 1950 年 2 月 2 日和 6 日，两日图表上的每次波动都出现更低的顶部，显示主趋势向下。在 2 月 6 日价格下跌到 219 美分。由于它是双重底，所以在这价位买进。通过阻力表你会发现，218⅜美分是 5 月大豆期货历史最高卖出价的½。因此，你要依据这个重要的中点买入 5 月或者 7 月大豆期货，并且将止损点设定在 217 美分处。如果你要等待两日图表上出现趋势变化信号，那么你在 7 月大豆期货穿越 225 美分时买入，那时价格位于两日图表最后顶部上面。此时，行情经过了 6 次上升波动并且在两日图表上创出更高的底部和更高的顶部。因此，如果你将止损点持续设定在两日图表底部下 1 美分处，经过一轮完整的行情你将会赢得 1.00 美元/蒲式耳的利润。

1948 年 1 月 15 日的历史最高的卖出价 436¾美分到 1949 年 2 月 9 日的最低卖出价 201½美分之间的中点是 319⅛美分。7 月大豆期货在 1950 年 5 月 8 日上涨到 320¾美分，5 月大豆期货卖出价为 323¾美分。如果你在 319 美分价位卖空，几天的时间你就会赚取巨额利润。注意从 1950 年 3 月 27 日到 3 月 30 日，7 月大豆期货在 3 天内下跌了 16 美分/蒲式耳。这是在价格和时间上最大回调，下一个回调是从 4 月 25 日到 27 日下跌幅度为 11 美分/蒲式耳的 2 日回调。就时间和价格而言，此下跌幅度比上一波小，显示主趋势并未反转。

5 月 3 日高点 317 美分；5 月 5 日低点 289⅛美分。这波 19 美分/蒲式耳的下跌幅度比 3 月 30 日那波下跌幅度多 3 美分/蒲式耳。虽然价格已经失去平衡，但是 3 天的时间周期并未失去平衡。接着行情反弹 2 天，到 5 月 8 日创出高点 320¾美分。最后一天是非常小的上涨收盘，未能超过上一波顶部上方 4 美分/蒲式耳，显示这是一个弱势信号。两日图表上的这个极限点显示了行情反转而三日图表却未显示。这在两日图表上是个反转时间点，如果你在第2天期望得到更低的价格，你可在高位价格卖出。当5月12日价格下跌到297½美分时，正好位于5月5日底部下面，此时两日图表上底部自2月6日以来第一次被击穿。

记得我曾说过的一个规则：一段快速运行行情持续大约3个月，2月、5月、8月和11月是大豆期货和其他谷类期货趋势变化的重要月份。

大豆期货从5月8日开始下跌，一直持续下跌到5月17日284½美分。注意两日图表上最后的底部是4月27日的284美分，使之成为双重底及买入价位。日图表上的每天顶部越来越低，价格下跌了⅓，即从高点320¾美分下跌到低点219美分，成为一个支撑位。

5月18日价格再创新高，这是自5月8日来第一次超过前期顶部的价格，显示短期趋势再次反转向上。

时间阻力位

你可以像计算价格阻力位一样计算出时间阻力位。将一年8等分，每份大约45天，将一年3等分，每份是120天或4个月。观察这些时间周期的重要变化。从价格极限高点和极限低点价位开始计算时间，这里不用日历年。例如，小麦期货1947年11月29日的高点与1948年1月16日的高点形成双重顶。因此，时间周期应该从这些日期算起。5月大豆期货也在1948年1月15日到达高点。1949年2月9日5月大豆期货最后的极限低价是201½美分。在这个时间周期基础上再增加90天，或者一个¼年，你就能预测趋势的变化时间大约是1950年5月8日，这是大豆期货到达顶部的精确日期。7月大豆期货最后的极限低点在1950年2月6日，仅离1948年的低点日期相差3天。5月大豆期货也在1940年2月3日创出最后一个极限低点。如果由于季节性的趋势使小麦期货继续下跌，你得留意1950年8月8日到10日左右的趋势变化，同时还有8月23日和8月25日的趋势变化。无论如何，应用所有规则并且依据两日图表上所显示的趋势指标操作。用分析7月大豆期货的方法来分析所有的其他谷物品种期货，这样你就能获得更多成功。

例外规则

如果价格在未跌破上一日低点情况下回升了10~14天，那么在两日图表中向上移动趋势线，如果在行情末期价格在波动幅度7~10美分/蒲式耳的区间盘整，你在进行交易时要每天将止损点设定在当天底部下面 1 美分处，或者在最后一天跌破顶部下 5 美分或更多时及时卖出做空。你也可以在这种运行行情中使用信号日期规则。下面例子中将被提及。

11 月大豆期货

例如，1950 年 1 月 3 日高点 207½美分。这是合约初始价格。1 月 4 日低点 204½美分。1 月 5 日高点 207 美分。这是一日图表上的行情转向。1 月 9 日，当价格跌破 204 美分时，卖空并将止损点设定在 1 月 5 日高点 1 美分上即 208½美分处。期间始终未有超过 2 日的反弹，下跌持续到 1 月 31 日的低点 191½美分。我们知道 11 月大豆期货曾经最高价是 383 美分。使用最高价的½规则，这样使得 192 美分到 191½美分是可靠的买点，同时将止损点设定在 189 美分处。如果你等待两日图表出现转向的话，它将上涨到 2 月 3 日的 195½美分，然后在 2 月 8 日下跌到 191¼美分，形成一个双重底。2 月 18 日价格第一次穿过两日趋势线顶部，基于两日图表规则这成为买入点。

持续的上涨行情创出更高的底部和更高的顶部。3 月 27 日高点 210 美分。高于 1 月 3 日期货开盘价 207½美分，表明后市会更高。随后在 3 月 29 日出现一个 2 天的回调并到达低点 2.00 美元。注意 3 月 23 日的最后底部是 199¼美分。这时你应该加仓买进并将止损点设定在 198¼美分。当价格穿越 210 美分时候继续加仓。上涨持续到 5 月 3 日到达高点 230 美分。从 2 月 6 日的最低点以来上升了 38¾美分/蒲式耳。注意从 4 月 14 日的低点 203 美分到 5 月 3 日的高点 230 美分，这期间并未出现 2 日的底部被跌破。实际上，在日图表上也未发生过底部被击穿的情况。在这里你将应用例外规则并通过将止损点设定在最后一天的低点下 1 美分处来保护你的利润，或者从高点价位第一次下跌 5 美分处卖出。注意：5 月 1 日高点229½美分；5 月 2 日，低点 224½美分；5 月 3 日，开盘价 226 美分，高点 230 美分，收盘 225 美分。这是一个信号日，你应该卖出多头并做空。价格在 5 月 5 日下跌到 215 美分，与 5 月 25 日到 26 日创出的系列底部处于同一水平；因为这只是一个 2 天的回调，因此成为一个买入价位。随后在 5 月 8 日出现 2 天的快速反弹，并创出一个更低的顶部，当日收盘价接近另外一个信号日的价格低点，表明这是个做空点。5 月 13 日低点 212½美分。注意 211¾美分是 191½美分到 230 美分之间的½位，这是一个买入价位。5 月 25 日价格上涨到 230 美分，创出一个双重顶部，这成为一个卖出做空位。

5 月 26 日价格回调一天到达 221½美分。在 6 月 1 日反弹到 228 美分，连续 3 天创出更高的底部。在这里你要应用例外规则在两日图表上记录这次变动。你应该坚持做空，并将止损点降至 229 美分处。6 月 6 日低点为 216½美分。6 月 10 日高点到达 223½美分。这在两日图表上是顶部，止损点应该下移到 224½美分。6 月 16 日低点 208 美分。注意这个低点恰好高于 1 月 3 日开盘价 207½美分，同时两日图表在 4 月 10 日出现顶部价位 208½美分，形成一个买入水平。如果你仍然要等待两日图表上的趋势转向，你将会注意到 6 月 21 日的高点是 215 美分，6 月 24 日低点 209½美分，创出更高的底部，6 月 26 日到达 216 美分，高于两日图表上创出的顶部，显示这是一个买入水平。战争的发生总是形成谷类商品的牛市行情。当市场暴涨及价格穿越双重顶部 230 美分时，你要继续大量买入。7 月 3 日高点 242¾美分，7 月 5 日价格回调一天到达 234 美分，然后在 7 月 6 日反弹，7 月 7 日当天回升到 243¼美分。我们在两日图表上记录这次运行。当价格穿越 243 美分时，已经超过 44 美分和 436¾美分之间的½，这时你应该将多头止损点提高到 235 美分并继续大量买入。

从 7 月 15 日低点到 7 月 17 日高点 257½美分共上涨了 49½美分。这里你应用例外规则并将止损点设在 7 月 17 日的最低点 252 美分下相距 1 美分处，这个价格将平掉你的多头头寸，同时你可在 252 美分做空一手合约。经过 2 天的回调 7 月 19 日的低点为 240 美分，由于它是½价位且在 7 月 12 日低点下 1¼美分处，形成一个买入价位。

随后出现一轮快速的上涨且 7 月 26 日到达 272 美分。从极限低点计上涨了 80¾美分，如果从 208 美分计则上涨了 64 美分。自 6 月 24 日以来只有一个 2 天的回调。

7 月 26 日是信号日，因为这天价格从高点回落 5 美分，收盘价低于顶部 4 美分。同样你可以在 7 月 27 日卖出做空，将止损点设定在 7 月 26 日的最低点下面的 1 美分处即 265 美分。这就是例外规则的卖出方法。行情下跌 3 天直到 7 月 29 日，这是自 6 月 16 日以来比较大一波下跌，表明价格将继续走低，8 月 2 日低点 256 美分。8 月 3 日高点 261½美分。这一天的反弹在两日图表上将成为例外规则的时间拐点。

极限高点对于计算阻力位总是最重要的。从极限低点算起的次高点对于计算阻力位是第二重要的。11 月大豆期货的极限高点发生在 1947 年 11 月 22 日的 383 美分，次高点是 1948 年 6 月 12 日的 347½美分，极限低点发生在 1950 年 2 月的 191¼美分。347½美分和 191¼美分的中点是 269⅜美分，由于价格在大跌前从未超过这个重要价格 3 美分，因此在 1950 年 7 月 26 日形成一个卖出点。将这些重要阻力位标记在日图表上，也记录在两日图表上，这样你能知道买卖点何时会到达。

8 月 4 日在 8 月 2 日低点 255 美分下 1 美分处大量卖出，止损点设定在 262½美分。8 月 5 日低点 245¼美分，8 月 8 日高点 253½美分。两日图表上显示这是一个两天的反弹。8 月 10 日低点 238¾美分，8 月 11 日高点 248 美分。由于一天内反弹了 9 美分/蒲式耳，所以我们将其标记在两日图表上。8 月 15 日低点 236¼美分。注意市场低点在 7 月 5 日和 7 日的分别是 234 美分和 234¼美分，由于价格从 7 月 26 日起下跌了 36 美分/蒲式耳，且 240 美分是 208 美分和 272 美分的½，形成一个买入位并将止损点设定在 233 美分处。回顾 3 月 29 日和 30 日，最后的低点是 2.00 美元，这是 2 天的回调和 10 美分/蒲式耳幅度的下跌。此后主要波动的每个底部越来越高。2.00 美元到 272 美分的中点是 236 美分。注意 240 美分是 208 美分和 272 美分之间重要的½中点。因此价格绝不会收盘在 240 美分下 1 美分处。另外一个指标显示这是个买入位。

8 月 16、17、18 日，每天的低价不断走高。8 月 18 日高点是 244¾美分，市场收盘于 224¼美分。两日图表上显示这是一个上升行情。然而，在两日图表上最后的高点是 8 月 8 日的 256½。基于此我们买入 11 月大豆期货，止损点设定在 8 月 18 日低点下 1 美分处即 232½美分。

经过 2 日回调，8 月 22 日价格跌至 241½美分。止损点应该上移到 240½美分。

8 月 30 日高点 254 美分。注意 254 美分是 272 美分和 236¼美分的中点，成为卖出价位。8 月 8 日以来最后的高点 253½美分位于趋势线顶部，使得 254 美分成为一个平多做空点。

9 月 2 日低点 245¼美分。这是 236¼美分和 254 美分的中点，图表显示这是一个次级反弹位。

9 月 5 日高点 250¾美分。

如果 11 月大豆期货价格穿越 254 美分则表明趋势向上并且价格走高，那么你可以在 9 月 5 日的高点卖空，将止损点设定在 252½美分。当价格收盘在 254 美分和 236¼美分之间的½，即 245½美分以下时，显示后市更低。

9 月 7 日低点 242¾美分。这是低于中点的最后价格变动和低点反弹信号。

9 月 9 日高点 248¼美分。这是 2 日反弹并且是自 8 月 30 日以来的第一次日内反弹。

继续跟随两日图表和阻力位以发现未来的趋势变化。持续研究规则，你将更加确信趋势指标的价值。只要遵循两日图表规则你就能赚取更大的利润。

[W·D·江恩于 1950 年 9 月 9 日]

Chapter 4
大豆、谷物、小麦、燕麦和黑麦期货交易规则（下）

（1950 年 10 月版本）

说明：这些新发现的教程和 1946 年制定的规则完全适用于大豆期货及其他谷物期货市场。大豆期货交易比其他谷物类期货交易更赚钱。虽然将大多数规则和案例应用在大豆期货上，但是这些规则同样适用于其他谷物类期货。

第 1 节　两日图表运行规则

当行情连续上涨两日或多日时，则将两日图表从低位水平随之向上移动。只要市场价格创出更高的底部和更高的顶部，就将两日图表趋势线上移到当日价格的最高点，并且随价格上涨而保持趋势线持续上移。如果价格首次反转且连续两天创出更低的底部，就将两日图表趋势线下移到价格最低点，只要价格反弹天数不超过 2 日则继续下移趋势线。

当两日图表的顶部被穿越时，这是价格走高的信号。当两日图表的底部被击穿时，表明趋势价格会走低（以上内容与第 4 章上半部分内容相同）。

规则 1：趋势信号

只要两日图表上的底部未被击穿则主趋势将一直向上。只要两日图表上的顶部未被穿越则主趋势将一直向下。你必须跟随主趋势方向进行交易，当趋势上升时买进，趋势下降时卖出，同时遵循给出的所有规则。

规则 2：趋势中的时间反转

规则总是有例外的时候，这些例外情况通常发生在市场非常活跃和价格快速移动期间，在这期间价格每天波动幅度在 7～10 美分/蒲式耳。从举出的例子你可以明白，这些情况下的行情反转或者趋势改变在一天内发生。当价格接近极限高点或者极端低点时，你只能记录 1 天价格变化而不是 2 天的变化，当第一次波动被击穿，或者价格跌破一天内的反弹时则认为趋势已经改变，至少暂时改变。当价格在低位水平附近非常活跃且宽幅波动时，如果价格穿越了 1 天内的顶部，根据规则可以认为趋势已经改变，随之进行相应的交易。当行情在极限高点或极限低点而趋势线上并未显示反转时，使用信号日、缺口、每日限价和重要的阻力位这些规则能帮你确定顶部和底部位置。

规则 3：止损指令

市场时常犯错，从而导致趋势突然发生改变以纠正错误，所以你必须坚持使用止损指令保护你的资金安全。当两日图表创出更高的底部和更高的顶部时，在两日图表底部下 1～2 美分/蒲式耳处设置止损点随着趋势向上而将止损点随之向上移动。当价格穿越顶部或者击穿底部时，观察同一价位水平的一系列顶部或底部形态至关重要。采用难以触发的止损方式进行交易，你将获得丰厚利润。不要猜测，让市场自己告诉你它的本来面貌！只根据规则和明确的信号买卖。

当价格下跌时，基于两日图表上的趋势向下，要持续卖空并跟随市场将下跌趋势而将止损点设定在顶部上 1～2 美分处。通常顶部 1 美分以上位置的止损点很少被触发。

规则 4：怎样确定极限高点或极限低点

在使用两日图表的过程中要随时参考和运用前面章节提到的规则及本书相关的规则。

运用两日图表进行交易过程中，当长期上涨行情以快速上开的形态结束时，两日图表或一日图表上并未显示这个变化，因此懂得一些例外规则是很必要的，同时明白使用何种规则适应行情变化和保护利润是必须的。一轮长期下跌行情以微幅反弹并在超过 7 天以上的时期内，价格每天都创出更低的顶部与更低的底部，当它以暴跌的方式结束后同样应用上述规则。接着，行情在一日图表和两日图表还未反转或 1～2 天趋势线在上升中未被击穿或者 1～2 天趋势线在反弹中未被穿越时，这种情况下会出现一波快速的反转行情。此种状况要应用 7～10 天规则，当行情上涨时跟随操作并将止损点设定在每天低点下 1 美分处，同时要留意信号日以便发现上涨行情何时结束。在信号日出现后，在当日收盘前或者接下来一天反弹位做空卖出。如果你不做空，那么要将止损点设定在信号日低点下 1 美分处。

仔细阅读有关缺口的规则，假如缺口在出现信号日，这是趋势改变的更为明确的迹象，因为它很可能是一个竭尽缺口。你也应该运用规则 28。

举例： 1950 年 11 月大豆期货出现的最重要顶部信号日如下：5 月 3 日和 25 日、6 月 15 日和 16 日、7 月 17 日和 26 日（最后高点）。8 月 15 日和 30 日、9 月 25 日和 10 月 16 日（自 7 月 26 日开始最大降幅后的低点）。

当市场已经下跌了相当长时间，然后在超过 7 天以上的时期内创出更低的顶部与更低的底部，这时如果你空头回补或抢反弹，必须要留意信号日和竭尽缺口对趋势的影响。

1950 年 7 月 26 日大豆期货创出了极限高点，这既是缺口又是信号日。当两日图表或一日图表上还未出现信号时你根据信号日和缺口这两个规则及时在顶部做空。出现低点的 10 月 16 日是信号日，一日图表和两日图表上趋势线并未转向，但是信号日和 7 ~ 10 天的规则能帮助你在低位附近平空做多。

例外的规则

如果价格在未跌破上一日低点情况下回升了 10 ~ 14 天，那么在两日图表中向上移动趋势线，如果在行情末期价格在波动幅度 7 ~ 10 美分/蒲式耳的区间盘整，你在进行交易时要每天将止损点设定在当天底部下面 1 美分处，或者在最后一天跌破顶部下 5 美分或更多时及时卖出做空。你也可以在这种运行行情中使用信号日规则。下面例子中将会提及。

规则 5：10 ~ 14 天的运行

当主趋势向上时价格持续上涨，期间回调很少超过 10 ~ 14 天，然后主趋势恢复上涨。只要两日图表穿越一系列顶部且价格不断向新的高位运行，一般在 10 ~ 14 天的回调期间买入比较安全。在下跌市场中反向应用这条规则，只要两日图表显示主趋势向下，在 10 ~ 14 天的反弹期间卖出。当两日图表底部被击穿或者当连续数天同一水平盘整的低点水平被击穿时及时卖出。在上涨行情中一般回调 3 ~ 4 周。下降行情中通常是反弹 3 ~ 4 周，然后继续下跌。

记住，当市场在牛市的最后阶段快速上涨时，期间回调很少超过 2 ~ 3 天。因此，在 2 ~ 3 天的回调期间买入是安全的，止损位设置在两日图表最后底部下 1 美分处。在熊市中反向应用这条规则。当熊市最后阶段快速下跌时，反弹很少有超过 2 天，有时仅仅 1 天。因此，在 2 ~ 3 天的回调期间卖出是安全的，止损点设置在两日图表的顶部上 1 ~ 2 美分处。所以将止损点设定在 2 天底部下或 2 天顶部上之后，你可以不断地买入或卖出。

第2节　基于两日图表的趋势线指标交易规则

你在两日图表上的反弹位买入，或者当两日图表的顶部被穿越时买入，同时将止损位设定在在两日图表最后底部下1~2美分处。当行情经过一轮长期的上涨之后止损位被触发，或两日图表的底部被击穿时，你应改变操作，卖出做空。

时间和价格平衡

通过记录长期上涨行情中的最大价格回调，你将会知道行情何时会失去平衡。

举例：11月大豆期货5月25日高点230美分，6月16日低点208美分，期间价格下跌了22美分/蒲式耳，历经22个日历日即18个交易日。6月21日到24日，行情下跌3天，下跌幅度是5½美分。7月17日高点257½美分，7月19日低点240美分，2天内价格下跌了17½美分/蒲式耳，价格已与前面的回调幅度失去平衡，但时间未失去平衡。

7月26日出现极限高点272美分。这是信号日和竭尽缺口的跳空日，根据所有规则你要平多做空。7月29日低点259½美分，在3天内下跌了12½美分。这个时间周期超越了6月19日的那次回调时间周期，从而打破了时间平衡。行情持续下跌到8月2日低点256美分，7天内下跌了16美分。8月3日价格反弹，高点为261½美分，上涨了5½美分，与6月21日到24日的下跌幅度相同。此后，行情继续下跌，当价格跌幅超过17½美分时，已经与7月17日到19日的跌幅失去平衡。之后行情急跌到8月15日低点236¼美分，从272美分计算下跌了35¾美分。8月15日是信号日，自6月16日低点以来持续了60天。此处是空头回补或买进位置。

从7月26日到8月15日期间有2天的大幅反弹，当价格上涨了3天已与时间周期失去平衡，表明后市价格更高；同时当价格涨幅超过5½美分/蒲式耳时已与反弹价格失去平衡。

从8月15日到30日只有一次2天的反弹。8月30日11月大豆期货的高点254¼美分，这是272美分和236¼美分的½价位。这价位是大豆期货平多做空的位置。在价格下跌了3天之后已打破时间周期平衡。从8月18日到22日价格上涨了5美分/蒲式耳；因此，当价格跌幅超过5美分/蒲式耳时已打破前期的反弹价格平衡。

10 月 7 日到 16 日 7 天内，价格每天创出更低的顶部和更低的底部。你应该应用 7 ~ 10 天规则并跟随市场操作，将止损点设定在每天高点上方 1 美分处。10 月 16 日的高点是229¾美分，止损点设定在 230¾美分处。因为 10 月 16 日这个信号日离 6 月 16 日低点是⅓年周期，所以你应在这信号日空头回补并买入 11 月大豆期货。

从 10 月 16 日低点开始紧跟一波陡直的上涨，当价格在 10 月 18 日越过 231½美分时，231½美分是合约自上市以来的 1/2 价位，这是买入信号，预期后市上涨到平衡位，并在 8 月 15 日到 30 日间的 18 美分/蒲式耳幅度内盘整，然后经过微小的回调，表明后市价格更高。

通过观察时间和价格平衡并结合其他规则，将能帮助你确定价格何时到达极限高点和极限低点。

价格阻力位

阅读前面有关阻力位的所有规则。你将会注意到在阻力表上阻力位是以波动幅度的 1/8 价位以及极限高点或极限低点 1/8 价位计算。当波动幅度的 1/8 价位是 10 美分/蒲式耳或更多时，你可以使用 1/8 价位的 1/2，或者波幅的 1/16，特别是行情在上涨或者下跌了 40 美分 ~ 1 美元/蒲式耳之后。反转行情或者总幅度 1/16 的反弹和回调是重要阻力位，这是趋势第一个变化迹象，1/16 价位将成为支撑点或价格最大限制的买点或卖点。

举例：1950 年 2 月 2 日，11 月大豆期货低点是 191¼美分；7 月 26 日高点是 272 美分；上涨幅度为 80¾美分。它的 1/8 是 10 美分/蒲式耳，1/16 是 5 美分/蒲式耳。假如你将 80¾ 的7/16与低点 191¼美分相加，得到 226½美分，正好是 1950 年 10 月 16 日当天的极限低点，这是第二个期望的支撑点和买入位，这价格到达的日期是信号日，市场大量买单已经证实这个价位的意义。将低点 191¼美分再加上其本身的 1/8，得到 215⅛美分；将低点再加上其本身的3/16，得到 227 美分，这是阻力点或买入位。

如果你将低点 191¼美分再加上其本身的 7/16，得到 274.47 美分，7 月 26 日的高点正好是 272 美分。如果你从 272 美分减去其本身的 1/16，得到 255 美分，这是自 256 美分以来第一个重要的反弹位。

任何时候你都要计算极限高点和极端低点的一定百分比以便找到价格阻力位。此外还需留意和确认自然阻力位。

自然价格阻力位

我们的货币单位是 1 美元或 10 美分，因此，我们将 100 通过 1/8、1/3、10 以及 16 来分割，得出如下的自然价格阻力位：

$6\frac{1}{4}$、$12\frac{1}{2}$、$18\frac{3}{4}$、25、$31\frac{1}{4}$、$33\frac{1}{3}$、$37\frac{1}{2}$、$43\frac{3}{4}$、50、$56\frac{1}{4}$、$62\frac{1}{2}$、$66\frac{2}{3}$、$68\frac{3}{4}$、75、$81\frac{1}{4}$、$87\frac{1}{2}$、$93\frac{3}{4}$和 100。

继续计算这个货币单位的 200、300 倍等数字所代表的阻力位，时刻考虑最重要的 150、175、$187\frac{1}{2}$这些数字，这些自然阻力位对于买卖很重要，因为当时间周期指示趋势变化时，极限高点和极限低点都是围绕这些阻力位形成的。所有阻力价位通常存在由动量或空转所引起的波幅 2 ~ 3 美分/蒲式耳变化。

时间周期的重要性

始于高点或者低点水平的时间周期比价格阻力位更重要，但是它必须结合信号日、7 ~ 10 天规则、缺口和每日限价进行综合考虑。在接近极限高点或极端低点时的时间和价格平衡可以帮助你判断行情趋势。

第 3 节　年度时间周期

将一年 8 等分得到趋势变化的重要时间周期，分别如下：

1/8 年等于 $6\frac{1}{2}$周，或 45 天

1/4 年等于 3 周，或 91 天

3/8 年等于 $19\frac{1}{2}$周，或 135 天到 138 天

1/2 年等于 26 周，或大约 182 天

5/8 年等于 $32\frac{1}{2}$周，或 225 天到 227 天

3/4 年等于 39 周，或大约 273 天

7/8 年等于 45½周，或 318 天

52 周等于 1 年，或 364 天

所有这些时间周期对于观察趋势的变化很重要，其中最重要的是 13、17、26、35、39 和 52 周，以及第 2 年、第 3 年中的成比例的时间周期，其他周期类同。

一年也能被三等分：1/3 年等于 17⅓周；2/3 年等于 34⅔周。这些时间周期对于从任何重要的高点或者低点水平开始观察趋势的变化也很重要。

记住，所有时间周期不是从 1 月 1 日计算的，而是从极限高点和极限低点日期算起的。

记录所有从主要和次要顶部与底部算起的时间周期。当你根据前期顶部与底部发现多个时间周期时，说明行情趋势即将发生重大变化。

自然季节性时间变化

除了出现在 1 月 2 日或 3 日左右的极限高点或低点外，我们不使用日历月来表示时间周期，我们使用的是更加重要的季节性时间周期，因为许多重要的高低点出现在这些季节性时间周期附近。

季节性时间周期按年分布如下：

12 月 21 日；

2 月 5 日；

3 月 21 日；

5 月 5 日；

6 月 21 日；

8 月 5 日；

9 月 21 日；

11 月 8 日；

12 月 21 日。

然后在第 2 年和第 3 年重复，以此类推。

这些季节性的时间周期将一年 8 等分，每等份大约 45 天。你可以将这些时间周期再 2 等分为 22½天。例如：12 月 21 日到 2 月 5 日，中间的 1 月 13 日被视作为 1/2 周期位置，6 月 21 日到 8 月 5 日之间的 1/2 周期位置是 7 月 14 日。

这些时间周期与实际日期相比只有 3～4 天的误差。谷物类期货最重要的行情变化出现在 2 月、5 月、8 月和 11 月。因此这些日期和月份对于观察次级趋势变化最重要，但要牢记历年的最高点与最低点价格的日期，并观察围绕这些日期的行情趋势变化。此外，观察两日图表上的不同时间区间，当行情创出重要高点与低点时记录其具体日期，然后，观察基于每年的 1/8、1/4、1/3、1/2 等时间周期的行情变化。

记录高低点日期

为了观察每年内相同月份行情趋势变化，当极端高低点价格出现在不同区间时，记录相应的日期是重要的。

1920 年 2 月 15 日，高点 405 美分；

1930 年 6 月 15 日，高点 216 美分；

1932 年 12 月 28 日，低点 44 美分；

1936 年 10 月 5 日，低点 120 美分（大豆期货开始上市交易）；

1939 年 7 月 15 日，5 月大豆期货低点 67 美分（最低点）；

1941 年 9 月 14 日，高点 202½美分；

1941 年 10 月 17 日，低点 154½美分；

1942 年 1 月 10 日，高点 203½美分（当时的最高卖点）；

1947 年 10 月 28 日，低点 334 美分；

5 月大豆期货 1947 年 11 月 29 日第一次形成顶部，小麦期货到达高点。

1948 年 1 月 15 日，高点是 436¾美分；

2 月 14 日，低点 320½美分；

11 月大豆期货 6 月 15 日高点 347½美分；

5 月大豆期货 10 月 15 日低点 240 美分；

11 月 23 日，高点 276¾美分；

1949 年 2 月 9 日，低点 201½美分；

注意1941年9月14日历史顶部202½美分是1920年高点405美分的1/2，因此201½美分在1949年2月成为一个支撑点和买入价位。

5月大豆期货

在1949年8月26日到达高点243½美分；

11月16日，低点220½美分；

11月大豆期货

1950年1月31日；

2月2日低点191¼美分；

2月6日

4月14日，低点203美分；

5月3日

5月25日，高点230美分；

5月13日，低点212½美分；

6月16日，低点208美分；

7月26日，高点272美分；

8月30日，高点254¼美分；

10月16日，低点226½美分。

通过记录你可以看到大多数高点与低点每年出现在不同月份里的第13日和17日之间，以及不同月份里的第23日到29日之间。因此，每月的这些日期对于观察趋势变化非常重要。

每年每月第10日左右都要出台政府报告，因此，有时高点与低点在每月的第9日和第10日附近出现。

最重要的趋势变化出现在第3个月末或第13周末，这是一年的1/4；一年的1/3大约120天；一年中的1/2是26周，或182天。

注意11月大豆期货最后的低点出现在1950年6月16日，为208美分，另外一个低点出现在8月15日，相隔60天。下一个极限低点出现在10月16日，这是始于6月16日的1/3年，同时也是始于1950年4月14日的1/2年。

1950年5月25日11月大豆期货创出高点230美分，极限高点出现在7月26日，次高点出现在8月30日。

1950年10月26日从7月26日高点算起是92天或1/4年，因此，这是观察趋势变化的重要日期。你会注意到1950年6月24日的最后低点是209½美分，这发生在战争爆发之前，因此，1950年10月24日将是自6月24日算起的1/2年。

第4节　谷物期货图表上缺口含义

在上涨行情中，缺口是指开盘价格高于上一日收盘价并且当天的低点高于前一日的最高价。在下跌行情中，缺口则指开盘价格低于上一日低点并且当天的高点低于前一日的最低点。

在上涨行情中出现缺口的原因通常由一些利好消息引发大量买单，并且市场在当日最高价附近强劲收盘。经过一个晚上，大量累积多头以较高价格买入。这些累积的买单经常导致开盘价远远高于前一天的最高价，留下一个缺口。缺口可能持续几天，即缺口可以出现3～5次而未回补。如果最后一天出现缺口，价格低于出现缺口那天的最低点价差超过1美分，表明市场已经见顶，至少是临时见顶的信号，这时你应该卖出并做空。

竭尽缺口

谷物类期货经过长期上涨之后，通常仅出现1天的跳空日，这个缺口通常是信号日，这在一些重要的1/2价位附近多次出现。当这种缺口出现后，第二天价格将下跌回补缺口，你的止损点要设定在缺口当日最低点下1美分处，如果这是个信号日，你在第二天开盘价或任意小幅反弹位卖出。通常你应该将止损点设定在跳空日最低点下1美分处加以保护，然后反向操作。

例如，11月大豆期货1950年7月15日高点250½美分，收盘价249美分。7月17日是星期一，累积的大量买单涌进市场导致开盘价到达254美分。当天低点是253美分，高点257½美分，收盘价255美分。这不是信号日但却是空日，因为最低的价格超过前一天高点2½美分。因此，你将止损点设定在7月17日低点下的1美分处即252美分处。这时你平掉大豆期货多头头寸，并在252美分做空。随后行情急剧下跌到7月19日并创出低点240美分。因为240美分位于44美分到$436\frac{3}{4}$美分1/2位，所以这是买入位。

7月21日高点253美分，低点249美分，收盘于顶部253美分，并在$247\frac{1}{2}$处留下一个缺口。因此将止损点设定在$246\frac{1}{2}$美分或者当日缺口下1美分处。

7月22日低点248美分，由于未到达缺口下1美分处故未触发止损点。

7月25日低点$253\frac{1}{2}$美分，高点263美分，收盘于263美分。

7月26日，价格以266美分强劲开盘，超过上一日收盘价3美分，留下一个3美分的缺口。低点266美分，高点272美分，收盘于268美分。这是个信号日，因为$269\frac{3}{8}$美分是$191\frac{1}{4}$美分与$347\frac{1}{2}$美分的1/2价位。另外7月26日是个信号日，且价格位于一个重要的1/2处，基于上述两个原因，当天你应该卖出11月大豆期货并做空。价格已经经历了大幅上涨，你如果没有卖出，那么将止损点提高到7月26日缺口低点下1美分处，即265美分。在7月27日，你的止损位被触发，你卖出11月大豆期货多头头寸并做空。

7月27日，缺口回补。价格收盘于264美分，此后行情继续下跌。

下跌行情中的竭尽缺口

当市场行情持续下跌相当长的周期且下跌幅度十分大时，缺口显得至关重要。缺口可能出现在极限低点日，也可能出现在极限高点日。当市场下跌相当长的时间之后交易者期待出现反弹。结果，市场在当日以最低价弱势收盘；交易者决定平掉多头亏损离场，他们第二天在开盘后卖出合约，也可能大量卖空。累积的大量卖单超过需求，使得开盘价低于前一天的低点，留下一个缺口以待第二天回补，在接近重要的1/2点或信号日之前，可能要出现几个跳空缺口。你处于空头市场和跳空缺口时，要将止损点设定在发生缺口当天的最高价下方1美分处。

例如，1950年9月16日，11月大豆期货高点$241\frac{1}{2}$美分，低点$239\frac{1}{4}$美分，收盘于240美分。注意240美分是一个重要的1/2点位。因此，大量买单或卖单经常在这些重要点位附近出现。市场从极限高点2.72美元以及次高点254美分处一直下跌。

9月18日高点238美分，低点$233\frac{1}{2}$美分，收盘于236美分，在前一天的低点$239\frac{1}{4}$美分与当日高点238美分之间留下一个缺口。这个缺口很长时间都未回补，此时将你的大豆期货空单止损点设定9月18日高点238美分上面1美分处即239美分处。

9月25日，价格下跌到$231\frac{1}{4}$美分，这是$191\frac{1}{4}$美分和272美分之间的1/2位。这是个中等反弹自然支撑位或者买入价位。

10 月 4 日，高点 239¼美分回补了缺口，到达 9 月 16 日的最低点，但是未到达 9 月 16 日的收盘价。由于未能穿过重要的 1/2 价位即 240⅜美分。因此你可在这个价位做空并将止损点设定在 241⅜美分处。

10 月 16 日，11 月大豆期货低点 226½美分。这是信号日。当日开盘价格低于 9 月 14 日最低点 1/2 美分/蒲式耳，然后下跌，盘中有所回升，当日收盘价格高于 9 月 15 日收盘价且接近当日最高点。这是个信号日，即使这不是缺口也是应该空头回补和买入的时机。如果你在市场的收盘前看到当天是信号日却未能空头回补，那么应将止损点设定在 9 月 16 日高点上方 1 美分处，即 230¾美分。

始终观察长期上涨或长期下跌中的缺口，然后应用所有规则进行相应操作。此外，还要观察在长期上涨或长期下跌中何时会出现信号日。当价格每天上涨并创出更高底部或每天下跌并创出更低底部时，应用 7 ~ 10 天规则。

涨跌停板的含义

目前，大豆期货的日价格波动限制是 10 美分/蒲式耳，意指价格基于上一日的收盘价上涨或下跌幅度不超过 10 美分/蒲式耳。小麦的涨跌停板是每日 8 美分/蒲式耳。

当价格上下波动时，涨跌停板价通常是在长短期需求增加和巨量买卖单共同作用而产生的结果。当价格运行到涨停板价时通常有一个缺口，当价格处于极限价位时，通常是个信号日，同时价格经常接近一些重要的阻力位。当市场非常活跃且价格快速运行时，它们有时会连续涨跌停 3 ~ 4 天。在 1939 年 9 月，当希特勒发动战争后，小麦期货价格连续 4 天涨停板，并在第 5 天上午开始做顶，随后暴跌。正常情况下，期货很少有超过 2 ~ 3 天的涨跌停板。当它们连续 2 天涨跌停且收盘在当日极限高点或极限低点时，在第二天开盘时买进或卖出一般比较安全，将止损点设置在离高低点价格相距 2 ~ 3 美分处。

1950 年 7 月 25 日，11 月大豆期货当日以涨停板收盘。在 6 个交易日累计上涨了 32 美分/蒲式耳之后，当日留下一个缺口并成为信号日。此时应用 7 ~ 10 天规则和周时间规则，从 6 月 24 日低点算起是 30 天；从 5 月 25 日算起是 60 天；从 3 月 27 日高点算起是 4 个月或 1/3 年；由于当日是竭尽缺口和信号日，同时价格已经处于涨停板且位于一个重要的 1/2 价位，因此使得此时成为一个平多做空日。

1950 年 10 月 16 日，11 月大豆期货低点 226½美分，这是一个信号日；基于 7 ~ 10 天规则和阻力位规则，这是空头回补和买入位。

1950 年 10 月 18 日，价格高开上涨至涨停板，留下一个小缺口，最后收盘在当日高点，期间回调幅度非常小，并未显示价格走低的信号。

1950 年 10 月 25 日，11 月大豆期货高开并出现一个缺口，然后上涨至涨停板，收盘仅仅低于当日高点 1 美分。这是价格自 10 月 16 日以来第二次涨停。上涨持续到 10 月 26 日和 27 日。截至 10 月 27 日，5 月大豆期货涨幅达 2/3，创出自合约上市以来的最大涨幅。当天不是信号日，价格也未跌破始于 10 月 16 日底部起的任何一天低点 1 美分。从这价位水平你能看到 10 月 30 日是趋势变化点或相对于 8 月 30 日顶部的信号日，原因在于 1932 年 12 月 28 日是低点日期，而 1947 年 11 月 29 日是高点日期。

写到这里时，可以发现自 10 月 16 日以来还有两个缺口未被回补。你现在将通过观察信号日和缺口，或者根据价格击穿先前日期底部下 1 美分来判断趋势变化，行情至少会在合理范围内的回调。

1950 年 7 月 26 日从 10 月 26 日高点算起是 92 天或者 1/4 年。因此，11 月 26 日从 7 月 26 日高点算起是 1/3 年，这对于观察 5 月大豆期货趋势变化，即主要趋势指标很重要。

周高低点图表

周高低点图表对于测量一年的 1/8、1/4、1/3、3/8、1/2、5/8、2/3、3/4、7/8，以及 52 周或 1 年的时间周期极其重要。这些时间周期从极限低点或极限高点以及次级顶底开始计算。除了极限低点或者极限高点出现在每年的 1 月 2 日或 3 日，不要从日历年的 1 月 1 日开始计算时间周期。极限最低点和极限高点对于计算和测量时间周期最重要。

例如，1932 年 12 月 28 日，大豆现货极限低点 44 美分。这表明你要观察本月 28 日左右的重要的变化并留意这个时间附近的信号日和 1/2 点位及可能出现的缺口。

1948 年 1 月 15 日，5 月大豆期货历史最高点是 436¾美分。因此，你应该观察每月的 15～17日的趋势变化。当始于极限高点或者低点的时间周期出现在第 13 周，即 1/4 年；第 17 周，即 1/3 年；第 26 周，即 1/2 年；第 35 周，即 2/3 年；第 39 周，即 3/4 年；第 52 周，即 1 年时，这些点位对于判断趋势变化比较重要。1/2 年与高低点价格之间的 1/2 价位同等重要。始于重要底部和顶部的全部时间周期都要记录在图表上，以保持记录的连续性。当价格创出新高或新低时，始于这些价位的时间周期应该被记录上。

假设当价格接近一个重要的 1/2 价位时你正在观察时间变化。通过查看顶部日期，你可以找到 156 周，即 3 年；另外一个时间周期是 104 周或者 2 年；接着一个时间周期是 52 周或者1年；还有一个时间周期是65周或1¼年。如果这些时间周期在同一时间水平出现，则会出现信号日和缺口，并且接近重要的1/2价位附近，这将是一个重要趋势变化的可靠指标。

你要不断实践和学习！通过检查始于每个顶部与底部的时间来发现时间周期以便明白时间周期是如何运行的，也可以通过检查这些时间周期来发现重要阻力位以便明白这些阻力位的重要性。注意一定要比较前期的顶部与底部，查看一个高点或者低点价格是否到达一些前期高低点水平，或者历史行情中的一些高低点水平。

例如，1949年2月9日，5月大豆期货低点为201½美分。假设在2月、5月、8月或11月，5月大豆期货击穿这个低点价位，并且出现一个始于前期高点或低点的精确时间周期，那么它对于预测更低的价格会显得至关重要。假设在1951年2月9日，或3年，或156周，5月大豆期货在低于201½美分卖出，这是价格走低的重要信号。你将看到下一个极限低点是在1941年10月17日战争期间创出的154½美分。假设在1951年和平时期豆类作物前景不错，你将估计价格能到达154½美分或更低，当价格到达一个次级反弹的低点时，你要应用所有规则获取趋势指标，但任何时候你都要跟随主趋势。只要主趋势下降，在反弹位上卖出是安全的。在上涨的主趋势中，只要在回调位上买入或当重要的顶被穿过时买入就很安全。

11月大豆期货周图表

11月大豆期货是1947年7月7日开始上市交易，因此，在周图表上你从每个重要高低点水平开始研究时间周期显得非常重要。那些从底部和顶部穿越的时间周期被标注在周图表上，并用箭头指向重要时间周期，例如从每个极限高点或低点开始的1/8年、1/4年、1/3年、1/2年等。

1947年11月22日高点383美分。这是11月大豆期货的历史最高点。

1948年10月3日低点232美分，从1947年7月7日算起是65周或1¼年；从1947年11月高点算起是45周或7/8年；从1948年6月高点算起是16周。

1949年6月低点193美分，从1948年10月算起是36周或2/3年；从1948年6月算起是52周或1年；从1947年11月算起是81周。

1949年8月高点249½美分，从1948年11月高点算起是39周或3/4年；从1947年高点算起是91周或1¾年；从1948年6月高点算起是63周。

1950年2月6日低点191¼美分，它是最高价383美分的1/2，因此这是安全买入位并设立止损位保护。从 1938 年 6 月低点算起是 35 周或 2/3 年；从 1948 年 10 月低点算起是 71 周或 1⅜年；从 1949 年 8 月高点算起是 26 周或 1/2 年；从 1948 年 11 月高点算起是 65 周或 1¼年；从 1947 年 11 月的极限高点算起是 117 周或 2¼年；从 1948 高点算起是 88 周或近似 1¾年。这些精确的时间周期出现在自然时间周期 2 月 5 日收盘价位附近，另外这是最重要的 1/2 位，因此是安全可靠的买入位。

检查所有重要的顶部与底部的周高低点时间周期。将这些时间周期标注在周图表上，这样你能看到未来的行情趋势变化。

遵循明确的规则，不要猜测！让市场自身告诉你。只在明确指标出现后进行交易并设定好止损位保护你的本金和利润。投入研究学习的时间越多，你就越易于取得成功。如果你研究市场并应用规则，同时持续学习，那么你就能抓住机会从而赚取利润。你一定要事先彻底理解所有的规则，这样才不会错过机会。

当价格窄幅盘整时，它们经常位于极限低点水平位，你要做的事就是等待！让市场有充裕时间显示未来趋势。无论市场突破盘整区间之后上涨或下跌，你都能赚取丰厚的利润。

回顾5 月，7 月和11 月大豆期货的图表，包括日图表和两日图表，你可以看到如何通过在两日图表上进行交易来赢利。将买点和卖点标记在两日图表上，同时也用红色标记止损点。注意图形底部和顶部用红色×标记。

例证

7 月大豆期货——从 1949 年 11 月 16 日到 1949 年 12 月 5 日，以及到 1950 年 2 月 2 日和 6 日，两日图表上的每个运行都是一个较低的顶部，显示主趋势向下。2 月 6 日开始，价格下跌到 219 美分，因为这是一个双底，所以这是买入价位。如果观察阻力表你会发现，218⅜美分是 5 月大豆期货历史最高点的 1/2。因此，要依据这一重要的 1/2 点位买入 5 月或 7 月大豆期货，并将止损位设定在 217 美分。如果你要等待两日图显示趋势变化信号，那么当7 月大豆期货穿过 225 美分时是你买入的时机，因为这个价格已经超过两日图表上的最后高点。在这之后两日图表出现 6 次波动并创出更高的底部和更高的顶部，如果你将止损位设定在两日图表底部的 1 美分下，那么你将会抓住整个波段，实现近 1 美元/蒲式耳的利润。

5 月大豆期货——从 1948 年 1 月 15 日的 5 月大豆期货历史记录上的最高价 436¾美分，到 1949 年 2 月的最低价 201½美分，它们之间的 1/2 点位是 319⅛美分。7 月大豆期货上涨至 1950 年 5 月 8 日的 320¾美分，此时 5 月大豆期货是 323¾美分。如果你已经卖出多头并在 319 美分附近做空，在未来几天内你就能赚取丰厚的利润。注意 1950 年 3 月 27 日至 3 月 30 日，3 天内 7 月大豆期货下跌了 16 美分/蒲式耳。这是价格和时间上的最大幅度的回调。下一个回调是从 4 月 25 日至 27 日，2 天内下跌了 11 美分/蒲式耳。这在时间和价格上相对前一次是比较小幅度的回调，没有迹象显示主趋势已经反转向下。

7 月大豆期货——5 月 3 日，高点 317 美分。5 月 5 日，低点 298⅛美分，3 天内下跌了 19 美分/蒲式耳，相对 3 月 30 日低点下降幅度增加了 3 美分/蒲式耳。这个回调价格已经打破了平衡，但并未打破 3 天时间周期平衡。经过 2 天的反弹之后，在 5 月 8 日，创出高点 320¾美分。最后一天只超过前期顶部一点，但未超过其 4 美分/蒲式耳，这是行情弱势的迹象。

这个极限点在两日图表上显示是反转行情而三日图表却显示不是。这是两日图表上的时间反转，如果你要等到第二个交易日出现更低的价格，你仍然在较高的价位卖出。当价格下跌至 5 月 12 日的 297½美分时，已经低于 5 月 5 日的底部，这是自 2 月 6 日以来两日图表的底部第一次被击穿。

记住规则：快速移动的行情将持续大约 3 个月，并且 2 月，5 月，8 月和 11 月是大豆期货和其他谷物类期货重要趋势变化月。

行情从 5 月 8 日开始下跌到 5 月 17 日，7 月大豆期货下跌至 284½美分。注意两日图表上在 4 月 27 日创出最后底部 284 美分，形成双底使之成为买入位。日图表上的每日顶部不断走低，价格从高点 320¾美分到低点 219 美分，下跌了 1/3，成为支撑位。

11 月大豆期货（1950 年）

1 月 3 日，高点 207½美分。期货合约开始上市交易。

1 月 4 日，低点 204½美分。

1 月 5 日，高点 207 美分，这是一日图表上的行情反转。

1 月 9 日，当价格跌破 204 美分时我们开始做空并将止损位设定在 1 月 5 日的高点 208 美分上的 1 美分处。下跌持续到 1 月 31 日并创出低点 191½美分，期间未有超过 2 天及 2 天以上的反弹。我们知道，383 美分是 11 月大豆期货历史最高点。

运用最高卖出价的 1/2 规则，则 192 至 191½是可靠的安全买入点，止损位设在 189 美分处。如果你要等待日图表出现反转信号，则它上涨至 2 月 3 日的 195½美分，然后下跌到 2 月 6 日的 191¼美分并创出双底。2 月 18 日，行情第一次穿越 2 日趋势线顶部，使之成为基于两日图表规则的买入价位。

行情继续上涨并创出更高的底部和更高的顶部。3 月 27 日的高点到达 210 美分，已经高于 1 月 3 日合约开盘价格 207½美分，预示后市价格更高。接着经过 2 天回调到达 3 月 29 日的低点 2 美元。注意，3 月 23 日的 199¼美分是最后底部。你要加仓买入并将止损位设定在 198¼美分处。当价格穿越 210 美分，你继续加仓买入。上涨行情一直持续到 5 月 3 日，出现高点 230 美分。这一波行情从 2 月 6 日的低点开始共上涨了 38¾美分/蒲式耳。

注意：从 4 月 14 日低点 203 美分到 5 月 3 日的高点 230 美分，期间两日图表的底部未被击穿。实际上，日图表上的底部也都未被跌破过。这时你要运用例外规则来保护你的利润，价格从高点水平首次下跌 5 美分时开始卖出。

注意：5 月 1 日，高点 229½美分；5 月 2 日，低点 224½美分；5 月 3 日，高点 230 美分，开盘于 226 美分，收盘于 225 美分。这是信号日，因此你应该卖出多头并做空。5 月 5 日价格下跌到低点 215 美分，与 5 月 25 日至 26 日创出的系列底部水平相同，因为仅有一个 2 天的回调，这是买入价位。行情快速反弹 2 天后到 5 月 8 日，创出更低的顶部并收盘在低点附近使之成为信号日，表明这是卖出位。

5 月 13 日，低点 212½美分。注意 211¾美分是 191½美分和 230 美分的 1/2，这是买入价位。价格上涨至 5 月 25 日到达 230 美分，形成双顶并成为平多做空位。

5 月 26 日价格回调到 221½美分，这是 1 天的回调。随后市场在 6 月 1 日反弹至 228 美分，行情连续上涨 3 天并创出更高的底部。这里我们使用例外规则并在两日图表上记录这次变动。继续持有空单，并将空头止损位降低到 229 美分。

6 月 6 日，低点 216½美分

6 月 10 日，高点 223½美分，这是两日图表上的顶部，将止损位下移至 224½美分

6 月 16 日，低点 208 美分。注意这仅仅高于 1 月 3 日开盘价 207½美分，此外 2 日顶部是 4 月 10 日的 208½美分，使之成为买入价位。如果你等待两日图表上的出现行情反转信号，当价格穿越 6 月 21 日价格 215 美分形成的最后 2 天顶部时，你应该在 6 月 26 日的 216 美分价位买入。

6 月 24 日低点 209½美分，这是比 6 月 16 日更高的底部。当价格穿越 6 月 26 日的 215 美分时，它们都超过 2 天的顶部，预示价格走高。价格越过 230 美分之后，形成双重顶，你能计算出从 191¼美分到 230 美分之间的幅度是 38¾美分。将 230 美分加上 38¾美分，得到结果表明价格会到 268¾美分。行情在 7 月 26 日高点是 272 美分。战争爆发，战争始终会形成牛市，并会导致谷物上涨。因此期货市场快速的上涨，价格在 230 美分穿过双重顶时，你要加仓买入。

7 月 3 日，高点 242¾美分，经过一天的回调在 7 月 5 日到达 234 美分。然后反弹到 7 月 6 日，7 月 7 日回调到 234¼美分。我们在两日图表上详细记录这一变化。将止损点提高到 233 美分并在价格穿越 243 美分时加仓买入，因为它是 44 美分与 436¾美分之间的 1/2 位。

7月17日，高点257½美分，从6月16日的低点算起上涨了49½美分。在这里，你运用例外规则并将止损点设置在252美分，止损点低于7月17日低点1美分，此时你应该在252美分处平多并做空。7月19日低点240美分，这是2天回调，由于它位于1/2点位，并且仅低于7月12日的低点1¼美分，成为买入价位。行情经过快速上涨价格到达7月26日的2.72美元。这一波从极限低点算起上涨了80¾美分，从208美分算起则上涨了64美分。自6月24日低点以来只出现过一次2天的回调。

7月26日是竭尽缺口和信号日，因为价格收在顶部下面4美分处，价格已经跌破高点5美分。你应在7月27日平多做空，将止损位设在7月26日低点下1美分处即265美分。这里运用例外规则在适当的时候离场。市场到7月29日已经下跌了3天，这是自6月16日来的较大的下跌时长，预期后市价格继续走低。

8月2日，低点256美分。

8月3日，高点261½美分，这一天的反弹作为例外显示在两日图表上，形成时间反转。

极限高点对于计算阻力水平位始终是最重要的。任何合约的次高点对于计算从极限低点算起的阻力水平位也很重要。11月大豆期货的极限高点是1947年11月22日的383美分。次高点347½美分则出现在1948年6月12日。极限低点191¼美分出现在1950年2月。1950年7月26日创出的347½美分和191¼美分之间的1/2点位269⅜美分非常重要，同时价格并未超过它之前的价位3美分，使之成为卖出位。这些重要的阻力点位既标记两日图表也标记在日图表上，这样你就能知道它们会何时到达这些阻力点。

8月4日，你在8月2日的低点下1美分，即255美分加仓卖出11月大豆期货，止损点设在262½美分。

8月5日，低点245¼美分

8月8日，高点253½美分。这是显示在两日图表上的2日反弹。

8月10日，低点238¾美分

8月11日，248美分。由于这是9美分/蒲式耳日反弹，我们将其标记在两日图表上。

8月15日，低点236¼美分。注意在7月5日和7日分别创出234美分和234¼美分的低点，因为市场已经从7月26日下跌36美分/蒲式耳并且208美分和272美分的1/2点位是240美分，使之成为买入价位，将止损点设在233美分。回顾3月29日和30日，那时的最后一个低点是2.00美元，回调了2天并下跌了10美分/蒲式耳。自那时起在主要波动中每个底部变得越来越高。2.00美元和272美分之间的1/2是236美分。注意，240是208和272之间的重要的1/2点位，并且在任何时候价格都未低过240下1美分。这表明这是买入价位。8月16日，17日和18日，每天的低点价格不断走高。市场在8月18日的高点为

244¾美分，收盘于244¼美分。在两日图表上是向上运行。不过，两日图表上的最后实际高点是8月8日的253½美分。基于这一点，我们将持续买入11月大豆期货，将止损点设定在8月17日和18日的低点下1美分即238½美分处。

8月18日，11月大豆期货上涨至247¾美分。

8月22日，行情经过2天回调价格下跌至241½美分。此时将止损提升到240½美分处。

8月30日，高点254美分。注意这是272美分和236¼美分的1/2点位，这成为卖出价位。另外，8月8日创出的最后高点253½美分位于趋势线顶部，使得254美分价格成为平多做空位。

9月2日，低点245½美分。这是236¼美分和254美分之间的1/2点位，显示这是短期反弹。

9月5日，高点250¾美分。

9月7日，低点242¾美分。低于最后运行的1/2点位下，同时也是反弹后的低点信号。

9月9日，高点248¼美分，这是自8月30日来的首次2日反弹。卖空11月大豆期货并将止损点设定在9月5日高点处252½美分，但是价格在穿过254美分时则显示趋势上涨，行情将创出更高的价格。当价格收盘于254美分和236¼美分之间的1/2位时，即低于245½美分时，预示行情会走得更低。

[W·D·江恩于1950年10月28日]

Chapter 5
预测谷物期货的理论基础——几何角度（上）

（1940 年版本）

第 1 节　谷物期货理论基础

数学可称得上是唯一精确的科学。如果精通数学这门科学，便具有了通往宇宙的强大力量。拉尔夫·爱默森曾经说："上帝实际上无时不用几何学"。另一位智者说："宇宙中除数字之外并无他物"。历史上最伟大数学家毕达哥拉斯加，通过研究数学并最终发现了自然规律的证据后宣布："在上帝出现之前只存在数字"。他相信数字的运行法则创造了上帝和众神。常言道：数字从不说谎。人们深信数字能告诉事实真相，数字能解决所有问题。如果没有数字，化学家、工程师和天文学家们在科学研究道路上将会迷失方向。可见数学在人类历史进步和科学发展道路上发挥着深远的影响。

通过使用数学解决问题并得到正确的结果并不困难，以致少数人依靠数字来准确预测商业、股票和商品的未来价格走势令大多数人不解。数学基本原理是很容易学习和明白的，比如你使用几何学、三角形或者微积分法，你都用到了简单数学知识。而这些简单知识仅包括：加或减。

数学里有两种基本的数字：奇数和偶数。我们把数字加在一起，就是加法。数字相乘，其实这是加法的捷径。数字相减，就是减法，数字分割也是减法的一种。我们运用高等数学，也就是找到一个更快更容易的方法实现加减乘除，当你明白这些时候事情的时候，一切就变得简单了。

自然界中万物分为雄性和雌性，白色和黑色，和谐和混乱，左和右。而市场运行只有两个方向，向上和向下。我们知道事物有三个维度：长、宽、高。在几何学中我们经常使用三种图形：圆形、正方形和三角形。我们使用圆中的正方形和三角形来确定时点、价格和空间阻力位；我们还使用圆的360度来测量时间和价格。

几何学中有三种角度：垂直角度、水平角度和对角，我们使用这三种角度来测量时间和价格的变动。我们使用奇数和偶数的平方，这些不但能证明市场的运行规律，而且也可以发现市场运行的原因。

第2节　如何绘制图表

图表是过去行情运行的记录。未来是过去的重复，本质上没有新东西。正如《圣经》中所言："已出现的事，未来必会再现"。历史会重现，我们根据图表的记录和有关规则可以确定图形何时重现。所以，市场研究的首要任务是正确绘制图表，如果你绘制了错误的图表，那么你在应用有关规则进行交易时就会犯错而导致亏损。

年图表

你应该制作一张年高低点图表，以直线的方式记录一个自然年中的最高和最低价格。根据市场情况，价格空间可以用每1/8英寸表示1美分或表示1/2美分。

月图表

你始终要制作一张月高低点图表，在判断主趋势时，它是最重要的图表。月高低点图表是在一条直线上记录一个自然月中的最高和最低价格的图表，在每格或方格图表上1/8英寸表示1点或1美分/蒲式耳。

周图表

另外一个需要制作的重要图表是周高低点图表。在小麦、玉米、黑麦和燕麦谷物期货中，你应该使用1/8英寸表示1/2美分或者2格表示1美分或者1英寸表示4美分。

周移动平均线或中点

为了获得周移动平均线，将每周最高价和最低价之和除以 2，得到每周的 1/2 价格或者中点。标记在周高低点图表上或单独标记在一张图表上，然后将各周中点连接起来就形成周移动平均线。周中点图表将在后面章节详述。

日图表

当你进行谷物期货交易时，必须制作一张日高低点图表。如果仅用于研究目的，周、月图表已经足够了，它们能给予你趋势变化指示。日图表比其他图表更能显示短期趋势的变化，但不能指示行情运行的时间长度。日图表应和其他图表一样使用相同的比例绘制。如果谷物期货价格高于 1. 5 美元/蒲式耳时，应该以 1/8 英寸表示 1 美分/蒲式耳。当谷物期货在正常范围内交易时，则以 1/8 英寸表示 1/2 美分。

在日图表上，不要排除节假日，因此它的时间周期表示的是实际的交易天数，而不是日历日天数。不管怎样你必须至少每两周沿趋势线标记一次日历日的天数。此后，按照趋势变化的时间周期规则，你将会发现这样做对于检查和知道顶点或底点之后的第 30、60、80、120、135 等天数的行情趋势非常重要，这个天数是表示日历日天数，这是对日图表上时间的精确测量。我们经常用日图表上的实际交易日测算出精确时间几何角度；同时，我们用日历日测算时间周期。因此日图表对于趋势变化具有双重的指示作用。

第 3 节　几何角度及绘制方法

经过多年的市场实战，我发现几何角度能够精确地测量空间、时间、成交量和价格。

正如我在前面说过的，数学是一门精确的科学。不论民族不论语言，所有人都认同 2 加 2 等于 4。然而所有的其他科学都不同于数学科学。我们知道，不同领域的人对于同一科学问题有不同的观点，但是在数学的推导上及结论上却惊人的一致。

圆无论大小，都是360度。一定数值的度数和角度都非常重要，就像指示阻力位一样它们能够指示股价的重要的顶部和底部。一旦你完全掌握了几何角度线理论，在实践中你将能够解决一切问题并确定谷物类期货的趋势。

经过40多年的研究、试验和实际应用。我已完善并证明了这些最重要的角度可以用来判断谷物期货市场趋势。因此，专注于这些角度研究，直至你透彻地了解它们。按照我给予你的规则学习和实践，你将获得成功。

由于几何角度比加法或乘法计算更加快捷，而且能按照规则精确计算从高低点或者极限高低点开始的角度值，所以我们使用几何角度去测量空间和时间周期。你在做加法或者乘法计算时也许会出错，而精确绘制的几何角度线可以纠正这些差错。例如：你要计算图表上从底部开始120格，即120天、周、月，你从“0”开始向上画120点长度的垂线，然后从这个120点开始向下画45°角度线，那么图表将显示从“0”开始的第120天位置。你若弄错了数据，而如此操作则会纠正你的错误。

画在图表上的角度线始终可以把市场多空状况和趋势显现在你的眼前，如果你在某个时间阻力位置作了标记，你可能标记错误或者忘记它，然而这些角度线始终会将这些标记展示在你面前。

正确绘制的角度线—移动平均趋势线能够防止你犯错或错判趋势。你若能耐心等待和遵循规则，这些角度线会向你显示趋势的变化。

普通的移动平均线是将每日、周或月的极限高点和极限低点价格之和相除后得到的值连接起来的线，直至最后的日期。因为每周价格可以上移5美分而在另一周则可能移动10美分，所以周线图表上显示的移动平均线在空间或点位上呈现出不规则的形状，然而时间周期却是规则的。因此，从日、周或月线图上的任何一个顶部或底部开始，并按相同比例向上或向下绘画的几何角度线才是真正的移动平均线。

如何绘制几何角度线

我们以数学或几何证明的这三个重要图形的关系：圆、正方形和三角形。我画完了正方形之后，我能在正方形中以相同的直径画一个圆，然后在不同的正方形中画三角形以及在不同圆中画出正方形，依次循环。

角度线一移动趋势平均线可以测量时间和价格并将它们分割为成比例的几个部分。在图中我画了边长为28的正方形。你会看到它是高28、宽28，换言之，即纵向28，横向28。它与正方形方格相似，就如同每个物体都有长、宽和高。有底部或地板，有顶部或天花板以及墙边。

为了在这个正方形中获得最强大的和最重要的位置，我用水平线和垂直线将其分成四个相等部分。请看从 0 延伸至 28 标记为 A 的角度线，它把小正方形分割成两个相等部分。这是沿着 45°移动的对角线，它同时也将大正方形分成两个相等部分。其次，请看“B”角度线，它从“45”开始水平横穿正方形，把正方形分成上下两个相等部分。再次请看“C”线这条条垂线，从 28 的 1/2 位置即 14 处开始向上，在高处 14 的地方穿过中心，并在中心点与其他角度线交叉，它把大正方形分成左右相等两部分，然后再看角度线“D”，它是另外一条 45°线，它从西方和北方的中点开始，精确地穿越中心点 28，再到达东部和南部的交叉点。我所画的第一条线通过正方形的中心，将它一分为二；再从另一个方向画的线将正方形一分为四；最后从正方形的各个角画两条线，把正方形一分为八，生成八个三角形。

如果你观察这个正方形，你很容易一眼就能辨别出最强大的支撑或阻力位置，它是在所有角度线互相交叉的中心点上。四条角度线在这点交汇，自然比一条角度线通过所产生的支撑作用要强大得多。我用相同的方法画角度线，把较小的正方形分割成四个或八个相等的部分。后面我将会给你一些规则和例子，我将阐述如何确定正方价格幅度，不同于极限高点和极限低点之间的差值，也不同于其他高低点之间的差值，我会告诉你如何确定正方底部价格。例如，如果顶部是 28，这个 28×28 的四方形将代表一定时间里正方的价格。如果价格上涨了 28 美分，我们就上移 28 个空间，称之为时间正方价格。因此，当合约价格已运行了 28 天、28 周或 28 个月时，它将与其自己的价格幅度成正方。

几何角度线的样本图表

90 的正方形或者样本图表显示了所有的测量角度线，它对于判断合约的状态非常重要。这些角度如下：3¾、7½、15、18¾、26½、30、33¾、37½、45、52½、56¼、60、63¾、71¼、75、82½、86¾和 90 度。

不必使用角度器去测量角度。为了获得正确的角度，你必须计算好图表上空间，按 8×8 英寸来画线或角度即可。

在边长为 90 的正方形上，你会获得这些指示。注意始于顶部或底部画出的相同角度线是如何通过它们的交点来证明其自身重要性的。例如，从“0”开始的 8×1 线和从“90”向下画的 8×1 与从“0”开始向右计算的 45⅝点上交汇。从“0”开始画的 4×1 线和从“90”

向下画的4×1线在45水平线上的11¼交叉，这与另一条角度线是等距离的，即二倍的测量值。由于从“0”到45的45°角或45点或45度是90的一半。因此，从“0”开始向上和从“90”开始向下面的角度线必定穿过45°线或重心。

第4节　如何从谷物期货的低点开始画角度线

第1条重要的几何角度线

第一重要的角度线是45°线或移动平均线，它是按每天、每周或每月向上1点的速度绘制的。45°线把价格空间和时间周期分成了二个相等的部分。只要市场行情停留在45度角之上，就表明它处于强势位置和较高的价格区域。价格每次回落到45°线上时，你可以买入，将止损点设在45°线之下1～3美分处，但不要超过5美分。除非谷物期货价格在低位水平附近，或者牛市初期，或者在很低的卖出价格水平可以超过5美分。我总是将止损点设在45°线之下1美分处。如果角度线被跌破1美分，通常你会发现趋势已发生变化，至少是暂时的变化，此后价格将会跌到更低的位置。

精确绘制45°线的简易方法：例如，从底部算起时间是30天、30周或30个月，那么45°角在从底部算起向上30美分并穿越中心点。这是学习和绘制角度线的最简易方法。如果你能坚持这条规则：等待价格位于45°线上时买入，等待价格回落并依靠在45°线之上时卖出，那么你仅仅依靠45°线进行交易就能战胜市场。

第2条重要的2×1角度线

2×1角度线，或称之为移动平均线；它是以每天、每周或每月2美分的速度向上移动；它把45°线与垂直之间的空间分割成两个相等的部分，其角度值是63.75°。它之所以是第2条最强大和重要的角度线的理由也在于此。只要价格站在这条角度线之上，那么行情就比依靠在45°线上时要强大得多，因为它的角度形态比45°陡直。当价格跌穿2×1角度线或者每次下跌2美分时，表明价格将走低并向下运行到45°线上。

记住所有角度线的规则：无论哪条角度线被跌破，表明价格将跌向比它位置更低的角度线。

第 3 条重要的 4×1 角度线

谷物期货价格处于该角度线之上，表明它处于更加强势的位置。该角度线按每天、每周或每月上移 4 美分，被称作 4×1 线，即 4 美分空间相当于 1 个时间单位。它的角度值是 75°，它把 2×1 线至 90°垂直之间的空间分成了二个相等的部分。任何行情以每天、每周或每月 4 美分的速度待续上涨，并站在 4×1 线之上，那么价格处于很强势的位置。但是，它一旦被跌破，表明价格将跌向下一条角度线或下一个支撑位。

第 4 条重要的 8×1 角度线

8×1 角度线是以每天、每周或每月 8 美分的速度向上移动的，其角度值是 82. 5°。在日、周或月图表上，只要价格站在这条角度线之上，表明行情处于最强势位置。但是，当价格趋势反转或跌至该角度线之下时，表明价格将跌向下一条角度线。

注意在强势或牛市中的这四条重要的角度线。通过使用角度分割空间我们可以得到时间和价格的中点或重心。

只要行情继续上涨并站在 45°角度线上或每日、每周、每月以 1 点的幅度上升，我们就可以画出更多角度线。

一个圆有 360 度，角度线可以由任何角度构成。重要的角度线都形成于“0” ~ “90”之间，原因在于 90 度是垂直上下的，它是行情上涨最剧烈的角。例如：45°线将“0”到“90”分割成两个相等的部分。135°线仅仅是另外一种 45°线，原因在于它将下一个象限即 90°到 180°空间一分为二。在一个圆中 225°线和 315°线也是 45°线。因此，这些角度线在确定趋势变化的价值都能够在“0”度到“90”度之间得到体现。我们将 90°进行 8 等分就得到 11¼度，这是应用重要的角度线，然后 90°进行 3 等分得到 30°线和 60°线，它们对于确定时间和阻力位也是重要的。

第 5 节　绘制底部角度线或移动平均线

日图表

如果谷物期货价格已经下跌了一段时间，然后从底部开始反弹，并且从底部上涨的行情每天创出更高的底部和更高的顶部，在日图表上，价格连续反弹 3 天后，你要在底部或低点开始画 45°线和 2×1 线。根据规则，开始时只需要画出这两条角度线。如果这个底部没有被跌破，你接着从这个底部画其他的角度线。

周图表

如果行情下跌中出现 1 周多反弹，然后再下跌，此时我们就认为其将下跌 3 周多，然后反弹并上涨 2 周多时间，此时你要以下跌的低点开始画角度线，仅仅画 45°角度线之上的角度线，直到价格再次跌破 45°角度线。然后，你绘制 45°角度线之下的其他角度线，即正方形中熊市一侧的角度线。

底部的 45°线被跌穿后的绘制方法

价格创出了暂时的或其他性质的顶部之后，向下跌穿 45°角并继续跌势。此时，你首先要做的就是从底部、或者低点绘制小于 45°的其他角度线。如图 5-3 中所示的例子，在月、周、日图表上绘制角度线。

正方形的单边熊市第 1 条角度线——2×1

你要在正方形单边熊市绘制的第一条角度线是 2×1 线，即向上 1 点，横向 2 点，也就是以每天、每周或每月 1/2 美分的速率向上移动的角度线；它的角度值是26¼。这是价格跌穿45°角后第一条到达的支撑角度线。根据规则，价格到达这条角度线会获得支撑然后反弹。有时，价格长期停靠在它上面，依赖于这条角度线并创出较高的底部。但是，2×1 线或者每天，每周或者每月变动 1/2 美分的移动平均线一旦被跌破，你必须画下一条 4×1 角度线。

第 2 条重要角度线——4×1

正方形单边熊市的下一条重要角度线是 4×1 角度线，它是以每天 1/4 美分的比例向上移动的，其角度值是 15°。它是价格获得支撑而反弹的第 2 条强力支撑角度线。

第 3 条角度线——8×1

4×1 角度线被跌穿后，你在图表上要绘制的下一条重要角度线是 8×1 线。它以每天、每周或每月 1/8 点的速率向上移动，其角度值是 7½。通常这是非常强大的支撑角度线。行情大跌之后，常在其上停留一段时间，或在其上方创出最后一个底部，然后恢复上涨并穿越其他的角度线而重返强势位置。因此，经过一轮长期下跌后，在月或周线图上使用这条角度线显得非常重要。

这些在任何时间从任一底部绘制的角度线都是你随时可以运用的。

第 6 节 如何绘制始于日、周、月图表上顶部的角度线

在 45°线下从顶部绘制角度线

当价格筑顶之后下跌了一段时间，比如下跌大约 3 天、3 周或 3 月并跌破了前期底部，此时你应该从顶部开始画绘制下的角度线。参考例子：在月图表上绘制角度线。

始于顶部的45°角度线

你绘制的第一条角度线是45°角度线，它是每天、每周或每月下跌1美分的移动平均线。只要价格位置低于这条角度线，就表明价格处于最弱的位置，即处于熊市中。

其他角度线

大多数情况下，价格会每天、每周或每月下跌1美分或10美分或者4美分或者2美分。因此，你要从顶部开始绘制比45°角度线下降更快的角度线。

最弱的位置

当价格下跌并保持在8×1线之下时，行情处于最弱的态势。当价格以每天、每周或每月4美分的比例下跌，即处于4×1线之下时候，则行情处于次弱的位置。当价格跌至2×1线之下时，表明行情处于较弱的位置。

最强的位置

当期货价格穿越2×1角度线时，表明它已处于较强的位置，预示将有一个显著反弹。然而，还要根据从顶部下跌的深度以及与角度线之间的大小来判断，这将在后面的规则中阐述。

趋势变化

只要价格以每天、每周或每月1美分的速率下跌并处于45°线之下，那么行情仍是处于熊市，即很弱的位置。当价格在长时间下跌之后反弹并穿越 45°线后，此时你应该在 45°线的另一边绘制其他的角度线。这些角度线显示行情处于熊市中较强的位置，也表明行情正准备向牛市方向迈进。

在 45°线上从顶部绘制角度线

始于顶部的 2×1 线

始于顶部的 45°角度线被穿越后和行情创出临时底部之后所绘制的第一条角度线或移动平均线就是 2×1 线。2×1 线是横向移动 2 美分，向下移动 1 美分；或是每个时间单位移动 1/2 美分，也即每天、每周或每月以 1/2 美分的速率向下移动。

4×1 角度线

下一条角度线是以每天、每周或每月 1/4 美分的速率向下移动的 4×1 线。

8×1 角度线

第三条角度线是 8×1 线，它是以每 8 天、每 8 周或每 8 月向下以 1 美分的速率移动的线，或者说是每个时周期向下移动 1/8 美分。

强势位置

在价格向上穿越 45°角度线并反弹至 2×1 线后，这是最好的卖点，价格将回调至自最后运行的底部上升的某条角度线上。当价格保持在 2×1 线之上时，表明它处于强势位置。当价格穿越 4×1 线时，表明它处于下一个较强的位置。当价格穿越 8×1 线这条重要角度线时，表明它自顶部下跌以来再次处于很强势的位置。你必须时时刻刻考虑价格自底部上升的运动情况和它始于底部的角度线，以此判断它的强度。计算价格自底部上涨的点数以及从顶部下跌的点数是十分重要的。

始于顶部或者底部的所有将用到的角度线至此已全部呈现。在底部和顶部练习绘制角度线直到你熟练掌握它们。然后你可以开始研究规则并根据角度线上行情的位置来确定趋势的变化。

第 7 节　角度线的分类

双重和三重顶底

相互交叉的角度线

当存在分别以相隔数日、周或月为周期的双重底部时，你要从这些价格水平附近的底部开始绘制角度线。例如：从第 1 个底部画 45°角度线，并从第 2 个底部画 2×1 角度线，这两条角度线相互交叉时，其交点是趋势变化的重要位置。

用相同的方法将这个规则应用于双重或三重顶部。多重顶部或底部的价格不必要精确相等，只要接近于某个相同水平即可。记住：必须从所有重要的顶部或底部画 45°角度线。

从顶部与底部画出的角度线相交时对判断趋势变化非常重要。

始于“0”位的几何角度线或者移动平均线

当价格见底开始上升时，你要从时间周期上显示有可靠支撑的底部开始绘制角度线。然而，有另外一种角度线有时它比始于价格底部的角度线更重要，这就是从“0”位价格开始绘制的向上角度线，它们向上的比例与始于底部的角度线是相同的。它的起点既是时间周期的底部起点也是价格“0”位，方向是向上的。价格每次筑底时要画“0”角度线。特别是在周或月线图上更要绘制“0”角度线；日线图上的重要底部也要画“0”角度线。

如果图表上行情价格在 120 点见底，从“0”开始向上画 45°角度线，这条角度线何时到达 120 点位置？答案是：它将在底部开始后的第 120 天、120 周或 120 个月通过 120 点。换言之，从“0”开始的第 120 天、120 周或 120 个月，它到达底部价格水平——120 美分，然后价格以相同的比例向上增长。当价格跌破始于底部 120 的 45°角度线和其他角度线时，下一个重要的支撑位置是从“0”出发的 45°角度线。这条角度线也被跌穿的话，表明价格已处于最弱的位置，行情将继续下跌而创出新低。当然，还要根据卖出价有多高以及跌穿始于“0”位的 45°角度线有多久来判断。这些始于“0”位的角度线，特别是其中的 45°角度线，当价格与时间达到平衡或价格与始于底部开始的时间形成正方形时可以判断行情趋势的变化。

从时间筑顶开始的“0”角度线

当日、周或月图表上价格到达极限顶部后趋势开始向下时，你要从时间顶点的“0”位开始向上画45°角度线，它将证明价格与时间周期成正方形。当价格到达该45°角度线上时，它对于预测趋势的变化显得特别重要。作为最后的支撑线一旦被跌破，表明价格将走低。

我已经教你从顶部、底部以及在顶底的“0”位上绘制45°线，这并不意味着你可以不绘制其他的角度线。从“0”位开始绘制其他角度线也是有用的，只是45°角度线是第一重要的。当45°角度线被击穿后，应该使用其他的角度线；但是，不必把所有的角度线都罗列出来，只在需要它们时才加以绘制。在月图表上，经过若干年后，当行情开始接近被击穿的角度线或者价格依靠在角度线上而获得支撑时，其他那些角度线才被使用上。

从“0”位到顶部和底部的45°角度线

从“0”开始向上的45°角度线到达底部价格线上，这显得很重要，然后价格再到达极限顶部高点时，对于判断趋势变化也是重要的。

你要从第一、第二和第三个更高的底部，特别是相隔较长时间底部的“0”位向上绘制45°线和其他的角度线；你也要从第一个、第二个和第三个更低的顶部，尤其是时隔已久的顶部的“0”位向上绘制45°线。在周或月图表上，这些“0”角度线运用起来是最重要的。

不要轻视从“0”位开始向上的角度线，因为它们会告诉你时间与始于顶部和底部的价格形成正方形的位置，也会告诉你第一个底部的45°角度线被击穿后，价格处于单边熊市时的支撑位置或移动平均线；除了从“0”开始的角度线，你难以找出其他支撑位置。

总结：你应该回顾以往的记录，绘制这些角度线和发现始于不同顶底的正方形，这样你能证明你使用这些角度线给你带来的巨大价值。

Chapter 5
谷物期货预测法则基础——几何角度（下）

（1951 年 11 月版本）

第 1 节　谷物期货理论基础

数学可称得上是唯一精确的科学。如果精通数学便具有了解宇宙的强大力量。拉尔夫·爱默森曾经说："上帝实际上无时不用几何学"。另一位智者说："宇宙中除数字之外并无他物"。历史上最伟大数学家毕达哥拉斯加，通过研究数学并最终发现了自然规律的证据后宣布；"在上帝出现之前只存在数字"。他相信数字的运行法则创造了上帝和众神。常言道：数字从不说谎。人们深信数字能告诉事实真相，数字能解决所有问题。如果没有数字，化学家、工程师和天文学家们在科学研究道路上将会迷失方向。可见数学在人类历史和科学发展道路上发挥着深远的影响。

通过使用数学解决问题并得到正确的结果并不困难，以致少数人依靠数字来准确预测商业、股票和商品的未来价格走势令大多数人不解。数学基本原理是很容易学习和明白的，比如你使用几何学、三角形或者微积分法，你都用到了简单数学知识。而这些简单知识仅包括：加或减。

数学里有两种基本的数字：奇数和偶数。我们把数字加在一起，就是加法。数字相乘，其实这是加法的捷径。数字相减，就是减法，数字分割也是减法的一种。我们运用高等数学，找到一个更快更容易的方法实现加减乘除，当你明白这些时候事情的时候，一切就变得简单了。

自然界中万物分为雄性和雌性，白色和黑色，和谐和混乱，左和右。市场运行只有两个方向，向上和向下。我们知道事物有三个维度：长、宽、高。在几何学中我们经常使用三种图形：圆形、正方形和三角形。我们使用圆中的正方形和三角形来确定时点、价格和空间阻力位；我们还使用圆的 360 度来测量时间和价格。

几何学中有三种角度：垂直角度、水平角度和对角，我们使用这三种角度来测量时间和价格的变动。我们使用奇数和偶数的平方，这些不但能证明市场的运行规律，而且也可以发现市场运行的原因。

第 2 节　如何绘制图表

图表是过去行情运行的记录。未来是过去的重复，本质上没有新东西。正如《圣经》所说："已出现的事，未来必会再现"，历史会重现，我们根据图表的记录和有关规则可以确定图形何时重现。所以，市场研究的首要任务是正确绘制图表，如果你绘制了错误的图表，那么你在应用有关规则进行交易时就会犯错而导致亏损。

间距

在日、周和月图表上用 1/8 英寸代表 1 美分/蒲式耳，除了卖出价低于 1 美分/蒲式耳外，仅在日图表上用 1/8 英寸代表 2 美分/蒲式耳。

在日图表上不能忽略周末及节假日；因此，时间周期是市场的实际天数，但是在日图表上你应该使用横跨顶底的日历日，这样你就能知道价格自高低点算起何时会到达第 45 天、第 60 天、第 90 天、第 120 天或第 180 天等。

周图表

当五月小麦期货或者其他谷物类期货到期时，也就是说五月份对应 5 月小麦期货，新的期货合约从 8 月份开始上市交易，所以新旧期货合约都要以周为单位计算时间周期。这样你总是可以用几何角度线纠正任何高低点，你也能知道从任何高低点算起的时间数。因此几何角度线可以纠正行情过去的运行。

第 3 节　几何角度及绘制方法

经过多年的市场实战，我发现几何角度能够精确地测量空间、时间、成交量和价格。

正如我在前面说过的，数学是一门精确的科学。不论民族不论语言，所有人都认同 2 加 2 等于 4。然而所有的其他科学都不同于数学科学。我们知道，不同领域的人对于同一科学问题有不同的观点，但是在数学的推导上乃结论上却惊人的一致。

圆无论大小，都是 360 度。一定数值的度数和角度都非常重要，就像指示阻力位一样，它们能够指示股价重要的顶部和底部。一旦完全掌握了几何角度线理论，在实践中你将能够解决一切问题并确定谷物类期货的趋势。

经过 50 多年的研究、试验和实际应用，我已完善并证明了这些最重要的角度可以用来判断谷物期货市场趋势。因此，专注于这些角度研究，直至你透彻地了解它们。按照我给予你的规则学习和实践，你将获得成功。

由于几何角度比加法或乘法计算更加快捷，而且能按照规则精确计算从高低点或者极限高低点开始的角度值，所以我们使用几何角度去测量空间和时间周期。你在做加法或者乘法计算时也许会出错，而精确绘制的几何角度线可以纠正这些差错。例如：你要计算图表上从底部开始 120 格，即 120 天、周、月，你从“0”开始向上画 120 点长度的垂线，然后从这个 120 点开始向下画 45°角度线，那么图表将显示从“0”开始的第 120 天位置。你若弄错了数据，而如此操作则会纠正你的错误。

画在图表上的角度线始终可以把市场多空状况和趋势显现在你的眼前，如果你在某个时间阻力位置作了标记，你可能标记错误或者忘记它，然而这些角度线始终会将这些标记展示在你面前。

正确绘制的角度线—移动平均趋势线能够防止你犯错或错判趋势。你若能耐心等待和遵循规则，这些角度线会向你显示趋势的变化。

普通的移动平均线是将每日、周或月的极限高点和极限低点价格之和相除后得到的值连接起来的线，直至最后的日期。因为每周价格可以上移 5 美分而在另一周则可能移动 10 美分，所以周线图表上显示的移动平均线在空间或点位上呈现出不规则的形状，然而时间周期却是规则的。因此，从日、周或月线图上的任何一个顶部或底部开始，并按相同的比例向上或向下绘画的几何角度线才是真正的移动平均线。

如何绘制几何角度线

我们以数学或几何证明来这三个重要图形的关系：圆、正方形和三角形。画完正方形之后，我能在正方形中以相同的直径画一个圆，然后在不同的正方形中画三角形，以及在不同圆中画出正方形，依次循环。

角度线—移动趋势平均线可以测量时间和价格并将它们分割为成比例的几个部分。如图5-1所示，在图中我画了边长为28的正方形。你会看到它是高28、宽28，换言之，即纵向28，横向28。它与正方形方格相似，所以它有底部或地板，有顶部或天花板以及墙边。因为每个物体都有长、宽和高。在1852年28美分是小麦现货的最低价格。

为了在这个正方形中获得最强大的和最重要价位，我用水平线和垂直线将其分成四个相等部分。请看从0延伸至28标记为A的角度线，把小正方形分割成两个相等部分。这是沿着45°移动的对角线，同时也将大正方形分成两个相等部分。其次，请看"B"角度线，它从"14"开始水平横穿正方形，把正方形分成上下二个相等部分。再次请看"C"这条垂线，从28的1/2位置即14处开始向上，在高处14的地方穿过中心，并在中心点与其他角度线交叉，把大正方形分成左右相等两部分，然后再看角度线"D"，它是另外一条45°角度线。它从西方和北方的中点开始，精确地穿越中心点14，再到达东方和南方的中点。我们所画的第一根线通过正方形的中心，将它一分为二；再从另一个方向画的线将正方形一分为四；最后从正方形的各个角两两根线，把正方形一分为八，生成八个三角形。我们之所以用28，是因为小麦的历史最低价是28美分。

如果仔细观察这个正方形，你很容易一眼就能辨别出最强大的支撑或阻力位置，它就在所有角度线互相交叉的中心点上。四条角度线在这点交汇，自然比一条角度线通过所产生的支撑作用要强大得多。我用相同的方法画角度线，把较小的正方形分割成四个或八个相等的部分。后面我将会给你一些规则和例子，将阐述如何确定正方价格幅度，不同于极限高点和极限低点之间的差值，也不同于其他高低点之间的差值，我会告诉你如何确定正方底部价格。例如：如果顶部是28，这个28×28的四方形将代表一定时间里正方的价格，如果价格上涨了28美分，我们就上移28个空间，称之为时间正方价格。因此，当合约价格已运行了28天、28周或28个月时，它将与其自己的价格幅度成正方。

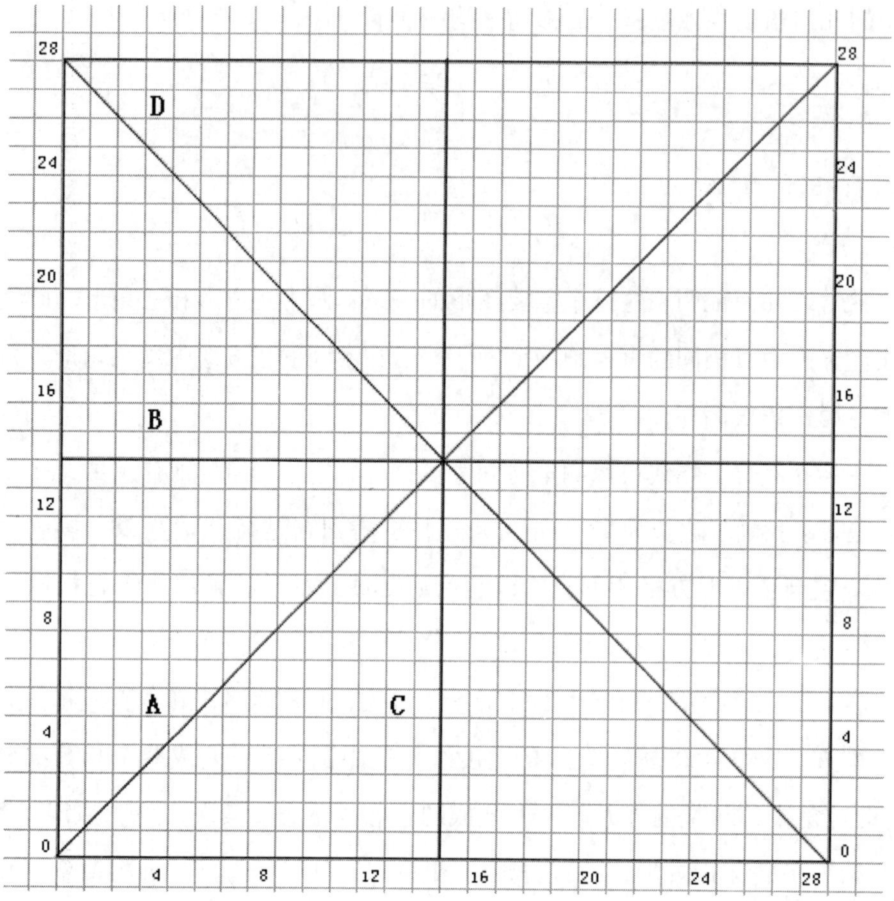

图 5-1

几何角度线的样本图表

90 的正方形或样本图表显示了所有测量角度线，对于判断合约的状态非常重要。这些角度如下：3¾、7½、15、18¾、26½、30、33¾、37½、45、52½、56¼、60、63¾、71¼、75、82½、86¾和 90 度。

不必使用角度器去测量角度。为了获得正确的角度，你必须计算好图表上空间，按 8×8 英寸来画线或角度即可。

在边长为 90 的正方形上，你会获得这些指示。注意始于顶部或底部画出的相同角度线是如何通过它们的交点来证明其自身的。例如：从“90”向下画的 8×1 线与从“0”开始向右绘制的线在 45⅝点上交叉。从“0”开始画的 4×1 线和从“90”向下画的 4×1 线在 45 度水平线上的 11¼交叉，这与另一条角度线是等距离的，即二倍的测量值。由于从“0”到 45

的45°度或45点或45是90的一半。因此，从“0”开始向上和从“90”开始向下面的角度线必定穿过45°线或重心。

第4节 如何从谷物期货的低点开始绘制角度线

当谷物类期货不断创出新高时，图5-2显示了最重要角度线的应用。

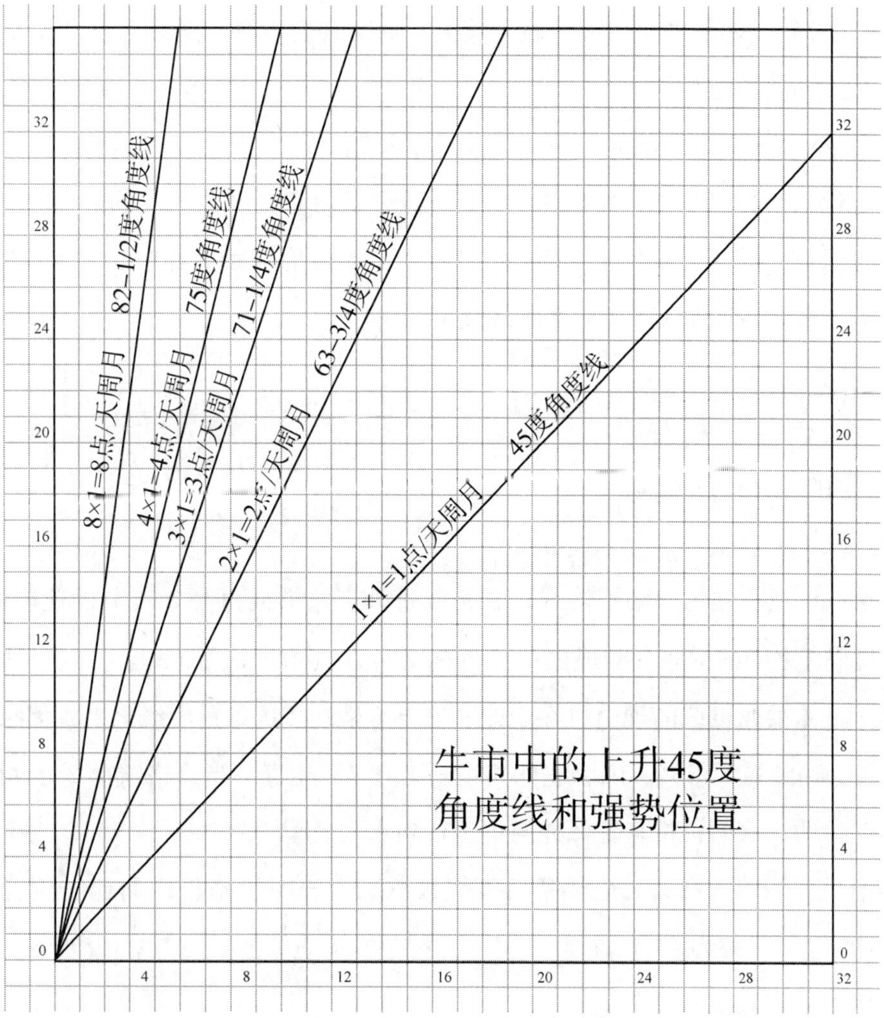

图5-2

第 1 条重要的几何角度线

第一重要的角度线是 45°线或移动平均线，它是按每天、每周或每月向上 1 点的速度绘制的。45°线把价格空间和时间周期分成了两个相等的部分。只要市场行情停留在 45 度角之上，就表明它处于强势位置和较高的价格区域。价格每次回落到 45°线上时，你可以买入，将止损点设在 45°线之下 1～3 美分处但不要超过 5 美分。除非谷物期货价格在低位水平附近，或者牛市初期，或者在很低的卖出价格水平，可以超过 5 美分。我总是将止损点设在 45°线之下 1 美分处。如果角度线被跌破 1 美分，通常你会发现趋势已发生变化，至少是暂时的变化，此后价格将会跌到更低的位置。

精确绘制 45°线的简易方法是：例如：从底部算起时间是 30 天、30 周或 30 个月，那么 45°角在从底部算起向上 30 美分并穿越中心点。这是学习和绘制角度线的最简易方法。如果你能坚持这条规则：等待价格位于 45°线上时买入，等待价格回落并依靠在 45°线之上时卖出，那么你仅仅依靠 45°线进行交易就能战胜市场。

第 2 条重要的 2×1 角度线

2×1 角度线，或称之为移动平均线；它是以每天、每周或每月 2 美分的速度向上移动；它把 45°线与垂直之间的空间分割成两个相等的部分，其角度值是 63¾°。这条线之所以是第 2 条最强大和重要角度线的理由也在于此。只要价格站在这条角度线之上，那么行情就比依靠在 45°线上时要强大得多，因为它的角度形态比 45°陡直。当价格跌穿 2×1 角度线或者每次下跌 2 美分时，表明价格将走低并向下运行到 45°线上。

记住所有角度线的规则：无论哪条角度线被跌破，表明价格将跌向比它位置更低的角度线。

第 3 条重要的 4×1 角度线

谷物期货价格处于该角度线之上，表明它处于更加强势的位置。该角度线按每天、每周或每月上移4美分，被称作4×1线，即4美分空间相当于1个时间单位。它的角度值是75°，它把2×1线至90°垂直之间的空间分成了二个相等的部分。任何行情以每天、每周或每月4美分的速度待续上涨，并站在4×1线之上，那么价格处于很强势的位置。但是，它一旦被跌破，表明价格将跌向下一条角度线或下一个支撑位。

第4条重要的8×1角度线

8×1角度线是以每天、每周或每月8美分的速度向上移动的，其角度值是82½°。在日、周或月图表上，只要价格站在这条角度线之上，表明行情处于最强势位置。但是，当价格趋势反转或跌至该角度线之下时，表明价格将跌向下一条角度线。

第5条16×1角度线

使用16×1角度线也是可能的，一个时间单位代表16美分，其角度值是86¼°，但是这条角度线仅仅用在快速上涨的行情中，比如1947～1948年，那时谷物期货每周或每月以16美分或更多的速度上涨。实际中仅仅有极少数期货品种会按每周或每月16美分的速率上涨。

留意图中显示在强势或牛市一侧的四条角度线。通过角度线分割空间，都可以得到1/2点或者时间、价格的重心。

第6条3×1角度线

3×1线用粗线标记，是以每天、每周或每月3美分的速度向上移动，其角度值是71¼°。行情在经历长期牛市和始于底部的大幅上涨之后，这条角度线显得非常重要。在周和日图表上使用这条角度线有重要意义。

只要行情每天、每周、每月持续向上，并保持在45°角度线之上，或趋势线每天、每周、每月上涨1美分，你可以在以上介绍中找到需要的角度线来判断行情趋势。

一个圆有360°，在圆内能够绘制任何角度的角度线，但是所有重要的角度线分布在“0”和“90”度之间，90°角是垂直向上或向下的，是价格上升角度中最陡直的。例如：

45 度角度线平分了“0”或“90”，而135°角是另一条45°角度线，位于第二象限中的90°至180°之间的中间位置；225°和315°角也是45°角度线。因此，判断行情趋势的一切有价值的角度都能在“0”和“90”度之间找到。将90°八等分，我们能够获得最重要的应用角度；再将90°三等分，获得30°和60°角，这些也是用于判断时间和价格阻力位置的重要角度。

第 5 节　绘制底部角度线或移动平均线

日图表

如果谷物期货价格已经下跌了一段时间，然后从底部开始反弹，并且从底部上涨的行情每天创出更高的底部和更高的顶部，在日图表上，价格连续反弹 3 天后，你要在底部或低点开始画 45°线和 2×1 线。根据规则，开始时只需要画出这两条角度线。如果这个底部没有被跌破，你接着从这个底部画其他的角度线。

周图表

如果行情下跌中出现 1 周多反弹，然后再下跌，此时我们就认为其将下跌 3 周多，然后反弹并上涨 2 周多时间，此时你要从下跌的低点开始画角度线，仅仅画 45°角度线之上的角度线，直到价格再次跌破 45°角度线。然后，你绘制 45°角度线之下的其他角度线，即正方形中熊市一侧的角度线。

底部的 45°线被跌穿后的绘制方法

价格创出了暂时的或其他性质的顶部之后，向下跌穿 45°角并继续跌势。此时，你首先要做的就是从底部或者低点绘制小于 45°的其他角度线。如图 5-3 中所示的例子。

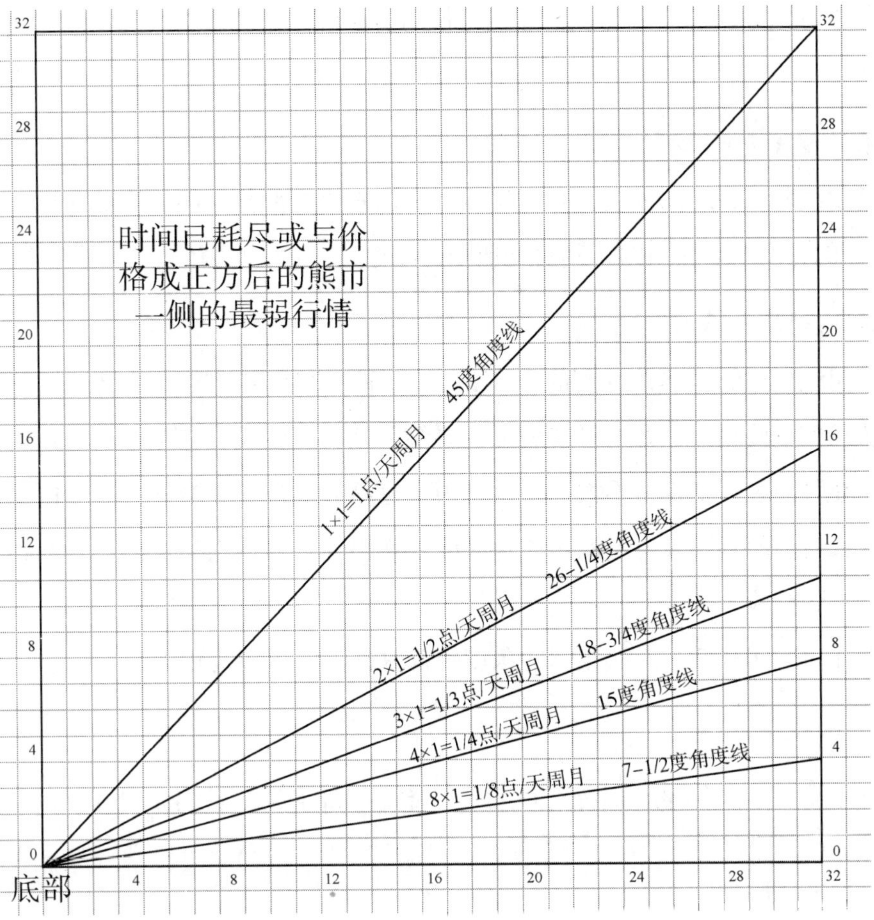

图 5–3

正方形的熊市单边第 1 条角度线——2×1

你要在正方形单边熊市绘制的第一条角度线是 2×1 线，即向上 1 点，横向 2 点，也就是以每天、每周或每月 1/2 美分的速率向上移动的角度线；它的角度值是 26¼。这是价格跌穿 45°角后第一条到达的支撑角度线。根据规则，价格到达这条角度线会获得支撑然后反弹。有时，价格长期停靠在它上面，依赖于这条角度线并创出较高的底部。但是，2×1 线或者每天，每周或者每月变动 1/2 美分的移动平均线一旦被跌破，你必须画下一条 4×1 角度线。

第 2 条重要角度线——4×1

正方形单边熊市的下一条重要角度线是 4×1 角度线，它是以每天 1/4 美分的比例向上移动的，其角度值是 15°。它是价格获得支撑而反弹的第 2 条强力支撑角度线。

第 3 条角度线——8×1

4×1 角度线被跌穿后，你在图表上要绘制的下一条重要角度线是 8×1 线。以每天、每周或每月 1/8 点的速率向上移动，其角度值是 7½。通常这是非常强大的支撑角度线。行情大跌之后，常在其上停留一段时间，或在其上方创出最后一个底部，然后恢复上涨并穿越其他的角度线而重返强势位置。因此，经过一轮长期下跌后，在月或周线图上使用这条角度线显得非常重要。

第 4 条角度线——16×1

这条角度线应用在月图表上，它是反应行情从重要底部长时间运行的角度线。它是以每月 1/16 美分的速度向上移动的，其角度值是 3¾度。

第 5 条角度线——3×1

这些用粗线标记的是非常重要的 3×1 线，其角度值是 18¾度。我建议任何时候都要使用，并且从任何重要底部上升的月图表上都要绘制这条角度线，它也常在周图表上显示出优势，但是用在日图表上则价值不大。它以每天、每周或每月 1/3 美分的速度向上移动。在行情运行相当长时期的月图表上绘制这条角度线，你很快会知道它的价值，另外其价值也可以在周图表上得到检验。

这些在任何时间从任一底部绘制的角度线都是你随时可以运用的。

第 6 节　如何绘制始于日、周、月图表上顶部的角度线

在 45°线下从顶部绘制角度线

当价格筑顶之后下跌了一段时间，比如下跌大约 3 天、3 周或 3 月并跌破了前期底部，此时你应该从顶部开始绘制向下的角度线。如图 5-4 所示，这是在 45°线下从顶部绘制角度线的样本。

始于顶部的 45°角度线

你绘制的第一条角度线是 45°角度线，它是每天、每周或每月下跌 1 美分的移动平均线。只要价格位置低于这条角度线，就表明价格处于最弱的位置，即处于熊市中。

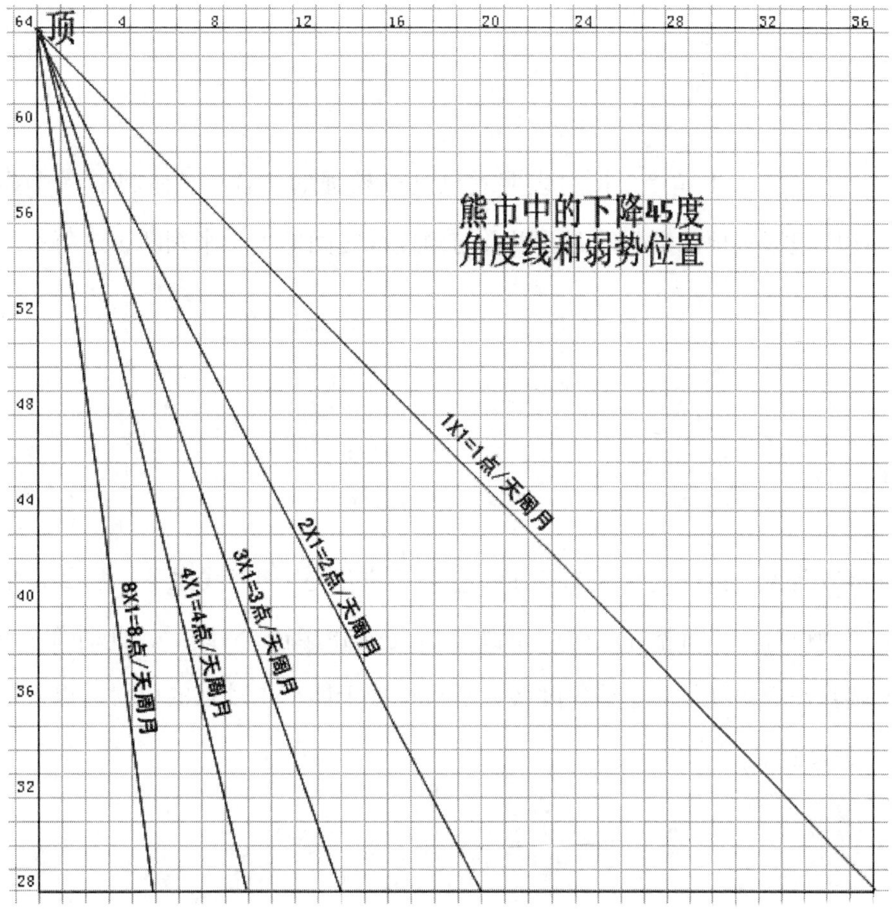

图 5-4

其他角度线

大多数情况下，价格会每天、每周或每月下跌 1 美分或 10 美分或者 4 美分或者 2 美分。因此，你要从顶部开始绘制比 45°角度线下降更快的角度线。

最弱的位置

当价格下跌并保持在 8×1 线之下时，行情处于最弱的态势。当价格以每天、每周或每月 4 美分的比例下跌，即处于 4×1 线之下时候，则行情处于次弱的位置。当价格跌至 2×1 线之下时，表明行情处于较弱的位置。

最强的位置

当期货价格穿越 2×1 角度线时，表明它已处于较强的位置，预示将有一个显著反弹行情。但是，还要根据从顶部下跌的深度以及与角度线之间的大小来判断，这将在后面的规则中阐述。

趋势变化

只要价格以每天、每周或每月 1 美分的速率下跌并处于 45°线之下，那么行情仍是处于熊市，即很弱的位置。当价格在长时间下跌之后反弹并穿越 45°线后，此时你应该在 45°线的另一边绘制其他的角度线。这些角度线显示行情处于熊市中较强的位置，也表示行情正准备向牛市方向迈进。

在 45°线上从顶部绘制角度线

始于顶部的 2×1 线

始于顶部的 45°角度线被穿越后和行情创出临时底部之后所绘制的第一条角度线或移动平均线就是 2×1 线。2×1 线是横向移动 2 美分，向下移动 1 美分；或是每个时间单位移动½美分，也即每天、每周或每月以 1/2 美分的速率向下移动。

4×1 角度线

下一条角度线是以每天、每周或每月 1/4 美分的速率向下移动的 4×1 线。

8×1 角度线

第三条角度线是 8×1 线，它是以每 8 天、每 8 周或每 8 月向下以 1 美分的速率移动的线，或者说是每个时周期向下移动 1/8 美分。

强势位置

在价格向上穿越 45°角度线并反弹至 2×1 线后，这是最好的卖点，价格将回调至自最后

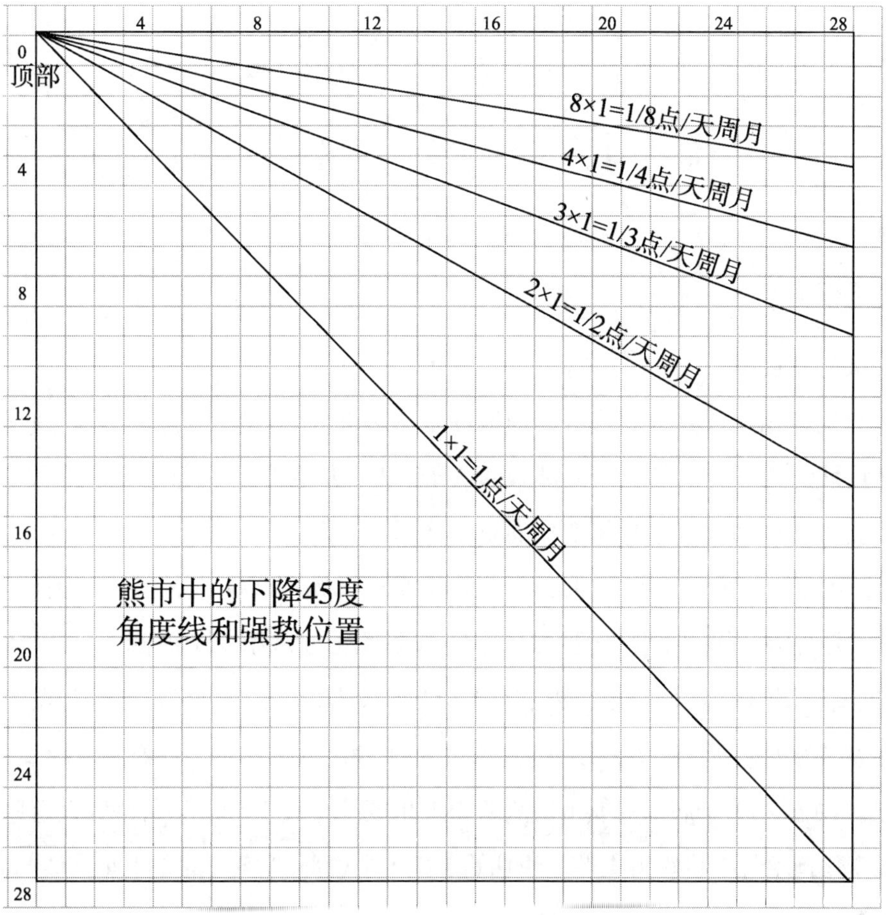

图 5-5

运行的底部上升的某条角度线上。当价格保持在 2×1 线之上时，表明它处于较强的位置。当价格上穿 4×1 线时，表明它处于下一个较强的位置。当价格上穿 8×1 线这条重要角度线时，表明它自顶部下跌以来再次处于很强势的位置。你必须时时刻刻考虑价格始于底部上升的运动情况和它在始于底部的角度线，以此判断它的强度。计算价格自底部上涨的点数以及从顶部下跌的点数是十分重要的。

3×1 角度线

3×1 角度线（见图 5-5）以粗线画出，它是每 3 天、每 3 周、每 3 月以 1 美分的速率下降，或者每天、每周、每月以 1/3 美分的速率下降。这条角度线在行情长期下跌后有重要的使用价值。

始于顶部或底部的所有将用到的角度线至此已全部呈现。在底部和顶部练习绘制角度线直到你熟练掌握它们。然后你可以开始研究规则并根据角度线上行情的位置来确定趋势的变化。

第7节 角度线的分类

双重和三重顶底

相互交叉的角度线

当存在分别以相隔数日、周或月为周期的双重底部时，你要从这些价格水平附近的底部开始绘制角度线。例如：从第1个底部画45°角度线，从第2个底部画2×1 角度线，这两条角度线相互交叉时，其交点是趋势变化的重要位置。

例如，从第1个底部绘制45°角度线，从第2个底部绘制2×1线，当这两条角度线相互交叉时，其交点是趋势变化的重要位置。参看图5-6，我已经从第1个底部“1B”绘制45°角度线和45°角度线右侧的2×1 角度线。然后从第2个底部“2B”绘制45°角度线和在45°角度线左侧或牛市一边以每天、周、月2美分速度上涨的2×1 角度线。你将会注意到从第2个底部绘制的45°角度线与始于第1个底部的熊市一侧的2×1 角度线交叉于48，当价格跌破这些角度线时，则趋势出现变化预示价格将跌得更低。注意始于第3个底部“3B”的2×1 角度线与始于第1个底部的熊市一侧的2×1 角度线交叉于53½，与始于第2个底部的45°角度线交叉于58。这是一个观察趋势变化的点位。我已经将所有始于不同底部的角度线统一绘制在圆中了。

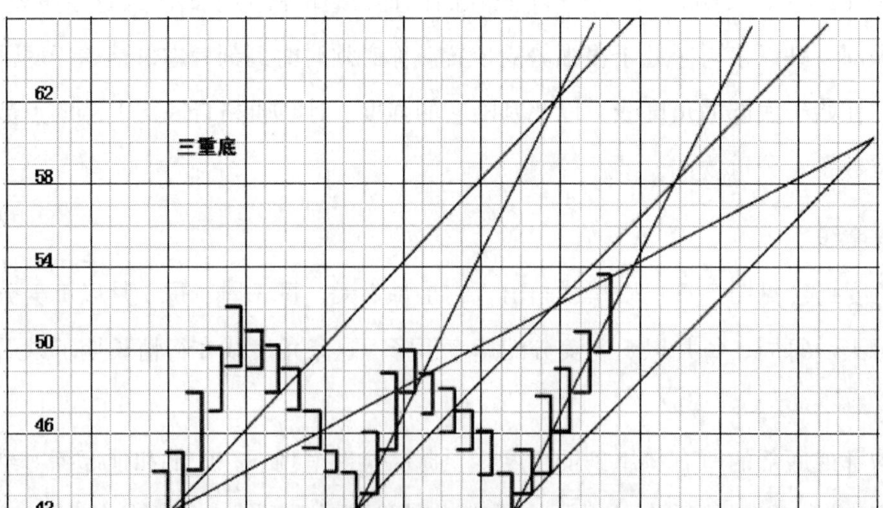

图5-6

用相同的方法将这个规则应用于双重或三重顶。多重顶或底部的价格不必要精确相等，只要接近于某个相同水平即可。记住，必须从所有重要的顶部或底部画45°角度线。

平行角度线

平行角度线始于重要的顶部和底部。如前所述，45°角度线之所以最重要，是因为它始于所有重要的顶部和底部。如果合约开始上涨，我们就从价格底部绘制45°角度线。如果价格创出了顶部后开始回落然后创出更高的底部后继续上涨，一旦创出更高的顶部，那么就从第一个顶部绘制向上的45°角度线。这使得始于底部和始于顶部的45°角度线有一定的间距。通常合约上涨到始于第一个顶部的角度线但未穿越，然后下降到始于底部的角度线上。紧接着再次上涨并在这些平行角度线之间延续牛市行情。

当这些角度线相距太远时，你可以在它们之间绘制另外一条间距相等的45°角度线，在价格即将反弹时这条线通常起强大的支撑作用，但是当行情跌破这条线则将下跌到平行线底部。平行角度线既可以在45°角度线之间形成，也可以在2×1或者4×1线之间形成，相对于后者而言，这通常出现在缓慢运行的市场行情中。

始于“0”位的几何角度线或移动平均线

当价格见底上升时，你要从时间周期上显示有可靠支撑的底部开始画角度线。但是，另外一种角度线有时比始于价格底部的角度线更重要，这就是从“0”位价格开始绘制的向上角度线，它们向上运行的比例与始于底部的角度线相同。它的起点既是时间周期的底部也在价格“0”位上。它们的方向都是向上。价格每次筑底时要绘制“0”角度线。在周或月线图上更要绘制“0”角度线；日线图上的重要底部也要绘制“0”角度线。见图5-7。

如果图表上行情价格在20点见底，从“0”开始向上绘制45°角度线，这条角度线何时到达20点位置？答案是：它将在底部开始后的第20天、20周或20个月通过20点。换句话说，从“0”开始的第20天、20周或20月，将到达底部价格水平——20美分，然后价格以相同的比例向上运行。当价格跌破始于底部20的45°角度线和其他角度线时，下一个重要的支撑位置是从“0”出发的45°角度线。如果角度线也被跌穿，表明价格已处于最弱的位置，行情将继续下跌而创出新低。当然，这还要根据卖出价有多高以及跌穿始于“0”位的45°

角度线的时间长短来判断。这些始于"0"位的角度线，特别是其中的45°角度线，当价格与时间达到平衡或价格与始于底部开始的时间形成正方形时可以显现行情趋势的变化。

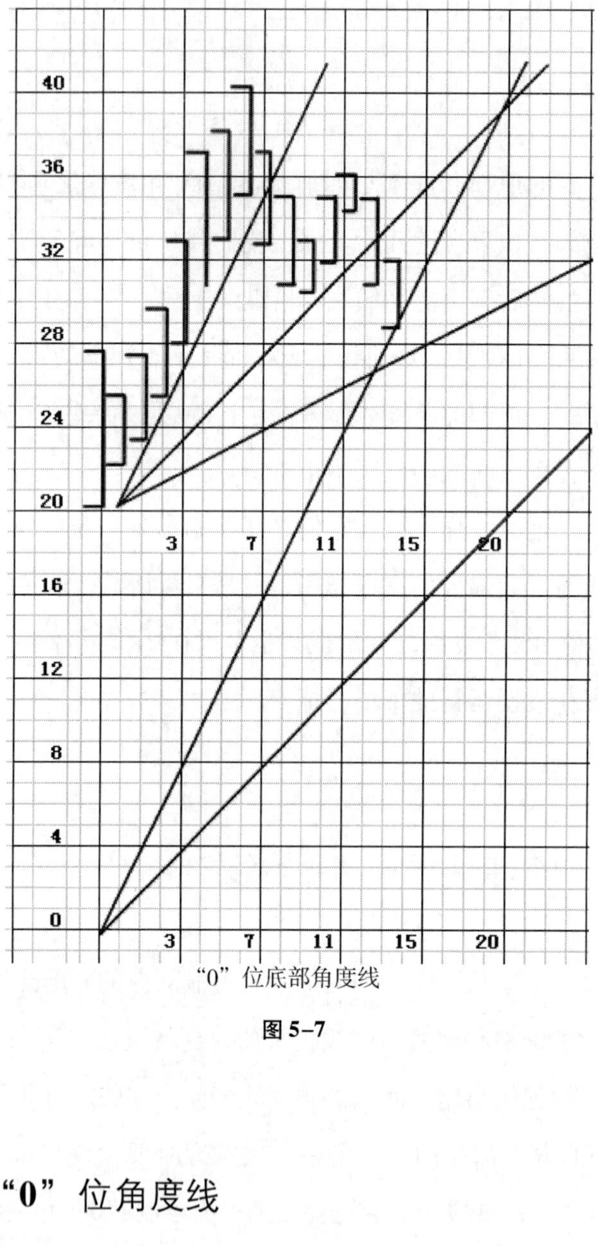

"0"位底部角度线

图 5-7

始于时间顶部的"0"位角度线

当日、周或月图表上价格到达极限顶部后趋势开始向下时，你要在顶部从精确的空间和时间的"0"位开始向上绘制45°角度线。这将显示顶部构筑完成价格与时间周期形成正方形。当价格到达45°角度线上时，对于预测趋势的变化显得特别重要。如果最后的支撑线一旦被跌破，表明价格将走低。

我已经教你从顶部、底部以及在顶底的"0"位上绘制45°线，这并不意味着你可以不绘制其他的角度线。从“0”位开始的其他角度线也是有用的，只是45°角度线是最重要的。当45°角度线被击穿后，应该使用其他角度线；但是，不必把所有角度线都罗列出来，在需要时才加以绘制。在月图表上，在若干年时期内经过若干年后，当行情接近被击穿的角度线或者价格依靠在角度线上而获得支撑时，其他角度线才被采用。

从“0”位到顶部和底部的45°角度线

从“0”位开始向上的45°角度线到达底部价格线上时显得很重要，价格到达极限顶部高点时，这对于趋势变化也是重要的。

你要从第一、第二和第三个更高的底部，特别是相隔较长时间的底部的“0”位向上绘制45°角度线和其他角度线；你也要从第一个、第二个和第三个更低的顶部，尤其是相隔已久的顶部的“0”位向上绘制45°角度线。在周或月图表上，这些“0”位角度线运用起来最重要。

重视从“0”位开始向上绘制的角度线，它们会告诉你时间与始于顶部和底部的价格形成正方形的时间，也会告诉你第一个底部的45°角度线被击穿后，处于单边熊市时的支撑位置或移动平均线在哪里；除了从“0”位开始的角度线，你无法找出准确的支撑位置。

你应该回顾以往的记录，绘制这些角度线和发现始于不同顶底的正方形，这样你就能使用这些角度线赚取巨额利润。

从顶部下降到“0”位然后再次上升的45°角度线

在周或月图表上任何从顶点向下的45°角度线下跌到“0”位，然后以同样的速率上升。多年以后，在重要的顶部和底部之间，这条先下降再上升的角度线非常重要。这条45°角度线会显示出价格与始于顶部或底部的时间所形成的正方形。也有一些角度线以最低价格为基点，先下降然后再次向上。

同一底部的两条45°角度线

如上所述，45°角度线是以每月1美分的速率上升或下降的。见图5-8。

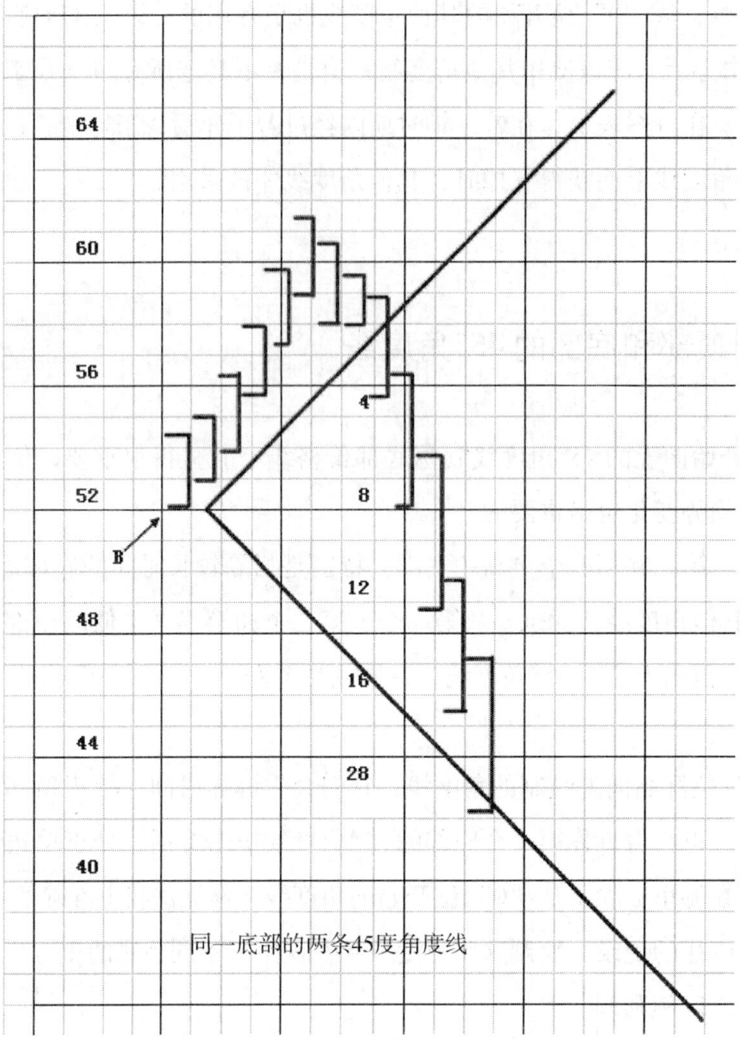

图 5-8

留意图表上显示的价格从低点 52 美分开始上升到高点 63 美分。45°角度线是从底部 52 美分开始向上绘制，价格上涨到顶部后开始下跌，跌穿了上升的 45°角度线到达 59 美分。注意我从底部 52 美分开始向下绘制的另一条 45°角度线，从低点 52 美分向上绘制的 45°角度线，与从低点 52 美分向下绘制的 45°角度线之间的距离是 16 美分。如果价格从底部到达向下绘制的 45°角度线需要陡直下跌 16 美分，这两条角度线才能变宽。

注意我绘制的图表，价格持续下跌至 40 美分，然后依靠在始于底部 52 美分的 45°角度线上。预示此处是最强的支撑位置，至少价格会暂时反弹，尤其是价格已从顶部开始下跌了 23 点更是如此。最后，你将发现阻力水平线下的 22. 5 ~ 24 美分是强支撑位。

这些说明当价格跌穿了始于底部向下绘制的重要角度线之后会进入弱势行情，当价格跌穿了始于底部向上绘制的强势角度线之后会跌到极弱位置。这种过去极端波动和下跌的行情在将来还会发生。这证明了在下跌行情中价格和时间正方形会失去平衡。

从一个顶部到下个顶部的角度线或移动趋势线

如图5-9所示，我们从底部60美分开始。价格上涨6个月到达74美分，在此标记“T”的位置为顶部，行情回调3个月至64美分并跌穿了45°角度线，然后停靠在始于底部的2×1线上，随后行情开始上涨，最终再次穿越始于60美分的45°角度线而到达较强势的位置，即返回到45°角度线上。为了判断在新高区间里可能遇到的阻力，我们从顶点74美分绘制一条上升45°角度线。价格从底部之后的第22个月上涨到90美分，接近始于顶点74美分的45°角度线。从第1个顶部开始至顶部90美分持续16个月上涨了16点，时间等于上涨幅度。

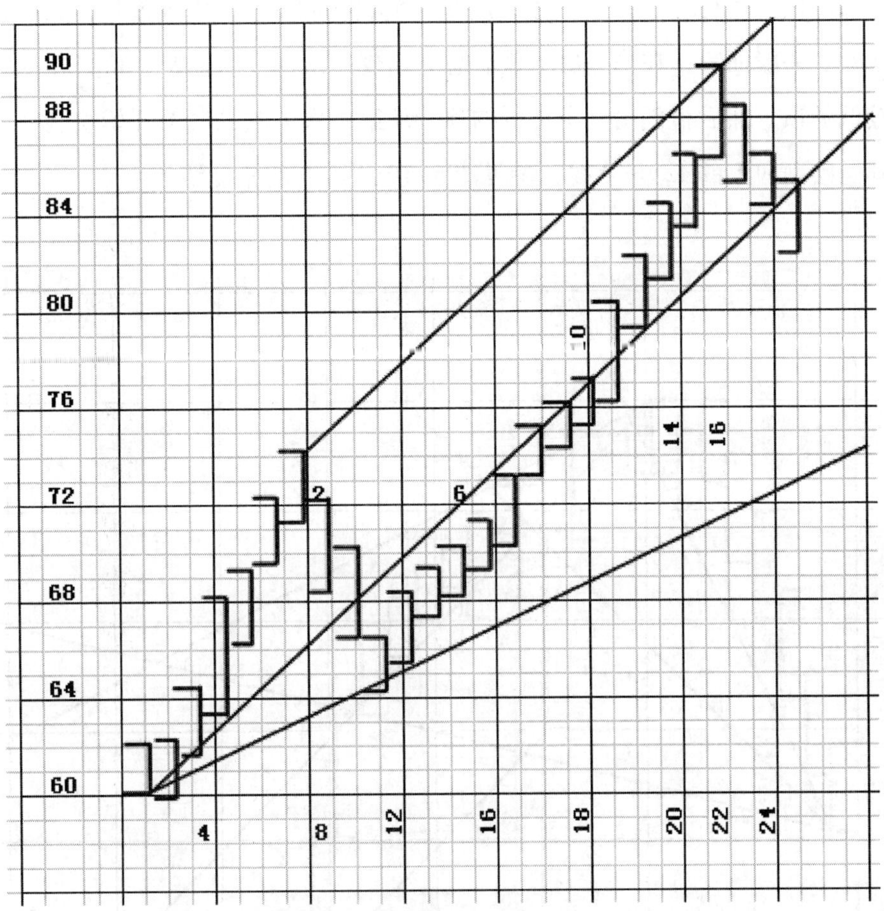

从一个顶部到下个顶部的角度线

图5-9

45°角度线显示这是一个强大阻力位置，因此是做空位置，将止损点设置在45°角度线上1～3点处。此后，下跌开始了，经过三个月价格再次跌穿始于60美分的45°角度线。换句话说就是从底部开始已上涨了24美分，现在行情已处于弱势，由于价格距离支撑位太远，预示其将再次跌至粗线标记的2×1角度线。

记住价格上涨创出新高水平，然后下跌至原来的顶部74美分，在未跌破角度线3美分时这是支撑位置。如果价格跌破角度线3美分并跌穿2×1线，那么它将处于更弱的位置，而下一个需要关注的支撑水平和反弹位将是位于64美分的底部位置。

始于第一次陡直下跌底部的角度线

价格上涨一段时间后创出顶部，并在顶部区域盘整数日、数周或数月，然后趋势掉头向下并持续暴跌。一般而言，在第一次下跌后总会出现一次回升。通常，价格在次级反弹中会创出一个较低的顶，然后再创出一个更低的顶。从第一次大跌的底部开始绘制角度线是很重要的，尤其是绘制向下的45°角度线，参见图5-10所绘制的角度线。

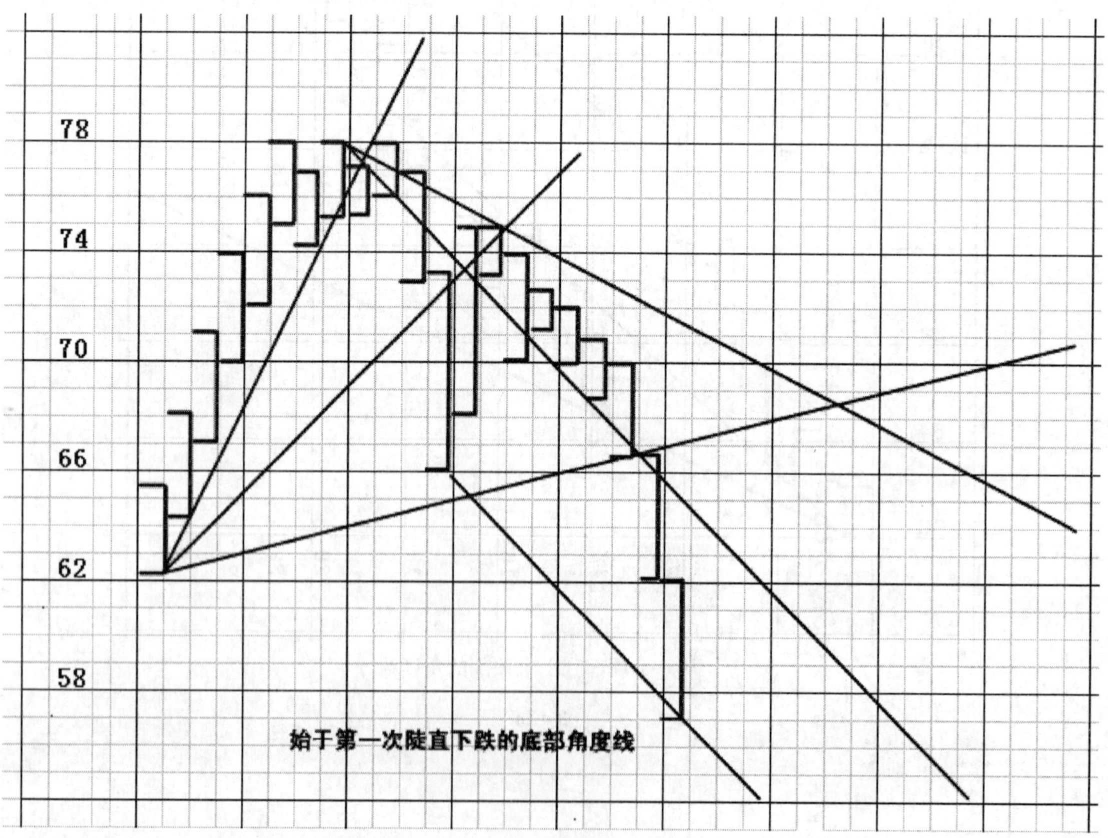

图5-10

在图表中，价格反弹至 75 美分附近，从这里底部上升的 45°角度线与从顶部向下的 2×1 线相交，然后价格下跌，在 66 美分处跌破了始于顶部的 45°角度线，此时行情处于十分弱势的状态。价格持续下跌到始于第一次大跌底部的下降 45°角度线上，从而与始于底部的时间不再成正方形，这成为反弹买入点。价格经常跌穿始于底部的下降 45°角度线若干点，不过如能在几天、周或月内保持这种水平，那么可在反弹时买入。

在月图表上，需要从第一次大跌的底部位置绘制下降 45°角度线，因为它在以后某个行情中显得很重要。

价格上涨一段时间后陡直下跌 2～3 天、2～3 周或 2～3 个月，然后反弹，再下跌至第一次陡直下跌的底部之下，这预示主趋势已经反转向下并将创出更低的底部。

应用同样的规则，当任何谷物期货价格下跌了较长时间，然后陡直并快速上涨 2～3 天、2～3 周或 2～3 个月再回调，之后又反弹并且穿越第一次反弹高点，预示着未来价格走高。

在牛市启动位置和结束位置绘制的角度线十分重要。参见图 5–11。

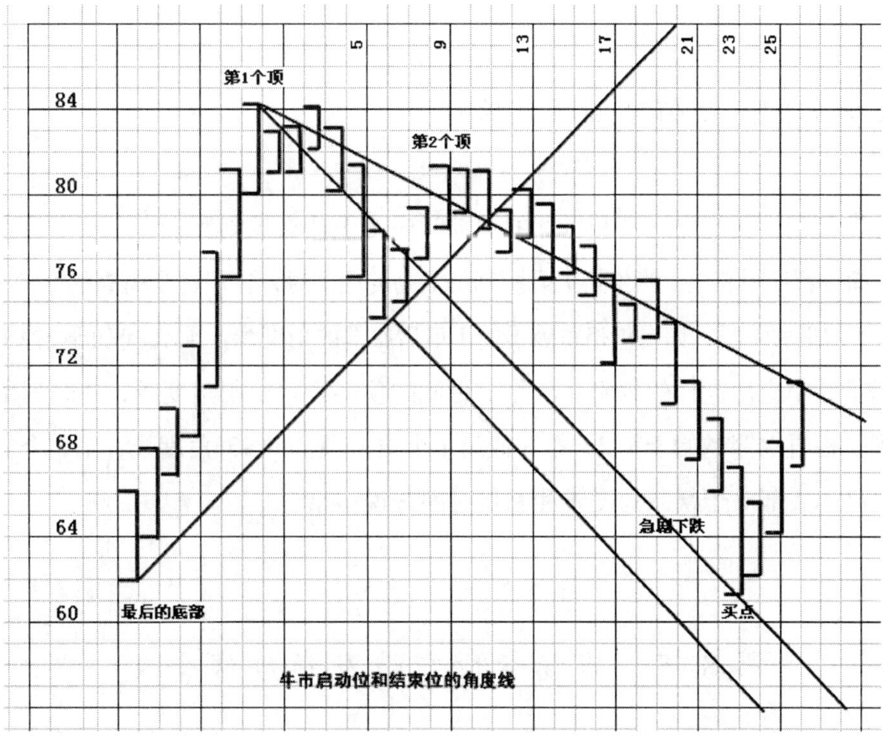

图 5–11

注意在本例中标记“最后的底部”位置。在牛市的最后阶段，价格持续上涨至 84 美分。我们从底部绘制 2×1 线（每日、周、月上升 2 美分）和 45°角度线。当 2×1 线被跌破时，预示趋势已向下。价格下跌至 45°角度线后反弹，创出第 2 个更低的顶部，接着跌破 45°角度线，并陡直下跌至始于顶部 84 美分的下降 45°角度线上，预示着价格与时间成正方形或者相等。这将成为一个买入水平，并将止损点设定在此角度线之下的 2 ~ 3 美分处，此后价格将反弹至始于顶部的 2×1 线上。

在快速变动的活跃市场里，价格可能停靠在始于“最后底部”的 4×1 线或 8×1 线上。但是，在日或周图表上，第一个锐角角度线被跌穿后就表明趋势已经反转向下。

始终牢记价格经过长期上涨后，当主趋势反转向下时，卖空和等待反弹比逆转买入更为安全。

在熊市或陡直下跌的结束阶段，反向应用上述所有的规则，留意市场从最后的顶部开始下跌或者反弹后创出最后的底部显得非常重要。从最后顶部开始绘制角度线，当价格到达或穿越这些重要角度线后需仔细观察。

价格经过长期上涨后，在最后运行阶段里还有许多能量，它可能穿越前期顶部或底部的角度线，然后再跌穿这些角度线，这是弱势行情信号。当价格暴跌并开始筑底，在此期间它将跌穿重要的角度线，然后快速反弹至该角度线之上，这表明价格已进入了强势区域，趋势发生了变化。

始于更高的底部和更低顶部的角度线

当谷物期货创出更高的底部和更低的顶部时应遵循什么规则？

在月、周或者日图表上，当价格上升而创出更高的底部时，要从这个更高的底部开始绘制角度线。在牛市的最后阶段，如果价格跌破了始于最后底部的角度线，预示趋势已经掉头向下了。

在市场下跌中应用同样的规则。从每个更低的顶部开始绘制角度线，并时刻留意这些角度线，直到价格再次穿越始于第 2、第 3 或第 4 个更低顶部的 45°角度线。第 2 个更低的顶部和第 2 个更高的底部对于绘制角度线和测量时间来说很重要。

第 8 节　市场分段行情及角度线含义

市场分段行情

所有市场行情的上升或下跌运行可分三或四个阶段进行。市场开始上涨并运行数周或数月；然后盘整数周或数月，在超过 10 ~ 20 美分的幅度内波动；然后继续上升，并穿越第一阶段的高点而涨至更高的水平；行情再次盘整并回调一段时间；之后价格又上涨超过第二阶段的高点，并持续一段时间的上升；之后出现第三次盘整，这是非常重要的观察点，行情常常在第三阶段尾部筑顶，随后出现较大幅度的下跌。

大多数市场运行包括三个重要阶段或行情。有时市场在休整以后再次回升，如果价格穿越第三个顶部，那么它将运行到第四个顶部。第四次上涨的时间可能比前期的各段行情都要短暂，但在某些情况下，可能持续很长时间并进入第三次盘整。第四个顶部通常创出最高点后反转出现大跌。

在熊市中反向应用上述规则。当市场第三次和第四次下跌时，要留意市场的运行情况。要牢记：在熊市中反弹时，价格可能只会回升一次或一段，在极端情况下才会有第二次上涨；随后主趋势将继续跌势。

在应用中，你会发现研究和观察价格运行的各个阶段非常有益，同时通过应用始于顶部和底部的角度线，有助于你确定第一个主要或次级趋势的变化。

通过角度线位置判断行情强弱

在月、周图表上的角度线比日图表上的角度线更为重要，因为日图表的趋势变化太快，而月、周图表上的角度线只显示主趋势的变化。

当价格跌破或穿越重要的角度线时，始终要测量它与起点价格的距离。无论价格穿越始于顶部的角度线，还是穿越始于底部的角度线，只要价格离起点价格越远，那么这对于判断趋势的变化越重要。

价格何时处于最弱位置

在周或月图表上当价格已经调整，并跌破始于周或月图表上重要底部的45°角度线时，那么它处于最弱的位置。当价格跌破重要顶部或底部之间的 1/2 位置时，也处于最弱的位置。如果时间间隔运行越长，价格越高，那么上述位置也就越弱（参见 1947 ~ 1948 年 5 月大豆期货两日图表和周图表）。

例如，如果价格上涨到 150 美分，之后仅仅下跌了 25 美分，但已跌穿了周或月图表上始于极限低点的45°角度线，那么它已处于极弱位置，因为价格虽然远在1/2点位上面，但是价格已经与时间周期不再成正方形。

价格的弱势程度根据其跌穿3/4、2/3、1/2……等位置而递增；始于底部的时间角度线会告诉你更多有关行情强弱的信息。

价格在牛市的末尾首次跌穿了始于底部的重要上升角度线之时，表明行情首次走弱。

价格何时处于最强势位置

在日、周或月图表上，特别是在月和周图表上，当价格保持在锐角角度线之上时，表明它一直处于自底部上涨以来的最强势位置。

在日图表上只要价格保持在2×1线（每天增加2美分）之上，它就一直处在相对底部而言非常强大的位置上。实际上价格只要保持在45°线之上，那么它始终处于强势位置。周和月图表上应用同样的规则。

我发现在月图表上有巨大涨幅的谷物期货价格始终处于2×1线上，或者在长期内每月增加2美分。我看到过价格在2×1线上面停靠了10或15次以上，直到上涨了100美分或更多后才跌破这条角度线。通过这种方式价格保持超前于时间，即以处于远高于45°角度线之上的方式保持与时间成正方形，因此价格始终处于一个非常强势的位置。强势行情一定会结束，主趋势将会由牛转熊，即当价格跌穿始于最后底部的角度线时显示趋势将变化。

判断价格是否处于强势的另一个指标是当价格上升并站稳在前期跌幅1/2之上，然后价格回调时未能跌穿这个位置。这和行情位于45°角度线之上的情况一样，表明价格处于很强势的位置。

强势位置的买卖点

当价格处于45°角度线之上时，这是安全的买点，止损点应设在该线之下。

另一买点是价格处于运行价格区间的1/2位置上，止损点应设在其1/2点之下。

在周或月图表上，如果主趋势向上，当价格回调到2×1线（每个时间单位增加2美分）上时，也是安全的买点。

重返或穿越角度线

记住，在日、周或月图表上当价格跌破始于极限低点的45°角度线时，表明它已处于弱势，预示行情将跌向下一条角度线。但是当其重返45°角度线之上，那么它就处于较强的位置。

将同样的规则应用于始于顶部的45°角度线。在日、周或月图表上当价格穿越角度线并保持在45°角度线或者其他45°角度线左边的角度线上时，表明价格已处于强势位置。

当价格跌穿任何重要角度线而后又返回到其上时，或者穿越任何重要的角度线而后又跌破时，表明趋势已经改变。

何时谷物期货成为始于底部的强势位和始于顶部的弱势位

价格保持在始于底部的45°角度线或2×1线之上时处于强势位置，如果它再次恢复上涨而接近始于顶部向下的45°角度线或2×1线时又可能是处于弱势位置。此后直到价格穿越这些角度线或穿越前期顶部时是做空时机。当价格跌穿始于底部的角度线时，说明价格已处于弱势位置，预示价格将走低。

价格有时处于顶部的强势和底部的弱势位置，经过一段时间运行，价格可能会穿越某些始于顶部的重要角度线，但同时还可能会跌破始于底部的2×1线或45°角度线，预示价格处于弱势位置并将走低。

始于极限顶部的角度线何时被穿越

始于极限顶部的下降45°角度线是一条最重要的角度线，当其被穿越后，预期一轮大行情即将启动。

第 9 节　角度线计算方法

角度线的快速计算

不用根据以前的价格绘制角度线。你可以通过计算来确定角度线穿越的价位。例如：假设在 1951 年 1 月，当大豆期货高点在 216 美分时，可得到始于 1930 年 6 月的 45°角度线，到达 1951 年 1 月将经过 247 个月，那么从 0 位开始的 45°角度线将穿越 247 美分。因此，从 247 美分开始以每月上涨 1 美分绘制角度线，直到价格跌破 247 美分。

1920 年 2 月 15 日，大豆期货高点在 405 美分，这是截止到 1947 年的历史高点。为了得到角度线和到 1951 年 2 月 15 日时间周期，即 31 年或 372 个月，始于 405 美分的下降 45°角度线将穿越 33 美分。1953 年 2 月距 1920 年 2 月共 396 个月，1953 年 11 月 14 日与其相距共 405 个月，时间等于最高价格；始于顶部的 45 角度线将下降到 0 位。在月图表上显示 1953 年 11 月时间与价格成正方形，这是趋势变化中的一个非常重要的周期。

纬度线和经度线

在所有的日、周和月图表里，价格一定会在垂直角度线上运行。因此，价格的运行就如同纬度线一样。你应该在日、周或月图表上从“0”位开始绘制重要的角度线和横向阻力水平线以测量纬度。

其次，计算横向的日、周或月的时间数量，并以每个重要的自然角度绘制水平角度线，比如在第 11¼、22½、33¾、45、67½、78¾、101¼、112½、120 等日、周或月的位置绘制水平角度线。这样你就知道价格运行到这些重要角度时会遇到阻力所需时长。

经度线可用来测量图表的横向时间，每日、每周或每月向右运行一个单位。因此，你必须在图表上标记始于每个重要顶部或底部的时间间隔数值，以便于根据时间角度来测量时间周期。这些始于每个顶部或底部的重要角度，如 11¼、22½、33¾、45、56¼、67½、78¾、90 等，会向你显示出价格和时间的阻力位置。这些角度线是相互平行或相互交叉的。

研究过去的历史记录，就会明白在月图表上当价格到达这些重要角度或者时间周期时趋势变化情况。

例如，假如价格从0上涨到90美分，我们在图表上横向绘制一条水平线，然后在起点右边的第90日、90周或90个月处画一条向上的垂直线，它与通过90美分的水平线相交叉并显示出一个正方形。在图表上通过绘制向上角度线并理解它们的含义，那么你就知道重要的时间周期结束时间。

如果价格在60天、60周或60个月中运行了60点，那么它会遭遇强大阻力，因为它已经抵达时间和价格形成的正方形。此时价格纬度线和时间经度线的数值相等。因此你始终要在日、周或月图表绘制一个90点正方形，并运用自然角度线，但是我建议你只需在周和月图表上绘制。你可以从任何底部或顶部开始绘制90点的正方形图，或者从90、135、180这些自然角度位置开始绘制90点的正方形图。不一定要与高或低点的价格形成正方形，在第2或第3个更低的顶部或者更高的底部形成正方形也可。

第10节　在图表上绘制时间周期的规则

在所有图表上绘制时间周期非常重要。从每个重要行情所形成的底部和顶部横向标记时间周期，以便于你检查并清楚所绘制的角度线或移动平均线的正确位置，这样就能看出主要和次级时间循环显示趋势的变化。

始于底部的时间周期

如果价格在某月创出底部，在下一个月创出了更高的顶部和更高的底部或者任意形式的顶部与底部。在价格创出了更高的底部并反弹了1个月或多月之后，你应该从这个底部开始计数。创出底部的那个月应归入前期最后的下跌行情中。把开始上涨的那个月计为1，然后在1/2方格上按每个周期增加4，横向向右排列数字。

例如：价格筑底并上涨了50美分，留意图表上的底部，并找到第25个月的价格，那么在2×1线上每月增加2美分的行情会穿越50美分，而每月增加1分的45°角度线则穿越25美分。如果价格在下一个月回调到50美分之下，那么它将回落至2×1角度线之下，这就预示行情将走低。如果你将始于底部的时间或横向数字混淆，那么移动趋势线或角度线将不能显示出行情变化正确结果。

始于顶部的时间周期

价格上涨并创出了极限高点之后回调几天、几周或几个月后，你就开始从顶部绘制下降角度线，然后从顶部横向统计时间周期数值。将相同的规则应用到顶部：在月、周和日图表上价格达到极限高点行情的日期不计算在内。计算时将当月的顶部作为“0”位，将下一个月、周或日作为“1”，在横向排列的每个方格里加上 4，从顶部开始横向移动计算日、周或月的数目，如此可以获得正确的位置。如果所有图表上标计的横向排列时间周期数目是正确的话，那么你所画的角度线或移动平均线出错时，你能够检查并能发现它们从而可以得到纠正。

由于你只是简单地从底部加上变动或者从顶部减去变动数值，所以这个简易的方式能让你知道角度线或移动平均线绘制是否正确。假设价格与上述方式有关，当价格从顶部 150 美分下跌 75 美分时，从 150 美分中减去 80 美分，那么角度线将穿越 70 美分位置，假如是下跌了 75 美分那么则经过 75 美分的位置。因此，75 美分位于始于顶部开始的 2×1 的角度线上面，假如时间周期出现信号，这就是一个反弹位。

计算时间周期的起点

在月高低点图表上行情极限低点是标记时间周期的最重要的起点。从极限低点价格开始，时间周期始终要横向标记在图表上，这与重要角度线向右延伸的方式完全一样。

下一个重要的计算点是第 2 个或第 3 个更高的底部，但是你不能将从市场持续上涨或已经上涨 3 ~4 个月的已被确认的底部作为起点，如果这个底部非同寻常，可以从那里开始计数。

同样的规则应用到顶部。在价格到达顶部并且趋势已经掉头向下后，从顶部开始横向标记时间周期数目。但是，当顶部被穿越或者底部被跌穿之后，不将这里时间计入数目，除了已被以前其他的 3、5、7、10 或 20 年周期确定的重要顶部或底部外。长期未被穿越的顶部始终是计算时间周期数目最重要的起点。极限高点价格在被穿越前最重要，另外二次反弹创出的更低的顶部是计算时间周期的最重要顶部。

留意极限高低点之间的月时间周期数目，此外还要注意出现在图上的始于其他顶部和底部的各种角度线。

第 11 节　价格幅度与时间的正方

价格幅度和时间的正方形

价格幅度和时间成正方是我多年来自认为最重要和最有价值的规则之一。如果你严格坚持遵循规则，始终留意价格和时间成正方，即时间和价格同时到达，这样你就能精确预测重大的趋势变化。

价格与时间成正方的意思是指价格上涨或下跌的点数与日、周或月的时间周期数目相等。例如：行情在 24 天里上涨了 24 美分，从低点开始以每天 1 美分的速率绘制上升 45°角度线或移动平均线，那么时间线或时间周期和价格处于同一速率水平，并且价格停靠在 45°角度线上，此时你要留意趋势的重要变化。如果价格继续向上并保持在强势位置，那么它必须继续上涨并位于 45°角度线之上。如果跌破了 45°角度线，说明行情在 45°角度线的熊市一侧已经失去了方形并处于较弱的位置。当你在日图表上看到价格超越了时间时，还需查看周和月高低点图表，看看价格是否位于强势位置并且是否也超越时间周期，因为只要周和月图表趋势依然向上，那么日图表上的价格一定会回调并返回当初位置多次与自身价格成正方。市场修正或回调只不过是价格与次级时间周期成正方，随后的大幅下跌或者上涨才是价格与主要的时间周期失去正方。

正方形幅度

图 5-12 中显示从低点 48 美分到高点 60 美分之间是 12 美分的幅度。现在假设价格在此区间内上下盘整了数周或数月，价格从底部算起未超过 12 美分幅度，也没有跌破底部，那

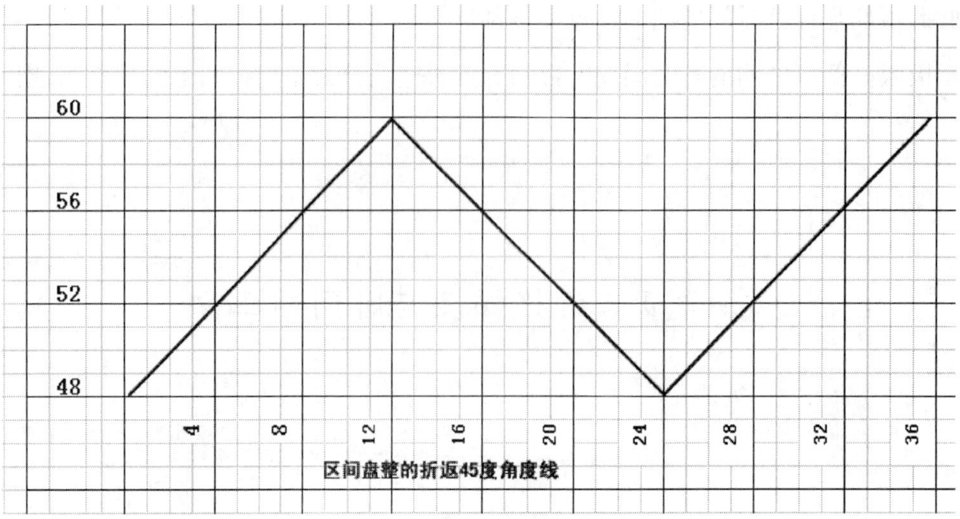

图 5-12

么我们从底部 48 美分开始在此区间内绘制向上 45°角度线到 60 美分，可以看到价格维持在这个区间内却未走得更高，我们再将 45°角度线折回到底部，然后再次返回到此区间的顶部，如此反复在这个范围内移动 45 度线，直至价格突破到达新低水平或者新高水平。你会看到每次 45 度线返回到这个幅度的顶部或底部时，价格趋势会出现某些重要的变化。

1949 年 2 月 9 日，5 月大豆期货低点 201½美分。在周图表上时间与价格成正方需要 201½周，从 201½点绘制 45°角度线将会指向 403，但是从 0 位开始绘制的上升 45°角度线到达 201½时正好等于价格。

一定要从低点 201½开始的时间周期内留意这个价格的 1/8、1/4、1/3、1/2 以及其他等分情况。1/8 是 25¼周，即 1949 年 8 月 6 日；1/4 是 1950 年 2 月 4 日；1/2 是 101 周即 1951 年 1 月 20 日。5 月和 11 月大豆期货在 1951 年 2 月 8 创出高点后，趋势反转向下。

1951 年 12 月 29 日从 1949 年 2 月 9 日计是 150 周，也是从 201½开始的 3/4 等分，这是趋势变化的非常重要的日期。

1952 年 1 月 15 日从 1948 年的高点 436¾计是 4 周年，对于趋势的变化也很重要。

1953 年 12 月 29 日从 1949 年 2 月 9 日计是 202 周，价格 201½与时间成正方。这个日期对于观察趋势的变化非常重要。

因为 45°角度线左右两侧的 2×1 线再次将时间周期和某些价格分割成两个相等的部分，因此你也可以使用它们。

如果价格最后穿越了幅度的上部区域，那么上升角度线要从新的更高的底部开始绘制，而不是从价格进入新高的位置开始绘制，或者也可从此幅度区间内的任一重要底部开始绘制，特别是从最重要的最后一个底部开始绘制到达顶部的上升角度线。当这个角度线被跌破或时间再次与价格未成正方形时，将会有主要或次要的重大趋势变化。

时间与价格成正方形的三种类型

我们已经使始于极限高点到极限低点的幅度与时间形成正方形，后面还有极限高点以及极限低点与时间形成正方形。当市场超越这些正方形并击穿重要角度线之时，趋势将向上或向下改变。

1. 只要价格维持在相同幅度内，极限高低点之间的幅度能成为正方形。如果幅度是25美分，那么它要与25日、25周或25个月的时间周期形成正方形。只要价格停留在相同的幅度内，你就继续使用这个时间周期。

2. 时间与极限低点价格或底部成正方：下一个与时间形成正方形的重要价格是最低价或者任何重要的下跌底部价格。例如：如果底部价格是25，在25天、25周或25个月结束时，时间将等于价格。此时你要留意基于底部的或者最低价的趋势变化。一旦价格在底部获得支撑并上涨，你要使用横向连续排列的时间周期，同时注意每次经过正方形时的趋势变化。特别留意价格到达第3个、第4个正方形，此外还包括第7个和第9个正方形的情况。这些连续的正方形经常出现在日或周图表上，对于月图表来说，大多数情况下底部出现7或8次正方之前行情已经向上或向下越过了某一个幅度范围。无论如何，价格在一个狭窄区间内盘整多年现象经常会发生。

例如，1939年7月27日5月大豆期货的低点是67美分。这将需要67周或者67个月与最低价成正方形。注意将“44和67的平方”标记在月图表上。

3. 时间与极限高点或者顶部成正方：与时间成正方的另外一个重要价格是合约的极限高点。时间或周期一定要从日、周或月图表上的高点横向记录，注意观察与顶部价格形成正方形的时间对于趋势变化的影响。如果顶部价格是50美分，当其运行了50日、50周或50个月之时，它到达了与价格成正方的时间周期，这预示一个重要的趋势改变。具体时间也能从始于顶部和底部的角度线位置测算出，例如，1948年1月15日5月大豆期货高点是436¾美分，那么它需要436¾周才能使价格与时间成正方形。

在所有时间周期里当主要和次要的顶部及底部与右侧时间周期形成正方形时，你需要仔细观察。月高低点图表上的极限高低点价格是所有因素中最重要的。当在顶部形成正方形之前，也许价格非常高并运行一段很长的时间，此时，你必须把价格分割成与时间周期相等的8等分，关注1/4、1/3、1/2、3/4这些重要位置，但所有最重要的还是时间等于价格的位置。

当你观察价格位置时，如果在顶部或底部形成正方形，要重视时间周期和反向角度线。如果市场正接近一个低点价位，而顶部形成正方形，你需要留意它与底部之间的关系，观察是否有始于底部的第 2 个或第 3 个正方形，这对于判断趋势变化是双重指示。

价格与周时间周期成正方

一年有 52 周，时间与价格正方形是 52×52，因此，你需要绘制一个长 52 和宽 52 的正方形，并从 0 位绘制出所有角度线，然后在此正方形中绘制合约的周高低点。例如：如果价格低点是 50 美分，那么周正方形的顶部位置就是 52 加上 50，即 102 是正方形顶部；只要价格运行在 50 上方并上升，那么价格就会在 52 美分这个正方形里运行。另一方面，如果价格见顶后下跌，你要绘制一个从顶点向下的 52 美分周正方形并得到 52 周的时间周期。

你可将过去的任意价格安置在 52×52 正方形里并研究价格的运行，注意第 13 周或 1/4 时间、26 周或 1/2 时间、39 周或 3/4 时间位置，以及价格抵达这些重要的时间和价格阻力水平时所发生的趋势变化。你要观察行情接近这些时间周期时趋势的变化。

价格与月时间周期成正方

当价格跌穿 45°角度线时，如果在第 135 个月的卖出价是 135 美分，并且击穿了强势角度线和自然阻力水平这两个双重阻力水平。这个位置使得时间和空间在阻力水平或几何角度线方面达到平衡，预示随后将出现大跌行情。在牛市中反向应用这条规则。

在月图表上 12 个月为一年，因此，12 的平方对于计算月图表的时间周期非常重要。12 的平方是 144，价格从某个底部或顶部经过完整的 12 个月倍数的时间经常会出现重大的趋势变化。如果你使用 12 的整数倍，即 24、36、48、60、72、84、96、108 等不同的周期，将有助于你判断周期和价格阻力位。当价格到达这些重要的价格阻力位时，观察价格在角度线上的运行趋势。

正方形的应用

价格超过时间

为什么在日、周或月图表上谷物期货价格经常穿越 45°角度线后出现短期上涨，随后下跌并停靠在相同的45°角度线上面？原因在于当价格首次穿越45°角度线时并未抵达或者超越时间和价格形成的正方形，因此当其停靠在45°角度线上以二次回调的方式使价格与时间间隔成正方，此后将会出现上涨。在牛市顶部反向应用这条规则。当谷物期货价格跌穿了始于顶部与底部的45°角度线一段距离时非常重要。在上涨的初期价格会多次停留在45°角度线上，然后经过回调后而再次停靠在其上，随后是长期上涨，接着回调停靠在45°角度线上并上升到更高水平；接着再次跌破45°角度线，由于这时价格距离底部已经太远以及离谷物期货曾创出低点价格的时间已经很久，所以导致其处于极弱的位置。记住当周或月图表上的角度线被跌破时是最重要的。

以上所述对于谷物期货来说，价格自顶部经过陡直快速下跌后，再次上涨创出更高的顶部或一系列稍低的顶部，直到在相当高的价位超越了正方形的幅度才算完成上涨过程一旦跌破45°角度线；随后就是行情快速下跌。

测量时间和价格的最强角度

90°角度线——为什么90°角度线是最强大的角度线？因为它是垂直的或直上直下的。

180°角度线——90°角度线的下一个最强大的角度线是什么？180°角度线，因为它与90°角度线成正方形，同时与90°角度线之间是90°。

270°角度线——180°角度线的下一个最强大的角度是什么？270°角度线。因为它是90°或180°的对冲位，是从90°角度线开始到1/2圆即180°的最强位。270个月等于22½年，22½是45的1/2。

360°角度线——270°角度线的下一个最强的角度线是什么？360°角度线。因为它返回起点正好结束一个圆。同时它是180°的对冲位，而180°则是1/2圆。

120°角度线和240°角度线——90°、180°、270°、360°角度线中最强角度线是什么？120°角度线和240°角度线。因为它们分别是圆的1/3和2/3。120°等于90°加上30°；240°等于180°加180°的1/3即60°。这些强大的角度对于测量时间周期极其重要。

45°角度线、135°角度线、225°角度线、315°角度线——以下这些也是强大的角度线。45°，等于90°的1/2；135°，等于90°加上45°；225°，等于45°加上180°；315°，是270°开始后的45°角；225°又是始于45°的180°，315°角是始于135°的180°。

决定性的十字架

90°、180°、270°、360°组成最重要的十字形状，即大家所知晓的主十字架。45、135、225 和 315 组成下一个重要的十字形，被称作决定性的十字架。这些角度对于测量时间、价格、空间和成交量至关重要。

22½、67½、78¾——为什么22½°角度线比11¼°角度线强呢？因为22½°是11¼°的2倍。同理45°比22½°要强。此外由于67½°等于45°×1.5。因此，当任何合约向90°角度线移动时，这个角度显得非常强大。因为78¾是90°的7/8，所以强于67½，因此它是到达90°角之前的最强大的角度之一，对于观察时间、价格和成交量很重要。大部分谷物期货经过重要行情之后，常在第78～80天、周或月创出顶部或底部，但也要重视84个月或7年这个强大的时间循环。

41 美元的分割点——1/8 点位

为什么圆的1/8角度对于测量时间与空间非常重要？

因为我们将1美元按1/2，1/4和1/8来等分，生活中我们用25美分或1夸特，50美分或1/2美元，多年以前我们还用过12½美分的硬币。

虽然最重要的基本货币数字是4夸特，但是在所有的计算中我们使用1美元的1/8即12½美分。谷物期货价格的波动基于1/8、1/4、3/8、1/2、5/8、3/4、7/8和1这些数字。因此，要像测量时间一样去测算所有价格，将其按1/8比率波动进行计算后转换为时间角度，原因很简单，因为相对于1/3和2/3而言，转换这些角度更接近于这些数字。我们的计量单位是使用5美分即等于1美元的1/20以及10美分即等于1美元的1/10。

100美元或与其他同等价值的数字是谷物期货价格的基础，将这些价格转换成角度后，那么12½美元等于45°，25美元等于90°，37½美元等于135°，50美元等于180°，62½美元等于225°，75美元等于270°，82½美元等于315°，100美元等于360°。

例如，当合约在第180天、180周或180个月的卖出价在50时，它位于时间角度线之上。

遵循全部规则，认真研究并实验，努力实践你将会取得成功！

［W·D·江恩于1951年11月12日］

Chapter 6
时间和价格幅度的正方形

第 1 节　时间和谷物价格幅度的正方形

谷物价格幅度和时间成正方是我多年来自认为最重要和最有价值的规则之一。如果你严格坚持遵循规则，始终留意谷物的价格和时间成正方，即时间和价格同时到达，这样你就能精确预测重大的趋势变化。

价格与时间成正方的意思是指价格上涨或下跌的点数与日、周或月的时间周期数目相等。例如：行情在 24 天里上涨了 24 点，从低点开始以每天 1 点的速率绘制上升 45°角度线或移动平均线，那么时间线或时间周期和价格处于同一速率水平，并且价格停靠在 45°角度线上，此时你要留意趋势的重要变化。如果价格继续向上并保持在强势位置，那么它必须继续上涨并位于 45°角度线之上。如果跌破了 45°角度线，说明行情在 45°角度线的熊市一侧已经失去了方形并处于较弱的位置。当你在日图表上看到价格超越了时间时，还需查看周和月高低点图表，看看价格是否位于强势位置并且是否也超越时间周期，因为只要周和月图表趋势依然向上，那么日图表上的价格一定会回调并返回当初位置多次与自身价格成正方。市场修正或回调只不过是价格与次级时间周期成正方，随后的大幅下跌或者上涨才是价格与主要的时间周期失去正方。

正方形幅度

如图 5-12 所示，图中显示从低点 48 美分到高点 60 美分之间是 12 美分的幅度。现在假设价格在此区间内上下盘整了数周或数月，价格从底部算起未超过 12 美分幅度，也没有跌破底部，那么我们从底部 48 美分开始在此区间内绘制向上 45°角度线到 60 美分，可以看到价格维持在这个区间内却未走得更高，我们再将 45°角度线折回到底部，然后再次返回到此区间的顶部，如此反复在这个范围内移动 45 度线，直至价格突破到达新低水平或者新高水平。你会看到每次 45 度线返回到这个幅度的顶部或底部时，价格趋势会出现某些重要的变化。

因为 45°角度线左右两侧的 2×1 线再次将时间周期和某些价格分割成两个相等的部分，因此你也可以使用它们。

如果价格最后穿越了幅度的上部区域，那么上升角度线要从新的更高的底部开始绘制，而不是从价格进入新高的位置开始绘制，或者也可从此幅度区间内的任一重要底部开始绘制，特别是从最重要的最后一个底部开始绘制到达顶部的上升角度线。当这个角度线被跌破或时间再次与价格未成正方形时，将会有主要或次要的重大趋势变化。

时间与价格成正方形的三种类型

我们已经使始于极限高点到极限低点的幅度与时间形成正方形，后面还有极限高点以及极限低点与时间形成正方形。当市场超越这些正方形并击穿重要角度线之时，趋势将向上或向下改变。

1. 只要价格维持在相同幅度内，极限高低点之间的幅度能成为正方形。如果幅度是 25 美分，那么它要与 25 日、25 周或 25 个月的时间周期形成正方形。只要价格停留在相同的幅度内，你就继续使用这个时间周期。

2. 时间与极限低点价格或底部成正方：下一个与时间形成正方形的重要价格是最低价或者任何重要的下跌底部价格。例如：如果底部价格是 25，在 25 天、25 周或 25 个月结束时，时间将等于价格。此时你要留意基于底部的或者最低价的趋势变化。一旦价格在底部获得支撑并上涨，你要使用横向连续排列的时间周期，同时注意每次经过正方形时的趋势变化。特别留意价格到达第 3 个、第 4 个正方形，此外还包括第 7 个和第 9 个正方形的情况。这些连续的正方形经常出现在日或周图表上，对于月图表来说，大多数情况下底部出现 7 或 8 次正方之前，行情已经向上或向下越过了某一个幅度范围。无论如何，价格在一个狭窄区间内盘整多年现象经常会发生。

3. 时间与极限高点或者顶部成正方：与时间成正方的另外一个重要价格是合约的极限高点。时间或周期一定要从日、周或月图表上的高点横向记录，注意观察与顶部价格形成正方形的时间对于趋势变化的影响。如果顶部价格是 50 美分，当其运行了 50 日、50 周或 50 个月之时，它到达了与价格成正方的时间周期，这预示一个重要的趋势改变。具体时间也能从始于顶部和底部的角度线位置测算出。

在所有时间周期里当主要和次要的顶部及底部与右侧时间周期形成正方形时，你需要仔细观察。月高低点图表上的极限高低点价格是所有因素中最重要的。当在顶部形成正方形之前，也许价格非常高并运行一段很长的时间，此时，你必须把价格分割成与时间周期相等的 8 等分，关注 1/4、1/3、1/2、3/4 这些重要位置，但所有最重要的还是时间等于价格的位置。

当你观察价格位置时候，如果在顶部或底部形成正方形，要重视时间周期和反向角度线。如果市场正接近一个低点价位，而顶部形成正方形，你需要留意它与底部之间的关系，观察是否有始于底部的第 2 个或第 3 个正方形，这对于判断趋势变化是双重指示。

第 2 节　价格与周时间周期成正方

一年有 52 周，时间与价格正方形是 52×52，因此，你需要绘制一个长 52 和宽 52 的正方形，并从 0 位绘制出所有角度线，然后在此正方形中绘制合约的周高低点。例如：如果价格低点是 50 美分，那么周正方形的顶部位置就是 52 加上 50，即 102 是正方形顶部；只要价格运行在 50 上方并上升，那么价格就会在 52 美分这个正方形里运行。另一方面，如果价格见顶后下跌，你要绘制一个从顶点向下的 52 美分周正方形并得到 52 周的时间周期。

你可将过去的任意价格安置在 52×52 正方形里并研究价格的运行，注意第 13 周或 1/4 时间、26 周或 1/2 时间和 39 周或 3/4 时间位置，以及价格抵达这些重要的时间和价格阻力水平时所发生的趋势变化。你要观察行情接近这些时间周期时趋势的变化。

第 3 节　价格与月时间周期成正方

当价格跌穿 45°角度线的时候，如果它在第 135 个月的卖出价是 135 美分，并且它击穿了强势角度线和自然阻力水平这两个双重阻力水平。这个位置使得时间和空间在阻力水平或几何角度线方面达到平衡，预示随后将出现大跌行情。在牛市中反向应用这条规则。

在月图表上 12 个月为一年，因此，12 的平方对于计算月图表的时间周期非常重要。12 的平方是 144，价格从某个底部或顶部经过完整的 12 个月倍数的时间经常会出现重大的趋势变化。如果你使用 12 的整数倍，即 24、36、48、60、72、84、96、108 等不同的周期，将有助于你判断周期和价格阻力位。当价格到达这些重要的价格阻力位时，观察价格在角度线上的运行趋势。

第 4 节　正方形的应用

价格超过时间

为什么在日、周或月图表上谷物期货价格经常穿越 45°角度线后出现短期上涨，随后下跌并停靠在相同的 45°角度线上面？原因在于当价格首次穿越 45°角度线时并未抵达或者超越时间和价格形成的正方形，因此当其停靠在 45°角度线上以二次回调的方式使价格与时间间隔成正方，此后将会出现上涨。在牛市顶部反向应用这条规则。当谷物期货价格跌穿了始于顶部与底部的 45°角度线一段距离时非常重要。在上涨的初期价格会多次停留在 45°角度线上，然后经过回调后而再次停靠在其上，随后是长期上涨，接着回调停靠在 45°角度线上并上升到更高水平；接着再次跌破 45°角度线，由于这时价格距离底部已经太远以及离谷物期货曾创出低点价格的时间已经很久，所以导致其处于极弱的位置。记住当周或月图表上的角度线被跌破时是最重要的。

以上所述对于谷物期货来说，价格自顶部经过陡直快速下跌后，再次上涨创出更高的顶部或一系列稍低的顶部，直到在相当高的价位超越了正方形的幅度才算完成上涨过程，一旦跌破45°角度线；随后就是行情快速下跌。

测量时间和价格的最强角度

90°角度线——为什么90°角度线是最强大的角度线？因为它是垂直的或直上直下的。

180°角度线——90°角度线的下一个最强大的角度线是什么？180°角度线，因为它与90°角度线成正方形，同时与90°角度线之间是90°。

270°角度线——180°角度线的下一个最强大的角度是什么？270°角度线。因为它是90°或180°的对冲位，是从90°角度线开始到一个1/2圆即180°的最强位。270个月等于22½年，22½是45的1/2。

360°角度线——270°角度线的下一个最强的角度线是什么？360°角度线。因为它返回起点正好结束一个圆。同时它是180°的对冲位，而180°则是1/2圆的位置。

120°角度线和240°角度线——90°、180°、270°、360°角度线最强角度线是什么？120°角度线和240°角度线。因为它们分别是圆的1/3和2/3。120°是90°加上30°；240°是180°加180°的1/3即60°。这些强大的角度对于测量时间周期极其重要。

45°角度线、135°角度线、225°角度线、315°角度线——以下这些也是强大的角度。45°，它等于90°的1/2；135°，它等于90°加上45°；225°，它等于45°加上180°；315°，它是270°开始后的45°角；225°又是始于45°的180°，315°角是始于135°的180°。

决定性的十字架

90°、180°、270°、360°组成最重要的十字形状，即大家所知晓的主十字架。45、135、225和315组成下一个重要的十字形，被称作决定性的十字架。这些角度对于测量时间、价格、空间和成交量至关重要。

22½、67½、78¾——为什么22½°角度线比11¼°角度线强呢？因为22½°是11¼°的2倍。同理45°比22½°要强。此外由于67½°等于45°×1.5。因此，当任何合约向90°角度线移动时，这个角度显得非常强大。

Chapter 7
通过时间周期预测谷物期货

第 1 节　时间规则

时间是预测行情运行的最重要因素。虽然空间和成交量是主要的，但是行情的动能也是一个需要考虑的因素，时间将抑制动能并导致空间和成交量失去平衡。

日规则

短期的变化是时隔 7、10、14、20 以及 21、28 和 30 天左右所发生的行情波动，这些时间周期是主循环的一部分。

月规则

如果趋势的变化间隔 30、60、90、120、135、180、225、270、300、315，以及 360 天发生。则第 3 和第 4 个月将出现趋势的第一个重要变化；接下来是第 6 个月；然后第 9 个月；第 11 ~ 12 个月是最重要的月份。

由于小麦或玉米期货价格的交易期限从未超过 12 个月，因此其趋势的重要变化出现在第 3 个月，第 6 个月，以及第 9 个月，特别是第 6 个月和第 9 个月，因为它们是合约期限的一半和四分之三。第 4 个月或者最后一季度即 3 个月，行情趋势几乎总是以一种或者其他方式反转并出现陡直的运行。

行情快速向上或向下的运行规则

一旦市场力量积聚或分散了几周、几月或几年，那么市场大行情像火山爆发一样非常迅速启动，只需角度线或者阻力水平被击破，积累的力量将被释放，行情快速爆发直到能量被全部耗尽时，行情才结束。查看小麦期货在 1917 年，1924 ~ 1925 年，1933 年，1945 ~ 1946 年的运行可以看到这种行情变化。

7 周或者 49 天表示快速向上或向下行情的积累，特别是在大循环结束后。有时顶部或者底部在 52 天才到达，但是在第 42 天和第 49 天之间的某个时候趋势已经开始变化。因此在向上或向下快速运动行情的第 6 周就要留意它的顶部或底部。趋势变化可能性较小。52 天是 1/7 年，这是非常重要的周期。同时也是 360°的 1/7 或者 51. 375°。任何事情开始运行的“第 7”个周期是最重要的，到那时经常表明趋势将会出现快速变化。

时间和空间

空间的运动是重要的，但是永远不会超过时间的重要性。由于时间的变化要滞后于空间变化，作为第一个趋势变化信号，通常是重要观察点。

例如，小麦期货上涨一段时间后经过 5 ~ 7 美分的几次回调，然后反弹 10 ~ 12 美分或更多，也是反向力量正引起趋势变化的征兆，也是需要警戒的信号。

如果一个市场上涨了几个月后回调 3 周到一个月，然后下跌 5 周或进入第 2 个月，这超过以前的回调时间，依据时间规则表明趋势首次出现变化。这条规则应用在以日为周期的次级行情上与用在以年为周期的主行情上是一样的。

底部和顶部改变的原因

底部和顶部年周期变化不仅仅是因为供需关系，也是价格的强度或者价格因素改变，另外还有经度和纬度的变化。价格循环既按正方形也按三角形来运行，依靠行情产生的能量来改变价格运动方向。

价格在高位比低位更快移动的原因

价格越高，移动越迅速；价格越低，移动越缓慢，波动幅度也越小。注意“循环图表”和“5 月小麦期货图表”上的角度线，图表上显示了它们是如何从主要中心点逐步变化的。

怎样确定趋势的变化

1. 通过日图表上的位置和已被跌穿的向上顶部角度线或向下底部角度线来判断趋势变化。记住，一天的波动迹象可能只预示 7 ~ 10 天行情运行。

2. 周图表显示趋势的重要变化，但是要根据角度的位置和周期是否耗尽来判断。周图表只要运行 3 ~ 4 周行情就会反转，有时仅仅 2 周；但有时可能在第 3 周发生变化，然后趋势继续向上或向下，如果它运行到第 5 周，预计行情将向那个方向继续运行。

记住一切事物第 3 次的变化。比如观察第 3 天，第 3 周和第 3 个月事物状况。丹尼尔被扔在狮子坑中 3 天，乔纳在鲸鱼肚子内呆了 3 天。一般而言第 5 天是上升的日期。观察市场在第 5 周、第 5 个月或者第 5 年是强势上涨还是下跌。

3. 月图表的变化通过击穿角度线和击穿底部来显示。月周期变化发生后，它可能运转 3 到 4 个月然后趋势反转，可能运行 6 月才显示下一次重要时间的变化，全部周期循环取决于时间从基点处上涨或下跌多少个月。

4. 年周期的变化是由循环和通过跌破每个行情的顶部或者底部来显示。在行情长期运行后，当底部被跌破或顶部被穿越时，意味着趋势出现巨大变化，特别是循环已经耗尽时。

空转行情

众所周知，实际中所有的机器在运转过程中都有空转的现象。行情一般有总计 2 ~ 2½ 美分的缓冲空转周期。换句话说，它们在极限点位价格超越角度线或主要中心点 2 ~ 2½美分；如果价格超过角度线 3 美分，那么它们将走得更高或者更低。如果市场由于缺乏购买力而在低位水平变得极不活跃，就像量能不足，那么它们不可能到达重要的极限点位，这将成为强度标志。同样，如果它们不能到达主要中心，行情将变得极其疲软。

空转时间

世界上不会出现时间转慢的情况，但它却有一个等同于空间空转的过渡时期。在主要和次级趋势中，根据价格超过顶部或者底部、几何角度线或者价格阻力水平 1～3 美分来判断行情变化。

市场最弱或最强的时间

当空间的正方形等于时间的正方形时，行情到达最强点或者最弱点。换句话说，当它在 30 天内上涨或下跌了 30 美分时，将处于正方形基点上，并且当它在高位或者低位水平超越始于基点的正方形时，一波大的反转行情将会出现。

当市场在顶部或者底部波动幅度狭窄且很不活跃时，关注其在第 3 天到第 4 天的趋势变化；接下来观察第 7 天；然后是观察 10、14、20，以及 28 天的趋势变化。

当行情正在上涨并且在每月、每周和每日图表上的趋势也在上升时，只要它保持在 78. 5°角度线或 45°角度线左上就处于强大的位置，此时能在周、月或者日图表中任一位置做空。

市场保持在 67°角度线或 45°角度线左上的 2×1 线上时依然处在强势位，但是跌破离基点很远距离的角度线时则预示行情要下跌到 45°角度线。我以前提到：45°角度线是“死”角度线，在任何情况下被跌破时，巨大的反转行情将发生。

当 22½角度线或 45°角右侧的 2×1 线被跌破时，预示上涨行情完全被颠覆，行情将回到基点或底部。

如果主要时间周期还未耗尽，那么在日、周、月线图上丢失的点位可能被收复。

注意价格在底部和顶部之间的位置以及它是否高于或低于主要中心或者 1/2 价位。在最后的次级行情中，45°角度线或者 1/2 价位被跌破是趋势即将反转的重要指标之一。

行情运行的持续时间

所有行情运行遵守"12"及其倍数法则。

趋势的主要变化通常出现在第 11 到 12，第 18，第 22 到 24，第 34 到 36，第 42，第 48 到 49，第 54，第 60，第 66，第 72，第 78，第 84，第 90，第 96，第 102，第 108，第 114，第 120，第 126，第 132 和第 144 个月。

在没有出现大行情反转的情况下，小麦期货很少沿一个方向运行超过 18 个月。接下来顶部或底部的观察重点是第 28 个月到第 30 个月。由于存在强大的数学逻辑关系，所以行情经常在第 27 个月或者第 28 个月达到最高点。玉米期货也遵循这条规则。

这些数字规则同样适用于月周期和日周期。

如何确定行情持续运行时间

除了行情里的循环点位和角度线外，价格的高度可以通过底部的宽度确定。在熊市中反向应用此规则。如果行情经过数周、数月的派发或积累，那么下一波行情将会出现更大幅度的上涨或下降。市场在狭窄范围中运行时间越长，当其启动时就会发生巨幅和持久的行情。

快速运行的行情在第 3 段或循环的最后阶段出现。注意小麦期货图表上 10，20，30，以及 50 年循环的末期。检查每个 10 年的循环、获得主要行情持续时间以及计算价格涨跌幅度非常重要。

季节性趋势

小麦期货的自然曲线图趋势或季节性趋势从 8 月到 12 月或 1 月向下，然后 2 月到 6 月向上。当然，小麦期货的变化还要根据庄稼状况、供需条件和内在循环而定。但是如果供需曲线保持平滑，小麦期货将遵循自然趋势。

时间循环

时间是确定行情运行过程中的最重要因素，因为未来只是过去的重复，所以每次市场的运行只不过是以前的时间周期循环而已。通过对各种各样的时间周期和循环的研究，将使你了解谷物期货市场是如何在过去同样的时间循环周期下重复同样的价格水平。

长时间周期循环非常重要，因为它们是记录极限高点或极限低点价格的周期。这些时间循环是：90 年、80 ~ 84 年、60 年、45 年、30 年和 20 年。

次级时间周期循环：13 年、10 年、7 年、5 年、3 年、2 年和 1 年。

第 2 节　长时间周期循环

90 年循环

我们从太阳升起的地方或地平线开始观察直到中午，将看到一条 90 度的弧线，这是从底部开始的垂直上下的图形。90 个月或 90 年是非常重要的时间周期，因为 90 是 45 的两倍。这个时间周期必须放在一个长期时间段结束时观察。例如，1932 年到 1842 年是 90 年，在这时期前后研究小麦期货价格。1850 和 1851 加上 90 年，分别到 1940 年和 1941 年。注意这个时间的小麦期货低点价格。

1855 年 6 月，小麦期货高点 170 美分。从这个时期开始的 90 年是 1945 年，小麦期货价格在 6 月到达高点 170 美分，部分合约价格是 168 美分和 169 美分。

1850 ~ 1951 年，小麦期货到达极限最低点。加上 45 年后到 1895 年，价格到达极端低点。

1895 年加 45 年，得到 1940 年。

84 年循环

从 1845 ~ 1852 年的低点与 1929 ~ 1933 年的低点相距 84 年。

60 年循环

从主要顶部与底部开始比较 60 年循环，可以观察这个循环是如何运行的。

49 年循环

小麦期货在第 49 年结束大循环而且极限高点或极限低点价格相隔 49～50 年。低点出现在 1845 年和 1846 年；在 50 年后再次到达极限低点。高点出现在 1867 年，在 50 年后再次到达高点，到 1917 年出现最高价格时已经超过 100 年。1932 年和 1933 年极限最低点离 1852 年最低点相距 80 年。

49 年循环在 360°循环第 2 象限的 225°～240°之间，49 年是 588 个月。由于 576 是 12 平方的 4 倍，那是死亡点，象征着坟墓、寒冬、生命的末期或任何事情的重新开始。

45 年循环

把数字从 1 到 9 相加，总计为 45。45 是最重要的角度，因此，45 年是非常重要的时间循环。45 年的 1/2 是 22½年或 270 个月。45 年的 1/4 是 11¼年或 45 个月的 3 倍，即 135 个月。这些点位在 360°循环图表中非常重要。

45 年的 1/8 是 5⅝年或 67½个月。45 年的 1/16 是 33¾个月。

30 年循环

将 1845～1867 年与 1895～1897 年和 1925～1927 年比较。

将 1914～1920 年与 1944～1950 年比较。

20 年循环

20 年循环也是非常重要的循环，因为它是 60 年循环的 1/3。20 年等于 240 个月，同时它是 360°循环的 2/3。

第 3 节 次级时间周期循环

13 年循环

在进行小麦期货的年度预测时，你要考虑 49 年循环、30 年循环、20 年循环、10 年循环，以及 7 年循环；另外还须考虑 13 年循环，因为小麦期货从极限高点到极限低点，以及从极限低点到极限高点再回到极限低点的过程中经常耗尽了周期。绝大多数农作物，或极小部分农作物价格图形上经常是经历 13 年或 156 个月循环。

回顾小麦期货从 1841 年到目前为止的图表。把 1841 年与相隔 13 年后的 1854 年进行比较。此外要注意与 1842 年的低点相隔 10 年后的 1852 年高点。然后注意与 1842 年相隔 13 年后的 1855 年比较。注意 1844 年的极限低点和 1857 年的极限高点；然后是 1854 年到 1867 年；1864 年到 1877 年；1867 年到 1881 年；1881 年到 1894 年。极限低点在 1894 年 12 月到 1895 年 1 月之间到达。1888 年到 1901 年；1898 年 ~ 1911 年出现极限高点；1895 年 1 月到极限低点，1908 年到达顶部，1909 年出现更高的价格。1907 年低点对应 1894 年低点，之间相隔 13 年。1904 年高点对应 1917 年低点；1907 年对应 1920 年；1909 年对应 1922 年；1914 年对应 1927 年；1920 年对应 1933 年；1921 年对应 1934 年；1923 年 7 月和 1936 年 6 月出现低点。

注意 1924 年 3 月最后低点；1937 年距离 1924 年 13 年，距离 1917 年 20 年，距离 1907 年的 30 年。而最低点在 1907 年 3 月到达。

1919 年 12 月小麦期货到达极限高点。156 个月以后，即 1934 年 12 月，5 月小麦期货到达极限低点。注意最后极限低点出现在 1914 年低点之前，图表形成三重底。1906 年 9 月和

12 月的低点与 1907 年的第三底部处于相同的价位水平。13 年后，即 1919 年 12 月出现极限高点，1920 年 5 月出现最后高点。与 1919 年和 1920 年相隔 13 后，在 1932 年和 1933 年到达极限低点。

注意 13 年、26 年、39 年这些时间周期很重要，然后是距离任何极限高点或极限低点的第 49 年到 52 年。

10 年循环

小麦期货的 10 年循环有时会发生轻微的变化，且顶部出现在第 10 年 6 个月和第 11 年之间。原因在于把一些前期的顶部或底部位置作为时间和角度显示。但主要原因是此国家的小麦每年收获两季，如果收获极好或极坏，高点或低点的价格就超过了 11 年时间周期极限点，另外一些国家一年中几乎每月都在小麦收获。

小麦期货在 1877 年 5 月到达顶部。根据 10 年循环规则，1887 年 5 月应该出现顶部。那年的高点在 5 月到达，随后是一波下跌，但是几年来的极限高点价格在 1888 年 9 月才出现，这是从 1877 年来的第 11 年出现顶点。

下一个顶点和极限高点价格在 1898 年出现。雷特角事件发生在 1898 年，当时五月合约卖出价为 1.85 美元。根据 10 年循环推断另一顶部应该在 1908 年 5 月出现。1908 年的高点在 5 月到达，但是极限高点价格在随后的 1909 年 5 月到达，即在 11 年循环中出现，这是因为 135 个月或 11½年是 360°的 3/8。

根据 10 年循环，下一个高点将在 1918 年或 1919 年到达。但是在过去 50 多年中最后极限高点于 1867 年出现。因此在 50 年循环的极限高点价格将在 1917 年到达。5 月小麦期货在 1917 年 5 月涨到 3¼美元，然后政府下文限制交易，将价格限定在 2½美元/蒲式耳，高价格状况持续到 1920 年。

将 1947 年的价格与 1847 年、1907 年、1917 年、1927 年，以及 1937 年的价格进行比较。

7 年循环

这是重要的循环。你应该观察从任何重要顶部或底部开始的 7 年。此外观察 14 年、21

年、28 年，这些年都是 7 的倍数。顶部与底部周期经常相隔 7½年或 90 个月。观察 90 个月的次级行情与观察主要顶底行情同等重要。

5 年循环

60 个月周期也很重要，因为它是 20 年循环的 1/4 和 10 年循环的 1/2，是 360°或 30 年时间循环的 1/6。

3 年循环

从主要和次要顶部启动的主要和次级行情的顶点经常出现在第 34 个月到第 36 个月。当趋势变化可能发生时，观察从任何重要的顶部或底部开始的 3 年行情。

1 年循环

这是最小的循环，但是基于谷物类作物在美国都有收获以及小麦有春冬两季收割的事实，趋势中重要变化经常离上次的顶部与底部相隔一年。虽然这不是主要趋势的变化，但是反弹在年底通常运行 1 到 3 个月。

无论何时你开始预测一年或者多年的行情，一定要回顾并查看市场是否耗尽了主要或次要循环周期，特别是当市场正接近极限高点或极限低点价格时。研究战争周期和基于战争周期的战争循环；基于正常时间周期的正常循环。

当使用相关联的几何角度线时，要查看所有主要和次要的循环，这些循环将帮助你确定最近将重视哪个循环。通过确定上次循环里到达极限高点与极限低点位置的月份，你能估计当前循环中市场到将要达极限低点或极限高点的月份，这样可以对你的预测真伪进行验证。

[W · D · 江恩于 1946 年 12 月 4 日]

Chapter 8
大豆期货价格阻力水平

价格阻力水平

最高卖出价的1/2价位与高低点中间价位非常重要，因为它们在45度角度线上或者重力中心。对5月大豆期货来说这些价格是218⅜美分，240⅜美分，251⅞美分以及319⅛美分。

在周或月图表上，根据极限高点和极限低点到达的日期，绘制出从1/2价位开始的向上或向下45°角度线。这些角度线对确定最高点与最低点以及趋势的变化非常重要。

从极限低点或者极限高点，加或减循环的一定比例。可以得到以下数据：44加360得到404；从404减90得到314，在十二宫图上它是14度即位于宝瓶座。从它算起90度是224或天蝎座16度。

436¾减去360是76¾或十二宫图中的双子座16°45′。436¾减去120得到宝瓶座16°45′或者316¾。从这算起90度是天蝎座16°45′，价格为226¾美分。

低点67、68和69等同于双子座的7、8、9度。加上240度等于307、308和309，是宝瓶座里的7、8和9度的三角点。从这些价格中减去90度得到217、218和219或者双鱼座的7、8、9度。

高点131加上180，得到311或宝瓶座11度。减去90得到221或者天蝎座11度。

1936年10月5日，大豆期货开始交易。第一笔价格是120。加上180得到300或摩羯座30度。

218⅜是天蝎座 8°22′。加上 90 得到 308⅜或宝瓶座 8½度。

240⅜是射手座 0°22′。加上 60 得到 300⅜。加 90 得到 330⅜。

251⅞是射手座 12 度。加上 60 得到 311⅞或宝瓶座 12 度。加上 90 得到 348 或双鱼座 12 度。

1930 年 6 月高点 216 美分。等同于天蝎座 6 度。加上 90 得到 306 或宝瓶座 6 度。加上 225 得到 441，即 21 的平方，比 360 多 81，即 9 的平方，且 441 是十二宫图中双子座的 21 度。

436¾，减去 135，得到 201¾或宝瓶座 1°45′。减去 180 得到 256¾或射手座 16°45′。减去 225 得到 221¾或射手座 1°45′。减去 236 得到 200¼或天秤座 20°15′。5 月大豆期货的低点 201½美分出现在 1949 年 2 月。

344½减去 33¾得到 310¾或宝瓶座 10°45′。减 45 得到 299½或者摩羯座 29°30′。

120 加 90 得到 210 或天蝎座 30 度。加 135 得到 255 或射手座 15 度。加 180 得到 300 或摩羯座 30 度。

67 加上 90 得到 157 或处女座 7 度。加上 135 得到 202 或天秤座 22 度。加上 120 得到 127 或天秤座 7 度。加 180 得到 247 或射手座 7 度。加上 225 得到 292 或摩羯座 22 度。加上 240 得到 307 或宝瓶座 7 度。加上 270 得到 337 或双鱼座 7 度。加上 315 得到 382 或白羊座 22 度。加上 360 得到 427 或双子座 7 度。加上 271 得到 438。5 月大豆期货高点是436¾美分，下[illegible]极限低点在 201½。注意 67 加上 125 得到 202，并且 405 的一半是202½；180 加上 22½得到 202½。应用数学规则，那么这些数据解释了为什么 5 月大豆期货在 201½美分做底。

所有上述价格水平都可以在日、周和月时间周期内测量，当时间周期以这些价格出现时，它对于趋势的变化很重要，尤其是当它的最高价与最低价通过几何角度线得到确认时。

活跃的角度和星座度数

通过主要的行星经度或这些行星的四方形、三角形、相对位置的角度来表示价格和时间周期。

以太阳和地球为中心的 6 颗主要行星的角度平均数对于时间周期和价格的阻力水平是最强位。除火星以外的其他 5 颗以太阳和地球为中心的主要行星角度平均数也至关重要并应关注。

作为第一个非常重要的正方形，你应该计算绕太阳运动的8颗行星的角度平均数。正方形中的“1”是1，“1”是太阳。8加“1”得到9，正好是3的平方，这样就完成第一个重要的单个正方形，这对时间和价格来说很重要。

角度举例：1954年1月18日离地心的土星位置是天蝎座8到9度。加上平方或90度得到宝瓶座8到9度且等于5月大豆期货价格308～309美分。木星行星在双子座21度，正好是从“0”到“9”的平方81经度处。从木星减去135度得到306或宝瓶座6度。这就是为什么5月大豆期货在306和311¼之间遇到这么多阻力的原因。在日、周和月图表上出现的几何角度线以及围绕这些角度线的价格阻力水平显得很强大，但是土星和木星相位的力量耗尽了到达这些价格阻力水平的时间，最终阻止了大豆期货的上涨。

时间和价格的24循环

地球围绕地轴24小时旋转一周是360度经度。1小时等于经度15度，对于1小时的时间来说，我们用一美分来表示价格。这适合活跃的日周期市场，但同样可以用于周和月时间周期中。

行星的经度和行星平均经度决定了每个围绕24美分/蒲式耳循环运动的价格阻力水平。主图表上周围以红色标明的是所有的低点，而所有的高点则用绿色标明，注意始于每个高点和低点的45、60、90、120、135、180、225、240、270、300、315，以及360度角度线。最后检查行星的经度并查看当价格到达这些角度、相位或遇到阻力时的平均经度。

例如，1953年12月2日，5月大豆期货高点311.25美分。它等于双鱼座18°45′，终止于平方或木星90度、土星135度和平均180度，以及天王星120度。

价格300美分等于处女座30度，302美分等于天秤座30座，304美分等于天蝎座30度。1954年1月18日，距离土星的行星是天蝎座8度30分，并且天蝎座15度对应303美分的价格，因此当5月大豆期货价格下跌到302美分时，它们将位于主体星座或者土星的经度下面，预示价格会更低。同时，地球每年围绕太阳旋转一周365.25天，308.5美分的价格是到土星的90度或平方。只要价格低于308.5美分，它在正方形和区域内将走得更低。但是通过24循环，当价格跌破304美分时，天蝎座表明未来是熊市，说明价格将更低。

用分析5月大豆期货的方法来研究分析所有商品期货。记住，当遇到这些阻力点时，你必须给市场充分时间来证明它正在筑顶或筑底，并且做好趋势变动的准备。在主趋势未明确改变前你要一直等待，绝不猜测。你在这些价位买卖时要设定止损点。使用前面所叙的全部知识，你可以在1953年12月2日看空5月大豆期货，并在12月17日以296美分价格做空。因为价格已经跌至月高低点图表上始于44美分的45°角度线上。

24美分或更多波动幅度

在日和周图表上观察行情很重要，当价格从任何高点或低点上涨或下跌了24美分、48美分、72美分时对于行情的走势非常重要；因为24的4倍是96美分，5倍是120美分；144美分是最为重要的，因为它是24的6倍以及12的平方；24的7倍为168美分，也是重要的数字。你还可以使用24的一半即12并观察36，60，84等，它们分别等于180度或圆的一半或周期的一半。

［W·D·江恩于1954年1月18日］

第二篇

棉花期货教程

Chapter 9
棉花机械交易法和新趋势指标

第 1 节　棉花期货交易必需的资本金

当你采用一定方法进行棉花期货交易时，首先要考虑的是，你有能维持 5 年、10 年或 15 年交易的必备资金，并且在交易中绝不能亏损本金。应遵循不亏损本金并保持盈利的规则是每个人在市场中取得成功的途径。

通常，在棉花期货交易上我认为每 100 包至少使用 1500 美元本金比较合理，同时每 100 包棉花止损点不超过 30 美分。通过这种方法你连续 10 次交易，市场不可能连续 10 次爆仓。无论你使用多少本金交易都要遵循这个规则：把本金 10 等分并且每次不要用超过本金 10% 的资金进行交易。如果你连续 3 次亏损，那么减少你的交易单位并只用剩下本金的 10% 去操作。如果遵循这个规则，你肯定会成功。

对这种机械交易方法来说，当棉花卖出价低于 10 美分时你用 1000 美元的本金交易 100 包，如果你是第一次交易时止损点设定为不超过 30 美分，实际中你进行交易所冒的风险不要超过 20 美分。换句话说，用 1000 美元的本金你至少能交易 7 ~ 10 次，市场必须连续 7 ~ 10 次亏损才能消耗掉你的本金。如果你在使用本方法遵循规则并且利用明确的指标交易时，发生亏损的概率很低。

当棉花卖出价低于 30 美分/磅时，使用 1000 美元的本金来交易棉花期货。当价格区间在 12 ~ 20 美分，每 100 包用 1500 美元交易。价格区间在 20 ~ 30 美分，每 100 包用 2000 美元交易。价格区间在 30 ~ 40 美分，用 3000 美元交易。

在新奥尔良棉花交易所如果你想进行较小单位交易，在市场正常的情况每 50 包只使用本金 500 美元，最初交易时波动风险不要超过 30 美分。当市场和价格异常时，如 1946 年、1947 年和 1948 年，经纪公司会将保证金提高到每 50 包棉花为 1500 ~ 2000 美元。在这种情况下，当市场处于宽幅震荡时，每次交易你要冒 40 ~ 50 美分的风险，根据买卖情况你尽可能要将止损点设置在顶部上和底部下 20 ~ 30 美分处。当你用较多的本金交易时你应该遵循金字塔加码规则，在任何一次交易中使用资金不能超过你本金的 1/10。

第 2 节　如何制作趋势指标图表

每手合约都要制作日高低点图表，并将开盘价格与收盘价标记在图表上。

通过跟随每日走势来获取趋势指标或趋势线。只要合约的行情一直持续向上并创出更高的底部和更高的顶部，趋势指标或趋势线上移到每天价格最高点，只要行情继续创出更高的顶部和更高底部就持续移动趋势指标或趋势线。

如果首日价格反向运行并创出 5 个点或更多点的较低底部，就将趋势线下移到最新底部下。然后，如果在第二天价格运行到更低的底部下面，你将趋势线移动到那天低点，只要棉花创出更低的底部就持续移动趋势线。

如果第一天棉花期货行情创出更高的底部和更高的顶部，你要将趋势线移动到那天的顶部。

趋势线仅跟随期货合约价格的变动而调整。

日内新高和新低

如果期货合约的当天早盘创出比上一交易日更高的顶部，而收盘前下跌，并创出比上一交易日更低的底部，就要将趋势线移动到当天的早盘顶部位置，然后再移动到当天收盘阶段的底部位置。

趋势指标的意义在于显示出行情所创出的更高的顶部和更低的底部，这样你就能分辨出价格是如何从最后的顶部开始下跌或者从最后的底部开始上涨。

日内行情

我将一天内的波动定义“日内行情”，意指期货合约创出比上一交易日更高的底部但是未创出更高的顶部；也就是说，它继续在上一个交易日的价格范围内波动。

如果期货合约处于下跌中，期间只反弹一天且行情创出更高的底部但未创出更高的顶部，然后跌破新低，则认为此时向上移动趋势线不重要也是不必要的；也不用将止损位向上移动到日内顶部，除非它在长期下跌市场中出现一波快速移动。

当期货合约在上涨时，行情创出更低的顶部但并没有创出当日更低底部，价格在上一交易日的范围内波动，使用同样的规则；如果在下一个交易日行情创出更高的顶部，则不要移动趋势线并且不用提高止损位，除非市场处于快速移动的长期上涨行情中。

日内行情有时会持续 2 或 3 天，那就意味着在 2 或 3 天行情波动中并未跌破先前活跃的底部或突破顶部。当这类行情出现后，要留意观察。如果它连续数天跌破底部，要做空。如果连续数天突破顶部，可以认为趋势向上，要做多。

第 3 节　如何使用止损指令

使用这种方法你必须根据趋势指标在行情的底部下或者顶部上 10、20、30 或 40 美分处设定止损点。

记住止损位要根据趋势线指标设定在行情底部上面或者顶部下面，不要设在当日的高点之上和低点之下，除非应用 7 ~ 10 天的规则并采用金字塔方法交易或者在顶底出现信号时，才将止损点设定在信号日的顶部或者信号日的底部。之所以参阅趋势线是因为除了合约创出更低的顶部和更低的底部或更高底部和更高的顶部外，我们通常不记录日线走势。

当棉花运行缓慢时，你可以使用相距 10 个点的止损，这样将获得成功并赚取更大的利润，但是当价格在一个区域内快速移动时，价格通常超过顶部上或底部下 15 点运行，但不会超过 20 点，因此 20 点幅度的止损位将不会被触发。止损点设定在趋势线底部之下或趋势线顶部上 30 美分处被触发的概率小于在 10 美分处设定的止损点。然而，按照惯例，我仅倡导在很活跃的市场上使用相距 30 美分幅度的止损。

空间图表

你应该制作相隔 10 美分、20 美分或者 30 美分波动幅度的图表，但在活跃市场中以 20 美分波动的图表最为重要。当棉花价格跌穿 20 美分图表上的底部 10 美分或者穿越 20 美分图表上的顶部 10 美分时，预示着趋势将出现变化。

小时图表

在快速、活跃的行情中，获取每小时价格对于记录每小时的高点、低点很重要，也要标记每小时开盘价与收盘价。

应用同样的规则制作小时高低点图表。当市场行情首次跌穿小时趋势线底部或者突破趋势线顶部时，预示趋势已经暂时反转。

如果行情在顶部或底部同一价位水平盘整了数小时，当市场穿越小时图表顶部或者跌穿小时图表底部 5 美分时，可以判断行情趋势至少暂时改变并顺势而为。

在一个窄幅波动或者每天波动 10～25 美分的市场中，如果你制作了小时高低点图表，你就能明白它在趋势快速变化中的价值。

第 4 节　交易指南

买点和卖点

规则 1：只根据趋势指标交易

最简单和最容易的规则就是买入 100 包，50 包或其他单位期货。将止损位设定在最后的趋势线底部下 20 美分处，然后跟随设定了止损位的趋势线操作，过程中不要参照其他任何指标，直到行情突破前一个趋势线底部下的止损位，即止损位触发。相反，卖出 100 包或其他数量单位，顺应下跌趋势并在每条趋势顶部上方 20 美分处设定止损位，直至止损触发。

行情反转时再次做多。

记住，始终以趋势指示作为操作指南，当行情反转时，跟随它并且不要期望改变，除非趋势指标发出信号。这就是指标的应用：随市场趋势而动，当它改变时，你必须随之改变，并变换自己的角色。

当市场行情活跃时，这条规则将使那些谨慎的投资者或交易商每年获得巨额利润。通过这条规则在更高点卖出能使你赚更多的利润。

规则 2：在双底或者三重底买入

在双底或者三重底买入，并根据价格与行情的活跃程度将止损位设在底部下 10、20、或者 30 美分处。当一段行情在多天里处于同一价格水平时，在趋势指标上我们把它叫双底。三重底是指第 3 次出现同一价格水平的底部区域。第二个或第三个底部比先前底部稍高或更低一些，但是要记住例外规则：

当你在行情到达第三个底部买入时，绝不要承受超过 20 美分的风险，因为当第 3 个底部被击穿时，尤其如果这是同一价格水平附近的底部，而且你的止损已经触发，预示主趋势已经变化，你应该迅速改变策略并做空。

当趋势改变时要调整到相反的方向。如果处于多头市场而你的止损位被触发，你必须反向做空。如果处于空头市场而趋势已改变并且你的止损位被触发，你必须做多或买入相等数量的合约。

当行情在同样的价位水平创出三重底部时买入期货合约是最安全的，同时在三重底部最低的价格下不超过 20 美分处设置止损位来保护。

规则 3：在双顶或三重顶卖出

这条规则正好与规则 2 相反。在双重顶或三重顶部卖出并将止损位设定在顶部上的 10、20 或 30 美分处，但是在第 3 个顶上设置的止损点位不要超过 20 美分。通常来说，当行情第四次到达同样的价格水平时，它会突破前期顶部并且走得更高。因此，当行情超过第 3 个顶时总是发出一个明确的信号，你可以更高的价格买入。

规则 4：第四次到达同样的价格水平

3 重底与 3 重顶部的力量是最强大的，但是当价格第四次到达与它几乎相同的价位水平是很重要的。当行情通过三重顶或者第 4 次到达同样价格水平时，变换操作以及增加筹码是很安全的。

在底部时反向运用此规则。当行情跌破或第 4 次到达相同价位水平时，趋势已经显现。因此当 3 重底被跌破时，卖出所有的多头仓位并做空，要顺应趋势而不逆势操作。

规则5：三重底之后回升或底部反弹

期货行情创出第三次或三重底后，会有一次或多次回调，使得第四次底部高于前期底部，这是行情增强的信号，预示着接下来的价格将会走高。如果第五次底部价格较高，那么指标明确显示一波上涨行情将会出现。

规则6：三重顶后的下跌或更低的顶部

在三重顶出现之后，观察棉花第4个顶或已经突破第3个顶部后的第一个回调。如果第4个顶低于先前的顶部，它是弱势信息并预示后市价格会走得更低。如果在一次下跌后，形成的顶部即第五个顶部仍然低于先前的顶部，预示行情极弱，后市价格将更低。

规则7：在快速活跃的市场中运用7～10日规则

当棉花行情非常活跃时，价格每天在快速下跌中形成更低的顶部和底部，当它已经下跌7天或者更多天后，你的止损位应该设定在每天的顶部上方20美分处，当止损位被触发后，马上反手买进，将止损位设定在上个交易日底部下方20美分处。

在棉花行情非常活跃并快速上涨时，如果价格已经上涨7～10天或者更长时间但未突破前期底部，你要跟随行情并将止损位提高到每天的底部下20美分处，直到它被触发。然后反手做空，同时将止损位设定在上个交易日顶部上20美分处。

直到行情突破主趋势线顶部或者跌破最后的趋势线底部才可认为主趋势已经改变。

金字塔式交易

规则8：如何进行金字塔式交易

如果你严格坚持规则实行金字塔式交易是非常安全的，通过金字塔式交易可以赚取大量的利润。

如果你首次买入或卖出100包，当市场以有利于你的方式移动了10～50美分，或者当你已获得了200～500美元的利润后，只要趋势线显示主趋势一直上涨或下跌，就再次买入或卖出100包及更多。当市场每次按你的意愿移动40～50美分时，你就继续买入或卖出100包。如果你是做多，始终将止损点设定在不超过趋势线底部20美分或者每天的最低点上面20美分处；如果做空，则止损点不要超过趋势线顶部或者每天最高点20美分处。如果你持续加码直到500包合约，那么你应该在止损位处设置600包的卖出交易指令，这样你将有100包的空单进行新的交易。只要市场不断按你的意愿运行，可以用同样的方法继续加码。

记住当棉花已经按你的期望运行了300～500美分时，你就要仔细观察趋势的变化，并且在你已经亏损一两次后再进行余下的交易就更加要小心了。处于活跃的高价位行情在趋势变化前可能运行 500 ~ 720 美分。

规则 9：移动加码或金字塔加码

以金字塔方式通过成功的积累与合理的配发可以赚取大量的利润。

以金字塔式交易赚取的大量利润是通过积累与分配的操作获得。金字塔交易应该在双重底或 3 重底部之后应用。当你实施这一操作时，行情每天上涨 40 ~ 50 美分就买进，止损位设在每天底部下 20 美分处或者最后趋势线底部下。通过将止损位设定在趋势底部下 20 美分处来跟随趋势直到趋势变化才卖出。但在快速变化的行情中，如果你已经买入 5 ~ 6 单位期货合约，那么最安全的是你坚持将止损位设定在每天底部下 20 美分处。因为在快速变化和活跃的高价位市场行情中，期货价格通常会在 2 天内下跌 200 ~ 350 美分而没有跌破趋势线的底部或者没有跌破 3 日图表的底部。如果你运用规则判断出顶部日期，那么你能在趋势改变前或者行情跌破前期底部前出仓。

规则 10：仅根据趋势线指标进行金字塔式交易

金字塔交易方式实施起来简单容易。你只用规则 1 就能完成首笔交易。在趋势线指标显示行情上穿趋势线顶部 20 美分后买进第 1 手合约；然后在行情跌破交易区域范围后用规则 9 买进第 2 手合约。记住：在行情未突破交易幅度的最高顶部前不要买进第 2 手合约。

熊市中，在趋势线指标显示行情跌破趋势线底部 20 美分后卖出第 1 手合约；然后在行情跌破交易区域范围后用规则 9 卖出第 2 手合约，只在行情跌破区域最低底部时卖出第 2 手合约。

规则 11：最安全的金字塔交易规则

对于金字塔式交易而言其中最安全的规则是：当行情运行到非常高或者非常低的价位水平时进行 100 包单位合约交易，当市场在你的期望下变动了 50 美分时买入另一手 50 包合约；当价格变动超过 50 美分时，买入或卖出 50 包合约；在下一个有利于你的 50 美分变动时，买入或卖出 50 包；跟随市场涨跌趋势反复操作，直到主趋势改变。

规则 12：快速且宽幅波动的行情

在类似 1915 到 1917 年、1929、1933 年、1945 年、1946 年的快速变换的行情中，当你进行金字塔式交易并获取巨额利润后，就将止损位调整到市场正常位置的 50 美分下。在一轮暴跌时调整止损位，将其放在低位水平线上 40 ~ 50 美分处，因为当市场出现剧烈波动时候，你就不能等待趋势指标显示行情突破趋势线顶部或前天顶部再改变策略；同样，对于通过信号、开盘价和收盘价确定的底部可以应用这条规则。在上涨行情中反向运用这条规则。

规则 13：何时不用进行金字塔式交易

绝不在棉花双重顶和双重底附近进行二次金字塔式交易。

在进行金字塔式交易前首先要将资金完全放在第一位。在行情积聚和分散区附近进行第二次合约买卖是有风险的。在一波行情大涨或下跌后，你必须等到趋势出现明确的变化信号后才能进行金字塔式交易。

行情经常在 50～75 美分内维持几天或几周的上下波动，它不会突破顶部的最高点或者跌破底部最低点。当行情一旦突破这两个上下区间并穿越顶部最高点或跌破底部最低点时，预示着一轮大的行情即将开始，你应该着手进行金字塔式交易。当创出一轮新高时买进第二单或者创出新低时卖出第二单。

怎样确定趋势的改变

规则 14：次级趋势指标

在下跌行情中，如果趋势线图表上未显示趋势已经改变，绝不认为次级趋势已经向上。如果趋势指标显示趋势发生变化，那么行情就必须穿过最后顶部上面 20 美分甚至更多。根据行情价格与活跃程度来决定是否在上一顶部的 10 美分、20 美分或者 30 美分处设定止损位。

在上涨行情中，如果趋势线图表或趋势指标未显示趋势改变，不要认为次级趋势已经向下，除非行情已经突破趋势线的最后底部下 20 美分甚至更多。

记住：当行情只是跌破每日的底部下面 10 美分或者上涨超过每日顶部上面 10 美分时不会改变行情的趋势。

规则 15：主要趋势指标

在一轮长期上涨后，除非三日图表上的底部被跌破否则绝不认为主趋势已经改变。

在一轮长期下跌后，除非三日图表上的顶部被突破否则绝不认为主趋势已经改变。

规则 16：反转点

观察最后阶段行情的启动位置和价格变化，当价格被有效跌破后，可以认为主趋势正向下发生改变。

当行情位于高价位强势区时，观察最后的底部或者从开始上涨到创出新高这段行情的价格变化，当这个价位水平被跌破时，就是主趋势反转向下的信号。

观察最后阶段行情位置和价格下跌变化，当价格被有效穿越后，可以认为主趋势正向上发生改变。

当棉花行情位于低位水平并且以较低的价格缓慢运行，不断创出更低的顶部和更低的底部时，这时要观察行情最后底部或行情转向点，即使行情创出新低也不要认为趋势已经转向，直到行情穿越转向点的价位水平才可认为主趋势改变。

规则 17：第二个和第三个更高的底部及更低的顶部

观察第二个和第三个更高的底部。当行情跌破第二个更高的底部时，可以判断主趋势已经向下。

观察第二个和第三个更低的顶部。当行情突破第三个更低的顶部时，可以认为主趋势已经向上，至少暂时要顺应这段趋势。

规则 18：行情的分段运行

研究棉花行情的不同部分或者第一个低价位水平与第 1、2、3、4 或者第 5 个顶部之间的走势非常重要。在棉花行情已向上运行几段并回调后，当其即将结束时，在前期最末段顶部上的成交量将会比较少，行情最后底部运行的成交量也比早期阶段少，这些迹象表明行情运行已经结束，并且已经接近了顶部。然后应用其他规则并观察趋势指标和三日图表上趋势来判断行情是否反转。

在下跌行情中应用同样的规则。当行情下跌或者分段运行变得越来越不足时，预示抛压减弱。

当行情顶部或者底部形成后留意其首次反弹或首次回调，如果棉花运行了 50 美分或 60 美分，观察它下一次上涨或下跌 50～60 美分的走势。棉花经常以相同的波幅经过 3 或者 4 次的反弹或者回调，但是第 4 次则要留意趋势的变化。

在大行情中棉花经常出现 90～100 美分的几次反弹或者回调。观察第一次超过 100 美分的反向运行，它经常意味着主趋势的变化。

规则 19：相距顶底处 30 美分指标

在非常弱势的市场中观察与任何的低价位水平第一个相距 30 美分的上涨，在非常强势的市场中观察第一个完全的 30 美分的反弹，这些都预示次级趋势的改变。

就完全 30 美分法而言，例如，从低点 630 美分，反弹到 660 需要 30 美分。如果低点在 628 美分，在其未反弹到 660 美分前我们认为不是完全 30 美分。

在上涨行情中反向应用这条规则。假定某个时候已经上涨到 668 美分却还未回调到完整的 30 美分；然后下跌到 630 美分，则认为它是完全 30 美分的回调，预示着次级趋势正在反转中。在本例中，如果行情只跌到 638 美分或 631 美分，我们将不认为是完全的 30 美分回调，因为完全的点位必须建立在整数上。

规则 20：2 日内的行情急剧变化信号

经过长期的下跌后，棉花行情经常出现连续 2 天的快速大幅反弹，然后在 2 天反弹的顶部或前期底部的水平位盘整几天或者几周，这是一种支撑与积聚力量的表现。当 2 天反弹的顶部被突破后，预示着你可以买入第二手合约并以金字塔式交易。

在 2 天快速下跌的行情中应用同样的规则，当棉花行情第三天未下跌时，主趋势不会改变，但是如果 2 天的快速回调的底部最后被击穿，预示主趋势将反转，你要再次进行金字塔式交易。

重要的开盘价与收盘价

规则 21：日顶部信号

当棉花行情非常活跃并到达极限高点与低点时，开盘价与收盘价就显得极其重要。

在一轮上涨行情到达极限高点价位的那天，如果当天棉花收盘价接近那天低点，或者收盘价低于当天中点价格，或者收盘价低于开盘价，预示着卖者多于买者，行情已经开始准备调整向下，至少棉花暂时如此走势。当这种情况出现时，你要毫不犹豫卖出并做空，并将止损位设定在那天最高点上 20 美分处。

规则 22：日底部信号

在一轮长期下跌行情市中出现了一波急剧下跌的时候，如果棉花当天收盘价高于开盘价，或者收盘价高于当天中点价，或者收在最高价上面，在进行宽幅震荡后价格比前几天还低，那么预示着买者多于卖者，棉花行情准备转势向上或者将会迎来一轮强烈的反弹。所以你要平掉空头，立刻买进，不用等待行情走到比前期顶部更高的位置或者穿越趋势线顶部再行动。

规则 23：接近顶部或底部的收盘价和更低或更高的开盘价

如果棉花行情在一轮大涨后收盘价接近或等于顶部价格，第二天早盘低开 10 到 20 美分，那就证明棉花后市较弱且将走低，特别是在未突破前期高点时尤其明显。

如果棉花行情处于下跌中，收盘价接近前期的较低水平位而第二天早盘高开 10 到 20 美分，价格突破开盘价并收在当天最高点，这是行情走强的信号，预示后市走高。如果棉花行情以弱势收盘并在第二天早上高开后，直到当天上午 11 点未跌破开盘价，那么后面价格将会更高，你应该买进。

规则 24：急剧下跌或者快速拉升后的盘整

棉花行情在下跌一段时间且经历急速下跌后，收势疲软或收在低位水平附近，如果在接下一天行情波动幅度非常狭窄，同时价格下降很小且收盘在同一价位水平，预示市场行情调整结束，你的止损位应该在短期底部上要下移 10 美分。

棉花行情在上涨一段时间且经历急速拉升后，收盘强劲或收在高位水平附近，如果在接下一天棉花行情的波动幅度非常狭窄，那就预示价格接近顶点，你的止损位应该在短期底部下要上移 10 美分。

规则 25：连续数天收盘价在同一水平

如果棉花行情连续数天收盘价在同一价位水平附近，那就预示行情在这一价位水平遇到强力支撑。如果第一天收盘价高于或低于多天来的收盘价，预示趋势将改变，你应该顺势而为。

规则 26：收盘价与同一价位水平附近的三个顶部或底部

当棉花行情急速上涨并创出顶部时关注其收盘情况。如果收盘价低于中点价或者低于当天低点附近，则行情正在形成顶部。那么当其第二次或者第三次涨到同一价位水平后，如果当日收在低点附近，这是卖出信号，趋势即将下跌。

在下跌行情中反向运用这条规则。如果在同一价位水平附近出现三重底且每次收盘价格都接近当日高点，说明后市将走高，棉花行情趋势即将向上。

注意：所有这些规则运用在活跃、快速移动市场中效果最好，在活跃的市场中交易会获得巨额利润。如果你遵守这些规则，你就能赚钱！在开始操作之前只要遵循这些规则，那么成功在望。

三日图表或主趋势指标

三日图表需要与日高低点图表和趋势线分开制作。它是与次级趋势相关的指标，也是用于机械式交易的趋势线，这个趋势线记录了更高顶部或更低底部的行情走势。

如何绘制三日图表

三日图表或者主趋势指标的制作规则如下：

三日图表是记录 3 天或 3 天以上市场行情波动情况。当棉花行情启动上升，在连续三天创出更高的底部和更高的顶部时，将三日图表上的趋势线上移到第 3 天顶部；如果后市继续上涨，连续 3 天或 3 天以上无回调的情况下创出更高的顶部，继续将三日图表上的趋势线上移到每天的高点，直到行情回调 3 天或者连续 3 天或 3 天以上创出更低的底部。此时将三日图表上的趋势线下移，只要棉花行情在 3 日内未出现反弹时创出更低底部，继续将趋势线移动到最低价格处。

如果棉花行情首次从任何底部连续反弹 3 天或 3 天以上，并创出更高的顶部，上移趋势线。

三日图表是建立在更高的顶部与更低的底部基础上，并非反应收盘价格。行情也许在第 3 天收盘在一个较低价格，但是它未创出较低的底部，这时在三日图上就不作任何调整。行情也可能从底部开始到第 3 天收在较高的价格但未创出更高顶部，在这种情况下三日图表上的趋势线也不做调整。

特殊情况

绘制三日图表时特殊的情况：即当行情以非常活跃的方式接近顶部或者底部时并进行宽幅震荡，并在不到三天的时间内趋势线指标突破了顶部或底部，如果在此方向上已经出现过 3 日价格变动，那么就在三日图表中按同样的方法记录此波动。

趋势变化指标

规则 27：三日波动中的顶部突破或底部跌破

在三日图表中行情波动超过 10 ~ 30 美分时就是主趋势变化的可靠信号。当行情跌破三日图表中的底部时，应该确认主趋势已经反转向下；当行情穿越三日图表中顶部时，至少暂时应该确认主趋势已经反转向上。

在缓慢或不活跃的市场中，行情跌破最后三日底部下 10 美分或者穿越三日顶部上 10 美分时，预示趋势发生变化。

在活跃的市场中，当价格低于三日图表最后底部 30 美分或高于三日图表最后顶部 30 美分时就确认趋势已经反转。在高位宽幅波动行情中，对于最后顶部使用顶部信号日规则和 7 ~ 10天规则来寻找极限点。

当棉花期货跌破三日图表上的双重底或三重底下 10 美分或穿越三日图表上的双重顶或三重顶之上 10 美分时，这是主趋势变化的重要信号。

规则 28：三日图表的首次回调与首次反弹

行情在一轮长期上涨中，观察三日图中第一次出现较低价格变化或者第一次出现下跌的情况，这常被看作是牛市结束的第一个标志。

进一步，在三日图表上观察第二个 3 日行情运行情况，如果它比趋势线底部或者次级趋势指标更低，或者低于三日图中的 3 日底部。这是趋势即将反转的强烈信号。

在下跌行情中反向运用这条规则。在一轮长期下跌后，观察 3 日的首次反弹，这经常被视为趋势即将改变的第一个信号。

规则 29：三日图表上第三次波动

在一轮长期上涨或者下跌后观察三日图上的第三次运行是极其重要的。例如，行情回调 3 日，然后创新高；接着是第二次 3 日回调后涨到新高；再次是第三次 3 日回调并达到新高，那么在大多数情况下这是行情结束的标志。根据行情的高点位置和其活跃性，如果在三日图表上，3 日波动第三次跌破底部 1、2 或 3 美分，这是主趋势已经反转向下的明确信号。

在下跌市场中反向应用这条规则。观察第一次、第二次和第三次的 3 日反弹。三日图表上的顶部第一次被穿越，可以确认主趋势已经反转向上。还要观察当第一次 2 日陡直反弹沿着次级趋势创出超过顶部的价格，再次应用低点水平的收盘价规则来确定趋势变化的最后低点日。当棉花经过 3 日运行，价格穿越三日图表上的顶部，这是主趋势已经反转向上的明确信号。

结合趋势线指标与三日图表进行分析

趋势线指标是记录行情的次级趋势，当它跌破前一个趋势线底部 10 美分或穿越上一个趋势线顶部 10 美分时，说明行情反转，次级趋势启动，但是三日图表却始终显示市场的主趋势变化。

不逆势操作才会安全。换言之，如果在三日图表中显示趋势向下，那么在反弹行情卖空并使用次级趋势图表设定止损位。同样，在三日图表中显示趋势向上，等待 3 天的回调行情，一般买进好于卖出，除非遇到急速上涨的情况。

当次级趋势指标创出了双重顶（底）或三重顶（底），然后跌破了这些底部或者突破了这些顶部，说明主趋势已经改变；但是如果市场在低位窄幅波动且成交稀少时，不能由此确定主趋势已经改变。除非在快速的上涨行情中，3 日波动运行中大多数时间显示主趋势变化，那么跟进趋势就能赚钱。

跟随趋势，并且跟随与三日图表保持一致的主趋势才能在市场中赚取巨额利润。

第 5 节　阻力水平

棉花行情创出与前期价格波动成精确比例的顶部或者底部。行情极限高点和极限低点或者主要趋势和次级趋势间的波动是非常重要的，通过对这些波动区间按适当比例分割，我们就能在反转行情中（无论上涨还是下跌）测量出阻力位或者支撑位。结合趋势指标并仔细观察这些阻力位水平，将止损位设定在其附近进行交易，你能获得巨大的成功。

波动幅度

1/8 分位——在行情中找出重要的极限低点和极限高点；用高点减去低点得到波动区间；然后将波动区间 8 等分得到 1/8 分位，这就是阻力水平或买卖点。当行情在这些水平位停滞并在附近创出底部或者顶部时，趋势指标中的反转位显示出来，这就是买点或者卖点。

1/3 和 2/3 分位——在对行情进行 8 等分得到 1/8 分位，下一重要的步骤就是将波动区间 3 等分依次得到 1/3 和 2/3 分位。1/3 和 2/3 分位的点位非常强大，特别是当它们跌到接近前期其他阻力位时或者是当它们被宽幅分割时显得异常重要。

最高卖出价位

接下来重要的分割点是棉花的历史高价位和次高价位。

将最高卖出价 8 等分得到 1/8 分位，同样 3 等分得到 1/3 分位和 2/3 分位。

在行情突破波动区间的中点后显得极其重要，行情通常会下跌到最高卖出价位的一半位置，同样也会以此方式运行到其他阻力水平位。

当行情上涨时，通常会穿越最高卖出价位的一半位置，然后上涨到波动区间的中间位置，在此遇到阻力位。

观察棉花期货最重要的波动行情

第一个最重要的点位：观察过去 30、20、10、5 和 3 年之间极限低点和极限高点的阻力位；

第二个重要点位：合约的历史最高价的分割点或阻力点位；

然后观察一年或者多年中行情在每次运行时的波动情况：选取极限低点和高点之间的区间，并且通过 8 等分分割得到阻力点；

再次找到极限低点和极限高点之间的区间，并且通过 8 等分得到阻力点；

接着找到第三个或者第四个较低的顶部，继续 8 等分得到阻力位；

当你观察最后行情的波动时，也许行情已经运行了数周或数月，记住观察第一个阻力位是最重要的。

阻力水平位的次序

当行情上涨并穿越其 1/4 分位点时，下一个最重要的点位就是中点（1/2 分位）或重心点或者其波动的均值水平位。

再下一个就是中点上的 5/8 分位处。

中点被穿越后的下一个最强点是 3/4 分位处。

如果在以上点位行情波动幅度非常大，那么观察它在 7/8 分位处的变化很重要。这常常是上升行情顶部位置。

在观察这些阻力位时，始终要结合你的趋势指标——日图表与三日图表，如果行情围绕这些阻力位开始筑顶或者筑底，那么可以安全的做多或者做空。

均值点或中点

记住波动幅度或行情极限高点的 50% 回调位或中间点是非常重要的点，这些点在下跌行情是支撑点或卖出点，也是上涨行情的阻力位。它是将波动区间或者最高卖出点 2 等分的平衡点。

当棉花行情上涨或者下跌到这个中点时，不管价格是否已很高或者很低，买卖时要将止损点设置在相距 10、20 或 30 美分处。如果行情上涨超过主要中点 30 美分或低于主要中点 30 美分时则显示趋势发生变化。

在更宽的波动幅度或者更长的时间周期内，中点显得尤其重要。

当行情上涨到中点并在此回调了几个点，最终穿越了中点，那么你能在阻力位表上预测下一个阻力点。

当行情在中点上至少 10 美分处运行则明确显示买点或者支撑位都在这个重要的阻力位上。

当行情上涨但仅仅到达离中点距离不到 10 美分时是弱势信号，然后行情下跌并跌破趋势线或其他阻力点。

突破主要中点后的下一个阻力位

在主要中点被突破后要观察的下一个阻力水平位是前期行情运行的下一个中点。这里主要中点是指行情走势中的极限波动幅度的中点。

重要中点被穿越后另外一个非常重要的阻力水平位是最高卖出价的中点。它是比次级波动的中点还强大的支撑位，在其未被突破 10、20 或 30 美分前，无论价格多高、多低或者处于中点，都是强势买卖点。

接近同一水平的阻力位

当两个中点或任意其他两个阻力点（即波动区间内或者最高点的分割点）出现在同一价位水平时，要将其相加并且再用 2 来分割，这两个点的中点经常被视为下跌中的支撑点或者反弹中的卖出点。

寻找阻力位的方法

当你发现重要的阻力水平位或某一水平中最强壮的中点时，观察是否有其他任意的阻力水平（不论是 1/8、1/4、3/8、5/8 或 2/3 分位）也在同样的价格附近。

在相同范围内的价格你可能会发现 3 或 4 个阻力水平。发现的阻力位越多，当行情到达这水平时遇到的阻力也越大。

然后选择围绕相同价格的最高与最低的阻力水平，将它们相加求出阻力的平均点位。

当行情到达这些阻力水平时观察它的活跃性。如果伴随巨大的成交量并且非常快速的上涨或者下跌，那就不要认为它将在这些阻力水平附近停止不前，除非它真正停止或在这些水平位附近盘整 1 或 2 天；然后决定交易并设定止损位保护。

其他阻力位

棉花通常会回调末段行情的 1/4 到 1/3，然后继续反弹或者经过长时期回调 1/4 到 1/3；当第一次回调超出 1/3 或击穿 1/2 点位时，可以认为趋势已经变化。

空转行情

每种机器都有无效运转的情况，因此棉花期货市场的运行也会出现无效运转，这就驱使价格在一个阻力位轻微上下波动。平均空转价格大约是重要点位上下 15 美分，如果是 20 到 30 美分则意味趋势的改变。

当行情非常活跃并且在沉重抛压下非常快速的上涨或下跌时，它经常在中点或其他阻力位上方 10 到 15 美分范围内运行，但是不会到达 30 美分处。

在下跌行情中应用同样的规则，它经常突破重要阻力点 15 美分距离，但不会超过完全 3 美分。

世界万物受重力作用的法则都是一样的。如果我们钻一个穿过地球的洞，然后投下一个球，动力将推动其接近重力中心，但是当它变得缓慢向下时，最终它将精确的停留在中心。这就是棉花期货行情围绕这些重要中心运行的方式。

第 6 节　周高低点图表

同样的规则可以应用到用趋势线指标和三日图表记录的周高低点图表上。

只要行情在周高低点图表上创出更高的底部和更高的顶部，将趋势线上移到当周顶部。在接下的一周，如果行情未创出比前一周更低的底部或者更低的顶部，就不要移动趋势线；如果第一周行情跌破周底部 5 美分或者更多，要将趋势线下移到当周低点，只要行情不断创出更低的底部就要继续将趋势线下移到每周的低点处。

如果行情在第一周创出比前一周更高的顶部，将趋势线上移到当周顶部，此后重复该操作，这规则同样可以应用于其他趋势线指标。

例如，如果行情下跌了一到两周并创出较低的底部，然后上涨创出较高的顶部；接着再回调一周创出比前一周更低的底部；此后行情向上且创出新高，在下一周或者后面任一周创出极限高点，并突破回调的底部，这时确认周图表趋势已经反转向下。

周图表的趋势变化比三日图表趋势变化更加能反应行情变化。

就像日图表和 4 日图表一样，周图表上经常创出双重底和三重底以及双重顶和三重顶。因此，当行情在周图表上创出双重底或者三重底时，这是主趋势单边上涨即将改变的强烈信号。当行情在周图表上创出双重顶或者三重顶时，这是行情遇到阻力形成最后顶部的信号。

规则 3 可以应用到周图表上。行情经常只回调 3 周而在第 4 周不会走得更低。如果在第 4 周前期出现稍低的价格，但是第 4 周末收盘价收在当周顶部或接近当周顶部，说明主趋势并未出现改变的迹象，后市价格会继续走高。只要行情已经回调 3 周后击穿底部，然后再反弹，说明行情处于弱势，表明后市价格将会走低，尤其是行情处于极高价位水平时更是如此。

在下跌行情里反向应用所有这些规则。如果行情从底部反弹 3 周，然后下跌并创出新低，最后穿越三周前的反弹顶部，这是非常重要的趋势变化，说明下跌行情将持续一段时间。

7～10 周行情规则

行情积累和分配完成后，棉花期货经常仅经过 2～3 天的快速上涨或者快速下跌后，反转向上运行或者向下运行 7 ~ 10 天。此时你可以通过金字塔加码获得丰厚的利润。

在一轮行情开始后观察第 49 天到 52 天的运行，如果在此期间未形成底部或顶部，那么观察行情在第 66 ~ 70 天的运行。

回顾图表并检查行情的运行，你将会明白这些规则有多么的重要！

我的许多学生成功地运用三日图表和周图表做长线交易，并且用这两种图表成功地进行了金字塔式交易。

第 7 节　如何确定顶点和趋势的变化

顺应行情趋势或者波动的方向你会在棉花期货市场中赚到大钱。在市场趋势未改变前不要放弃操作规则或不要收割利润。如果你应用这些规则，市场将会告诉你主要或者次要的趋势何时会改变。不要在猜测、期望和恐惧中交易。给市场充分的时间来显示趋势的变化，然后才进行相应的操作。

无论在正常或者异常市场中，根据价格高低点水平的活跃性和波动幅度来确定趋势的改变。异常的价格和波动幅度出现在战争期间或者战争后。大丰收或大减产之年导致行情极端运行。在异常的行情中千万不要去猜测顶部或底部将何时到达，因为它们差不多总是运行的比人为的因素或者你既知事实还要更长久。这就是你为什么必须应用这些规则，等待市场行情显示明确趋势变化后才行动。

4 条规则

规则 1：时间规则

时间因素是最重要的。当行情时间到达时，时间或者空间运行将反转。

做好市场所有交易日的变化记录，即实际的交易日；同时也保留第一手的资料包括每个回调或者反弹的日历记录。当行情超越上一个时间运行的反转时机时，可以确认趋势已经改变，至少暂时已经改变。在一些重要的顶部或底部以及首个回调或者反弹到达后，行情几乎都要创出一个微小的更高底部或者更低顶部。这一波次级行情的持续时间大约是 1 到 3 天或者更多天，这些依赖于市场的活跃性和其上涨或者下跌的持续时间。但是在判断趋势改变之前你必须观察前期转换点。

规则 2：波峰和波谷

当行情上涨时，它将在主要的波动中继续创出更高的底部和更高的顶部。你必须观察所有的回调或底部；当波谷第一次被击穿时，无论其是经历 1，2，3 天或者更多天数，此时判断趋势已经改变并要跟随操作。

当市场下跌时，它将创出更低的底部和更低的顶部。当最后的波峰被穿越时，预示趋势已经改变，顺应趋势而操作。

规则 3：空间与价格的运行

通过空间的变化，可以计算从顶部到底部行情上涨或下跌的每单位美分数值。

例如，假设棉花从 20 美分/磅涨到 25 美分并筑顶；接着回调到 24 美分/磅；然后涨到 26 美分/磅，再回调到 25 美分/磅；经过 100 点的回调，最终再次上涨（3 月棉花从 1946 涨到 3685）后反转，回落幅度超过 100 点或高于前期的反转空间，这预示主趋势已经转向，因为空间运行已经打破了前期行情的平衡，预示着趋势的改变。但在时间周期未被反转和行情最后的底部未被击破前，不要单独依赖这个“空间变化”给你提供的趋势改变指标。

规则 4：阻力水平

当价格反向回到上一波的 1/2 或更多时，也是趋势改变的一个信号。下跌行情中价格的 50% 或更多的反弹是趋势改变的第一个指标，但是这些指标必须被时间规则所证明后才能确认趋势已经改变。

学习和回顾过去的行情将会验证你判断的准确性和这些规则的价值。

研究从 1945 年 8 月到 1946 年 10 月 8 日之间 10 月，3 月和 7 月棉花期货的运行。

平均空间运行

通常，正常行情中棉花期货在主趋势恢复前将有超过 100 点的回调，如果卖出价为 30 美分/磅时，行情能反向移动 175 ~ 400 点，或者出现前期创出的任意点位的空间运行。当这些价格反转并超过波动幅度时，将显示趋势的变化，特别是被时间规则确认。

当棉花处于最强和最弱位时

当棉花期货正在上涨并且处在快速上升的最后阶段时，经常在最后 2 天回调，然后涨势继续。此行情上涨中有时会运行 42 ~ 49 天或者 6 ~ 7 周，在极端的情况下会运行 3 ~ 4 个月，但是在第 84 ~ 90 日历日期间对于观察趋势的变动非常重要。

棉花期货在 1946 年的交割

1945 年

5 月 31 日开盘 2150 美分。

6 月11 日高点 2220 美分。

18 日低点 2150 美分，与 5 月 31 日形成双重底，是买入位。

7 月10 日高点 2237 美分，是卖出位。未能越过 6 月 11 日顶部 30 美分。

16 日低点 2195 美分。

18 日高点 2220 美分，这是更低的顶部。当行情突破了 2195 美分的波动底部而未超过 2 天反弹表明是跌势。

8 月20 日低点 2063 美分，从 7 月 10 顶部起 41 天内下跌 174 美分。

(注意前期低点是 1944 年 12 月 14 日 2034 美分，29 日的 2063 美分是更高波动底部)。

22 日高点 2105 美分，反弹 2 天。

24 日低点 2077 美分，回调 2 天。然后又上涨了超过 3 天，并穿越 2105 美分的波动顶部，显示主趋势上涨成为买入位。

9 月 13 日高点 2182 美分。

9 月15 日低点 2150 美分，回调 2 天。

19 日高点 2185 美分

26 日低点 2156 美分，高于 9 月 15 日的低点，这是最后的波动底部和止损点在 2130 美分的买入水平。主趋势持续上升，价格超过 7 月 10 日高点 2237 美分，显示 10 月是上升趋势。应该加仓买进。

11 月13 日高点 2371 美分。

17 日低点 2275 美分，4 个交易日内下跌 96 美分。未能跌破 10 月最后波动底部 2243 美分，表明主趋势上升。行情创出更高的底部。

12 月 27 日高点 2388 美分。

1946 年

1 月 7 日低点 2328 美分，在 7 个交易日内下跌 60 美分。

价格没有经过 3 天回调直接穿越前期顶部，表明主要趋势持续上升。

2 月16 日高点 2637 美分

20 日低点 2569 美分，在 3 天内下跌 68 美分。

3 月4 日高点 2716 美分

6 日低点 2628 美分，在 2 天内下跌 88 美分。

注：11 月 16 日至 20 日下跌了 96 美分，但是这 6 日的下跌没有超过 96 点。趋势仍然向上。

11 日高点 2687 美分，上涨了 4 天。

16 日低点 2640 美分，下跌了 5 天，波动底部比 3 月 6 日更高，趋势仍然上涨，价格穿过 3 月 4 日高点。

25 日高点 2722 美分，这是新高点。

26 日低点 2688 美分，只回调 1 天。主趋势上涨。

4 月6 日高点 2845 美分。从 3 月 26 日开始 10 天内，每天低点都高于前一交易日低点。

9 日低点 2782 美分，2 天内下跌 63 美分。这与 3 月 4 日至 6 日 2 天内下跌 88 点回调不同。

10 日高点 2834 美分，1 天内上涨 52 美分。主趋势仍然向上。最后的波动底部 2782 美分出现在 4 月 9 日。当这个底部被打破时预示后市价格走低，但是波动底部自 1945 年 8 月 20 日来一直未被击穿。

12 日低点 2706 美分。这个低点水平仍未能被跌破，行情在高位窄幅盘整，直至 6 月 3 日出现新高，穿越 4 月 6 日的高点，这是后市价格走高的信号。

7 月 19 日高点 3665 美分。行情没有出现过超过 2 天的回调，从 4 月 12 日低点开始也没有超过 120 美分的回调。市场的信号日显示这是有较大回调的顶部。市场从这个顶部的第三天开始到 1945 年 8 月 20 日共下跌超过 200 点，超过了以前所有的回调。

7 月 30 日低点 3145 美分，在 8 个交易日内下跌了 500 美分，这是自 1938 年 12 月 10 日低点的最大跌幅。从 1937 年高点计则是下跌了 670 美分。从 7 月 19 日至 30 日开始的暴跌表示趋势出现反转，牛市已接近最后的顶部。

8 月 8 日高点 3652 美分，从 7 月 30 日的低点急剧上涨。

8 月 20 日低点 3525，从 8 月 8 日的高点下跌了 100 多点。

这轮下跌之后直到 10 月 8 日未再调整，期间跌幅未超过 160 美分。

10 月 8 日高点 3928 美分，这是历史最高点。10 月棉花期货之前的最高点是 1920 年 4 月的 3725 美分。

从 10 月 8 日高点开始市场回调 3 天，然后反弹创出较低的顶部并再次下跌，击穿了上升趋势线底部，明确显示主趋势已经反转。这次的下跌超过了 7 月 19 日至 30 日 500 美分跌幅，根据空间运行规则显示主趋势已经反转向下。主趋势改变的最重要标志是：市场从 10 月 8 日高点下跌的时间周期超过了 7 月 19 日至 30 日之间的 7 个下跌交易日；同时，通过时间和价格指标或空间运行规则显示主趋势已经反转。此后，根据趋势线指标和其他规则，所有的反弹都是卖出棉花的好时机。

牢记：时间上的“失去平衡”是趋势变化的最重要标志。

运用这些规则研究 3 月、7 月和 10 月合约的走势，你将会看到它们是怎样运行的！

这种基于固定规则的机械方法能帮助你克服人性因素的影响，消除期望、恐惧和猜测心理。持之以恒学习研究所有的规则，并将其应用在活跃的市场中交易，那么你必定能取得成功。

[W·D·江恩于 1948 年 6 月 2 日]

Chapter 10
棉花预测方法操作指南[①]

第 1 节　棉花预测方法理论基础

数学可称得上是唯一精确的科学。如果精通数学这门科学便具有了解宇宙的强大力量。拉尔夫·爱默森曾经说："上帝实际上无时不用几何学"。另一位智者说："宇宙中除数字之外并无他物"。历史上最伟大数学家毕达哥拉斯加，通过研究数学并最终发现了自然规律的证据后宣布："在上帝出现之前只存在数字"。他相信数字的运行法则创造了上帝和众神。常言道，数字从不说谎。人们深信数字能告诉事实真相，数字能解决所有问题。如果没有数字，化学家、工程师和天文学家们在科学研究道路上将会迷失方向。可见数学在人类历史进步和科学发展道路上发挥着深远的影响。

通过使用数学解决问题并得到正确的结果并不困难，以致少数人依靠数字来准确预测商业、股票和商品的未来价格走势令大多数人不解。数学基本原理很容易学习，也很容易理解，比如使用几何学、三角形或者微积分法时，这些都用到了最简单数学知识——加或减。

数学里有两种基本的数字：奇数和偶数。我们把数字加在一起，就是加法。数字相乘其实这是加法的捷径。数字相减就是减法，数字分割也是减法的一种。我们运用高等数学，也就是找到一个更快更容易的方法实现加减乘除，当你明白这些的时候，一切就变得简单了。

---

① 本章内容与第 5 章部分重复，为保证教程的真实、完善性，本章照译，便于读者更好地阅读使用。——译者

自然界中万物分为雄性和雌性，白色和黑色，和谐和混乱，左和右。而市场运行只有两个方向，向上和向下。我们知道事物有三个维度：长、宽、高。在几何学中我们经常使用三种图形：圆形、正方形和三角形。我们使用圆中的正方形和三角形来确定时点、价格和空间阻力位；还使用圆的 360 度来测量时间和价格。

几何学中有三种角度：垂直角度、水平角度和对角，我们使用这三种角度来测量时间和价格的变动。我们使用奇数和偶数的平方，这些不但能证明市场的运行规律，而且也可以发现市场运行的原因。

第 2 节　如何绘制图表

图表是过去行情运行的记录。未来是过去的重复，本质上没有新东西。正如《圣经》中所言："已出现的事，未来必会再现"。历史会重现，我们根据图表的记录和有关规则可以确定图形何时重现。所以，市场研究的首要任务是正确绘制图表，如果你绘制了错误的图表，那么你在应用有关规则进行交易时就会犯错而导致亏损。

年度图表

你应该制作一张年高低点图表，以直线的方式记录一个自然年中的最高和最低价格。根据市场情况，价格空间可以用每 1/8 英寸表示 25 美分或者 50 美分。

月度图表

你始终要制作一张月高低点图表，在判断主趋势时，它是最重要的图表。月高低图表是在一条直线上记录一个自然月中的最高和最低价格的图表，在每格或方格图表上 1/8 英寸表示 20 美分或 1/5 美分每磅。当价格非常高时每格表示 30 美分。

周图表

另外一个需要制作的重要图表是周高低点图表。对于棉花期货，使用 1/8 英寸表示 15 美分或者 2 周表示 30 美分或者 4 周表示 60 美分。

周移动平均线或中点

为了获得周移动平均线，将每周最高价和最低价之和除以 2，得到每周的 1/2 价格或者中点。标记在周高低点图表上或单独标记在一张图表上，然后将各周中点连接起来就形成周移动平均线。周中点图表将在后面章节详述。

第 3 节　行情规则

3 ~ 7 周的行情

在牛市中，通常棉花期货在周六收盘于更高点的情况下行情会运行 3 到 7 周。第一个周六收盘价低于星期一（预示趋势向下）之后，如果只是回调，那么牛市持续，市场仅在两个星期六收盘价较低而在第三个星期六收在更高点（表明趋势依然向上）。在熊市行情中反向应用这条规则，但是始终要根据角度线位置判断行情的强弱。

快速变化的行情通常运行 6 ~ 7 周，然后趋势出现某种次级反转，但是行情仅在回调两周后继续运行数月，接着盘整 2 ~ 3 周并恢复主趋势。通常它们在第 3 周恢复上涨或下跌。此规则同样可以应用到日行情上。与主趋势反向的快速变化行情运行 2 天后，在第 3 天将恢复与主趋势一致的上涨或下跌。观察从任何重要的顶部或底部开始运行 84 到 90 个日历日的行情趋势变化，此外还要观察从任何重要的顶部或底部运行 84 到 90 个交易日的行情趋势变化。接着需要观察的重要 120 天或 4 个月的时间周期。

日图表——当你进行棉花期货交易时，必须制作一张日高低点图表。如果仅用于研究，周、月图表已经足够了，它们能给予你大势的指示。日图表比其他图表更能显示短期趋势的变化。日图表上的指示不会持续很长时间，对于趋势的变化有效期只有 3 到 7 天。日图表上棉花比例是每 1/8 英寸表示 10 美分。

在日图表上，不要排除节假日，因此时间周期表示的是实际的交易天数，而不是日历日天数。不管怎样你必须至少每两周沿趋势线标记一次日历日的天数。然后，按照趋势变化的时间周期规则，你将会发现这样做对于检查和知道顶点或底点之后的第 30、60、80、120、135 等行情变化是非常必要的，天数是日历日天数，这是对日图表上时间的精确测量。我们经常用日图表上的实际交易日测算出精确时间几何角度；同时，我们用日历日测算时间周期。这样使得日图表对于趋势变化具有双重的指示作用。

时间规则

2 日回调——开盘价和收盘价对于判定行情强弱非常重要，无论市场涨跌，根据时间和空间规则，可以判断市场力量的均衡状态。

信号日——在运用日图表判断趋势时，最重要的规则之一，就是在快速上涨或下跌的市场中只能运用 2 日回调法则，即当市场正在上涨同时回调了整整 3 天且弱势收盘时，这将是次级趋势改变的信号。在下跌市场中反向应用此规则。当市场到达顶部时，强劲开盘，上午涨至新高，然后下跌并跌破当天开盘价，随后收盘在低价附近，这是临时性顶部信号。

单个信号日是指当市场强劲开盘，价格上涨创出新高，然后下跌，在当天低位或者低于前一日低点的情形下以弱势收盘，这就是信号日，表明趋势已经反转，至少临时反转。价格创出新高且收盘价低于当天中点位置也是弱势信号。

几何角度

经过多年的实践，我发现几何角度能够精确地测量空间、时间、成交量和价格。

正如我在前面说过的，数学是一门精确的科学。不论民族和语言，所有人都认同 2 加 2 等于 4。然而其他科学却不同于数学科学。不同科学领域的人对于同一科学问题有不同的观点，但是在数学的推导上却惊人的一致。

圆无论大小，都是 360 度。一定数值的度数和角度都非常重要，就像指示阻力位一样，它们能够指示股价的重要顶部和底部。一旦你完全掌握了几何角度线，你将能够解决一切问题并确定谷物类期货的趋势。

经过 40 多年的研究、试验和实践应用。我已完全证明了这些最重要的角度可以用来判断谷物期货市场趋势。因此，专注于这些角度研究，直至透彻地掌握它们。按照我给予你的规则学习和实践，你将获得成功。

由于几何角度比加法或乘法计算更加快捷，而且能按照规则精确计算从高低点或者极限高低点开始的角度值，所以我们使用几何角度去测量空间和时间周期。你在做加法或者乘法计算时也许会出错，而精确绘制的几何角度线可以纠正这种差错。例如：计算图表上从底部开始 120 格，即 120 天、周、月，你从“0”开始向上画 120 点长度的垂线，然后从这个 120 点开始向下画 45°角度线，那么这将显示从“0”开始的第 120 天位置。你若弄错了数据，你所绘制的角度线将会纠正你的错误。

绘制在图表上的角度线始终可以把多空状况和行情趋势显现在你的眼前，如果你在某个时间阻力位置作了标记，你可能放错地方或者忘记它，然而这些角度线始终会将这些标记展示在你眼前。

普通移动平均线是将每日历日、周或月的极限高点和极限低点价格平均值连接起来，直至最后的日期。这种图表上显示的移动平均线在空间或点位上显现出不规则的形状，这是因为每周可以上移 5 美分而在另一周则可能移动 10 美分，然而时间间隔却是规则的。所以，从日、周或月图表上的任何一个顶部或底部开始，按相同的比例向上或向下绘制的几何角度线才是真正的移动平均线。

绘制几何角度线的方法

我们能以数学或几何证明这三种图形的关系：圆、正方形和三角形。绘制完了正方形之后，我能在正方形中以相同的直径画一个圆，然后在不同的正方形中画三角形以及在不同圆中画出正方形，依次循环。

角度线—移动趋势平均线可以测量并将时间和价格分割为成比例的几个部分。例如：画边长为 90 的正方形时，你会看到它是高 90，宽 90，换言之即纵向 90，横向 90。它与正方形方格相似，所以它有底部或地板，有顶部或天花板以及墙边。每个物体都有长、宽和高。

为了在这个正方形中获得最强大且最重要的位置，我用水平线和垂直线将其分成四个相等部分。从 0 延伸至 90 标记为 A 的角度线，它把小正方形分割成两个相等部分。这是沿着 45°移动的对角线，同时也将大正方形分成两个相等部分。其次，“B”角度线从“45”水平横穿正方形，把正方形分成上下两个相等部分。“C”线这条垂线从 90 的 1/2 位置即 14 处开始向上，在高处 45 的地方穿过中心，并在中心点与其他角度线交叉，它把大正方形分成左右相等两部分，然后看角度线“D”，这是另外一条 45°线，它从西方和北方的中点开始，精确地穿越中心点 45，再到达东方和南方的中点。我所画的第一根线通过正方形的中心，将它一分为二；再从另一个方向画的线将正方形一分为四；最后从正方形的各个角画两根线，把正方形一分为八，生成八个三角形。

如果你察看这个正方形，很容易一眼就能辨别出最强大的支撑或阻力位置，它是在所有角度线互相交叉的中心点上。四条角度线在中心点交汇，自然比一条角度线通过所产生的支撑作用要强大得多。我用相同的方法画角度线，把较小的正方形分割成四个或八个相等的部分。后面将会给你一些规则和例子，我将阐述如何确定正方价格幅度，不同于极限高点和极限低点之间的差值，也不同于其他高低点之间的差值，我会告诉你如何确定正方底部价格。例如：如果顶部是 90，这个 90×90 的四方形将代表一定时间里正方的价格，如果价格上涨了 90 美分，我们就在时间上移动 90 个空间，我们称之为时间正方价格。因此，当合约价格已运行了 90 天、90 周或 90 个月时，它将与其自己的价格幅度成正方。

几何角度线的样本图

90 的正方形或样本图显示了所有的测量角度线，它对于判断合约的状态非常重要。这些角度如下：3¾、7½、15、18¾、26½、30、33¾、37½、45、52½、56¼、60、63¾、71¼、75、82½、86¾和 90 度。

不必使用角度器去测量角度。为了获得正确的角度，你必须计算好图表上空间，按 8×8 英寸来画线或角度即可。

在边长为 90 的正方形上，你会获得这些指示。注意始于顶部或底部画出的相同角度线是如何通过它们的交点来证明其自身的。例如：从“0”开始的 8×1 线和从“90”向下画的 8×1，与从“0”开始向右计算的 45⅝点上交叉。从“0”开始画的 4×1 线和从“90”向下画的 4×1 线在 45 水平线上的 11¼交叉，这与另一条角度线等距离，即二倍的测量值。从“0”到 45 的 45°角或 45 点（45 度是 90 的一半）。因此，从“0”开始向上和从“90”开始向下面的角度线必定穿过 45°线或重心。

第 4 节　角度线类型及绘制方法

如何从棉花期货的低点开始画角度线

第 1 条重要的几何角度线

第一重要的角度线是 45°线或移动平均线，按每天向上 10 美分、每周向上 15 美分或每月向上 20 美分的速度绘制。45°线把价格空间和时间周期分成了两个相等的部分。只要市场行情停留在 45 度角之上，表明它处于强势位置和较高的价格区域。只要价格回落到 45°线上时，你可以买入，将止损点设在 45°线之下 10 美分、20 美分、或 30 美分但不要超过 50 美分。除非棉花期货价格处于低位水平附近，或者牛市初期，或者在很低的卖出价格水平。我总是将止损点设在 45°线之下 10 美分处。如果角度线被跌破 10 美分，通常趋势已发生变化，至少是暂时的变化，此后价格将会跌到更低的位置。

精确计算并绘制 45°线的简易方法：例如，从底部算起时间是 30 天、30 周或 30 个月，那么 45°角度线从底部算起向上 300 美分并穿越 308。这是学习和绘制角度线的最简易方法。如果你能坚持这条规则：等待价格位于 45°线上时买入，等待价格回落并依靠在 45°线之上时卖出，那么你仅仅依靠 45°线进行交易就能战胜市场。

第 2 条重要的 2×1 角度线

2×1 角度线是以每天、每周或每月 20 美分的速度向上移动的线，或以 2 格对应一个时间周期的线；在月图表上是每月按 40 美分速度上涨，在周图表上则按每周 30 美分的速度上涨。它把 45°线与垂直线之间的空间分割成两个相等的部分，其角度值是 63¾°。它之所以是第 2 条最强大和重要的角度线的理由也在于此。只要价格站在这条角度线之上，那么行情就比依靠在 45°线上时要强大得多，因为它的角度线形态比 45°线陡直。

当价格跌穿 2×1 角度线，表明价格处于弱势并将向下运行到 45°线上。由于从低位水平到高位水平经过了较长的时间周期，角度线之间的间隔越来越远，更大幅度的下跌即将到来。

记住所有角度线的规则：只要角度线被跌破，表明价格将跌向比它更低位置的角度线。

第 3 条重要的 4×1 角度线

只要棉花期货价格处于该角度线之上，表明它处于更加强势的位置。该角度线按每天、每周或每月速度上移 40 美分，被称作 4×1 线，即 4 美分空间相当于 1 个时间单位。它的角度值是 75°，把 2×1 线至 90°垂直之间的空间分成了两个相等的部分。任何行情以每天、每周或每月 40 美分的速度待续上涨，并站在 4×1 线之上，那么价格就处于很强势的位置。一旦被跌破，表明价格将跌向下一条角度线或下一个支撑位。

第 4 条重要的 8×1 角度线

8×1 角度线是以每天、每周或每月 8 格的速度向上移动，其角度值是 82½°。在日、周或月图表上，只要价格站在这条角度线之上，表明行情处于最强势位置。当价格趋势反转或跌至该角度线之下时，表明价格将跌向下一条角度线。

观察在强势或牛市中的这四条重要角度线。通过用角度线分割空间，我们可以得到时间和价格的中点或重心。

只要行情每天以 10 点，每周以 15 点，每月以 20 点的速率持续向上并保持于 45°角度线之上，以上介绍的就是你所需要应用的角度线。

一个圆有 360 度，角度线可以由任何角度构成。重要的角度线都形成于“0”到“90”之间，原因在于 90 度是垂直上下的，是行情上涨最剧烈的角。例如：45°线将“0”到“90”分割成两个相等的部分。135°线仅仅是另外一种 45°线，原因在于它将下一个象限即 90 度到 180 度空间一分为二。在一个圆中 225°线和 315°线也是 45°线。因此，角度线在确定趋势变化的价值都能够在“0”度到“90”度之间得到体现。我们将 90°进行 8 等分就得到 11¼度，这是应用最重要的角度线，将 90°进行 3 等分得到 30°线和 60°线，它们对于确定时间和阻力位都是重要的。

绘制底部角度线或移动平均线

日图表

如果棉花期货价格已经下跌了一段时间，然后从底部开始反弹，并且从底部上涨的行情必须是每天创出更高的底部和更高的顶部，价格连续反弹 3 天后，在日图表上，你要在底部或低点开始绘制 45°线和 2×1 线。根据这条规则，开始时只需要绘制出这两条角度线。如果底部没有被跌破，接着从这个底部绘制其他的角度线。

周图表

如果行情在下跌中出现 1 周多反弹，然后再下跌，此时我们就认为其将下跌 3 周多，然后反弹并上涨 2 周多，此时你要从下跌的低点开始绘制角度线，仅仅画 45°角度线之上的角度线，直至价格再次跌破 45°角度线。然后，使用 45°角度线之下的其他角度线，即正方形中熊市一侧的角度线。

底部45°线被跌穿后的绘制方法

价格创出了暂时的或者其他性质的顶部之后，向下跌穿45°角度线并继续跌势。此后，从底部或者低点绘制小于45°的其他角度线。如图中所示的例子，在月、周、日图表上绘制角度线。

正方形的单边熊市第1条角度线——2×1

要在正方形单边熊市绘制的第一条角度线是2×1线，即向上2点，也就是以每天5点或1/2的速率向上移动的角度线；它的角度值是26¼°。周图表上同样的角度线是以每周7.5°的速率上升；月高低点图表上则是以1/8刻度对应20点，这条角度线以每月10点的速率上升。这是价格跌破45°角度线后到达的支撑角度线。根据规则，价格到达这条角度线会获得支撑然后反弹。但是你应该确认市场当前运行的时间和主要循环，同时观察在同样的价格水平位是否存在与角度线交叉的阻力位。有时，价格长期停靠在它上面，依赖于这条角度线并创出较高的底部。如果每天、每周或者每月的2×1线被跌破，你必须绘制下一条4×1角度线。

第2条重要角度线——4×1

正方形单边熊市的下一条重要角度线是4×1角度线，它是以每天2½美分的速率向上移动的，其角度值是15°。它是价格获得支撑而反弹的第2条强力支撑角度线。

第3条角度线——8×1

4×1角度线被跌穿后，你在图表上要绘制的下一条重要角度线是8×1线。它是以每天1¼点、每周3¾点或每月5点的速率向上移动角度线，其角度值是7½。这是非常强大的支撑角度线。行情大跌之后，常在其上停留一段时间，或在其上方创出最后一个底部，然后恢复上涨并穿越其他角度线而重返强势位置。因此，经过一轮长期下跌后，在月或周图表上使用这条角度线显得非常重要。

这些在任何时间从任一底部绘制的角度线都是你随时需要运用的。

如何绘制始于日、周、月图表上顶部的角度线

在45°下从顶部绘制角度线

当价格筑顶之后出现一段时间下跌行情，比如下跌大约3天、3周或3月并跌破了前期底部，此时你应该从顶部开始绘制向下的角度线。

始于顶部的45°角度线

第一条角度线是45°角度线，它是按每天10点、每周15点或每月20点的速率下跌的移

动平均线。只要价格在这条角度线之下，就表明价格处于最弱的位置，即处于熊市中。

其他角度

大多数情况下，价格每天下跌 10 ~ 40 个点，偶尔出现每天下跌 200 个点的跌停。因此，当市场非常活跃时你要从顶部开始绘制比 45°角下降更快的所有其他下降角度线。

最弱的位置

当价格处于下跌行情并保持在 8×1 线之下时，行情处于最弱的位置。当价格以每天 40 点、每周 60 点或每月 80 点的速率下跌，即处于 4×1 线之下，则行情处于次弱的位置。当价格跌至 2×1 线之下时，表明行情处于较弱的位置。

最强的位置

当期货价格穿越 2×1 角度线时，表明已处于较强的位置，预示将有显著反弹。然而，这还要根据价格从顶部下跌的幅度和角度线之间的关系来判断，这将在后面的章节中阐述。

趋势变化

只要价格以每天 10 点、每周 15 点或每月 20 点的速率下跌并位于 45°角度线之下，那么它仍是处于熊市，即很弱的位置。当价格在长时间下跌之后上升穿越 45°角度线，此时你应该在 45°角度线的另一边绘制其他角度线。这些角度线显示价格处于熊市中较强的位置，也表示行情正准备向牛市方向迈进。

在 45°上从顶部绘制角度线

始于顶部的 2×1 线

始于顶部的 45°角度线被穿越后和行情创出临时底部之后，所绘制的第一条角度线或移动平均线是 2×1 线。2×1 线是横向移动 5 美分，向下移动 1 美分；或者是每个时间单位向下移动 5 点，也即以每天 5 点、每周 7½点或每月 10 点的速率向下移动的平均线。

4×1 角度线

该角度线是以每天 2½点、每周 3¾点或每月 5 点的速率向下移动的 4×1 线。

8×1 角度线

它是以每 8 天、每 8 周或每 8 月向下以 1 美分的速率移动的角度线，或者说是每个时间周期以 1/8 美分速率向下移动。

强势位置

在价格向上穿越 45°角度线并反弹至 2×1 线后，这是绝佳的卖点，价格将回调至从最后底部上升的某条角度线上。当价格保持在 2×1 线之上时，表明处于较强的位置。当价格上穿 4×1 线时，表明它处于下一个较强的位置。当价格上穿 8×1 线这条重要角度线时，表明它自顶部下跌以来再次处于很强势的位置。你必须时刻考虑价格自底部上升的运行情况和始于底部的角度线，以此判断它的强度。计算价格自底部上涨的点数以及从顶部下跌的点数十分重要。

始于顶部或底部的所有将用到的角度线至此已全部介绍。你应该在底部和顶部练习绘制角度线直到你熟练掌握它们，然后深入研究规则并根据角度线上行情的位置来确定趋势的变化。

第 5 节　角度线分类及应用

双重和三重顶底

相互交叉的角度线

当存在分别以相隔数日、周或月为周期的双重底部时，要从这些价格水平附近的底部开始绘制角度线。例如：从第 1 个底部绘制 45°角度线，从第 2 个底部绘制 2×1 角度线，这两条角度线相互交叉时，其交点是观察趋势变化的重要位置。

将同样的规则和方法应用于双重或三重顶部。同一价位附近的顶部或底部的价格不要求精确相等，只要接近即可。例如，如果行情创出了一个顶部，下个顶部比它低 30 个点，你可以认为是个双顶，如果底部间隔 20～30 个点，也可将其看成是双底。

从顶部与底部绘制的角度线相交时对趋势变化非常重要。

从任意重要的顶部和底部，以及市场开始上涨或下跌后的最后波动顶部及底部观察 45°角度线非常重要。第一条重要趋势线被跌破预示着趋势即将变化。始于最后低位的 45°角度线被跌破，同时与始于高点水平的 45°角度线交叉对于主要的趋势变化至关重要，在月图表上尤其重要。

始于“0”位的几何角度线或者移动平均线

当价格触底回升时，你要在时间周期上显示有可靠支撑的底部绘制角度线。然而，另外一种角度线有时比始于价格底部的角度线更重要，这就是从“0”位价格绘制的向上角度线，它们向上的速率与始于底部的角度线相同。它的起点既是时间周期的底部也是价格“0”位，方向向上。价格每次筑底时都要绘制“0”角度线。无论月图表、周图表，还是日图表，重要的底部都要绘制“0”角度线。

棉花期货在1932年6月9日低点价格是515美分，从“0”开始向上绘制45°角度线，这条角度线何时到达515？答案是，它将在底部开始后的第51½天、34⅓周或25¾个月通过515。换言之，从“0”位开始的第51½天、34⅓周或25¾月，它到达底部价格水平——515，然后价格以相同的比例向上运行。当价格跌破始于底部515的45°角度线和其他角度线时，下一个重要的支撑位置是从“0”出发的45°角度线。这条角度线也被跌穿的话，表明价格已处于最弱的位置，行情将继续下跌而创出新低。当然，这还要根据卖出价有多高以及跌穿始于“0”位的45°角度线的时间长短来判断。这些始于“0”位的角度线，特别是其中的45°角度线，当价格与时间达到平衡或价格与始于底部开始的时间形成正方形时验证了行情趋势的变化。

顶底正方或极限高点位

始于行情的高点价格或低点价格与时间成正方。

例如，1932年6月9日，10月棉花期货低点515。在日图表上成正方意味着价格以每天10点变化将需要51½天。时间可以用日历日也可以用交易日来表示。正方形能超越图表，这样你就知道每个时间周期和每个正方形的结束时新的正方形产生。

每个重要的更高的底部应该与时间成正方形。1938年12月10日，10月棉花期货低点728美分。1943年11月29日，10月棉花期货低点1812美分。1946年11月7日，10月棉花期货低点2307美分。

周、月图表上的最高价位或顶部也必须与周、月成正方形，这是更重要的时间周期。1946年10月3日和9日，10月棉花期货到达极限高点3928美分。这就是周、月图表上最重要的高位与时间成正方的例子。

为了在周图表上得到与任意低点成正方的时间周期，将价格15等分。用515除以15得到34⅓周，其与低位成正方。每个正方形结束的时间周期，应该被放置在你的图表上，以便你知道目前行情运行到时间里的哪个正方形。

为了得到正方形的顶部价格阻力位，首先，515加515得到1030。这将完成第1个价格正方形。第2个正方形在1545，第3个在2060。从低点水平向上继续得到正方形，直到价格到达高点3928美分。

为了在月图表上使515成方形，用515除以20，得到25¾个月，这是月图表上与极限低点成正方形所需要的时间周期。你可用26个月或偶数放置在你的图表上，这样可以看到任何将来的日期形成正方形的价格。此外，将728，1812和2307这些重要的低位正方形也放置在图表上。极限高点3928美分是下一个重要正方形。将3920除以20点，得到196个月，加上多出的8个点，大约需要196½个月才能完成3928的正方形。将196½除以2得到正方形的½时间，即98¼个月。除以4得到¼个时间周期。再除以8则得到⅛个时间周期，即24½个月，因为两年结束时行情将要发生重要变化，这个时间周期很重要。

此外，将196½个月3等分得到65⅓个月这个重要的时间周期。由于5½年等于66个月，196½个月的⅔大约是131个月，这也是为什么132个月即11年是趋势变化的重要时间周期的原因。

与时间成正方的三个重要时间周期

我已经讲述了极限高点和极限低点与时间成正方形的规则。第三种是极限高点和极限低点的价格波幅与时间成正方形。例如：10月棉花期货高点3928美分和极限低点515美分相隔3413美分。为了在月图表上使这个价格波幅与时间成正方形，用3413除以20，得170½个月。然后，用170½分别除以2，3，4和8，依次得到1/2，1/4，1/8以及2/3分位。观察这些时间周期以发现趋势变化，如同几何角度线，观察主要周期和次要周期对于趋势的影响。例如：170½个月的½是85¼个月。这是趋势改变的重要时间原因，即7年或者84个月循环。

10月棉花期货1938年的低点728美分，1812年的低点1943美分，1946年11月的低点2307美分，它们之间的幅度与时间的正方形也有较价值。

当时间周期与低点水平成正方形时，将正方形标记在图表的底部；当时间周期与高点水平成方形，在图表顶部标明。

日历年可以被分成8个相等的时间周期，或进行了等分。但是，必须记住在使用时间周期预测棉花行情时要从高低点价格的准确日期开始计算。例如：从1932年6月9日极限低点开始，分别增加45日，90日，120日，135日和180日，依次能得到重要的时间周期，或者从极限低点开始并以一年内一定比例增加。从1946年10月3日和9日的极限高点开始，以周时间周期增加时间，当从这个顶部开始的时间周期耗尽时要观察趋势的重要变化。

始于时间顶部的“0”位角度线

当日、周或月图表上价格到达极限顶部后趋势开始向下时，要在顶部从确切的空间和时间的“0”位开始向上绘制45°角度线。它将显现行情见顶的信号，也会证明价格与时间周期的正方。当价格到达该45°角度线上时，对于预测趋势的变化特别重要。作为最后的支撑线一旦被跌破，表明价格将走低。

我已经教你从顶部、底部以及在顶底的“0”位上绘制45°线，这并不意味着你可以不绘制其他的角度线。从“0”位开始的其他角度线也是有用的，只是45°角度线是第一重要的。当45°角度线被击穿后，应该使用其他的角度线；不必把所有的角度线都绘制出来，在需要时才加以绘制。在月图表上，若干年后，当行情开始接近被击穿的角度线或者价格依靠在角度线上而获得支撑时，其他角度线才被使用上。

极限低点或外侧的45°角度线

这个角度线非常重要，它是始于1932年低点的最后支撑线，一旦被跌破，价格将更低。1936年1月，10月棉花期货低点980美分。然后开始上涨，在1937年3月10日到达高点3395美分。从980美分绘制的45°角度线被跌破后，趋势持续下跌，直到1938年12月10日到达低点727美分。从这个低点主趋势开始反转。从这个底部绘制出重要的向上45°角度线。在1939年7月和11月之间，一系列低点出现在900美分附近。1939年11月45°角度线始于900美分处，它是1938年12月一个较高的底部。

1940年5月，10月棉花期货低点840美分。在高于前期底部的低点绘制45°角度线。

于1941年交割的合约在1940年10月到达低点870美分。从这个低点绘制45°角度线。行情上涨并在上升趋势中创出更高的底部和更高的顶部，1946年10月到达极限高点3928美分，恰好位于从515美分绘制的45°角度线下，这意味着价格和时间在月高低点图表上达到平衡。极限高点到达之后，市场恐慌发生。当新奥尔良的大炒家乔丹陷入麻烦后，价格每天以200个点的跌停板下跌，使得45°角度线被跌破，此时你要观察外面的45°角度线上最后的支撑点。从1940年10月开始以每月20点的速率上升的45°角度线，在1946年11月穿越2340美分。

重要的中点必须考虑到。从1938年的低点727美分，到1946年10月的最高点3928美分，中点是2328美分。你可以看到45°角度线穿越2340美分和中点2328美分。根据规则：在45°角度线下或中点下面大约可以承载30点左右的空转行情和动能。

1946年11月7日，10月棉花期货卖出价是2307美分，仅低于中点20点和相距45°角度线33点，但是当天收盘价却超过中点和45°角度线。

根据我的观点，45°角度线和中点是底部和强大支撑位，因此可以买入几千包棉花，如果部分成交价格在极限低点水平，那么利润增长将相当可观。这证明了绘制始于所有重要顶部与底部角度线的巨大价值。

始于外侧低点的45°角度线被击穿后的下一条重要的支撑角度线是从零开始向上的45°角度线。1938年12月当10月棉花期货低点在728美分时，从0位开始绘制45°角度线，当这条角度线在1949年6月被穿越或到达价格2485美分时，这个点成为支撑点和买入点。1949年6月7日卖出价2485美分，当月收盘价远在这条角度线上方。行情上涨持续到1950

年 2 月的 2982 美分，即到写作本文的时间。如果你不知道如何运用从“0”位开始的 45°角度线，你将不会知道从 2520 到 2480 有一个支撑位。1947 年 5 月的低点 2450，1950 年交割的合约创出比 1948 年交割合约更高的底部。

通过观察时间周期你将会看到 1932 年 6 月 9 日到 1949 年 6 月 9 日是 17 年。因此，你将知道 1947 年 6 月 9 日对趋势的影响；同时留意 1949 年 6 月 9 日之前 2 天到达的低点，当天价格穿越 2510 并继续上涨。

我想要强调是，在你的图表上一定要绘制全部阻力位和所有时间周期，以及绘制自所有重要顶部与底部的几何角度线，它们将帮助你确定可靠的买卖点。严格遵守规则，抛弃所有的猜测和期望，用科学的数学模型研判和交易就能在短期内赚取大量财富。

始于“0”位到顶部和底部的 45°角度线

从“0”开始向上的 45°角度线到达底部价格时显得很重要，同样到达极限顶部高点时，对于趋势变化也是重要的。

你要从第一、第二和第三个更高的底部，特别是相隔较长时间的底部的“0”位向上绘制 45°角度线和其他的角度线；也要从第一个、第二个和第三个更低的顶部，尤其是时隔已久的顶部的“0”位向上绘制 45°线。在周或月图表上，这些“0”角度线运用起来最重要。

不要轻视从“0”位开始向上的角度线，因为它们会告诉你与始于顶部和底部的价格形成正方形的时间；也会告诉你始于第一个底部的 45°角度线被击穿后，价格处于单边熊市时的支撑位置或移动平均线；除了从“0”位开始的角度线，别无他法找出支撑位置。

你应该回顾以往的记录，绘制这些角度线和发现始于不同顶底的正方形，这样你能发现使用这些角度线的巨大价值。

[W·D·江恩于 1950 年 2 月 18 日]

第 6 节　阻力水平

阻力位

如果我们想要在投机中避免失败，那就必须明白投机前因后果。万事万物的存在都是根源于精确的比例关系和完美的关联关系。自然界中没有偶然，最高级的数学法则是所有事物存在的基础。法拉第曾说过："宇宙间除数学之外没有他物"。

所有的棉花期货价格按前期高低点水平的比例，在一些精确的点位上创出了新的顶部或底部。价格在极限高点和极限低点之间的运行或在主要或次级行情里移动非常重要。将波动区间按一定比例划分，我们可以推测出在上涨或下跌行情中何处会遇到阻力位或支撑位。结合你的趋势线仔细观察这些阻力位，按规则交易并设置止损点，你能取得巨大的成功。通过阻力位你能知道棉花为什么在旧有的顶部或底部会到达支撑点或卖出点。

波动幅度

1/8 等分

任取重要的极限低点和极限高点，用高点减去低点得到波动区间，然后将波动区间 8 等分得到 1/8 分位，这就是阻力位或买卖点。当行情在这些水平位停滞并在附近创出底部或者顶部时，显示出趋势的反转位，这就是买点或者卖点。通常行情持续运行 3 ~ 7 天，在这些重要的阻力水平创出底部或顶部，然后，行情可能持续几周。

1/3 和 2/3 等分

对行情进行 8 等分得到 1/8 分位，接下来就是将波动区间 3 等分依次得到 1/3 和 2/3 分位。这些 1/3 和 2/3 分位的点位非常强大，特别是它们跌到接近前期其他阻力位时，或当它们被宽幅分割时尤其如此。

最高卖出价

下一个重要的分割就是对棉花期货曾经创出的最高价格和较高价的分割。

将最高卖出价 8 等分得到 1/8 分位，3 等分得到 1/3 分位和 2/3 分位。

记住：在价格突破波动幅度的 1/2 分位后，行情通常将会下跌到最高卖出价位的一半位置，同样也会以此方式运行到其他阻力位。

当行情上涨时，通常会穿越最高卖出价位的一半位置，然后上涨到波动区间的中间位置，在此遇到阻力位。

观察棉花最重要的价格变动

首要的点：观察任何合约历史上的极限低点和极限高点的阻力位。

其次是合约的历史最高卖出价的分割点或阻力点位。

然后观察一年或多年中行情在每次运行时的波动情况：选取极限低点和高点之间的区间，并且通过8等分得到阻力点。

最后，选取第三或第四个更低的顶部并8等分得到阻力点。

［例子］合约高低的时间：

10月棉花期货——	515	到	3725	高点	1920	低点	1932
	727	到	3928	高点	1946	低点	1938
	1812	到	3928	高点	1946	低点	1943
	2307	到	3928	高点	1946	低点	1946年11月
	2307	到	3560	高点	1947年7月16日	低点	1946年11月
	2307	到	3490	高点	1948年5月17日	低点	1946年11月
	2460	年	3560	高点	1947年7月16日	低点	1947年5月

阻力位的次序

当行情上涨并穿越1/4分位点时，下一个重要的点位就是中点（1/2分位）或重心点或其波动的均值水平位。

再下一个是中点上的5/8分位处。

中点被穿越后的下一个最强点是3/4分位处。

如果在以上点位行情波动幅度非常大，那么观察它在7/8分位处的变化很重要。这常常是上升行情顶部位置。

观察这些阻力位时，始终要观察周图表上的趋势线并遵循给定的规则。如果行情围绕这些阻力位开始做顶或者做底，那么可以安全的做多或做空。

平均价或中点

记住：波动幅度或行情极限高点的50%回调位或中间点是非常重要的点，这些点是下跌行情中的支撑点或卖出点，也是上涨行情的阻力位。它是将波动区间或者最高卖出点2等分的平衡点。

将任意极限低点和极限高点相加再除以2得到这个点位。

当行情上涨或下跌到这个中点时，根据价格是否处在高位或低位而买卖，同时将止损点设置在10~30美分处。

当行情在更宽的波动幅度或更长的时间周期内运行时，这个中点显得尤其重要。

你仅仅遵循这个规则操作都能获利。

对合约价格的过去行情运行进行仔细研究和回顾将证明这个规则的价值，只要你遵循它就能获利。

在主要行情最重要的中点进行买卖，将止损点设定在中点下10~30点处或中点上的10~30点处。当波动幅度达到250~300点或更多时，意味着我们计算的是主要行情极限高低点之间的中点。次级行情的中点是次级顶部和次级底部间的1/2点。通常，通过回调行情返回到最后运行中间位置。

当1/2点位和5/8点位之间的幅度是150~200点或更多时，那么行情将到达5/8点位，如果遇见阻力位则回调或下跌。对于观察顶部或回调而言，5/8点位是非常重要的位置，价格经常从5/8点位返回到中点，因而中点是买入点。

下跌行情应用同样的规则。如果1/2点位和5/8点位之间的幅度是100~200点或更多时，那么它将跌到3/8点位并筑底，然后反弹到1/2点位或更高。

当行情上涨到中点并在此回调了几个点，最终穿越了中点，那么你能在阻力位表上或老顶部上预测到下一个阻力点。

当棉花期货下跌并且几次在中点上得到支撑然后跌穿中点时，上述规则同样适用。你可以根据下一个重要底部或你的阻力位表来预测下一个阻力位。

当棉花期货价格在中点上方移动了20点或更多时是行情增强的标示，显示买单或者支撑位都在这个重要的阻力位上。

当行情上涨但未到达中点下20点或更多点时是弱势信号；然后行情下跌并跌破趋势线或其他阻力点。

突破重要中点后的下个阻力位

在主要中点被突破后要观察的下一个阻力水平位正是行情前期运行的下一个中点。这里中点是指棉花期货走势中的极限波动幅度的中点。

重要中点被穿越后另外一个重要的阻力位是中位点或最高卖出价的中点。它是比次级波动的中点强大的支撑位，因为它是最高卖出价的一半，在其未被突破 10、20 或 30 美分前，无论价格是多高、多低或处于中点，都是强势买卖点。

在牛市或者熊市行情的最后阶段仅使用短期或者次级运行的中点。观察最后可能运行几周或几月的阻力位，尤其是中点的阻力位。当它是超过完全 30 点时，趋势通常反转。

空转行情

每种机器都有无效运转的情况，因此棉花期货市场的运行也会出现无效运转行情，这就驱使价格在阻力水平位轻微上下波动。根据市场活跃性差异，平均波动幅度是 30 ~ 40 美分。

当棉花行情非常活跃并且在沉重抛压下快速上涨或下跌时，它经常在中点或其他阻力位上方 20 ~ 40 美分运行，但是不会到达 50 美分处。在下跌行情中应用同样的规则，它经常突破重要的阻力点 20 ~ 40 美分，但不会超过完全的 50 美分。

世界万物受重力作用的法则都是一样的。如果我们打一个穿过地球的洞，然后投下一个球，动力将推动其接近重力中心，但是当它变得缓慢向下时，最终它将精确的停留在中心。这就是棉花期货行情围绕这些重要中心运行的方式。

对个别行情顶部与底部之间的阻力位的研究将会验证市场在这些重要点位的运行是多么的精确。

[W · D · 江恩于 1950 年 2 月 18 日]

第7节 时间周期预测法

依据时间周期预测棉花期货价格

时间周期

市场行情运行轨迹是自然法则作用的结果，行情运行前就已经存在，并且能先前确定。未来是过去的重复，正如《圣经》所说：过去存在事物，未来必会有；过去发生的事情，未来必会发生。天下并无新生事物。

事物都有主要和次要之分，为了准确预测事物未来，你必须知道事物运行的主要循环。当极限波幅出现时，也是你赚钱最多的时候。

大循环

不要忽略大循环，它表示在长期内出现极限高低点价格。

82年和84年。这是棉花的大循环之一，从1864年开始运行，完成82年周期，棉花的极限高点应出现在1946年7月9日和1946年的10月5日到8日，根据这个循环，主要趋势在几年内将跟随这些极限高点价格运行直到结束。这就是大循环的含义。

90年循环

90年循环是指经过3个30年循环和2个45年循环，观察极限价格很重要。从1864年到1954年是90年。你也可以寻找价格极限点，然后计算90年的循环。

60年循环

一个圆等于360度，棉花的主要循环是360个月或30年。你应始终使用30年循环并按它的一定比例增加。两次30年循环等于一个60年循环。例如，棉花高点在1864年；低点在1894年；1923～1924年出现高点，离1894年底部相距30年，于是行情完成60年循环。

49～50年循环

棉花主要循环发生在49～50年间。极限高点或低点价格的"五十周年纪念"，在50年循环末端行情持续5～7年。"7"是圣经里多次提及的具有决定性的数字，它致使经济萧条和社会恐慌。7乘以7等于49，49通常被看作是引起极限波动的决定性数字。

30年循环

以上所述的是大循环，次要周期是30年循环或圆的一定比例循环：

30	年	等于	1	或	360	月
22½	年	等于	3/4	或	270	月
20	年	等于	2/3	或	240	月
15	年	等于	1/2	或	180	月
13	年	等于	13/30	或	156	月
10	年	等于	1/3	或	120	月
9	年	等于	3/10	或	108	月
7½	年	等于	1/4	或	90	月
5	年	等于	1/6	或	60	月
3¾	年	等于	1/8	或	45	月
1⅞	年	等于	1/16	或	22½	月
2½	年	等于	1/12	或	30	月
			1/32	或	11¼	月

20 年循环

20 年循环是重要循环，它是 30 年循环的 2/3。

15 年循环

这是次要循环，它等于 30 年循环的 1/2。

13 年循环

学习前面对年周期分析的例子后你就会知道这个循环非常重要，你可以通过对任意顶部和底部进行计算，并增加 13 年从而证明这个循环的重要性。

10 年循环

10 年循环是主要循环，它是 30 年循环的 1/3 和 20 年循环的 1/2。行情每 10 年就出现相似的自然波动和极限高点或低点。

奇数年循环

9 年和 13 年循环就是奇数年循环。记录显示行情经常在奇数年循环上创出重要的顶部和底部。对于 9 年循环，观察 1918 ~ 1927 年，1923 ~ 1932 年，1932 ~ 1941 年，1937 ~ 1946 年，1934 ~ 1943 年，1941 ~ 1950 年，1920 ~ 1929 年，1938 ~ 1947 年，以及 1945 ~ 1956 年的行情波动。

较小的循环

这是指5、3、2和1年循环。最小的1年循环经常在第10个月或11个月显示趋势变化。循环并不是一定出现在整数月份里。它遵循日、周和月图表上的角度波动规律。

例如，棉花行情图表上1824年的卖出价是30美分/磅；然后下跌，1831年和1832年到达7美分/磅。1835年和1836年上涨到20美分/磅。1843年、1844年、1845年继续下跌，1848年卖出价到达5美分/磅。50年后，即1893～1898年，卖出价再次到达5美分/磅。

棉花的极限高点在1864年8月23日到达1.89美元/磅。极限低点在30年后的1893年和1894年到达5美分/磅，自极限高点后的50年，即1914年，价格到达6.5美分/磅左右，在随后7周年的“重大周年纪念日”里，棉花高位运行，在1919年和1920年上涨到43.75美分/磅。观察从1864年到1872年对棉花的极限高点有较大影响。

你可以很容易从波动图表上看到超过30、20和10年循环的行情运行状态，通过它你可以预测时间超过140年的价格。从1869年至今的7月期货图表显示出60、30、20、15、10年循环和其他次要循环。

不论市场是否运行了5年、10年、20年或30、60、82、84或90年的循环，如果行情没有反向运行，在任一方向上很少有超过三年的运行行情。行情经常在第18个月结束。回顾过去的所有图表，你会注意到，第22个月和第23个月对于顶点的形成很重要。对于顶部还需要留意第27、28、30，以及第36个月。

战时行情

在战争开始后，研究所有行情，直到战争结束一两年后为止，同时将一场战争周期或循环和另外一场战争进行对比。例如，1861年到1865年、1914年到1920年、1939年到1945年。

在战争期间观察从顶部和底部起的第10个月和第12个月附近的重要趋势变化。

对于主要或次要循环，都应按1/8、1/4、1/2、3/4、1/3和2/3的比例进行分割，以确定趋势改变的重要日期。此外，还需要将高低点的价格空间按上述比例进行分割。

13 年循环实例

对棉花合约进行价格预测时，要考虑所有主要和次级循环，但是绝不能忽略棉花存在82—84—90 年极限循环的事实，因此必须考虑从任何极限高点或极限低点开始的情况。例如，1864 年 9 月极限高点和 1844 年、1848 年、1894 年、1932 年，以及 1933 年的极限低点。另外，13 年循环也要考虑到。棉花在 13 年循环中将会出现精确的数值，每 13 年左右棉花产量出现大丰收或大量减产。这将引起棉花价格的急剧波动。翻阅过去的价格记录，你将发现每隔 13 年棉花价格都出现大幅波动！

从 1804 年的低点到 13 年之后的 1817 年高点；

从 1817 年的高点到 1829 ~ 1831 年的低点；

从 1822 年的低点到 1835 年的高点（极限高点）；

从 1825 年的高点到 1838 年的低点；

从 1835 年的高点到 1838 年的低点；

从 1844 ~ 1845 年的低点到 1857 年的高点；

从 1848 年的低点到 1861 年的高点（由于内战爆发，行情大幅上涨）；

1851 ~ 1852 年是上涨前的最后低点，13 年后棉花卖出价在 1864 年到达 1.89 美元/磅，这是历史极限高点。

从 1852 年　低点　到　1865 年　高点（最后的极限高点）；

从 1856 年　高点　到　1879 年　高点；

从 1858 年　低点　到　1871 年　低点；

从 1865 年　高点　到　1878 年　低点；

从 1869 年　高点　到　1882 年　低点（新低）；

从 1871 年　低点　到　1904 年　高点；

从 1894 年　低点　到　1907 年　高点；

从 1896 年　低点　到　1909 年　高点（1909 年和 1910 年曾创极高点价格）；

从 1898 年　低点　到　1911 年 5 月　高点。从这高点之后行情大幅下跌，原因在于这两年棉花产量丰收。

从 1902 年　高点　到　1916 年　高点；

从 1903 年　高点　到　1916 年　　高点（13 年后，是大牛市）

从 1904 年　高点　到　1917 年　　低点（13 年后的极限高点出现在 2 月，创出大牛市后的极限低点。）

从 1908 年　低点　到　1921 年　　低点（大牛市的低点）

从 1910 年　高点　到　1923 年　　高点（另一个大牛行情和极限高点）

从 1914 年　低点　到　1927 年　　高点（棉花减产期间的极限高点）

从 1918 年　高点　到　1931 年　　低点（第一年的极限低点）

从 1919 年　高点　到　1932 年　　低点（极限低点）

从 1920 年　高点　到　1933 年　　低点（这是自 3 月创出大牛市之前的极限低点。1933 年 7 月 17 日出现高点。1946 年 7 月出现高点。）

从 1921 年　低点　到　1934 年　　高点（8 月）

（6 月或 7 月）

从 1922 年　低点　到　1935 年　　低点（1948 年 3 月应该出现低点价格）

（2 月）

从 1923 年　高点　到　1936 年至 1937 年　　高点

从 1937 年　高点　到　1938 年　　低点（加上 13 年，得出 1950～1951 年的低点）

当循环周期上升并且月线趋势反转时，观察重要角度线是否被击穿；如果它们已经被击穿，那么未来将出现一波大行情。

几何角度线

请记住：始于前期顶部或底部的几何角度线，将让你明白当前市场遵循何种循环以及趋势何时会改变。顶部和底部形成的正方形同时间周期同等重要，它们会提示你趋势何时改变以及时间和空间平衡何时会到达。因此，在你对棉花价格预测的过程中要考虑这些因素。不能忽视到期的季节性变化月份，即 3 月和 5 月、8 月和 9 月，12 月和 2 月。

前期行情

观察价格何时穿越以前年份高点或跌破前期价格低点非常重要。每一波行情都依托其自身的前期顶部和底部来运行。对比行情底部要观察 10 月；对比行情底部和顶部也要观察 7 月及其他月份价格。当几年前的顶部被穿越或几年前的底部被跌破时，这些状况对于趋势的变化极其重要。

牛市中，收盘价低于开盘价格的情况不会超过两个月；假如是大牛市行情，那么较低的收盘价则不会超过一个月，第 3 个月收盘价一定比开盘价高。

熊市中反向应用这条规则。如果一个市场行情极其疲软或极度强大，那么趋势的反转一般不可能超过 3 周或 1 个月。

年时间规则

观察 1 月 2 日和 7 日之间的行情。如果价格上涨并且在 10 日走高，根据市场运行周期规则，市场很可能会继续上涨到 3 月或 4 月左右，并且期间不会发生趋势变化。

如果价格在 1 月 10 日以前显示趋势下跌，它们很可能继续下跌到 3 月或 4 月，你应该遵循时间周期和角度线指明的趋势进行操作。

当 1 月创出的高点或低点价格被突破 30 点时显得非常重要，特别对于活跃市场，行情趋势将出现重要变化。记住，所有的规则最适合运用在活跃的市场中。

第 8 节　应用案例

行情预测例子

在确定重要的趋势变化之前，要判断角度线和时间周期位置。

1941 年——预测本年行情需要查阅以下数据：

1881 年，60 年循环

1 月	1290	高点
5 月	1050	低点
8 月	1300	年内高点
9 月	1160	低点
12 月	1280	高点

1911 年，30 年循环

1 月	1380	
3 月	1250	
6 月	1380	与 1 月高点相同
7 月	1380	趋势反转向下
10 月	880	年内低点

1921 年，20 年循环

2 月	1310	低点
5 月	1520	高点
6 月	1130	低点
10 月	2180	低点
11 月	1500	低点

1926 年，15 年循环

1 月	1850	年内高点
4 月	1700	回调低点
5 月	1770	高点
6 月	1600	回调低点
8 月	1810	9 月暴跌前的最后高点。因为棉花产量创下历史最高纪录。
12 月	1250	年内低点

1928 年，13 年循环

2 月	2170	低点，接着暴涨。
6 月	2285	高点，随后暴跌。
9 月	1750	低点
10 月	2010	高点
11 月	1800	低点

1931 年，10 年循环

2 月		
3 月	1225	高点，当年熊市中的平衡。
10 月	540	低点（从 1918 年的顶部起为 13 年，从 1916 年的顶部起为 15 年或 180 个月）

1932 年—1923 年—1914 年，9 年循环

1914 年 12 月	750	低点
1923 年 11 月	3720	高点
1932 年 6 月	515	低点
1941 年 7 月	1745	高点

注释：从任何顶部或底部起的第 9 年将会出现大涨或大跌行情。

检查过去 7 年或 84 个月循环，还有过去 14 年或 168 个月循环，以及过去 7½年或 90 个月循环。

1942 年——预测本年行情需要查阅：1882 年、1892 年、1912 年、1922 年、1932 年，以及所有其他循环。以后年份也以同样的方式查阅。

极限高点的年份

虽然政府在最后几年对农作物进行调控已经干扰了市场正常供需规律，但市场依然遵循时间周期规则，当顶部与底部成正方形时趋势已经改变。时间周期与所发生的事件不符，同时新交易与 1950 年和 1954 年萧条不协调，那么之后供需规律将会主导价格变化。

回顾 5 个 20 年循环，即 100 年，棉花的价格在 1844 ~ 1848 年是 5 美分/磅，50 年之后的 1894 ~ 1896 年，卖出价再次到达 5 美分/磅。从 1915 年到 1920 年价格进入战争价格。

由于极限高点价格出现在 1946 年，所以你要观察运行了 90、82 ~ 84、60、50、40、30、20、15、13、10、9，以及 7 年的主要时间周期。

1864 年 8 月 23 日棉花极限高点到达 1. 89 美元/磅，这是历史最高卖出价。如果我们将 1846 年增加 82，到达 1946 年；增加 84 年，到达 1948 年；增加 90 年，到达 1954 年。研究 1850 ~ 1854 年之间棉花的价格，你将会找到极限低点价位。

极限低点价格年份

研究棉花 1894 ~ 1898 年之间的行情，当卖出价是 5 美分/磅，从 1864 年计是 30 年。给 1864 年增加 90 年得到 1954 年。因此，循环会显示棉花的一些极限低点价格，回顾1932 ~ 1934 年间的 20 年，我们会发现极限低点价格。通过回顾各种循环，你就能基于过去的循环来确定极限高点或极限高点何年何月会出现。

1943 ~ 1944 年到 1948 年是从 1894 ~ 1898 年起的 50 年，从 1914 年起是 30 年，从 1924 年极限高点起是 20 年。因此，棉花的极限低点将出现在 1946 ~ 1948 年，但是在 1945 ~ 1946 年棉花将会出现一波上涨行情，这是因为从 1933 年起是 13 年，从 1937 年起是 9 年，从 1928 年起是 18 年。此后棉花在 1946 年 10 月到达极限高点。

市场分段行情

在牛市或熊市中，大多数市场行情分为 3 个阶段运行，分别是：

第 1 阶段——积累和派发行情；

第 2 阶段——盘整时期行情；

第 3 阶段——顶部或底部的形成，积累和派发出现。

1925 年的极限低点出现在 12 月，次年 1 月和 2 月反弹，随后行情再次下跌。

1926 年是美国棉花有史以来最高产量。极限最低点出现在 12 月。

1927 年棉花减产，极限高点出现在 9 月 6 日，然后趋势向下。

1928 年 2 月出现自去年 9 月高点之后的低点。市场从 2 月的低点开始上涨，关于 6 月 29

日至7月5日创出新高，政府在1928年7月出台报告之后，趋势再次向下。低点在9月出现；然后趋势向上并且在当年剩下的时间内持续上涨。

1929年3月出现最高点然后下跌到7月，随之反弹到9月，此后趋势向下。

1930年3月出现极限低点，在4月大幅反弹；随后下跌，年内极限低点出现在12月；

1931年年内最高价出现在2月，低点出现在5月底和6月初之间；随后大幅反弹到6月27日，然后陡直下跌至10月5日和8日，到达底部，即当年极限低点。

1932年6月9日出现年内极限低点后，接着陡直上涨，在8月28日和29日创出顶部。政府在9月出台报告之后趋势反转向下。12月8日出现年内低点，并与1932年6月的低点处于同一水平，某些合约价格只高出20到30点。

1933年1月行情反弹；2月创出年内极限低点；然后在7月18日到达年内极限高点。如果底部出现在相同水平附近，则要重点注意8月18日，9月9日，以及10月16日。趋势的变化开始于9月9日，它的低点高于8月16日底部的低点，10月16日形成重要的双重底部，表明年内其余时间趋势将回升。

1934年极限高点出现在2月13日，其中10月合约的价格高于1933年7月。从2月开始趋势反转向下，直到5月1日的极限低点。然后反弹到8月，通过图表你可以看到这些变化。10月合约的年内高点价格是1390。9月主趋势反转向下。11月出现回调低点。

1935年1月出现反弹高点和年内高点。3月陡直下跌到年内低点。5月和7月出现反弹高点。9月出现回调低点。11月出现反弹高点。

1936年1月出现最后的低点，市场缓慢运行到5月；6月牛市启动。7月到达年内高点，然后趋势向下，行情回落到11月的低点。

1937年4月到达年内高点，10月合约价格为1395，创出从1934年8月以来跨度为32个月的顶部，从1932年6月的低点算起58个月，这是相差2个月的5年循环。注意始于515的角度线以15点/月速率在1380构筑顶部。从1937年4月开始急剧下跌，中间没有像样的反弹，一直跌到11月低点780。

1938年3月出现反弹高点和年内高点。年内低点725出现在12月，从1918年计是20年，从1923年11月计是15年。注意700是顶部1400的1/2，这是强大的支撑点。底部是725原于360乘以2等于720。

1939年9月高点为10美分。注意从1919年10月的顶部算起是20年。11月出现反弹低点。

1940年4月高点为1020，与1939年8月高点相近，从1920年4月计是20年。5月出现陡直的回调。10月，小反弹的高点。10月合约在1941年11月出现低点870。

1941年行情窄幅缓慢盘整到4月，然后暴涨到7月28日。10月到达高点1746。

需要重点观察

长期萧条时期

行情经常窄幅上下盘整几周或几月，这是积累或派发时期。在完成积累或派发时期后，始于前期的顶部或底部价格与时间成为正方形。当市场只是短期萧条时，等到市场开始活跃并出现确定的趋势信号后才跟随。当任意合约在其顶部或底部上下运行了 20 ~ 30 点时要留意行情，这通常表明市场趋势即将改变。棉花的 20 个点等于 1 美元/包，因此，行情处于前期价格区间数周或者数月后，当棉花上涨超过 20 点时，将是进一步上涨的信号。下跌行情中反向应用这条规则。

陡直的顶部或底部

当行情宽幅快速上涨或宽幅快速下跌时，棉花将会创出陡直顶部或底部，然后迅速的反转。观察 1869 年 9 月；1872 年 6 月；1884 年 5 月；1889 年 5 月；1889 年 12 月；1904 年 2 月；1905 年 12 月；1909 年 12 月；1920 年 4 月；1923 年 11 月；1927 年 9 月；1933 年 7 月；1934 年 8 月；1937 年 4 月；1946 年 4 月和 10 月行情。

在快速上涨的行情中，棉花总是创出一个陡直顶部而不会形成双重顶部或三重顶部。因此，你应该使用 20 点的图表空间或 30 点的上下移动空间，来确定趋势的第一次变化。

注意，1933 年 7 月 18 日出现的约 400 点的陡直下跌顶部，不是双重顶。此外，还要注意 1941 年 7 月 28 日的顶部，1946 年 7 月的陡直下跌，以及 1946 年 10 月的顶部。

在非常活跃、快速变化的市场中，行情经常会创出陡直的底部，但是相对于双重顶而言，棉花更会创出双重底或三重底。

双重顶或双重底

双顶或双底是指同一价格水平位多次出现，有时是间隔数周、数月或者数年发生。观察这些过去的阻力水平位对于判断趋势的变化很重要，并注意它们在主方图表上所处的位置。

1871 年 4 月	1350	低点	1900 年 7 月	1020	高点
1873 年 11 月 10 日	1365	低点	1900 年 10 月	1020	高点
1878 年 10 月与 12 月	970	低点	1908 年 5 月	820	低点
1879 年 9 月与 10 月	990	低点	1908 年 10 月	830	低点
1880 年 9 月与 10 月	1050	低点	1909 年 12 月	1645	高点
1881 年 4 月与 5 月	1040	低点	1910 年 7 月	1655	高点
1883 年 7 月	970	低点	1912 年 7 月	1300	高点

1884 年 10 月	970	低点	1912 年 12 月	1295	高点
1894 年 11 月	535	低点	1916 年 8 月	1290	低点
1898 年 11 月	520	低点	1917 年 2 月	1395	高点
1918 年 9 月	3725	高点			
1919 年 7 月	3590	高点			

三重底部或三重顶部

行情经过大幅上涨或下跌之后，通常创出三重顶部或三重底部。

备注：

1873 年 1 月、2 月和 4 月，同一顶部；

1875 年 8 月、10 月和 12 月，同一顶部；

1876 年 2 月和 3 月，同一价位 1480 点；

1877 年 1 月 1465 点；

1879 年 12 月 1480 点；

这些相同的价位水平从 1876 年 8 月到 1879 年 12 月，直到 1904 年 2 月未再次出现。价格水平从 1874 年顶部计是 30 年。

1885 年 1 月、2 月和 3 月同在 1150 高点；

1890 年 4 月高点 1140. 直到 1903 再未到达。

在长期的牛市或熊市循环中，行情将继续创出更低或者更高的水平。

1907 年 7 月、8 月和 9 月在同一水平 1300。

1909 年 12 月 1645 点，1910 年 7 月 1655 点，1911 年 5 月 1615 点，形成三重顶部。

三重顶部出现后总是意味着随后将有一轮快速的下跌。观察从 1911 年 5 月开始的快速下跌。

当 10 月棉花期货到达相同价格 3725 时，最重要的三重顶部出现在 1918 年 9 月，1919 年 10 月，以及 1920 年 4 月。之后在不到一年的时间内下跌大约 11 美分。

三重顶部无论是运行在日线，周线还是月线上，其原理相同。当价格第 4 次到达相同的水平时，它们差不多总是继续原来走势，但是未能超过历史顶部，或第 4 次跌破历史顶部是趋势反转的强大信号。主图表显示了为什么顶部与底部出现在同一水平上。

老顶部与老底部

你应该观察 1 年、2 年甚至 3 年或更长时期的最后高点。当价格穿过前些年的这些高点时，通常预示着价格走高。以同样的方式观察每年行情的底部，在行情跌穿这些底部 20 或 30 点时，通常表明主趋势改变并将跌的更深。

老顶部与老底部的时间跨度越长，那么当底部被跌穿或顶部被穿越时行情的下跌或上涨幅度将会更大。记住：对于一个明确的市场信号来说，它不但需要跌破老底部或穿越老顶部，而且当日、当周、当月收盘价还需超过或者低于老的价位水平。因此观察收盘价非常重要。

顶部经常成为底部，底部也经常成为顶部。经过一些时间当作为阻力位的顶部被穿越时，它们变成支撑和回调买入位。当老底部被跌破 30 点时，显示反转趋势出现并形成阻力位或反弹买入位。

收盘价位

在快速活跃的市场里，当价格处于极限高点价位即大约 30～40 美分/磅时，行情必须上涨或下跌 50 或 60 点，收盘价高于老顶部或低于老底部很多则表明趋势将出现变化。

季节性的趋势变化

棉花价格具有季节性趋势，这种季节性趋势出现在每年大约 3 个不同的时期，分别如下：

1. 第一个重要的季节性趋势变化时间是播种季节，开始于 3 月结束于 5 月末。
2. 第二个重要的季节性变化是 8 月和 9 月的成熟季节。
3. 第三个重要的季节性变化是收获季节，从 8 月开始直到 12 月。大量的轧棉工作通常是在 10 月和 11 月进行，最终棉花的产量在 12 月上半月确定。

4 月 6 日至 17 日以及 5 月 5 日至 10 日

这是重要的趋势变化周期，它们对主趋势反转向上的底部很重要，因为这时专业交易商能确定大致的种植数量或品种。可以从上次的顶部或底部来确定趋势变化时间。

7 月和 8 月

这是作物的产量变化引发市场恐慌的最重要月份，市场变得非常活跃。政府报告一般在本月 8 日左右出台，经常引发趋势的重要变化。在政府报告出台前你仔细研究图表意义重大，因为它们将表明积累或派发是否发生，趋势的变化将在政府报告出台之前还是之后。按照惯例，趋势的变化通常出现在政府报告之后。

9 月 6 日至 20 日

根据年内最重要的趋势变化进行操作，你总能赚取大量的利润。趋势变化通常发生在 9

月 6 日到 20 日之间。在这个时期如果市场从低点开始向上，那么它将持续上涨到 11 月或者 12 月的下半月。如果市场上涨并且在 9 月反转向下，那么通常将跌到 10 月，有可能持续下跌到 12 月。

如果一个人遵循这条规则并观察 9 月趋势变化，那么他肯定能赚钱。当棉花位于底部时，观察 12 月的下一个变化。在 9 月卖空并且在 12 月因为春天的上涨而买入，平均下来将获利丰厚。9 月的农作物报告通常在第 8 日到第 10 日发布，在每年的这个时候一般容易知道作物的产量，尽管有些年份棉花在 9 月和 10 月减产，或在 9 月和 10 月的产量有所提高。

10 月 10 日至 20 日以及 11 月 15 日至 30 日

观察这些时期的行情趋势变化。

12 月 10 日至 15 日最重要

在这个时期政府可以估算出作物的最终产量，棉花的大规模市场运行大致结束。因此，如果作物的产量很高，价格将在 12 月 10 日到 15 日左右到达底部，这里你可以空头回补或在大幅反弹时买入。如果你查看年度图表，你将发现虽然低点出现在某些年份的 10 月或者 11 月，但是平均低点是在 12 月出现。

当作物产量欠收时，趋势经常出现在 9 月，价格依赖于季节性趋势并且在 11 月下旬或 12 月初创出顶部。

例如，1923 年作物极度短缺。上个低点在当年的 7 月 30 日到达，11 月 30 日到达年内最高点。市场在 4 个月内上涨了 1700 点或者 17 美分/磅。之后趋势在 12 月 1 日向下，60 天内价格下跌了 10 美分/磅。

研究并对照所有年份的极限高点价格和极限低点价格。依靠这种方法你将获知价格是如何在极限水平运行的。

第 9 节　小　结

学会确认顶部和底部

1. 始于所有重要的顶部和底部，以及次级顶部和底部的阻力水平和买入价位。绝不能忽视始于次级低点的最后上涨，以及始于次级顶部的最后下跌。

2. 绘制日图表上的次级趋势指标。

3. 主趋势指标。

4. 转换点。

5. 更高的底部和更低的顶部。即第 1 个，第 2 个和第 3 个更高的底部，以及第 2 个更低的顶部。

6. 始于主要顶部或底部的时间运行阶段。

7. 日图表上顶部或底部的信号日，以及周图表上的信号周。

8. 单个顶底，双重顶底以及三重顶底

9. 活跃市场中的规则。

10. 始于主 360 度循环的自然阻力位和时间周期。

11. 牛市或者熊市行情末期的快速和宽幅波动。研究过去的顶点你才能知道未来如何操作。

12. 几何角度线，这是所有规则中确定价格和时间顶点最重要的因素。为了能精确测量，在你的图表上必须绘制始于主要顶部或底部的所有时间周期，以及始于主要和次级顶部和底部的所有角度线，还有以顶部和底部为“0”位的所有角度线。

13. 首先是日图表上的次级趋势变化。其次是比日图表还重要的周图表上的次级趋势变化。再次，更重要的月图表上趋势变化。然后，季度图表上的至关重要的主趋势变化。最后，年图表上的最为重要的趋势变化。

14. 主要和次要行情中的时间与价格成正方。将所有的数字平方并运用到时间周期、阻力水平和价格上。例如：

2 的平方是 4　　3 的平方是 9　　4 的平方是 16

5 的平方是 25　　6 的平方是 36　　7 的平方是 49

8 的平方是 64　　9 的平方是 81

考虑包括奇数和偶数在内的正方形中的所有中点。观察平方表格和所有的中点位置。

15. 季节性趋势——不管趋势是随着季节性运转或与之相反都要考虑在内，然后顺应市场直到日图表或者其他图表显示趋势的变化。

16. 绝不在猜测、期望、恐惧中交易。当行情难以判断时，退出市场。当不知道趋势时，离场观望。依据充足的理由或规则进行买卖。学会观察和等待。爱护你的身体。遵循所有这些规则将会让你成功！

［W·D·江恩于 1950 年 2 月 20 日］

第三篇

鸡蛋期货教程

Chapter 11
鸡蛋期货核心教程

第 1 节　鸡蛋行情回顾

我制作的偶数平方主图表显示鸡蛋期货以 30 点/单位速率在 2 ~ 16 平方区间变化。这是从 1948 年 11 月 1 日到 1949 年交割的最新 10 月鸡蛋期货日高低点图表（参见图 11-1）。

观察主平方图表从 30 日开始启动然后运行到平方图表的末端以 7680 结束。你将发现在 6000 点或 60 美分上画圈的是 1920 年 12 月 28 日极限高点价格。1050 最接近极限低点价格 1037。你发现画圈的 15 美分，是 60 的 1/4；画圈的 20 美分，是 60 的 1/3；画圈的 30 美分，是 60 的 1/2；画圈的 45 美分，是 60 的 3/4。留意正方形从数字 1 处开始，在图中以 16 正方即 256 结束。这些是在日、周或月周期上代表时间的数字。

例如：1949 年 5 月 3 日，10 月鸡蛋期货最高点在 5025。时间角度位于 168 处，168 是 14 年，169 是 13 的平方。注意价格 5010 是圆周 7/16 的点，这是主正方图表一个阻力位和卖出点。参考主图表右边的时间周期说明。

我昨晚发电报告知芝加哥 10 月鸡蛋期货在今天有绝佳卖点。理由如下：根据日高低点图表的 4×1 角度线，从 1948 年 12 月 6 日顶部 4760 绘制的每日以 2.5 点速率移动的 4×1 角度线穿越 5020 点。从 1949 年 3 月 16 日低点 4685 绘制的 45 度上升角度线穿越 5020 点。从 4 月 18 日低点 4685 绘制每日以 20 点速率移动的 67.5 度上升角度线穿越 5020 点。从 2 月 14 日 4735 点绘制的上升角度线穿越 5005。5 条重要角度线穿越这个高点。可以确定这是强压力区，因为从合约开始交易已经超过 6 个月。从 1948 年 12 月 6 日出现第一个重要顶部到现

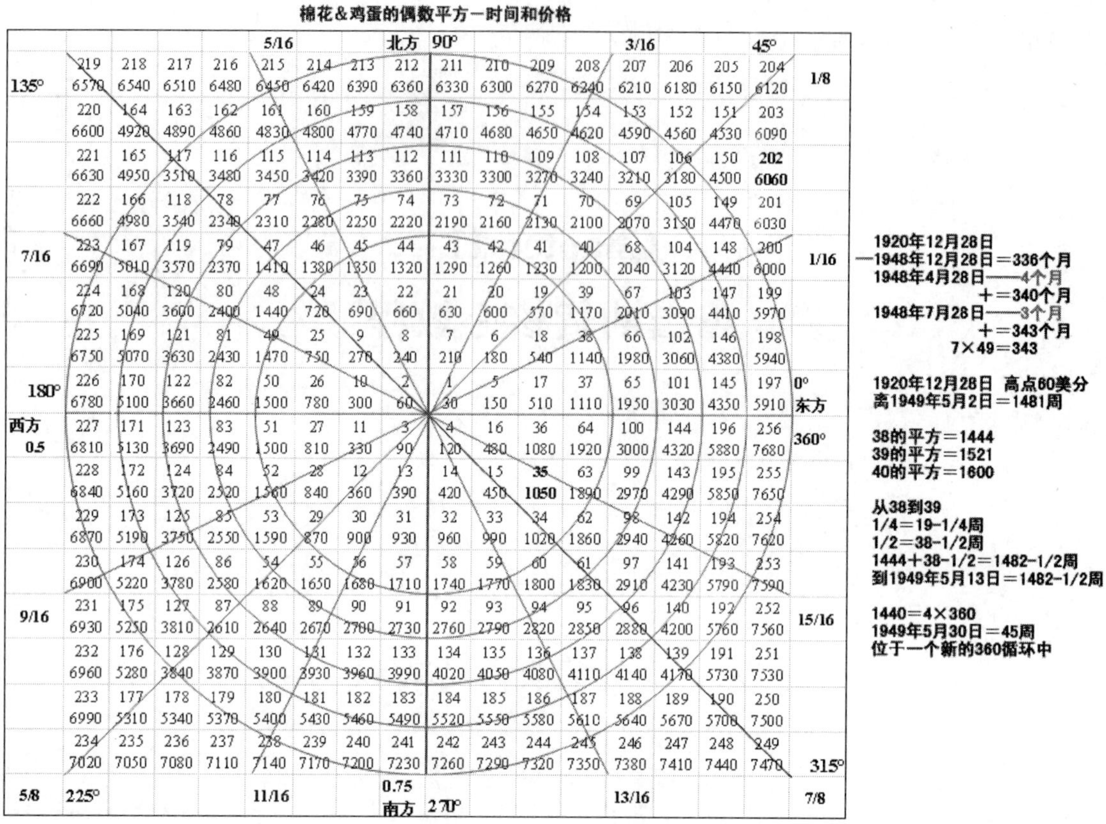

图 11-1

在历经约 5 个月，同时，从这个顶部引出的角度线也可推断行情见顶。

自从收到一封关于鸡蛋合约将在 2 月开始调整为 1.44 美元/点的信件后，我根据金额做了研究并调整了角度。我应该改变 11.25°角度线，通过增加 144×8 得出 1152，即 8 个点 11.52 美元的收益。这将得到 5×4 的角度线或大约 39°角度线，即以每天 8 个点，而不是按每天 10 点的速率上升的 45°角度线。

我多年的研究和经验证明，回调超过 3 天以上的第一波上涨行情可以用角度线来预测未来的重要顶部。这个规则也适用于周与月图表。在第二个或第三个顶部形成之后，当第三个顶部出现大幅下跌时，由这个底部绘制的角度线完全可以判定下一轮涨势的底部和顶部。你观察从 1 月 24 日到 2 月 8 日之间的巨幅下跌，价格跌到始于极限低点 4485 绘制的 8×1 的角度线上，由第三个顶部绘制的 2×1 角度线可以判定第二个也是最后底部位于 4560。从最低点 4560 开始绘制以每天 8 点的速率上升的角度线。它预测出了 3 月 2 日的低点和下一个在 3 月 30 日出现的顶部 4850，在此位置随即出现 2 天的回调；最后在 1949 年 5 月 3 日当天，这条角度线在 5020 处穿越了第一条始于顶部角度线。

5 月 3 日市场价格收盘于当日波动区间的 1/2 价位。5 月 4 日是信号日。开盘 5000，高点 5005。最低 4980，收盘于 4985。这是自 4 月 18 日以来市场当日价格跌破上一交易日低点且收低的第一天。从 4560 到 5025 总计为 58 个交易日，考虑到合约实际交易已经超过 6 个月，预计行情将大幅回调。从最后低点 4795 绘制的 45°角度线对于观察支撑位和第二波反弹最为重要。这波行情下跌至少会持续 5 天，反弹不会超过 1 天。

5 月 3 日形成顶部的其他理由如下：

第一次从 4485 上涨到 4760—上涨幅度为 275 点。

第一次下跌幅度为 215 个点。

第二次从 4560 上涨到 4850—上涨幅度 290 点。

第二次从 4850 下跌到 4775—下跌 75 点。

第三次从 4775 上涨到 5025—上涨幅度 250 个点。250 个点较第一次上涨幅度少 25 个点，比第二次上涨幅度少 40 点。

1 月 24 日到 2 月 8 日这个最重要的时间段是 11 个交易日。从 4 月 18 日开始最后上涨时间是 11 个交易日，因此，当市场下跌超过 11 天意味着重要时间周期失去平衡。同样，当跌幅超过 75 个点时，最终价格或反弹空间也将失去平衡，表明价格将会走低。

仔细研究主图表中过去的顶部与底部，你可以发现它们是如何确认几何角度线的。

例如：5010 在 60 美分的 180 度线上。4890 位于极限低点 1050 的 45 度线上。4950 位于 45 美分的 180 度线上。

从 30 美分（60 美分的一半）绘制的 45°角度线穿越 48 美分。这就是行情为什么在 4 月 13 日到 18 日围绕 48 美分做三个底部的原因。主图表也显示相同阻力水平，通过使用时间周期你将学会行情运行的基本数学法则和几何规则。

通过回顾过去的记录并且深入研究所有重要的顶部与底部，你能发现市场规则的运行规律。

之前鸡蛋合约的最小变动单位是 5 点，现在等于 7. 2 美元，相当于两个 360 度循环，由于 360 是 720 的一半，这就使得每天以 2. 5 点的速率移动的角度线变得非常重要。目前的波动状况最适合运行在 360 度循环中。几天之后我将发给你另外主图表显示每条 15°角度线和阻力水平，它将帮助你确定阻力位和转折点。

例如，10 月鸡蛋期货的波动区间和在当前有效期内的最低点为 4485，最高点 5025，波幅为 540 个点。540 减去 360，得 180 点。这表明行情已经上涨了 1. 5 个循环，同时 180°角度线出现在 1949 年 5 月 3 日。1949 年 5 月 3 日我在 5015 卖出 10 月鸡蛋合约。

止损指令——昨晚我发出电报后卖出 10 月鸡蛋合约，现在我建议将止损点设置在 5040 点，然后观察基于规则和角度线的平仓时机。当你接受我的建议时请联系我，以便我能电报告知我的发现能让你平空做多。

第 2 节　鸡蛋期货 12 方图的 360°主图

请参见图 11-2，这张 360 度主方图始于 15 点，结束于 4320 点。它表示每 15°的 288 个空间。同时也表示 288 天、288 个月或 288 周。

鸡蛋12方图的360主图 主360度循环图表

		1	2	3	4	5	6	7	8	9	10	11	12	1	2	3	4	5	6	
12	24	360	720	1080	1440	1800	2160	2520	2880	3240	3600	3960	4320	4680	5040	5400	5760	6120	6480	
	23	345	705	1065	1425	1785	2145	2505	2865	3225	3585	3945	4305	4665	5025	5385	5745	6105	6465	
11	22	330	690	1050	1410	1770	2130	2490	2850	3210	3570	3930	4290	4650	5010	5370	5730	6090	6450	
	21	315	675	1035	1395	1755	2115	2475	2835	3195	3555	3915	4275	4635	4995	5355	5715	6075	6435	7/8
10	20	300	660	1020	1380	1740	2100	2460	2820	3180	3540	3900	4260	4620	4980	5340	5700	6060	6420	
	19	285	645	1005	1365	1725	2085	2445	2805	3165	3525	3885	4245	4605	4965	5325	5685	6045	6405	3/4
9	18	270	630	990	1350	1710	2070	2430	2790	3150	3510	3870	4230	4590	4950	5310	5670	6030	6390	
	17	255	615	975	1335	1695	2055	2415	2775	3135	3495	3855	4215	4575	4935	5295	5655	6015	6375	
8	16	240	600	960	1320	1680	2040	2400	2760	3120	3480	3840	4200	4560	4920	5280	5640	6000	6360	2/3
	15	225	585	945	1305	1665	2025	2385	2745	3105	3465	3825	4185	4545	4905	5265	5625	5985	6345	
7	14	210	570	930	1290	1650	2010	2370	2730	3090	3450	3810	4170	4530	4890	5250	5610	5970	6330	
	13	195	555	915	1275	1635	1995	2355	2715	3075	3435	3795	4155	4515	4875	5235	5595	5955	6315	1/2
6	12	180	540	900	1260	1620	1980	2340	2700	3060	3420	3780	4140	4500	4860	5220	5580	5940	6300	
	11	165	525	885	1245	1605	1965	2325	2685	3045	3405	3765	4125	4485	4845	5205	5565	5925	6285	
5	10	150	510	870	1230	1590	1950	2310	2670	3030	3390	3750	4110	4470	4830	5190	5550	5910	6270	
	9	135	495	855	1215	1575	1935	2295	2655	3015	3375	3735	4095	4455	4815	5175	5535	5895	6255	
4	8	120	480	840	1200	1560	1920	2280	2640	3000	3360	3720	4080	4440	4800	5160	5520	5880	6240	1/3
	7	105	465	825	1185	1545	1905	2265	2625	2985	3345	3705	4065	4425	4785	5145	5505	5865	6225	
3	6	90	450	810	1170	1530	1890	2250	2610	2970	3330	3690	4050	4410	4770	5130	5490	5850	6210	1/4
	5	75	435	795	1155	1515	1875	2235	2595	2955	3315	3675	4035	4395	4755	5115	5475	5835	6195	
2	4	60	420	780	1140	1500	1860	2220	2580	2940	3300	3660	4020	4380	4740	5100	5460	5820	6180	
	3	45	405	765	1125	1485	1845	2205	2565	2925	3285	3645	4005	4365	4725	5085	5445	5805	6165	1/6
1	2	30	390	750	1110	1470	1830	2190	2550	2910	3270	3630	3990	4350	4710	5070	5430	5790	6150	1/8
	1	15	375	735	1095	1455	1815	2175	2535	2895	3255	3615	3975	4335	4695	5055	5415	5775	6135	
		30°	60°	90°	120°	150°	180°	210°	240°	270°	300°	330°	360°	30°	60°	90°	120°	150°	180°	

图 11-2

地球每24小时自转一圈运行360°循环，将圆的循环按15°划分，得出如90、120、180、270、315，以及360这些重要的角度。一年内有12个月和365¼天。太阳在365¼天内运行360°。因此，这张图表在360°上每列表示12个月，同时也代表鸡蛋价格的360个点。当价格到达鸡蛋图表显示的重要阻力位时，行情将创出极限高点和低点水平，然后行情运行到90°、180°、270°和360°这些极限高低点水平。重要的点位是120°和240°即圆周的1/3和2/3。次要的是45、135、225和315度。

另外重要的位置是60°和300°。

当角度线和周期形成上述高点或低点价格时，由这些高低点价格绘制的角度线变得非常重要。你应该从每一个低点到下个低点，一个低点到高点，从高点到低点，研究它们的时间周期，并记录高低点。

例如，1920年12月28日鸡蛋高点是60美分/打。它位于12×360的第2个平方的第5个循环里或圆周的3/4，即270°上，始于第9个循环的上升45°角度线与始于第一个平方结束点4320的下降45°角度线在60美分处交叉，使之成为强大的自然阻力位。从这个价格返回360°循环到达同一水平线上或270°线。这就得出表示最高价角度的5640、5280、4920、4560、4200、3840、3480、3120、2760、2400、2040、1680、1320、960、600和240这些阻力位。

从60美分沿45°角度线下降的阻力位是：5625、5235、4845、4455、4065、3675、3285和2895。

沿45°角度线下降的阻力位是：5670、5340、5010和4680。

1947年9月10日，高点5855。这是低于极限高点的较低高点，是第二个计算时间周期和测量阻力位的位置。它位于360°第2个平方的第5个循环和90°角度线上。90°角度线的阻力位如下：5490、5130、4770、4410、4050、3690、3330、2970、2610、2250、1890、1530、1170、810、450以及90这个第一个循环，它是90°角度，即1/4圆。

在45°角度线上，5585点左边的阻力位是：5520、5190、4860、4530、4200、3870、3540、3210和2880。

在45°角度线上，5585点左下的阻力位是：5475、5085和4695。

1948年6月高点5370。这是第二个更低顶部，对于阻力区和时间周期很重要。

5370位于第2个正方形的第3个圆的330°上。向下阻力位是5010、4650、4290、3930、3570、3210、2850、2490、2130、1770、1410、1050、690以及代表5370的330°。向前运行到右边的阻力位将是5730和6090。沿着45°角度线向下的阻力位是：4980、4590、4200、3810、3420、3045、2655、2265、1875、1485和1095。向右的45°角度线的阻力位是5700和6045。

次级顶部的阻力位可以用同样的方法查阅，时间周期从所有的其他高点水平算起。极限低点的阻力位和时间周期很重要。次级底部也采用同样的方法测算出。

1930 年鸡蛋的极限低点 10⅜。位于第 3 循环 360 的第一个正方形，角度是 315°。到这个价格的阻力位是：1395、1755、2115、2475、2835、3195、3555、3915、4275、4635、4995、5355、5715 以及 6075，所有这些都在 315°角度线上。

始于 1055 的下降 45°角度线的阻力位是：1355、1695、2020、2355、2685、3015、3345、3675、6005、4335。

始于 1055 的上升 45°角度线的阻力位是：1410、1785 和 2160。

为了你能计算阻力位和时间周期，给出如下的每年的高低点价格：

1918 年 9 月低点 34 美分。10 月高点 47 美分。

1919 年 6 月和 9 月高点分别为 47 美分和 4750。12 月低点 3150。

1920 年 12 月 28 日高点 60 美分。

1921 年 4 月低点 2425。12 月高点 50 美分。

1930 年低点 10⅜。

1932 年 6 月低点 15 美分。10 月高点 2425。

1933 年 3 月低点 15 美分，与 1932 年 6 月最低点相同，它是 60 美分的 1/4 显示其是重要的支撑和买入位。

1935 年 5 月高点 2675。

1936 年 1 月低点 2050。8 月高点 2750。

1937 年 10 月低点 1750。

1938 年 9 月高点 2550。

1939 年 4 月低点 16 美分，高于双底（15 美分）1 美分，使之成为强支撑和买入位。

1941 年 6 月到 9 月高点分别是 3050 和 3060。这是 60 的 1/2，即在 30 美分上面，是自然阻力位。

1942 年 1 月高点 3425，远超过 60 美分的 1/2 点位。2 月低点 3090，这是超过 30 美分的支撑位，强大的支撑表明价格走高。

1943 年 7 月高点 4450。这是离 60 美分高点水平的第 270 个月，同时 45 美分是 60 的 3/4，时间与价格显示这是个压力区和做空位；未反弹到 45 美分则显示市场比较疲软。

1944 年 10 月低点 3350。

1945 年 5 月到 7 月高点 4540。正好穿越 60 的 3/4，即 45 美分，但是未能获得支撑，随后出现回调，目前时间已不利于市场。

1945 年 9 月低点 34 美分。相距 1942 年 1 月的最低点下面仅 25 个点，使之成为支撑点，从 1939 年 8 月算起是第 73 个月，从最低点 1932 算起是 159 个月。

1946 年 4 月，6 月和 9 月高点在 4625 和 4650。10 月低点 3875，从 1939 年 8 月计 89 个月和 90 个月以及处于从 1932 年低点以来第 172 个月和 174 个月。

1947 年 9 月 10 日高点 5855，从高点 60 美分算起是 321 个月。11 月低点 45 美分。12×360 的 360 方图终点在 4320 点。在这正方形中未向下跌破 30 点表明行情获得支撑和未来将出现更高价格，从 1939 年低点计是 101 个月，从 1932 年低点计是 185 个月。

1948 年 6 月高点 5370。11 月 1 日低点 4385。

1949 年 5 月 3 日，到写作本文时高点是 5025。从 60 美分高点算起是第 341 个月，到 7 月将是 7×49 的 343 个月，这是个重要价位。8 月从低点 1939 算起是 120 个月，也非常重要。

1940 年 6 月从低点 1932 算起是 203 个月。注意 202½是 180 加 22½，这对于判断趋势变化非常重要。

1940 年 12 月。始于 0 位的上升 45°角度线在 1949 年 5 月穿越 5050。由于 1949 年 5 月的 4850 位于从高点 4855 绘制的 45°角度线上面，使得 4850 成为阻力位。

1949 年交割的 10 月鸡蛋合约，其最低价格是 1948 年 11 月 1 日的 4485。它位于第二个平方的第一圆里 165°。这是 4845 在同一角度上或 4485 加上 360 点得到 4845。再加上 180 或半周，得到 5025 这个强大的阻力位。注意 5040 是 14×360 或第二个 360 循环正方形里的两个圆，5010 位于始于 60 美分 45°角度线上方，并且 4995 的价格在始于极限最低点 1035 或第 11 个循环结束的同一 315°角度线上。

当我们使用这些主图表时，始终考虑日高低点图表上始于次级顶部或底部和几何角度的时间周期。这样你将在同一价位获得更多阻力位，在高低点图表上可以预测行情见顶的时间。根据主图表察看过去的历史高低点并检查它们之间的关系将使你获益匪浅。

[W·D·江恩于 1949 年 5 月 5 日]

第 3 节 10 月鸡蛋期货

日高低点图表上的趋势指标

当低点为 4795 时，行情趋势从 4 月 18 日开始上升。45°角度线和始于 1 月 24 日顶部的

4×1 线在 5 月 10 日交叉于 4960，使之成为一个支撑点。由于第 3 天行情未下跌，我们在 5 月 11 日于 4990 点平空做多。

始于 4 月 18 日的 45°角度线在 5 月 16 日穿越 4995。5 月 17 日穿越 5005，5 月 18 日穿越 5015，5 月 19 日穿越 5025，5 月 20 日穿越 5035。

当主趋势上升时，我建议在 5 月 16 日星期一卖空，理由如下：最后一个极限高点 5855 和最后一个极限低点 43 美分。它们的均值是 5077，这成为回调卖点。1932 年出现最后极限低点 1275。它的 4 倍是 51 美分，4 是很重要数字。在出现比之前更大的回调前，10 月鸡蛋期货收盘价不应该超过 51 美分。

从 4 月 18 日的 4795 到 5 月 13 日的高点 5065 上涨 270 个点，这等于 270 度，或一个圆的 3/4。

从 3 月 16 日最后低点起有 4 次两日反弹，并且市场差不多上涨了 400 点。这也是卖出的理由。如果连续两天市场创出更低底部，预示次级趋势即将改变。

从 2 月 8 日低点 4560 开始，一直未出现两天或更多天反弹，底部被跌破。每个前期底部都成为更高的底部。因此，当两日波动反弹的低点首次被跌破时，表明后市价格走低和趋势发生变化。

从 0 位开始，5040 是 360 度的 14 个循环的结束，价格将以 30 点的速率下跌到 5010 点，显示价格将走低，特别是价格收盘于 5010 附近时更是如此。

根据规则，始于 5 月 10 日低点的 2×1 上升角度线在 5 月 16 日将到达 5040，始于 12 月 6 日的 4×1 角度线将在 5 月 16 日穿越 5040。如果行情在 5 月 16 日收盘于 5040 下，预示价格走低。

从 3 月 16 日的低点到 5 月 16 日是 61 个公历日，2 月 8 日到 5 月 16 日是 67 个交易日。以每天 5 点速率上升的 1×2 角度线将在 5 月 20 日到达 4920。这是价格过去两次依靠的最后支撑角度线。

从 3 月 16 日到 5 月 19 日是 45 个交易日，从 2 月 8 日算起是 70 个交易日，在判断趋势变化方面这些时期很重要。

周高低点图表

主趋势向上。始于 2 月 8 日的 45 角度线将在 5 月 17 日穿越 4980，这是 14 周或从 2 月 8 日开始的 7 天周期。只要行情处于这条角度线上方，就是反弹位。跌破它并收盘于其下说明次级趋势反转向下。

过去两周的低点是 4955 和 4960。跌破这些低点表明价格将走低。

月高低点图表

月图表上主趋势向上。始于5855的45度下降角度线穿过5370时预示未来价格上涨。始于1940年12月0位（一个循环的结束点）的上升45角度线，在5月到达5050，使之成为阻力位和卖出水平。始于1939年8月低点13美分的45角度线，上升到60美分然后下降，与始于极限高点60分的45°角度线在1949年5月交叉于5050。实际上两条角度线交叉于5050和5077的平均点或交叉于5855与43美分的中点，因此，10月鸡蛋期货在收盘价不超过51美分时成为回调前的卖空位。

在月图表上始于1948年低点4385的上升支撑角度线，在1949年5月穿越4800，始于5855的45度下降角度线在5月穿越4850，使之成为支撑位。

1941年2月，低点1860。从0位开始的45度上升角度线在1949年5月穿越4950。跌破这条角度线预示价格将跌到4850～4800之间。

1949年6月4日和11日将是自1947年9月10日算起的90～91周。这个1¾年，或270度是一个阻力位。

从1920年12月28日高点60美分到1947年12月28日算起总共324个月，即18的平方。342½个月是18的平方和19的平方和的一半。从1920年12月28日到1949年7月13日是342½个月。从1920年12月28日到1949年7月28日是343个月。7乘以49等于343。预示市场在7月将快速下跌。

1949年7月10日，自1947年9月10日算起是22个月，自1947年7月25日算起将是22½月。

1948年6月17日，高点5370。到1949年6月17日将是12个月或1年，这日期对趋势的改变很重要。

1936年11月高点到1949年5月共150个月或12½年。

1945年10月和11月的高点到1949年5月，共42个月，或7年周期（84个月）的一半。

1946年11月的低点到1949年5月，共30个月或2½年。

1947年11月的低点43美分，到1949年5月将是18个月或1½年。所有这些时间周期都表明10月鸡蛋期货正运行在一个重要的趋势变化周期。

[W·D·江恩于1949年5月14日]

第 4 节　价格顶点的 9 个数学特征

1. 行情波动出现的阻力位。
2. 在 360 度循环和正方形上的自然阻力位。
3. 几何角度线。
4. 时间循环和时间周期。
5. 始于顶部和底部的时间与价格正方形。
6. 奇数和偶数以及它们中点的平方。
7. 周图表上的高低点和始于顶底的角度线。
8. 月图表上的高低点和始于顶底的角度线。
9. 基于 360 度主图表的自然周期。

以上最重要的是几何角度线，因为它以价格测量时间，并且显示行情何时在顶部或底部会失去平衡。

因为 1 ~9 之和等于 45，这也是 45°角度线重要的原因。

我使用 9 个角度测量时间。45 度角是平衡点或者重心。45°角度线的左侧和右侧都有 3 条重要的角度线。1×3 角度线在左侧，3×1 角度线在右侧。

45 的平方

研究图表。注意 A、B、C、D、E、F、G、H 和 I，这些以价格和时间度量角度的点被证明是最强大的阻力点。

测量时间

人类第一次记录和测量时间是使用太阳的刻度，将每一天分成 24 小时和每 15 度的经度。太阳几何角度的投影表明每天的时间。既然所有时间是根据太阳测量的，那么我们就必须使用 360 度循环来测量行情的时间周期，但要记住，你必须始终从极限高点和极限低点水平开始以日、周和月来测量时间，而不是确切的季节或日历时间周期。45 天是一年的 1/8。90 度是一年的 1/4 或一个圆的 1/4，112½天是 90 加 22½得到，120 是一个圆的 1/3，也是一个三角位。135 等于 90 加 45，150 等于 90 加 60，157½等于 135 加 22½，165 等于 120 加 45。180 是一个圆的 1/2，或与 0 这个起点的对冲位。它们对于趋势的变化非常重要。

202½等于 180 加上 22½，225 这个 45 度角是 180 加 45 得到。240 是三角位，即 2 乘以 120。247½等于 225 加 22½。270 是一个圆的 3/4 或 3 个 90。292½等于 270 加 22½。315 等于 270 加 45。337½等于 315 加 22½。360 度是完整的一个圆。象测量日周期一样用同样的方法去测量周和月周期，并观察所有这些重要的时间角度对趋势变化的影响。

你可以制作一个 52 的时间和价格正方形。如果你想要在鸡蛋期货上以每天 10 个点为单位计算，第一个列顶部价格是 520，其次是 1040，第 3 个是 1560。第 10 列的顶部将是 5200，第 11 列的顶部将是 5720。

因为 1 年等于 365¼天，描述了太阳运行 360 度的一个循环，始于任何重要顶部和底部的第 12 个月结束时要观察趋势重要的变化。

将一年 8 等分，得到 6½周，13 周，18½周，26 周，32½周，39 周，45½周和 52 周。将一年 3 等分得到 17 周和 35 周。

［W · D · 江恩于 1949 年 5 月 14 日］

第 5 节　价格的阻力位

请参见图 11-3，图表显示 360 度的圆周将 60 美分的鸡蛋价格分为 8 个相等区间，图中以浅色标明。7½美分是 45 度角或 1/8。15 美分是 90 度角，或 1/4。22½美分是 135 度角，或 3/8 圆。30 美分 180 度角，或 1/2 圆。3750 是一个 225 度角，或 5/8 圆。45 美分是 270 度角，或 3/4 圆。5250 是一个 315 度角，或 7/8 圆。60 美分代表一个完整的圆。接着将 60 美分减去 1275 得到幅度 4725。图中用深色标记表示 60 美分价格的阻力位。

你要注意圆的 1/3 即 120 度是 20 美分，2/3 即 240 度是 40 美分。43 美分和 5855 之间的幅度标注在图表上。这将帮助你理解阻力位和价格如何运行。可以发现时间周期需要与高点

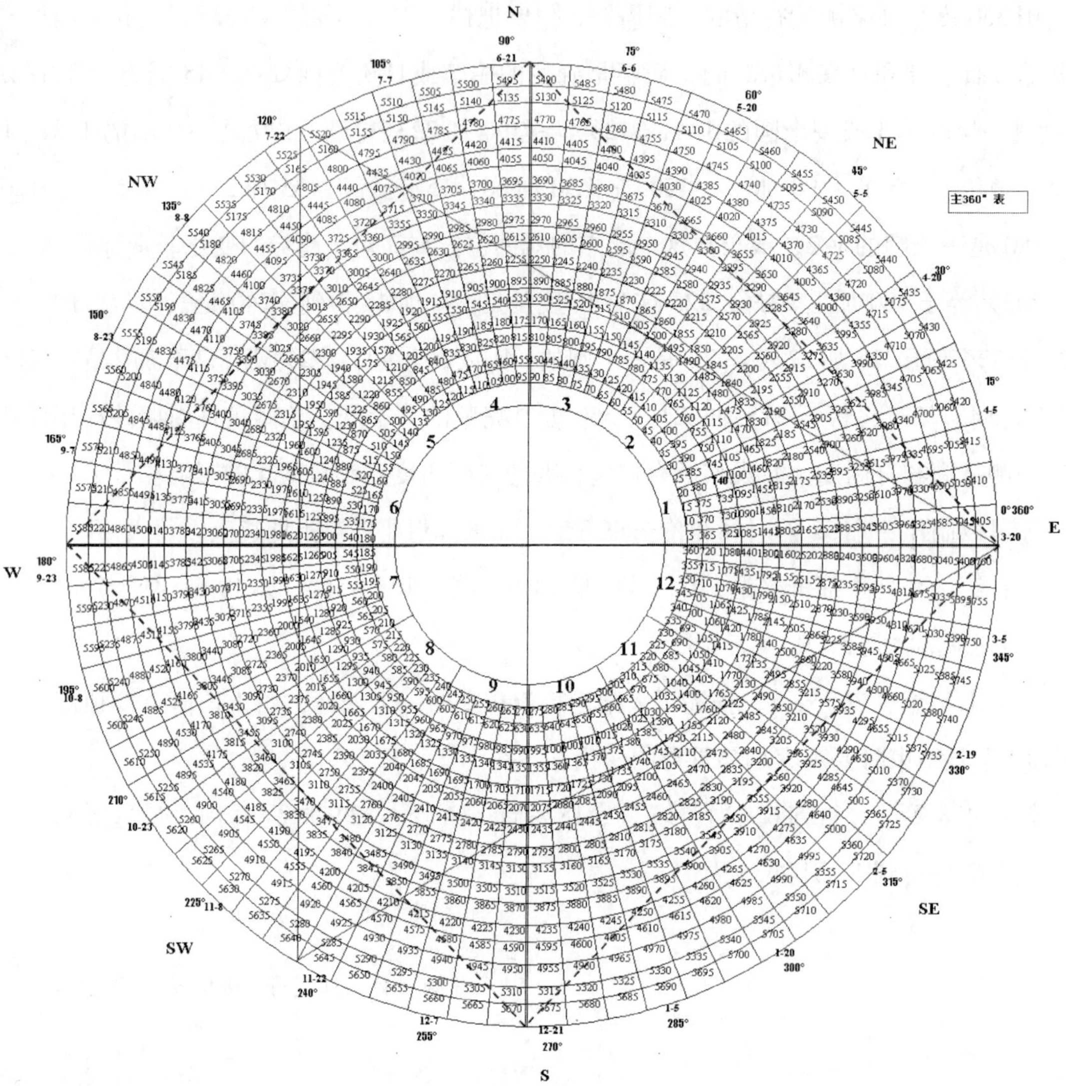

图 11–3

和低点价格成正方。

每月 50 个点需要 120 个月才能使每打 60 美分的高点价格与之成正方。

从 1920 年 12 月 28 日到 1930 年 12 月 28 日是月图表上第一个正方形或循环的结束。第 2 个正方形在 1940 年 12 月 28 日结束，第 3 个正方形的结束于 1950 年 12 月 28 日，使得 1950 年鸡蛋价格大幅下跌。

从最低点 1275 开始需要 25½个月与价格成正方。这些时间周期的运行如下：

1935 年 3 月 15 日，第 1 个正方形结束。

1937 年 4 月 30 日，第 2 个正方形结束。

1939 年 6 月 15 日，第 3 个正方形结束。

1941 年 7 月 30 日，第 4 个正方形结束。

1943 年 9 月 15 日，第 5 个正方形结束。

1945 年 10 月 30 日，第 6 个正方形结束。

1947 年 12 月 15 日，第 7 个正方形结束。

记住，7 始终是致命的数字，陡直上涨的极限最高点和陡直下跌的极限最低点经常出现在这个时间周期。1947 年 9 月 10 日，高点 5855。这是正方形结束之前的 90 天。鸡蛋价格在 11 月下跌到 43 美分，就是本文写到这里时最低卖出价。

1950 年 1 月 30 日，1275 的第 8 个正方形。它对行情的影响也非常重要。

1920 年 2 月 28 日，高点 60 美分，自 1933 年 1 月 30 日低点 1275 算起为 157 个月。157½是 135 和 180 的一半。因此，这是出现在精确的角度和数学点位上的低点水平。

极限高点和极限低点之间的幅度是 4725，如果以 50 点/月的速率变化需要 94½个月才能与这个幅度成正方形。

1933 年 1 月 30 日到 1940 年 12 月 15 日，当循环结束并且价格开始上涨时候，第一个幅度正方形形成。

1948 年 10 月 30 日，第二个幅度正方形形成。

1949 年 5 月 30 日，第三个幅度正方形形成历时 7 个月。

1949 年 5 月 30 从 1920 年 12 月 28 日算起是 340 个月，从 7 月 28 日算起是 341 个月，或7×49。

1933 年 1 月 30 日从 1949 年 5 月 30 日算起是 196 个月。这是 14 的平方。

1949 年 5 月 15 日是 5964 天。将它按 7 天一周的方式通过 7 来分割得到 852 周，正好到 1949 年 5 月 15 日。

851 是 29 的平方。因此这个时间周期是 30 的正方形的 11 周。59 是 29 和 30 的平方的差值，59 的 1/8 是 7⅜。因此，82 周进入 90 度的循环，或 29 和 30 正方形间距的 1/4。

极限低点价格

以每周 30 个点运行到与价格成正方形需要 42½周。20 乘以 42½周是 850 周。

1949 年 5 月 1 日是 850 周或 1275 的第 20 个平方，1949 年 5 月 15 日是 1275 的第 21 个平方的 2 周。

鸡蛋的 360 度主圆图

在图 11-3 中，图表显示从 0 度开始按 5 度速率运行到 360。经过 12 个循环到达 4320，经过 13 循环到 4680，经过 14 循环到 5040，经过 15 循环到 5400，经过 16 循环到 5760，经过 17 循环到 6120。在鸡蛋期货上的最小波动是 5 个点。使用这张图表能得到从任何底部到另一底部，或从任何顶部到另一顶部，以及从任何顶部到底部的精确角度数值。根据图表和规则显示的价格和时间来研究所有过去市场的运行，很快你将学会如何确定市场运行的数学规则。

第 6 节　确定顶点和趋势变化的规则

顺应主趋势或波动的方向，在市场未显示趋势改变前不要改变市场思维或放弃既得利润，这样你会在鸡蛋期货交易中赚到大钱。如果你遵循这些规则，市场将会告诉你主要趋势或者次级的趋势何时会改变。不要在猜测、期望和恐惧中交易。给予市场充裕的时间来显示趋势的变化。

无论市场处于正常或异常，都要依照市场活跃度和高点价位波动幅度来确定趋势的改变。异常的价格和波动通常出现在战争期间或战争后。商品供给非常充足或缺乏年份将导致行情运行到极点。在异常的行情中千万不要去猜测顶部或底部何时会到达，因为它们几乎总是运行的比人为的因素或你既知事实还要长久。这就是为什么必须应用这些规则，等待市场的运行显示出趋势中的明确变化信号时才行动。同时请遵循以下 5 个规则。

规则 1：只根据趋势线指标交易

跟随趋势线指标来决定交易，你将会赚大钱，按照趋势线指标进行买卖，并在其顶部或底部设定止损点，当止损点触发或趋势线反转时获利平仓。

在图表上绘制趋势线：当市场开始上涨，创出更高的底部和更高的顶部，你将深色趋势线上移到每天的顶部。只要市场持续创出更高的底部和更高的顶部，趋势线一直向上移动。

市场在第一天反转并创出低于前一天 10 至 20 点的更低底部，将趋势线下移到那一天的低点；只要市场创出更低的底部，趋势线就持续下移到那天的底部。之后当市场创出高于前一天 10 至 20 点的更高底部，将趋势线再次上移到每天的顶部。

当市场创出双重顶或三重顶部时，根据趋势线的走势，依靠双重顶卖出并将止损点设定在顶部上面 20～50 点处。但是当价格突破顶或三重顶或趋势线顶部时，行情反转，开始买入。在熊市中反向应用这条规则。依靠双重底或三重底部买入并将止损点设定在底部下面 20 至 50 点处。如果止损触发，行情反转，开始做空。

与其他方式相比，仅通过这条规则你就能赚更多的钱，因为你是顺势操作。不过，运用其他规则也会帮助你确定目标或阻力位。

只要趋势线底部不断抬高，就不要认为主趋势已经向下。只要趋势线顶部被突破和趋势线底部不断抬高，那么主趋势已经向上。

研究并运用规则 1，你将会证明其蕴含的价值，遵循它你将会取得成功。

规则 2：时间规则

时间因素是最重要的。当时间到达时，时间或空间行情将反转。

记录行情的所有变化，即做好实际的交易日记录，同时也制作包括每个回调或反弹的日历日记录。当反转行情超越上一个期间运行时，认为趋势已经改变，至少暂时已经改变。在一个重要的顶部或底部到达后，将会出现第一次回调或反弹，第二波行情几乎都要创出略微更高底部或更低顶部。这一波行情的持续时间大约是 1～3 天或更多天，所有这些都依赖于市场的活跃性和其上涨或下跌的持续时间。在确定趋势改变之前一定要观察前期的一个失衡点。

规则 3：波峰和波谷

当行情上涨时，它将在主要的波动中继续创出更高的底部和更高的顶部。你必须观察所有的回调或底部；当一个波谷第一次被击穿时，无论其是经历 1、2、3 天或更多天数，都要认为趋势线已经改变并要跟随操作。

当行情下跌时，它将持续创出更低的底部和更低的顶部。因此，当最后的波峰被穿越时，预示趋势已经改变。

规则4：空间与价格运行

空间运行是指价格上升或从顶部到底部的下降。例如：假设鸡蛋从20美分开始上涨到22美分，回调到21.50美分；然后涨到23.50美分，再回调到23美分，经过几次50点的运行，再回调75～100点，超过了上一次的回调价格。我们称这个空间或价格的变化运行为"过度平衡"，预示趋势将改变。不要单独依赖这个"价格运动"给你提供明确的趋势反转的指标，而是要依靠前期时间周期失衡点和三日图表的底部或最后的波动底部被击破来确定趋势的变化。当主趋势准备改变时，时间因素始终是最重要的，时间的转向给出了主趋势改变的明确信号。

规则5：阻力位

当价格反向回到上一波的1/2或更多时，这也是趋势改变的一个信号。在下跌行情中，一波价格的1/2、50%或更多的反弹是主趋势改变的第一个指标。但是这些指标必须在被时间规则证明后才能确认趋势已经改变。

回顾和研究过去的行情会验证你的推测准确性以及这些规则的价值。研究这些例子并比较不同行情的走势。

平均空间运行

通常，鸡蛋期付合约的下跌或回调不应该超过30～50点，极端情况下，在上涨恢复前不会超过100点。作为规则，在行情长期的上涨或下跌后，当通过时间规则确认时，一个100点或更多的反向变动表明趋势已经发生变化。

当市场下跌而且极弱时，平均反弹是30～50个点，一般很少超过100个点。在极度疲软的市场中，反弹可能不会超过20～30个点，根据这些可以判断市场是否正常或者异常。

[W·D·江恩于1947年4月23日]

第7节 鸡蛋期货规则

规则1：在双重底或者三重底买入

根据规则，在双重底或三重底买入，并根据价格与行情的活跃程度将止损点设在底部下10，20或30点处。当一段行情相隔数天而处于同一价格水平时，在趋势指示上叫双重底。三重底是指出现第3次同一价格水平的底部区域。第二或第三个底部比先前底部稍微更高或较低一些，但是有例外规则：

当行情到达第三个底部时你已经买入时，决不要冒超过10点的风险，因为当第3个底部被击穿时，尤其是如果这底部是在同一价格水平，并且你的止损已经有效触发，预示主要趋势已经变化，你应该迅速改变观点并做空。

趋势改变时行情总是向相反的方向。如果做多，你的止损点被触发，那么你必须做空。如果你做空并且趋势已经改变以及你的止损点被触发，那么你必须做多或买入相等数量合约。

当价格在同样的价位附近创出三重底部时买入是最安全的，同时在三重底最低价格下用不超过10点的止损位来进行保护。

规则2：在双重顶或三重顶卖出

这条规则与规则1相反。根据规则在双重顶或三重顶部卖出并将止损点设定在顶部上10，20或30点处，但是在第3个顶上止损点不要超过10点，因为一般情况下当行情第四次到达同样的价格时，它会突破前顶并走高。因此。当行情到达第3个顶上面时总是发出一个明确的信号，你可以更高的价格买入。

当价格创出同一价位的三重顶部时是最安全的卖点，止损点设定在三重顶部的最高点上方，但是不能超过10点。

规则 3：在快速活跃的市场中运用 7 ~ 10 日规则

当鸡蛋期货行情非常活跃时，每天价格在快速下跌中将形成更低的顶部和底部，当它已经下跌 7 天或更多天后你的止损点应该设定在每天的顶部上 10 个点处，当止损位被触发后，立即反手买进，将止损点设定在上个交易日底部下 10 个点处。

当行情非常活跃并快速上涨时，价格已经上涨 7 ~ 10 天或更长时间而未跌破前期底部，你就要跟随买进并将止损点设置到每天的底部，直到它被触发。然后反手做空，将止损点设定在上个交易日顶部上面 10 个点处。

在此过程直到行情穿过趋势线顶部或跌破最后的趋势线底部才可确认趋势线已经改变。

规则 4：底部信号日

在一轮长期下跌中出现行情剧烈波动的时候，如果当天收盘价高于开盘价，或收盘价高于当天中点价，或收在最高价上面，在进行宽幅震荡后价格比前几天收低，那么预示买入好于卖出，行情准备转势向上或将会迎来一轮强烈的反弹。此时你要平掉空头，等待行情创出比前期顶部更高的位置或穿越趋势线顶部时买入。

鸡蛋价格的 144 平方图表

在使用 12 的平方和它的倍数时，因为 9 这个最大的数字及它的倍数与 12 的协调一致运行，所以使得价格能准确的显示出来。这两个数字对于测量时间和价格，以及获取自然平方和阻力位非常重要。当你从高点和低点使用合适的时间周期时，一年的 12 个月和 12 宫使得 9 和 12 能很好地协调运行。

下面的表格给出了 144 倍数的数值，此外你还能使用 144 的 1/2 即 72、1/4 即 36、1/8 即 18，以及 1/16 即 9，也可以任意增加或减少这些数字。

你也可以在任何时候增加或减少这些时间和价格一定比例的数值。所有这些显示都在 144 的平方图表上。

$1\times144=144$

$2\times144=288$

$3\times144=432$

$4\times144=576$

$5\times144=720$

$6\times144=864$

$7\times144=1008$

$8\times144=1152$

$9\times144=1296$

$10\times144=1440$

$11\times144=1584$

$12\times144=1728$

$13\times144=1872$

$14\times144=2016$

$15\times144=2160$

$16\times144=2304$

$17\times144=2488$

$18\times144=2592$

$19\times144=2736$

$20\times144=2880$

$21\times144=3024$

$22\times144=3168$

$23\times144=3312$

$24\times144=3456$

$25\times144=3600$

$26\times144=3744$

$27\times144=3888$

$28\times144=4032$

$29\times144=4176$

$30\times144=4320$

$31\times144=4464$

$32\times144=4608$

$33\times144=4752$

$34\times144=4896$

$35\times144=5040$

$36\times144=5184$

$37\times144=5328$

$38\times144=5472$

$39\times144=5616$

$40\times144=5760$

$41\times144=5904$

$42\times144=6048$

$43\times144=6192$

$44\times144=6336$

$45\times144=6408$

$46\times144=6480$

24 乘以 144 是 3456，即 $25\times144=3600$。3456 和 3600 和的一半是 3528。如果加上 18，得到 3546，再加上 18 为 3564，再加上 18 结果是 3582。通过这种方法，你能获得鸡蛋期货价格的不同阻力点。

第 8 节　鸡蛋期货的两日图表运行规则

如何绘制两日图表

当市场连续上涨两日或多日时，两日图表从任意低点水平位随之移动到最高点。只要价格创出更高的底部和更高的顶部，图表上的这条线就继续上移。价格首次反转回落连续两天并创出更低的底部时，图表上这条线就移动到极限最低点，只要价格向下未出现任何两日反弹就将这条线继续下移。

当两日图表的顶部被穿越，这是价格走高的信号。当两日图表的底部被击穿时，表明趋势发生变化，价格会更低。回顾一段长期价格记录，可以发现低于两日图表底部 30～40 个点才能确定趋势向下，高于两日图表顶部 30～40 个点才能确定趋势向上。因此，底部买入位下的 30～40 个点和顶部卖出位上的 30～40 个点是最安全的止损位。

规则 1：趋势信号

只要两日图表上的底部未被击穿则主趋势将一直上升，或者只要两日图表上的顶部未被穿越则主趋势将一直向下。你必须顺应主趋势进行交易，当趋势上升时买进，在趋势下降时卖出，遵循给出的所有规则。

规则 2：趋势反转

规则总有例外情形，这些例外出现在市场非常活跃和价格快速移动行情中，使得价格波动幅度很大。例如趋势反转或趋势变化情况出现在一天趋势中。在这种情况下当价格接近极限高点或极端低点时，需要记录 1 天而不是 2 天的运行。当波动被击穿或价格低于天内回调时，才能确定趋势已经变化，至少是短暂变化。当价格穿越一天图表顶部时，可以确认趋势已经改变并顺应行情。

规则3：止损指令

市场有时会犯错误导致趋势突然改变，所以你必须一直使用止损点来保护资金。止损点应该设定在阻力位或老顶部上方30至40点处，以及两日图表上的支撑位或老底部下方30至40点处。

在同一价格水平附近的两个或两个以上的一系列顶部和底部是比较重要，当一系列的顶部和底部被穿越时，意味着趋势出现重要的变化。顺应主趋势交易，那么止损点很少被触发，你肯定会赚大钱！

规则4：依靠双重顶底或三重顶底买卖

记住当价格第4次到达相同的水平时，它们几乎都会穿越此位置。因此，当价格第4次到达相同的顶部水平时要买入，或当价格第4次到达相同的底部水平时要卖出。

规则5：依据最重要的中点、1/4和3/4点位买卖

1/2位置始终是最重要和最安全的买点和卖点，特别是其第一次到达时。止损点应该设定在重要中点上面或下面30到40点处。当重要中点被穿越时，买入并持有到出现更高价格。当重要中点被跌穿时，做空并持有到出现更低价格。

价格高于或低于重要中点上面或下面40个点是主趋势改变的标志。但是当出现了围绕同一价位水平的几个顶部或底部，之后向下跌破10～15个点或向上穿越10～15个点，通常可以确认趋势已经改变。

规则6：10～14天的运行

当主趋势向上时，经过未超过10～14天的回调后主趋势恢复。只要两日图表上显示主

趋势向上，在 10 ~ 14 天的回调位买入一般是安全的。在下跌市场中反向应用这条规则。当两日图表显示主趋势向下时在 10 ~ 14 天的反弹中卖出。

记住，当市场在牛市的最后一段上涨非常迅速时，回调很少超过 2 ~ 3 天。因此，在 2 ~ 3 天的回调位买入是安全的。当市场一天内运行差不多 100 点时，这可能仅仅是最后一天的回调，在日内回调位买入是安全的。

当市场在熊市的最后阶段迅速下跌时，反弹很少有超过 2 ~ 3 天，上涨 100 点有时仅仅出现一天。这种情况下在两天的反弹位卖出是安全的。

规则 7：价格运行

牛市中的价格平均回调幅度在 100 ~ 125 点左右，正如两日图表上的形态，主趋势向上。当价格下滑了 100 ~ 125 点，遵循两日图表上行情变化操作，买入并将止损点设定其下 40 点处。

当主趋势下跌时，在 100 ~ 125 点的反弹位卖出，将止损设定在其上 30 ~ 40 点处。

只要你将止损点设定在波动图表上的两日或一日的底部，你可以不断买入。当你将止损点设定在波动图表上的两日或一日的顶部时不断卖出。

规则 8：快速活跃的市场和巨大成交量

当市场非常快速运行而且波动幅度相当大时每天成交量通常巨大。市场回调仅会持续 2 天左右，并且下跌运行不会超过 100 ~ 125 点。因此，在回调位买入非常安全。

将同样的规则应用到快速下跌的行情中，期间反弹会持续 1 到 2 天并运行 100 ~ 125 点。当市场非常疲软时，反弹可能只有 75 ~ 90 点。在行情相当弱的时候反弹不超过 100 点。当主趋势下跌时，在 1 ~ 2 天的反弹位和 75 至 90 点的回升位卖出。

第9节　应用案例

1948～1949年间10月鸡蛋期货应用案例

1949年

2月8日——低点45.60。主趋势反转向上。

3月31日——高点48.50。继续持有多头，直到有明确迹象出现时才卖出。

4月4日——低点47.30，下跌129个点。当主要趋势上升时，根据规则7买入。

5月16日——高点50.80。根据规则5平多做空，因为这个价格是1947年11月的低点43美分与1947年9月的高点58.55之间的中点或1/2位。平掉空头，在两日图表上的底部49.70买入，止损位设在它下面30点处。

6月1日——低点49.65，共下跌115个点。当主要趋势上升时，根据规则7买入。当价格穿越50.80时，继续加仓买入。

7月28日——高点53.40。平多做空，因为这是50.80和43美分之间的3/4点位，看空。

7月29日——低点52.65。

8月1日——当天反弹到53.10。

8月4日——低点52.25，下跌115点。因为主趋势依然向上，同时两日图表上的底部未被跌破，根据规则7买入。

8月16日——高点53.65。当第二波行情到达这水平时，在老顶部或3/4点位卖出。

8月24日——低点52.40。下跌115点。因为价格紧靠两个低点，根据规则7买入，止损点设定在它下面的40点处，这样不会被触发。当价格穿过53.70时，加仓买入。

最后的重要关口

经过一轮长期的上涨后，价格差不多总是在空头平仓后伴随一段快速上涨行情，股民变得乐观并持续买入。这种走势表明行情即将结束和趋势即将变化。这也适用于熊市中，特别是当价格位于非常高的水平位时，价格将有一段300到500点的快速下跌。

最后见顶信号：1949年9月

9月13日至10月鸡蛋期货高点56.40，自8月24日以来上涨390点，期间未出现过持续两天的回调，即两日图表并未反转。这是需要记录的信号，开始记录每天的剧烈回调。

9月15日——低点55.45，在2天内下跌95点，但是下跌没有超过8月16日到24日的行情。不过，这2天内的首次急剧下跌是你需要留意顶部和趋势变化信号。

9月19日——高点56.75，从9月15日低点起上涨了130点，但是仅仅比9月13日涨了35点。这是弱势信号，应该卖出并将止损点设定在老顶部支撑位上40点处。

9月20日——低点55.50，从极限高点下跌了125点，超出上次的下跌幅度，但还是未跌破9月15日的低点。

9月23日——高点56.30，在3天内仅仅上涨了80点，依然低于9月13日的高点。这是做空位，将止损点设定在其上56.75点处。

熊市的明确变化信号

自9月23日的高点到达之后，价格跌破9月15日和20日的低点，这是明确的下跌信号，因为自2月8日的低点45.60以来，2天的底部未被跌破30点。

当价格下跌至55.25，已经超过了10月鸡蛋期货从45.60上涨以来的所有前期回调幅度。这是熊市的第二个信号。

9月27日——低点54.20，从56.75起下跌了255点，大于1月24日到2月28日的215点跌幅，这是熊市的另外一个信号。

时间周期

牛市最后回调或熊市最后反弹或失去平衡对于确认趋势的变化非常重要。

从 8 月 16 日到 24 日下跌了 8 天。当这个行情被超过或失去平衡时，主趋势向下。

9 月 19 ~ 27 日——第一个下跌 8 天，作为 8 月的周期。从 9 月 27 日到 9 月 29，反弹 2 天，价格从 54.20 回升到 55.65，因为主趋势向下，使得 125 点的 2 日反弹变成卖出位。参考规则 8 和规则 7。

自 9 月 29 日的高点之后，下跌继续并且超过始于 9 月 19 日的 8 天周期，根据时间周期显示主趋势已遵循所有的规则向下。

如果你遵循规则 4，你将在 9 月 15 日和 20 日的底部 55.45 ~ 55.50 之间卖出，并将止损点设定在这些支撑的老底部上方 30 点处。

最后的上升波动

牛市中的最后上涨始终很重要。市场从 8 月 24 日的 52.50 到 9 月 19 日的 56.75，中点是 54.62。跌破这个水平下的 40 点即 54.22 是加仓卖出的指示，因为所有规则显示这是下跌趋势。

10 月 3 日——低点 52.10，低于 8 月所有低点，市场处于疲软的状态。

10 月 4 日——高点 53.40，价格一天内向上反弹 130 点，使之成为卖出水平。接着价格大幅低开。

10 月 6 日——在巨大的成交量中低点到达 49.90。为了判断低点位置将到何处，计算阻力位始终很重要。1947 年 9 月的高点是 58.55，低点是 1947 年 11 月 1 日的 43 美分；始于 43 美分的下一个重要高点是 1949 年 9 月 19 日的 56.75，因此最后两个极限高点的中点是 49.87，这是平空买入位。

10 月 10 日——高点 53 美分，这是自价格从 56.75 开始下跌来的最大幅度上涨。从 49.90 到 53 美分，中点 51.45。

10 月 11 日——低点 51.60，下跌了 140 个点但站稳在中点 51.45 上方，使之成为买入位。当价格穿越 53 美分时预示价格走高；当穿越 56.75 和 49.90 之间的中点 53.30 时，价格处于强势位。

10 月 14 日——10 月鸡蛋期货到达高点 54.50。市场收盘于 54.45，交易终止。最后所有的主力合约于 10 月 31 日在 53 美分/打协议平仓。

第 10 节　11 月鸡蛋期货

将所有规则应用到 11 月鸡蛋期货上，你将看到它们在两日图表上运行多么好以及利润是如何积累起来的。

1949 年走势

6 月 6 日——低点 48.80。

6 月 10 日——高点 49.70。

6 月 21 日——低点 48.40。

你已经知道 10 月鸡蛋期货的趋势正在上涨，因此，当 11 月鸡蛋期货在 11 天内达到 130 点时，是买进机会。上涨恢复后，行情在两日图上继续创出更高的价格。2 天的底部未被跌穿。

9 月 13 日——高点 53.50。

9 月 15 日——低点 52.45，下跌超过 100 个点。

9 月 19 日——高点 53.35，未到达 9 月 13 日的高点，而当时 10 月鸡蛋期货已经创出了更高的价格，这是做空 11 月鸡蛋期货的明确信号。在两日图表上 9 月 15 日的底部被击穿之后显示主趋势向下，价格持续下跌，期间未有超过 1 ~2 天的反弹，11 月鸡蛋期货比 10 月鸡蛋期货走势弱。

10 月 6 日——低点 46 美分，10 月鸡蛋期货下跌幅度更大。接着反弹 1 天。

10 月 7 日——高点 48.50，低于 10 月 4 日的高点和 6 月 21 日的低点，卖出并将止损设定在 10 月 4 日高点上。接着行情开始下跌，期间的反弹很小。由于主趋势向下，当低点 64 美分被跌破时应加仓卖出。

10 月 14 日——最后高点 47.25。接着是一次急剧的下跌。

10 月 21 日——低点 43.70。从 9 月 13 日的高点下跌 980 点。以 10 美分/打的价格幅度下跌的反弹时间是有限的；另一原因是 10 月鸡蛋期货 1948 年 9 月的低点是 43.85，使之成为反弹到 46 美分的支撑位。11 月鸡蛋期货必须上涨 250 点才能与最重要的反弹失去平衡并出现更高的价格。价格未能到达 10 月 6 日和 7 日的最低点 46 美分，这是弱势的信号。

10 月 26 日——低点 42.10，自 9 月 13 日的高点起下跌了 1140 点。当天反弹到 43.60，上涨了 150 点，成为卖出位。因为自 9 月 13 日以来 1 天或 2 天顶部从未被穿越过，表明主趋势仍然向下。

10月27日——低点41.85。市场在一天内反弹到43美分，上涨115点。基于规则7这是空头卖出位。

10月28日——低点42美分，比10月27日底部高，仅仅比10月26日低点低10点。创出同一水平附近的3天底部，买入并将止损点设定在极限低点41.85的下面30点处。10月28日出现低点42美分，价格在当天反弹到42.80美分，上涨了80点，但是仍然低于10月27日的高点43美分。当价格穿越43美分时，它们将位于一日和两日图表上的第一个波动顶部并预示价格走高。

10月6日——低点46美分；10月27日低点41.85美分。这两个底部的中点价格是43.92。6月21日低点48.40与41.85的中点价格是45.12。最大的上涨是从9月13日高点39.35到41.85是250点。将250点加到41.85上得到44.35，这是卖出观察位。从53.50到41.85价格下跌1165点，将1165点的1/4加41.85得到44.76，这是另一个卖出观察位。

最后1天的反弹出现在10月24日的45.70。这是最后波动顶部将被穿过以显示上升趋势。

6月21日到9月13日，11月鸡蛋期货的低点是48.40，高点是53.50。当9月15日价格击穿两日图表上的底部时，9月19日之前的两日图表底部都未曾被跌破过。然后主趋势向下。

从9月13日高点53.50到10月27日低点41.85，下跌了1165点，期间未出现过2天的反弹，甚至1天的顶部都未被穿越，显示主趋势向下，连续做空。

9月13日——高点53.50。9月15日低点52.40，下跌了两天。

9月16日——高点53.35，上涨一天。

9月27日——低点49.95。

9月29日——高点51美分，上涨两天。

10月3日——低点47.30。

10月4日——高点48.65，上涨一天。

10月6日——低点46。

10月7日——高点48.50，上涨一天。

10月13日——低点46.40。

10月14日——高点47.25，上涨一天。

10月21日——低点43.70。

10月24日——高点45.70，上涨一个交易日，价格回升200点。

10 月 27 日——低点 41.85。

10 月 28 日——高点 42.80，但是价格未穿越前期任何一天的顶部，主趋势未出现上涨信号。

10 月 21 ~ 24 日——价格在一天内反弹 200 点。因此，当价格从任何低位水平反弹超过 200 点，以及与最后的 200 点回升失去平衡时显得很重要。

9 月 13 ~ 10 月 27 日，出现 6 次持续 1 ~ 2 个交易日的反弹，但是仅在 9 月 27 ~ 29 日出现一次 2 个交易日的反弹。因此，当 11 月鸡蛋期货反弹超过 2 天并且收盘高于前期任何一天顶部时显得很重要，这是后市价格走高的信号。

不要凭空猜测，市场会告诉你一切

遵循这些规则，而不是试图去猜测市场何时见顶或见底。只根据规则和明确的指标进行买卖。让市场自身告诉你何时交易，并且始终使用建立在规则基础上的止损点，这样你一定会成功!

[W · D · 江恩于 1949 年 10 月 29 日]

第 11 节　鸡蛋期货的价格主方图和时间趋势

始于高点和低点正方形内的价格与时间的合理关联度对于确定买卖价位非常重要。这个主方图从深色粗线标记的 0 位开始连续穿越每个正方形，结束在标明 “EAST” 的 360 度和图表上的 3 月 20 日处。这个价格和时间开始于偶数的平方，2 的第一个平方是 4，4 的平方等于 16。依此类推，每个正方形以不同的颜色表示，以便你能看见任何一个方形的结束位，然后从 360 开始下一个正方形。我们使用 3 月 20 作为春季起点代替 1 月 1 日，即日历年的开始，原因在于这种方式对计算价格和时间的季节性趋势更加准确。

鸡蛋期货价格的最小波动单位为 5 点。在 4 的平方结尾价格是 80，在 14 的平方（即 196）结尾价格是 980。对于鸡蛋的最低点价格 $10\frac{3}{8}$来说，我们使用 1040 作为最接近的偶数数字。1040 位于 15 方图内第 12 行的 208 处（1040/5 = 208），但我们使用偶数平方价格，让其运行在 16 方图附近（16 的平方是 256）。

奇数平方结束于180度上的点，它们用不同方式标明，以便你观察奇数平方的结束点，3的平方是9，35的平方结束于1225，价格在6125。从180到380的所有价格位于偶数平方内，从0到180的所有价格处于奇数平方内。

在过去33年期间，曾有49个重要高低点水平，其中21个出现在奇数平方中，28个出现在偶数平方中。

正方形中低于价格的数字是从0开始的日、周和月运行周期，它们显示从0到任何价格波动的总数字。

例如，1040是从0开始的208个空间，而5×208＝1040。

10月鸡蛋期货最低点价格是1500，时间周期是300。最高点价格是5855，时间周期为1171，或按每5点递增的871个价格循环，也是从最低点1500开始的871个时间周期，871位于30平方内以及90°角度线的270上，12月21日成为阻力位，因为871在30平方的3/4上，270同样是360的3/4。

从10月鸡蛋期货的最低点1500启动的正方形，最高点价格5855出现在30的平方内871处，如果从零位开始的正方形，5855出现在以1296结束的36平方内，5855在35平方图的1162处，位于5月5日的45°角度线下方15点处。

使用重要角度22½度、45度、90度和180度。在完整的圆周或正方形内有8个45°角度线和16个22½角度线。最重要的角度是45，90和180度。这些位于360度圆里的自然角度，显示从零开始的正方形内的自然时间和价格阻力位。

使用的时间周期是从春季3月20日开始的季节性周期，仲春结束于5月5日，用深色45°角度线显示。从3月20日到4月22日的时间周期是22½，或45度角的½，5月27日是67½度，最接近夏季的开始时间。6月21日上显示90度角意味着夏天的开始，7月14日显示在112½或是从6月21开始的22½度。

8月5日是仲夏，这是45度角，也是从3月20日开始的135度。它是一年的3/8或圆的3/8。8月31日是157½度、是22½度的角度，即从8月5日到9月21日的1/2。

9月21日是秋季之始，即从3月20日开始的180度，这是一年或圆的1/2，也是正方形的1/2。

10月16日位于202½度，是从9月21开始的22½度。

11月8日位于225度，仲秋的开始，45度角，是一年或圆的5/8。

11月30日是247½度。是始于5月27日的180度和22½的角度。

12月21日是冬季开始的270，这是一年或圆的3/4。

1月13日是292½度，是从12月21日到2月4日的1/2，即22½度。

2 月 4 日是 315 度，始于仲冬的 45 度角，是一年的 7/8。

2 月 28 日是 337½度，从 2 月 4 日到 3 月 20 日的 1/2 是 22½度，到 3 月 20 日完成 360 度循环和 365 个日历日。

鸡蛋期货的基价

纽约和芝加哥较早的鸡蛋期货交易开始 1920 年，其基准价格是 12 美分/打，这是多年来的最低点价格。1880 年的低点为 14½美分，1888 年的高点为 32½美分，1896 低点为 7 美分，1897 低点为 7 美分，1899 高点为 20 美分，1900 低点为 12 美分，1919 高点为 73 美分。

最低点价格 7 美分位于 12 方图中的 45 度处，处在结束于 144 的 12 方图内 72 列的第 3 行 70 点处，同时位于 270 度，即 16 平方的 3/4 和一年的 3/4。这是自然的阻力位。1921 年 1 月，1 月合约卖出价 64 美分，这是所有期货合约最高卖出价，它位于 36 方图内，从 2 月 4 日的 45 度角上方算起仅仅 5 点，这是圆和正方形的 7/8，是自然阻力位。

1931 年 1 月里，1 月鸡蛋期货合约的价格是 10⅜美分，这是历史最低点。5 月 27 日当天 1040 价格位于 67½度。这个价格处于 15 奇数平方中从 0 开始的 208 时间周期上，同时也位于从 90 度角算起 15 点上。

10 月鸡蛋期货价格在 1932 年 5 月 28 日到达最低点 1500，11 月 8 日位于 225 的 45 度角上方 5 点处。这是圆和正方形的 5/8，是自然的阻力位。

1947 年 9 月 10 日，10 鸡蛋期货最高点 5855，它是 36 的方圆内，但是价格位于 15 方图的 1171 处，并且距离 45 度角 15 点，5 月 5 日，距离始于最低点 1500 的 45 度角仅 10 点，这是 180 度角或反向做空的自然卖出位。

5855 的高点后的下一极限低点是 3225。在 10 月 2 日，3225 在最高价位 64 美分的 1/2 的 25 点处，位于 11 月 30 日 247½的角度上。这是 22½度，价格 3225 处在始于 1200 的 45°角度线上。注意 3225 位于 26 的方图中 685 处，并且比 2 个 380 的方图少 75。此外 3225 是始于 10⅜的 45°角度线上，使之成为强大的支撑和买入位。

如何从高低点确定时间周期并获取阻力位

制作始于每个高低点的日、周、月图表时间周期，以便能确定未来的买卖价位。下面所列的高低点水平和方图中的位置显示了为什么价格在这些水平停留。

1037 在 15 平方内，位于 67½°角度线上的 208 处。

1200 在 16 平方内的 240 处，距离 90 度角 5 个点。

1275 在 16 平方内，距离 16 的平方结束位 5 个点，在 250 时间周期上。

1300 在 4 月 13 日的 22½角度线上。

1500 在 18 平方内的 45°角度线上。

1600 在 18 平方内的 320 处，在 2 月 28 日位于 347½°角度线上。

1750 在 19 平方内的 350 处，距离 112 度角 10 个点。

1875 在 20 平方内的 375 处，距离 247½度角的 10 个点。

1950 在 20 平方内的 390 处，2 月 4 日位于 45°角度线上 315 处。

2100 在 22 平方内的 420 处，距离 90 度角 5 个点。

2300 在 22 平方内的 460 处，距离 247½度角 10 个点。

2385 在 22 平方内的 467 处，位于 315 的 45 度角上方的 10 个点。

2425 在 24 平方内的 485 处，距离 3 月 2 日 0 度角上方 5 个点。

2550 在 24 平方内的 510 处，7 月 1 日位于 112½度角上方 5 个点。

2625 在 24 平方内的 525 处，位于 157½°角度线上。

2700 在 24 平方内的 540 处，11 月 8 日位于 145 度角上方 10 个点。

2750 在 24 平方内的 550 处，位于 247½度角上方 10 个点。

2950 在 26 平方内的 590 处，5 月位于 45 度角上方 5 个点。

3075 在 26 平方内的 615 处，8 月位于 45 度角上方 5 个点。

3160 在 26 平方内的 632 处，位于 202½度角上方 5 个点。

3225 在 26 平方内的 645 处，位于 2247½度角上方 6 个点。

3350 在 26 平方内的 670 处，2 月 28 日位于 337½度角。

3400 在 28 平方内的 680 处，4 月 12 日位于 0 角度和 22½角度的 1/2 位

3700 在 28 平方内的 740 处，11 月 8 日位于 202 及 45 度角的 1/2 之位。

3860 在 28 平方内的 772 处，2 月 4 日位于 45 度角上方的 5 个点。

4125 在 30 平方内的 825 处，8 月 5 日位于 45 度角和 112½之间的 1/2 位。

4225 在 30 平方内的 845 处，9 月 21 日位于 180 度角上方 15 个点。

4300 在 30 平方内的 860 处，11 月位于 45 度角上方 15 个点。

4375 在 30 平方内的 875 处，1 月 13 日位于 90 度角和 292½之间的 1/2 位。

4400 在 30 平方内的 880 处，位于 222½上面的 5 个点。

4450 在 30 平方内的 690 处，2 月 28 日位于 337½度角上方 15 个点。

4550 在 32 平方内的 910 处，4 月 12 日位于 22½度角上方 10 个点。

4600 在 32 平方内的 920 处，位于 45 度角和 67½之间的 1/2；5 月 27 日位于从低点 1040 开始 45°角度线上。

4650 在 32 平方内的 930 处，6 月 21 位于 90 度角上方 5 点。

4675 在 32 平方内的 935 处，位于 90 度角和 112½之间的½以及始于低点 1040 的 45°角度线上。

4700 在 32 平方内的 940 处，7 月 14 位于 112½度。

4720 在 32 平方内的 944 处，8 月 5 日位于 45 度角上方 15 个点。

4760 在 32 平方内的 950 处，位于 45 度角的 15 个点。

5000 在 32 平方内的 1000 处，1 月 12 位于 292½度的 5 个点。

5065 在 32 平方内的 1015 处，1 月 12 位于 45 度角和 337½之间的 1/2 位。

5170 在 34 平方内的 1035 处，位于 22½度的 10 个点，4 月 12 位于 3225 的 45 度角上。

5375 在 34 平方内的 1075 处，8 月 8 日位于 45 度角 5 个点。

5440 在 34 平方内的 1088 处，位于 180 度角上的 10 个点，9 月 21 日位于 34 的平方内的 5 点。

5475 在 34 平方内的 1095 处，距离始于 3225 的 45 度角上的 10 个点。

5600 在 34 平方内的 1120 处，位于 45 度角 5 个点和始于 1600 的 45°角度线。

5675 在 34 平方内的 1135 处，1 月 13 位于 292½度角的 15 个点。

5865 在 36 平方内的 1171 处，5 月 5 日位于 45 度角的 15 个点。

6400 在 36 平方内的 1280 处，2 月 4 日位于 45 度角的 5 个点。

1921 年 1 月 14 日，高点 6600 在 37 平方内，是 45 度和 67½的中点，时间是 1320。

从 1920 年到 1953 年时间周期为 33 年，总共有 49 个重要的顶部与底部。其中 21 个出现在 45°角度线上，24 个出现在 22½°角度线上，4 个出现在 90 和 180°角度线上，无论价格何时偏离都未超过真实自然角度 15 点。

以上这些都是数学上的证明。

第 12 节 行情为什么在价格高位运行加快

价格在高位水平之所以运行加快，原因在于，平方越来越大，角度之间的间距越来越宽，从而价格在短期内运行的距离更大。

例如，低点 1040 的第一个方图，往返到 1350 需要 310 个点，从 90°角度线到 45°角度线是 35 个点。从 1600 到 1950 经过了一个完整的平方需要 350 个点。从 3075 到 3595 的方图或往返需要 520 个点。在角度内 45 度等于 60 个点。

从 3225 到 3755 经过一个完整的方图需要 530 个点。

从 3720 到 4280 完成一个循环需要 560 个点。

从 4550 到 5170 是 620 个点。使得 85 点位于 0 和 45 度角之间，这就说明价格为什么能运行如此快速。

从 34 的平方结束点 5780 到 45°角度线是 90 个点。

从 5700 到 6400，一个循环是 700 点，运行到 45 度需要 80 个点。

1952 年 12 月 9 日，10 月鸡蛋期货低点是 4375。完成一个正方形或一个循环，增加 620 个点等于 360 度从而结束于 4985；4375 到 5190 需要增加 795 个点，按 1 度代表 5 个点算则增加 159 度；从 4955 到 5170 是 185 点，大于一个平方，5140 高于正方形的结束点位 90 点，5170 比一个循环多出 185 个点，5140 高于正方形的结束点位 90 点，并且 5170 比一个循环多 105 个点。

此外，5170 比一个循环或始于 5855 完整平方少 25 点。

从高点 5855 到低点 3225 下跌了 4½个正方形，3225 恰好处在始于 11 月 30 日 247½点的 22½°角度线上。

为什么 1952 年 7 月 12 日 10 月鸡蛋期货的高点是 5065

5065 正好处在始于 3225 的 180°角度线上面 5 个点，并且正好距离 2750 低点 180 度。1952 年 10 月 15 日 10 月鸡蛋期货卖出价在 3960 时，它处在始于 3225 的 180°角度线上，以及始于最高点 5065 的 45°角度线上。3860 位于始于 3400 的 90°角度线上，并且恰好位于始于5675的45角度线上。

1952年12月9日10月鸡蛋期货低点4375，处在始于1040的90°角度线和始于1950的45°角度线上。此外，始于270的45°角度线，正好在36方图的内部方形上。

内部方形上的高低点价格

1050、4375、3350、3400、4650、4625、2625、3160、3225。

从3360到5170需要1310点。这是2个方形并位于56½°角度线上方。

1920年9月21日高点5175到1953年3月21日时间390个月

1921年1月17日高点6400到1953年3月17日时间386个月

1931年1月30日低点1040到1953年3月30日时间266个月

1932年5月28日低点1500到1953年3月28日时间250个月

1933年3月2日低点1512到1953年4月2日时间241个月

1933年12月21日低点1300到1953年3月21日时间231个月

时间	周数	天数	高点	低点	1953年
1939年11月6日	76	330	2112	3675	3月8日
1947年9月10日	66	222	2008	5855	3月10日
1947年11月1日	64	279	1957	4300	3月1日
1948年6月14日	57	248	1734	537	3月14日
1948年9月20日	54	233	1642	4390	3月30日
1949年9月10日	66	182	1276	6576	3月10日
1950年10月2日	29	126	885	3225	3月2日
1951年3月4日	22	96	670	5475	3月4日
1951年7月10日	20	87	609	4760	3月10日
1951年9月4日	18	78	547	5470	3月4日
1951年12月27日	15	65	456	4560	3月27日
1952年2月14日	13	56	396	4125	3月14日

1952 年 3 月 31 日	12	52	366	4400	3 月 31 日
1952 年 5 月 16 日	10	43	304	4195	3 月 16 日
1952 年 7 月 21 日	8	35	243	5065	3 月 21 日
1952 年 10 月 16 日	3	13	90	3860	3 月 16 日
1952 年 12 月 9 日	3	13	90	4375	3 月 9 日

在拥有时间周期和高低点日期之后，你就能绘制始于时间周期的角度线以判断高低点何时会到达。下列指标计算出 10 月鸡蛋期货从 1953 年 3 月 10 日开始何时会到达卖出价 5170。

386 个月的时间周期位于 45°角度线上的 5135。266 个月位于 90°角度线上的 5165。250 个月位于 45°角度线上的 5136。341 个月和 45°角度线交叉于 5165。231 个月和 90°角度线交叉于 5100。76 个月和 90°角度线交叉于 5145。66 个月和 45°角度线交叉于 5180 角。64 个月和 45°角度线交叉于 5185。57 个月和 45°角度线交叉于 5180。54 个月和 5°角度线交叉于 5150。29 个月和 5°角度线交叉于 5110。22 个月和 45°角度线 5 交叉于 513。20 个月和 90°角度线交叉于 5135。18 个月和 22½°角度线交叉于 5160。15 个月和 45°角度线交叉于 8190。13 个月和 90°角度线交叉于 5115。12 个月和 90°角度线交叉于 5115。10 个月和 90°角度线交叉于 5125。8 个月和 90°角度线交叉于 5130。5 个月和 45°角度线交叉于 5200 和 5125。3 个月和 90°角度线交叉于 5120。从月时间周期开始的这些角度线显示了为什么在 1953 年 3 月 10 日价格是 5170。

下面分别是始于月、周、日时间周期的角度线。

从 1947 年 9 月 10 日开始的 66 个月，和 45°角度线交叉于 5180 和 5135，222 周和 90°角度线交叉于 5145。

从 1950 年 10 月 2 日开始 29 个月，和 90°角度线交叉于 5110 度，126 周和 22½°角度线交叉于 5165，885 日和 90°角度线交叉于 5035。

从 1952 年 2 月 15 日开始 12 个月，和 90°角度线交叉于 5115，56 周和 45°角度线交叉于 5190，395 日和 45°角度线交叉于 5130。

从 1952 年 5 月 16 日开始 10 个月，和 90°角度线交叉于 5125，43 周和 90°角度线交叉于 5140，304 日和 45°角度线交叉于 5175。

从 1952 年 7 月 21 日开始 5 个月，和 90°角度线交叉于 5125，17 周和 90°角度线交叉于 5125，121 日和 90°角度线交叉于 5130。

从 1952 年 12 月 9 日开始 3 个月，和 90°角度线交叉于 5120，13 周和 90°角度线交叉于 5115，90 日和 45°角度线交叉于 5139。

为了得到行情未来的走势，将月、周和日图表上的日期向前延伸，并用上述同样的方法推算出具体位置。使用主图表多研究与实践，将会让你获得更加准确的数值，同时你将会认识到其巨大的价值。

[W·D·江恩于1953年3月13日]

第13节　鸡蛋期货的价格和时间图表

图11-4中，鸡蛋期货价格变动的最小单位是5个点。每圈是360度，相当于72个每5度周期，对于鸡蛋期货和棉花期货则相当于5个点。

此图表基于季节性的趋势制作，起始于每年的3月21日零点，每15度经度以日历日期标明。每个360度圆上的一经度表示地球自转一圈是24小时。应用在小时图表上，在上面记录当天的高低点价格。

地球围绕太阳运行一圈即360度需要365¼天，这些自然角度和时间周期是基于地球和太阳的自然位置而定。

对于360度圆你不能忽略自然数平方。例如，第1个30度，1度是1的平方，4度是2的平方，9度是3的平方，16度是4的平方，25度是5的平方。

30°到60°的自然平方：6的平方是36，7的平方是49。

60°到90°的自然平方：64是8的平方，81是9的平方；

90°到120°是从圆里的自然正方形到三角形，自然数字是100：它是10的平方。

120°到150°之间的平方如下：121是11的平方，144是12的平方。

150°到180°之间的平方如下：13的平方是169。

180°到210°之间的平方如下：14的平方是196。

210°到240°之间的平方如下：15的平方是225。

240°到270°之间的平方如下：16的平方是256，对于时间变化和价格阻力位来说这非常重要。

270°到300°之间的平方如下：17的平方是289。

300°到330°之间的平方如下：8的平方是324。

330°到360°之间的平方如下：50的平方是2500。此外，在30度区域，60的平方是3600

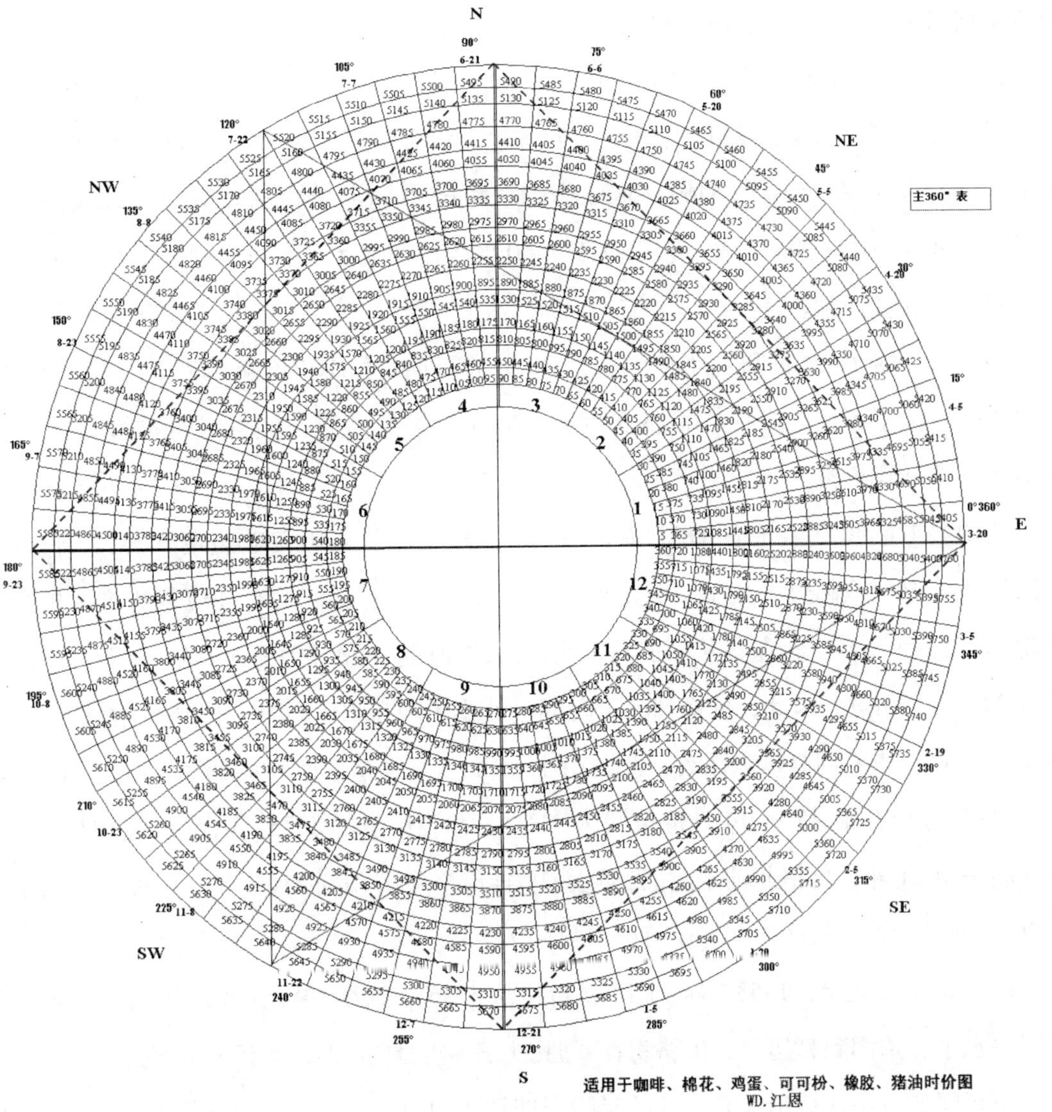

图 11–4

或位于 30 度上，即处于 12 宫和 360 度圆的结束位置。

你可以在圆的周围继续寻找平方。例如：20 的平方是 400，它比 360 多 40。因此，它是从 0 开始的 40 度。

45、90、135、180、225、270、315 和 360 度角度用深色标记。

120 度和 240 度的三角形用浅色标记。

此外 60°和 300°在浅色范围内。同时，15°和 30°以及它们的其他倍数角以粗线或角度显示。在黑色内显示全部时间周期。

鸡蛋期货上的所有重要的高点与低点都显示在这张图表上。低点价格以深色标记。高点价格以浅色标记。

对照前期的高低点价格，你能明白价格何时运行到与前期高低点价格相同的经度上，以及价格何时到达 90、120、180 等位置。

例如，10 月鸡蛋期货的最低卖出价是 1932 年 5 月 28 日的 1500。价格经度 60 度在 5 月 21 日出现。表明价格在距离自然角度 7 天发生。沿着这条线向外，在同一区域和相同的角度上你能看到 4740、5100、5460、5820、6180 和 6540 这些价格。当 10 月鸡蛋期货 1952 年 12 月 9 日的卖出价在 4375 时，它们位于 1500 的 5 度内或 5 个点内，同时落在第 9 个圆内或从 1500 开始的区间里。

1953 年的 4 月 13 日和 4 月 17 日，当 10 月鸡蛋期货的卖出价在 5275 时，它们距离 4375 是 180 度，位于 5 个点内或 1500 的 5 度内。对照过去的高低点价格用同样的方法比较高点价格和其他低点价格。

圆的 1/4 是 90°，1/3 是 120°，1/2 是 180°。4 月 17 日，10 月鸡蛋期货的卖出价是 5275，它们是 2 个 360°或超过了始于最低点 4375 的 1/2 或 180。180°的对冲位是最强大的阻力点，这就是在 5275 出现巨量抛售从而引起价格回调的原因。注意 5275 位于 11 月 22 日的 5°以内以及 240 的三角点，因此，价格超前于时间。对于出现在 1953 年 4 月 30 日附近的时间，价格将到 5075。查看周高低点图表，此图始于 1500 点，每个方格表示 25 点。图表在 1932 年 5 月 28 日从零位开始。7 月 14 日价格到达位于 45°角度线上的 5275。因此，从 1932 年 5 月 28 日算起是第 21 年，价格超前于时间，5 月 28 日价格应下跌到 5160 下面。对于时间来说，4 月 20 日前后价格将到达 50 美分/打，参见图 11-5。

在 360°圆图表上，1953 年 4 月 17 日价格从 5275 下跌至 5190，收盘价与上年 8 月 23 日在同一水平，追溯到日历日，价格将在 4 月 21 日 ~4 月 23 日跌至 5065 附近。

用相同的方法计算出未来全部的时间周期和压力位，并且研究过去记录，你将明白价格怎样如此完美遵循自然法则。当你在交易棉花、可可、猪油和橡胶这些商品期货的时候要使用同样的方法绘制此类图表。

一定要计算价格从最后的低点上升了多少点和多少度。当然，记录所有日、周、月的时间周期，以便你能够看清价格是如何遵循时间周期的。

例如，10 月鸡蛋期货从去年 12 月 9 日低点到 4 月 21 日经历了 90 个交易日，在正方形上方价格必定会高于 5275。由于 4 月 21 日收盘价收在始于 1 月 2 日低点 4475 的 45°角度线之下，所以价格将到达更低的位置。

参见周图表

周图表是基于每 1/8 英寸对应 30 点的刻度，或 30 点等于 1 周的时间，1953 年 4 月 18

10月鸡蛋—→1932年5月28日最低1500　1947年9月10日最高5855

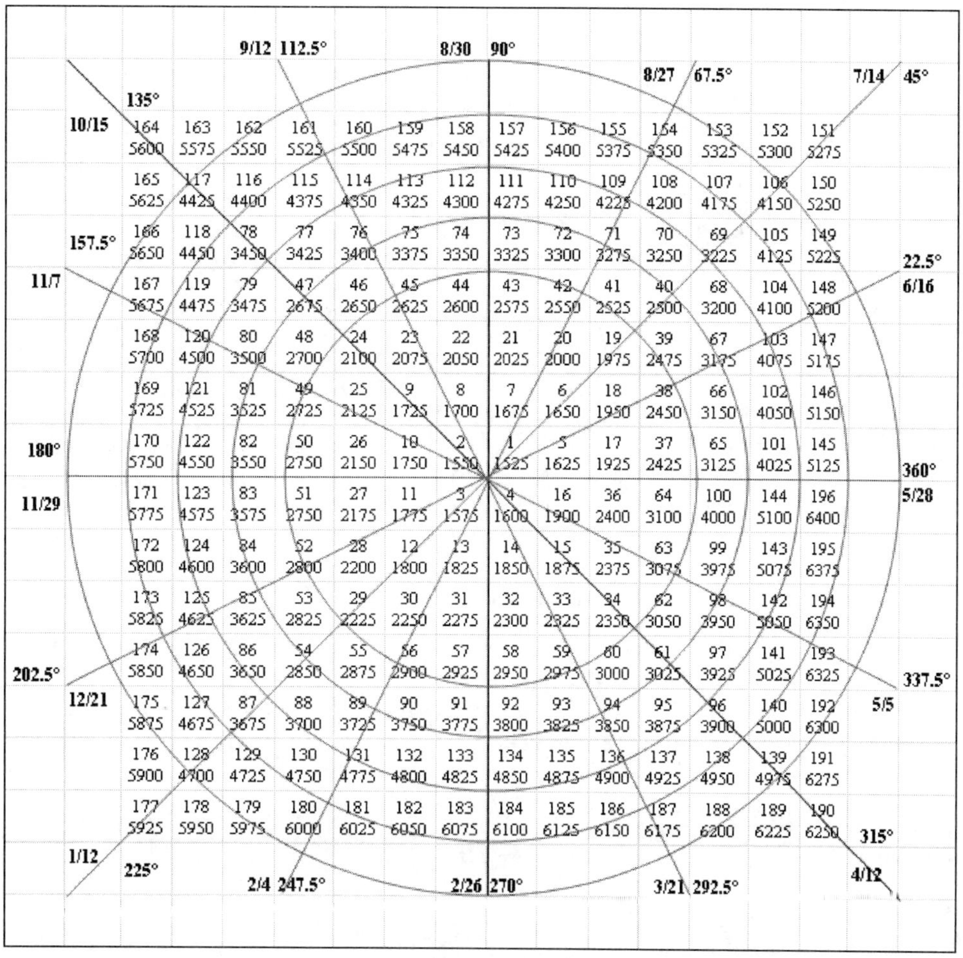

图 11-5

日位于图表上的 5855 的 1½正方形上。正方形结束于 4 月 18 日的原因在于价格快速跌破 4 月 17 日行情。在周图表鸡蛋期货基于 30 点或 25 点刻度，你要关注它在正方形结束位置，同时注意在几何角度线上高低点与幅度的方形结束的时间位置。此外，不要轻视价格和时间是如何处于自然数平方上的。

你要花更多的时间研究这些图表，研究和实践更多，获得的知识也会更多，那么你在对未来趋势的判断上也将会更加准确。

[W · D · 江恩于 1953 年 4 月 17 日]

第四篇

主计算图表及相关图表教程

Chapter 12
市场预测公式：价格时间和趋势数学主图表

第 1 节　概　述

为了方便看到图表上基于几何角度的时间和价格位置，我将这张用透明胶片制作的图表覆盖在日让大家、周和月高低点图表上和月图表上，这样便使计算变得快速、准确、简单，既节省时间又避免错误。

12 的平方对于测算时间周期很重要，因为一年有 12 个月。由于 144 的方形图已经包含了所有从 1 ~ 144 的平方数字。因此，对于测算行情时间和价格来说，这个正方形比任何其他正方形运用起来更为有效。由于 9 是最大的个位数字，所以这张图表被分成 9 个相等的部分以表示时间和价格。在日图表上 9 个空格相当于 9 天、9 周或 9 个月时间周期，在日高低点图表，谷物期货 9 等于 9 美分，股票是 9 个点，棉花期货是 90 个点。

144 方形图中一列包含 144。在谷物期货上相当于 144 美元，在股票上相当于 144 点或按 1/8 英寸表示 10 个点的比例，在棉花期货上相当于 1440 点。

144 主方图共包含 324 平方英寸，每平方英寸包含 64 个单位，共计 20736。由于 20736 周或月是大循环，所以其比例数字可用于测量时间和价格。

144 方图的大循环

这个正方形的时间周期是 20736 日、周或月。其 1/2 是 10368 日。1/4 是 5184 日。1/8

是 2592 日。1/16 是 1296 日。1/32 是 648 日。1/64 是 324 个日历日或交易日。1/128 是 162 日，1/256 是 81 日，即 9 的平方。

周时间周期

周周期的大循环是 2962 周零 2 天，其 1/2 是 1481 周零 1 天，1/4 是 740 周，1/8 是 370 周零 2 天，1/16 是 185 周零 1 天，1/32 是 92 周零 4 天，1/64 是 46 周零 2 天。

月时间周期

月周期的大循环是 681 个月零 23 天。其 1/2 是 28 年 9 个月零 23 天，1/4 是 14 年 5 个月零 8 天，1/8 是 7 年零 2½个月，1/16 是 43 个月零 7 天。因此通过测算始于主要高低点的周、月时间周期便可确定行情未来趋势。

主要数字

主要数字是指 3、5、7、9 和 12。数字 9 和它的倍数是最重要的，因为 1 ~ 9 个数字相加的总和为 45。其次最重要数字是 7，与其他数字相比，7 是《圣经》中多次提及的数字。一周包含 7 个日历日，即 5 个交易日，它们的倍数可以应用在日、周、月图表上。7 的平方是 49，这是非常重要的时间周期。7 平方的 2 倍是 98，7 平方的 3 倍是 147，7 平方的 4 倍是 196，196 同时也是 14 的平方。

再次重要数字是 1 ~ 9 之间的平衡数字 5。5 的平方是 25，5 平方的 2 倍是 50，仅仅比 7 的平方 49 多 1，使得 49 到 50 在趋势变化中显得极其重要。5 平方的 3 倍是 75，5 平方的 4 倍是 100，100 同时也是 10 的平方，对于趋势变化同样重要。

数字 3 是《圣经》中仅次于 7 的重要数字，因为 3×3 等于 9，即 3 的平方，它是第一个经平方后比它自己大的奇数。3 使用的范围极广。3×7 等于 21，3×5 等于 15，3×9 等于 27，3×12 等于 36，因为 36 是 6 的平方，所以显得很重要。

数字 12 也是《圣经》里多次提及的重要数字。耶稣只挑选了 12 个门徒；一年有 12 个月；黄道有 12 宫。在 144 正方形里 12 的倍数分别是：12、24、36、48、60、72、84、96、108、120、132 和 144。它们对于日、周和月的时间和价格极其关键。

至于数字 9，7×9 等于 63，63 显得至关重要，因为 8 的平方是 64，因此大约 63 到 64 年需要留意趋势的变化。7×12 是 84，非常重要，仅次于 84 的是 10×9，90 同时是圆的 1/4，是重要时间和价格变化点。下一个重要的是 9×12 等于 108 即 144 的 3/4 这也是关键的数字。

不要忽视 360 度圆与 144 的正方形之间的关系，圆的比例与 144 的比例相关。144 的2½倍等于 360，144 的 1¼倍等于 180，即 1/2 圆；144 的 5/8 等于 90，144 的 1/16 等于 9，1/8 是 18，3/8 是 27，1/4 是 36，5/16 是 45，它们对于确定阻力位以及时间和价格的变化非常重要。144 的 1/3 是 48，3/8 是 51，7/16 是 63，1/2 是 72，9 的平方是 81，是 144 的 9/16，5/8 是 90，11/16 是 99，3/4 是 108，13/16 是 117，7/8 是 126，144 的 15/16 是 135。这些都是 12 方图中非常重要的数字，当日、周和月时间周期到达主图表上这些价位时要特别留意。记住，你始终要观察日图表中第一个趋势变化指标，同时还要留意周图表或 7 天时间周期上价格位置。月图表的趋势变化指标对于主趋势的改变是最重要的。

3 和 5 的重要性

无论日图表、周图表还是月图表上，价格和时间的运行包含 3 个要素，即价格、时间和成交量。快速移动的锐角中几何角度线的斜率或走向显示时间是否正在影响和驱使价格上涨或下跌。价格、时间、成交量和速率这 4 个因素共同影响价格。时间是最重要的因素，因为随着时间的增加，成交量会加大，市场的速度或速率运行加快，角度线的倾斜度或走向会促使行情更快的上升或更快的下降。

在日、周和月高低点图表上还要考虑其他三个要点：最高价、最低价、高低价之和的 1/2，或波动幅度。

时间和价格五要素

这五个要素是最高价、最低价、高低点中点、开盘价和收盘价。通过收盘价来反映行情趋势，特别是市场非常活跃时。如果收盘价超过中点或接近高点，那么趋势上升。如果收盘价低于中点或接近低点，卖出多于买入，趋势下降，至少会暂时下降。结合时间和趋势计算主图表并且应用所有主要时间因素和几何角度线相关的规则来研制行情趋势。

时间和价格强阻力位

在使用144主方图的过程中，强阻力位是1/4、1/3、2/3、3/8、1/2、1/4、5/8、3/4、7/8及完全的144。

如果大部分角度线都穿越同一点位，那么对于价格和时间来说这是最强大的阻力位。

三角点位

三角点或深色角度线交叉点是最重要的。这些点是72，144，36，48，96，108. 还有144方图内的顶部和底部结束位。

144方图内的正方形

就时间和价格阻力位而言角度线穿过的正方形很重要。它们分别是36、45、54、63、72、90、108，以及144方图内顶部和底部结束。当价格位于36，时间周期以日、周、月表示时位于36，时间和价格成正方形，这对于观察趋势的变化很重要。通过144方图你能得到任意从1到144正方形。假如你想要得到72的正方形，在图表上你横移到72代表时间，上移72代表价格，这时价格和时间达到平衡或成正方形，它们位于45°角度线上以及主要价格、时间和趋势计算图表的中点上。

观察趋势变化位置

当时间周期位于144方图中的中点，或144方图中的1/3、2/3、1/4、3/4位时，趋势多在此出现转向。因此，你必须在行情到达最高点和次高点及最低点时观察方图，同时在行情的最低点和第二、第三个较高的底部到达时留意方图，找出与幅度成正方需要的时间并在主

144 方图上计算出成正方的位置。

例如，小麦的历史最低卖出价是 1852 年 3 月的 28 美分/蒲式耳。因此，每 28 个月将与最低价格成正方。小麦的历史最高卖出价是 1917 年 5 月 11 日出现，当时 5 月合约价格是 325。与最高价成正方需要 325 个月。5 月合约最低卖出价是 44 美分，时间与最低价成正方需要 44 个月。44 和 325 间的幅度 281 美分需要 281 个月，281 周或 281 天与此幅度成正方。浏览主图表你会看到 144 的 2 倍等于 288，因此要在 281 与 288 之间或第二个 144 主方图结束时留意趋势的变化。7×44（极限最低点）等于 308，因此，6½×44 等于 286，这是 144 方图内结束的两个位置，或第二个 144 方图内接近结束的数字，使得 286 成为观察趋势变化的重要时间周期。与 5 月小麦高点 325 成正方需要 2 个 144 零 37。因此，当时间在 144 主方图内到达 36 天，36 周或 36 个月时会遇到阻力，由于在 36 的时间周期上始于 72 的 45°角度线向下，这与内部正方形与价格比例图表上始于 36 的下降角度线交叉于 36 点。通过这种方法，你能看见主图表显示的时间和价格的阻力位与方形中最高点、最低点和涨跌幅度相关联。对于所有始于商品期货最高价、最低价，或高低价幅度的时间周期或股票平均时间周期或单只股票周期，你都能通过这种方式计算出。

当你学会浏览历史图表并计算相关数字，就能成功地使用时间、价格和趋势计算主图表。掌握正确的计算方法，最终你能证实这个计算主图表的无穷价值。

小时周期

当行情非常活跃且价格波动幅度很大时，记录小时高低点图表与记录日高低点图表是同样重要的，小时图表将会给出趋势的首次变化。

一天 24 小时，这样需要 6 天穿过 144，总共需要 864 天通过 144 方图。

目前除了假期外，所有交易所每周交易 5 天，大多数品种每天交易 5 个小时。因此，按每周 5 天和每天 5 小时的速率通过 144，将需要 28 天零 4 小时。谷物类期货的交易时间是每天 225 分钟，或 3. 75 小时，如果按每周 5 天和每天 3. 75 个小时的速率通过 144，将需要 38 天零 1½个小时。

年时间周期

如果要穿越 144 的平方（即 20736），需要 56 年 9 个月零 23 天，这是非常重要的时间周期。其次是其 1/2，即 28 年 5 个月零 8 天，再次是 1/4，即 14 年 2 个月零 19 天。14 年循环始终至关重要，因为它是由 2 个 7 年周期组成。14 年等于 168 个月，而 13 的平方是 169。因此，对于趋势的变化非常重要，这也是一个重要的时间阻力位。

这个重要年周期的 1/8 是 7 年 1 个月零 10 天，非常重要！1/16 是 42 个月零 20 天，1/32 是 21 个月零 10 天。1/32 也是重要的时间周期，因为它接近 22½个月，即 360°的 1/16。

9 个空间和 9 个时间周期

如果将图表 9 等分，就可得到 9 个价格阻力与时间阻力正方形，如前所述，在日、周、月图表上，每个空间相当于 9 美分。也就是说，每 1/8 英寸相当于 1 美分。对不同的商品使用不同的换算比例。

如果将图表 9 等分，得到每组为 16 的 9 组价格阻力与时间阻力正方形。如前所述，日图表上相当于 90 个点，周图表上相当于 135，月图表上相当于 270。以 20 点刻度计算则是 2880，9 个空间等于 180 点。

用浅色标注的角度线都始于 9 方图中。正方形内部绘制的 45°角度线始于 72，72 是 144 的 1/2。这些角度线始于 72、144 和 72。

用深色标明的直线是价格或时间的 144 方图的 1/3。

深色角度线

深色 2×1 角度线是指在 1 个时间周期内上升 2 格或 2 点的角度线。45 度下面的另外一条 1×2 角度线是 2 个时间周期内上升 1 格，或谷物类期货每天、每周、每月上升 1 美分/蒲式耳的角度线。这些始于顶部的 2×1 角度线每个时间周期以 2 个方格或 2 点的速率下降，或每个时间周期以 1/2 个方格或 1/2 点的速率下降。深色角度线和浅色角度线之间的距离决定了行情能上涨或下跌的幅度。

当行情进入内部正方形时，对于时间角度线和趋势的变化很重要，方形的位置告诉你进入后价格是上涨还是下跌。如果价格跌破正方形内部的始于高低点时间的 45°角度线，则显示市场疲软。

何时新建正方形

当日、周或月图表的时间周期已经运行了144时，你可以新建正方形。但是为了得到新建这个位置，你要把主方图移到144上，然后再将其放置在图表上，这样才能获得它在下一个正方形中的位置。

最强和最弱的点

在144方图中的角度线交叉点或互相平分的最大数字是最大阻力位。例如，25°角度线和2×1角度线互相交叉。

对照行情过去的运行轨迹加以研究并反复练习，通过使用主图表，你很快就能学会如何确定趋势。

如何使用144主方图

遵循主要预测教程中所给的关于角度线的全部规则。

将图表放置在日、周或月图表上底部或者0位上；或者将图表底部放置在低价位或高低价方图和波动幅度方图上，将会显示时间和价格在何处结束平衡。

当你在计算出极限高点的中位或幅度的中位时，将图表的顶部和底部都放置在中位上，你将会得到正确的位置与趋势。但是，如果你将中心点或72放置在价格中位上，你会得到正确的时间位置，并能观察到在144主方图上和始于72的内部方图上（重心在方图的1/2点上）价格与时间是怎样运行的。

日历日和交易日

对于任何图表，按每个时间单位向上移动一个空间。因此，它需要144个交易日或144

个日历日才能完成144方图。当价格超越正方形而进入另一个正方形时，趋势会发生变化，这张主图表上的时间周期和几何角度线会告诉你趋势将以哪种方式发生变化。

闰年的情况

通过计算时间周期来获得精确的天数和周数，闰年必须计算并单独列出。从1864年开始的闰年如下：1868、1872、1876、1880、1884、1888、1892、1896、1904、1908、1912、1916、1920、1924、1928、1932、1936、1940、1944、1948和1952年。

主方图上的价位

为了获得144主方图价位，将方图叠加在日、周或月图表上，然后从极限低点、极限高点，0位或幅度的1/2点位，或最高卖出价的1/2点位开始测算。你也可以把图表的顶部叠加在最高卖出价处。通过这种方法，你很快就能获得精确的时间和位置，或准确的角度。

将主图表叠加在1月能得到12年的时间周期，每月的时间周期可以用相同方式获得。

你应该能计算出所有始于重要高低点的时间周期以日、周和月时间，以便自己能在主图表上随时查阅。

通过这种方法，你能取得所有时间周期，这样就不用观察日、周和月时间周期了，你也能取得主图表上显示的价位和趋势。你还要计算始于每个重要顶部与底部的时间周期。

学会使用144主方图能减轻你的工作量，但是你必须练习学会如何计算所有时间周期，通过不断研究主方图，并学会如何运用它去获得准确的顶部与底部。只要你不断学习、努力工作并认真实践，就能获得可观的利润。至此我已尽亡之职，如果你勤学苦练，成功便指日可待。

第2节　如何在图表上叠加144主方图

为了能让你在任意日、周或月图表上获取正确价位，你必须将主方图准确地叠加在它们上面。始终将主方图叠加在你的图表底部，除非当你将其叠加在 72 或被标记底部“0”位时，才将其上移到更高价格上。

将主方图叠加在任意其他图表上的“0”位，或任意高低点同一时期上的低点。还可以将主方图叠加在 72，即 144 的 1/2 上或任何一个价格幅度的中点或最高卖出价的 1/2 上。

将主计算图表叠加在所有前期高低点上以便能预测趋势的变化并得到价格阻力位。不要忽视极限高低点价格。任何商品期货和股票历史最高卖出价的 1/2 或高低点幅度的 1/2 同样很重要！

第 3 节　时间周期和价格阻力

360°圆对于时间周期和价格阻力来说非常重要。首先，我们将圆 2 等分得到其 1/2，即 180°，它对于日、周或月时间周期及价格最为重要。其次，我们将圆 3 等分得到 120°、240°和 360°三角形的点位。再次，我们将圆 4 等分，可得到由 90°，180°，270°，360°组成最重要的正方形。

如果将圆 8 等分，可得到 45，90，135，180，225，270，315 和 360 共 8 个 45 度角度的空间。接着将圆 16 等分，可得到 22½度的角度。将圆 32 等分，可得到 11¼度及其倍数的角度和时间周期。将圆 64 等分，可得到 5⅝度及其倍数。

下表中数字相互间隔为 5⅝，在第一列中连续向下排列到 16 得到 90，即 1/4 圆，16 也是 64 的 1/4。这种横向显示的排列给出了数字相互之间的倍数，加粗的数字是最重要的一组。

圆的 64 分表

1. 5⅝	17. 95⅝	33. 185⅝	49. 275⅝
2. 11¼	18. 101¼	34. 191¼	50. 281¼
3. 16⅞	19. 106⅞	35. 196⅞	51. 286⅞
4. 22½	20. 112½	36. 202½	52. 292½
5. 28⅛	21. 118⅛	37. 208⅛	53. 298⅛
6. 33¾	22. 123¾	38. 213¾	54. 303¾
7. 39⅜	23. 129⅜	39. 219⅜	55. 309⅜
8. 45	24. 135	40. 225	56. 315
9. 50⅝	25. 140⅝	41. 230⅝	57. 320⅝

10. 56¼	26. 146¼	42. 236¼	58. 326¼
11. 61⅞	27. 151⅞	43. 241⅞	59. 331⅞
12. 67½	28. 157½	44. 247½	60. 337½
13. 73⅛	29. 163⅛	45. 253⅛	61. 343⅛
14. 78¾	30. 168¾	46. 258¾	62. 348¾
15. 84⅜	31. 174⅜	47. 264⅜	63. 354⅜
16. 90	32. 180	48. 270	64. 360

从 1 到 10 的平方是圆的重要角度，这些对于观察时间和价格阻力也很重要。这些平方数分别是：1、4、9、16、25、36、49、64、81、100、121、144、169、196、225、289、324、361，19 的平方是 361。

如果将圆 6 等分，我们可得到 60 和 300 这两个其他表格中未包含的阻力位和时间周期。

因为一年有 12 个月，所以将圆 12 等分也是非常重要的，这给出了准确的时间周期，下列角度在上述表格里未显示出来：30°、150°、210°、330°。

如果将圆 24 等分，可得出每分 15 度的经度，在时间上近似 15 天。因为一天有 24 个小时，地球每 24 小时自转一周，因此这些时间是十分重要的。下列是其他表格中未包含的角度：15°、75°、105°、165°、195°、285°、345°。

第 64 个圆的分表中从左到右横向显示的第 1 列到第 2 列之间的差值始终是 90 度。例如，第一列第 1 号的 5⅝和下一列 17 号是 95⅝，相差 90。对应的 33 号是从 95⅝加上 90 是 185⅝，对应的 49 号从 185⅝加 90 是 275⅝。

表中粗体数字表明第 1 列第 8 行是 45，下一个是 135、225 和 315，相互间隔 90 度。

第 1 列底部的 16 号对应 90，横向显示的是 180、270 和 360。所有这些数字与第 8 行的那组数字成 45 度，是最重要的时间和价格阻力位。

为了让你认识到圆内这些角度的重要性和价值，通过对高低点价格与时间周期，特别是周、月的时间周期进行检查，将会看到这些重要的角度上是如何完美运行的。

请记住，你必须要计算价格从极限低点或次级低点上涨了多少点（美分），或从极限高点或次级高点下跌了多少点（美分）。同时，还要计算行情价格高于或低于主要中点、或次级中点、或重心多少点（美分）。这样你将会发现，重要的中位点非常接近圆内这些自然角度。

例如，5 月大豆期货极限高点 436¾，极限低点 67，其中点是 251⅞。对照圆的 64 分表，你会发现 253⅛在第 45 号上，与中位点非常接近。下一个 436¾的 1/2 是 218⅜，第 39 号是 219⅜，非常接近这个自然阻力位。现货大豆的极限低点是 44，44 和 436¾之间的中点是 240⅜。240 是 2/3 圆或三角形点位，241⅞在圆内的第 43 号上。44 这个极限低点，仅仅比重要的阻力位45少1点。67是5月期货卖出价的最低点，只比67½的少1/2点，67½是0至90间距的48/64或3/4，67½也是45和90度的中位点，这就是5月大豆5年内在67～69之间创出更低的原因。这预示会出现大行情，在三个不同年度行情于67～69之间创出三重底部时候，紧跟行情操作。

接下来要考虑的时间周期点是1932年12月28日，这是5月大豆期货的低点。至1947年12月28日是15年或180个月，180是360度圆的1/2，使之成为非常重要的时间循环。5月大豆期货在1948年1月15日到达极限高点，仅超过15年循环18天。以同样的方法查阅所有其他时间周期和时间循环，你将发现它们在360度圆内运行是多么完美！

［W·D·江恩于1953年9月29日］

Chapter 13
主计算表在 5 月大豆期货的应用（上）

（1953 年 3 月版本）

谷物类期货和股票的价格刻度规则都是一样的。计算表上的左边刻度从 0 到 144。如果价格超过 144，你减去 144 然后重复原来的刻度。

例如，当 5 月大豆期货卖出价超过 288 时，这是从 0 开始的 2 个 144 方图，对任何重要的高低点时刻将主计算表设置在以 0 位替代 288 点上，这样在周或月图表上，你可以得到未来正确的位置和趋势。

在每一边从 0～4320 的刻度适用于棉花、鸡蛋和其他商品期货。棉花期货日图表上使用 10 点的比例，1440 位于图表顶部或上升的第 144 个空间。在周图表上，每 1/8 英寸代表 15 点价格刻度，在图表顶端是 2160 点，第二个正方形顶滞是 4320。在月图表上每 1/8 英寸代表 30 点价格刻度，计算表上的顶部 144 相当于价格 4320 点。

使用 20 点刻度则图表的顶部相当于 2880，72 点在第二个方图上方，72 点相当于 4320 点。

在正方形里找出价格位置是首要步骤。

例如，5 月大豆期货最高点是 436¾。3×144＝432，436¾位于第四个正方形内 4¾处。

大豆现货价的最低点是 44 美分。用最高点 436¾减去 44 美分，所得到的幅度值为 392¾，相当于 2 个 144 和 104¾。5 月大豆期货最低点为 67 美分。用最高点 436¾减去 67 美分为369¾，位于第三个正方形里的 81¾处。请注意 9×9＝81，这是非常重要的阻力位。

1948 年 1 月 15 日 5 月大豆期货最高点 436¾。1949 年 2 月 14 日价格从 235¼下跌到 201½低点。减去 144 得到 91¼，90 在第 2 正方形里面是强大的阻力位。

价格从 1949 年 2 月 14 日低点上升到 1951 年 2 月 6 日高点 344½共上涨了 143½，恰好在第一个 144 方图中，因此这是强大阻力位和卖出位。它位于 144 方图的顶部。

从 1932 年 12 月 28 日到 1951 年 12 月 15 日是 989 周。

从 1932 年 12 月 28 日到 1952 年 8 月 16 日是 1024 周。五月大豆期货高点是 314½。

从 1932 年 12 月 28 日到 1952 年 12 月 16 日是 1040 周。高点是 311。

从 1932 年 12 月 28 日到 1953 年 2 月 13 日是 1050 周。

从 1932 年 12 月 28 日到 1953 年 3 月 21 日是 1055 周。

从 1948 年 1 月 15 日到 1953 年 3 月 21 日是 270 周。这是日图表上 360 度圆的 3/4，也是第二个 144 方图的 7/8，因而它对于趋势变化非常重要。

为了得到 144 主方图上的价格，将 144 加上 67 得到 211，然后，211 加上 144 等于 355。这是结束于 1953 年 5 月 16 日的第五个正方形。这个正方形以深色标记在周图表上。

5 月大豆期货当前位置

从 1948 年 1 月 15 日到 1953 年 3 月 21 日是 270 周。从价格 44 开始到第二个 144 方图得到 332，从价格 67 开始 2 个 144 正方形就是 355。

从 1949 年 3 月低点 210 到 1953 年 3 月 19 日是 4 年。这是趋势变化的重要日期。

注意深色的 45°角度线从 1952 年 9 月 1 日的 332 跌穿 1952 年 3 月 14 日当周的 303½；从 436¾每周下跌 1/2 美分的 2×1 角度线穿过 303½；始于 1952 年 12 月高点 311 的 2×1 角度线在当周 3 月 21 日穿越 303½；因此交叉点 303½是阻力点及卖出位，同时将止损点设定在 307。

5 月大豆期货在 3 月 21 日当周跌破 299 将表明价格走低；跌到 295，它位于始于 1950 年 10 月 16 日低点 232½的 2×1 角度线下面。表明价格处于一个较弱的位置。始于 211 的 45 角度线在 1953 年 3 月 21 日当周穿越 296，如果大豆期货卖出价处于这个价位下，价格将处于更弱位置。

5 月大豆期货在月图表上的位置

始于重要顶部与底部的所有 45 角度线在这张图表中都被列出，始于 0 度的深色 45 角度线也被列出。

始于305的2×1角度线从1948年5月开始以每周2美分速率下跌，使这个价格变成阻力位；始于1948年1月高点的2×1角度线穿越307，使得304～305变成卖出位。月图表显示在1953年3月20日前后，当价格低于299和295时候，5月大豆期货将处在更弱的位置。

如果检查高低点月图表上和周图表上的所有时间周期，你将看到在3月16日和27日之间出现非常重要的趋势变化。

将主计算图表放置在月图表和周图表上最高与最低价上，你能看见如上所述的所有指标。当你开始练习使用主计算图表后，很快就能学会运用它，这样你可不必在你的图表上绘制几何角度线了。但无论如何，时间周期则应全部测算，同时你要确保你在以前的始于高低点的时间周期计算过程中没有出错。

5月大豆期货的日图表

从1953年2月13日的最低点280开始，45°角度线于3月16日到达300点，自收盘280以来价格再没突破这条角度线，如果首日收盘在这条角度线下面预示有一波下跌行情。从1952年12月2日的最后最高点311开始经历了72个交易日后，这条角度线于3月18日穿越302点。如果价格在3月16日收在299或更低，那么始于311的8×1角度线与始于80的45角度线在3月16日交叉于301将变得非常重要。

将主计算图表放置在日高低点图表上，你能正确得到所有精确价位。注意到1952年3月17日高点是302，价格在4月21日下跌到281。使得1953年3月17日对于趋势的变化很重要，因为从1952年12月2日的最高点311算起，到次年4月2日，时间周期是4个月，所以4月2日也是重要的。

［W·D·江恩于1953年3月14日］

Chapter 13
主计算表在5月大豆期货的应用（下）

（1955年版本）

所有谷物类期货和股票的价格刻度规则都是一样的。计算表上的左边刻度从0到144。如果价格超过144，减去144然后重复刻度。

例如，当5月大豆期货卖出价超过288时，这是从0开始的2个144方图，对任何重要的高低点时刻将主计算表设置在以0位替代288点上，在周或月图表上你可以得到未来的正确位置和趋势。

在每一边从0～4320的刻度适用于棉花，鸡蛋和其他商品期货。棉花期货日图表上使用10点的刻度，则1440位于图表顶部或上升的第144个空间。在周图表上每1/8英寸代表15点价格刻度，在图表顶端是2160点，第二个正方形是4320。在月图表上每1/8英寸代表30点价格刻度，计算表上的顶部144相当于价格4320点。

使用20点刻度则图表的顶部相当于2880，72点在第二个方图上方，72点相当于4320点。

在正方形里找出价格位置始终是首要步骤。

例如，5月大豆期货最高点是436¾。3×144＝432，436¾位于第四个正方形内4¾处。

大豆现货价的最低点是44美分。用最高点436¾减去44美分，所得到的幅度值为392¾，相当于2个144和104¾。5月大豆期货最低点为67美分。用最高点436¾减去67美分为369¾，位于第三个正方形里的81¾处。请注意9×9＝81，这是一个非常重要的阻力位。

1948年1月15日5月大豆期货最高点436¾。1949年2月14日价格从235¼下跌到201½低点。减去144得到91¼，90在第2正方形里面是强大的阻力位。

价格从1949年2月14日低点上升到1951年2月6日高点344½共上涨了143½，恰好在第一个144方图中，因此这是强大阻力位和卖出位。这个价格在144方图的顶部出现。

你应该始终记录重要的中位点，以便能将主计算图表放置在任何极限高低点的时间周期中位点上。436¾的1/2是218⅜，44和436¾的中点是240⅜，436¾和201½的中点是319⅛。用同样的方法计算其他中位点。

周时间周期

在图表计算从重要的顶部到底部、从底部到底部、从顶部到顶部的时间周期非常重要。

当你将计算图表放置到任何图表顶部或底部上时，就可以明显看出时间周期。

1948年5月高点到1949年2月14日，时间是38周。

1948年1月15日到1950年10月16日低点232½，时间143周。低点正好结束于第1个144正方形。

1948年5月到1950年10月16日，125周。

1948年1月到1951年2月高点344½，159周。

1948年5月到1951年2月6日，141周。

1948年1月到1951年7月9日，低点269，181周。

1948年5月到1951年7月9日，163周。

1948年5月到1951年12月10日，203周。

1948年5月到1951年12月10日，185周。

1948年1月到1951年8月13日，238周。

1951年2月6日到1951年8月13日，79周。

1952年8月13日到1953年2月13日，26周。

1949年2月14日到1950年10月16日，88周。

1949年2月14日到1950年2月6日，104周。

1949年2月14日到1951年7月9日，126周。

1949 年 2 月 14 日到 1951 年 12 月 10 日，148 周。

1949 年 2 月 14 日到 1952 年 8 月 13 日，183 周。

1949 年 2 月 14 日到 1953 年 2 月 13 日，209 周。

当时间周期超过 144 时，减去 144 并从第 2 个正方形开始。在第二正方形里，144 距离 209 是 65 点。

当然，你可以在主计算表中 65 的时间周期上查看到价格的位置。

将主计算表的顶部放置在 436¾上，你可以看到深色 2×1 角度线，它按每周 1/2 美分的速率下移，在 1953 年 3 月 7 日当周结束于 267 周。

从 1951 年 2 月 6 日高点 344½到 1953 年 3 月 7 日，时间 108 周。这是 54 的一半，角度线穿越 290½。

我们始终从底部按一定比例相加，或从顶部按一定比例相减。从低点 201½加上 90，结果是 291½。201½加上 96，其结果正好是 144 的 2/3，即 297½，这便是阻力位。如果从436¾减去 144，得到 292¾。

如果从 344 减去 144 的 1/3，即 48，可以得到 296，并将它作为阻力位。

5 月大豆期货当前位置

在周高低点图表上，将计算图表的底部 0 位叠加在 201 上，这样你将知道 1951 年 11 月 17 日是 144 周，且结束于 144 的第 1 个正方形内。然后向上移动计算图表，将它的底部或 0 位叠加放置在 201（1951 年 11 月 17 日第 1 个正方形结束处），你将发现，从 1949 年 2 月 14 日到 1953 年 3 月 7 日当周结束于 212 周，在 144 的第 2 个正方形里的时间是 68 周。在价格比例上 298 的价格是 96。96 是 144 的 2/3，在图表中用深线标示，它是阻力和卖出位。始于顶部的浅色 45 度角度线从 18 向上穿过 296。18 是 144 的 1/8。因此，当 5 月大豆期货的价格低于 296 时说明其处于较弱的位置。4 周后时间累计是 72 周，72 是 144 的 1/2。这对于趋势的变化很重要。

下一步将计算图表的底部 0 位叠加在 1950 年 10 月 16 日的低点 232½上，时间是 124 周，位于 144 的第一个正方形内，实际价格 300 按刻度位于 68 处，或者在 144 正方形内向上 68 处。两周后它将是 126 周，126 是 144 的 7/8，这对于趋势的变化很重要。当价格低于295时就处在始于232的深色2×1角度线下面，这是个更弱的位置。

1933年2月1日的低点280位于始于72的45度角度线上。这是正方形的中心，是非常强大和重要的点。价格上升48，即144的1/3，显示这是强大的阻力位和卖出点。从280到298上涨了18点，18是144的1/8，这是正常反弹。

进一步将计算图表叠加在1951年7月9日的低点269上，你会发现1953年3月7日在第85周上，价格297在始于269的3×1角度线上，295在浅线27上；始于72的2×1深色角度线穿越297，使得这成为阻力位。如果位于297下面将是更弱的点位。

接着将计算图表顶部叠加在1951年2月6日的顶部344½上，3月7日当周结束是108周，或144的2/3，这是趋势改变的时间指标。价格299位于99的价格浅线上，这是阻力位和卖出点。

再次将计算图表的顶部叠加在1952年8月13日的顶部314½上，时间是29周。始于144的2×1深色角度线，或314½顶部在3月7日当周穿越300点，使得这成为阻力位和卖出点。296½的价格是从高点314½下跌18美分即144的1/8，位于126线上。

1952年8月13日将72按价格刻度叠加在273上，273是201½与314½中位点，你会看到298位于96线上，96是144的2/3。始于126的45°角度线穿越299，使得这里成为卖出点。

将主计算表中的顶部叠加在1951年12月15日的最高价310上。1953年3月7日是第64周，这是8的平方。这条价格线是132线，132等于11×12，因此这条线对趋势的变化很重要。

始于0的位置

从1949年2月14日的低点201到1951年11月15日当周结束共耗费144周。这是144方图的结束，将计算图表的底部叠加在价格288上面，将是价格上升的2个方图，你将发现始于0的价位在1953年3月7日当周结束。价格297位于144的第3个正方形9点处，9是144的1/16。从144到0的深色2×1角度线穿越297，3周后将到达72即144的1/2处，对趋势变化很重要。

月图表指标

你在月图表上用相同的方法使用主计算图表得到时间和价格位置。

1932 年 12 月 28 日最低点 44。到 1953 年 3 月 28 日历经 243 个月。用第 2 个正方形里的 243 减去 144 得到 99。将主计算图表的底部 0 位分别叠加在价格 288 和时间 99 个月上，价格 299 位于第 3 个 144 方图第三个正方形的 9 点处。第二条浅色角度线出现在 99 上面，那么价格上涨 9 点，即 144 的 1/16。在主计算图表上始于 90 的 45 角度线与始于 108 的 45 角度线交叉于 299，使之成为阻力位或卖出位。

将主计算图表的底部 0 位叠加在价格 201 上。注意深色 2×1 角度线穿越 299，始于 344 的 45 角度线穿越 295。当价格低于 295 时，它处在更弱的位置。价格 296 在 96 线上，96 为 144 的 2/3。

1948 年 1 月 15 日到 1953 年 3 月 15 日是 62 个月。将主计算图表叠加在 436¾处。这将是经历 62 个月的时间周期到达价格 297，436¾减去 144 得 297。注意 63 这列，即 7×9 =63，位于 297 下面和 144 的第 2 个正方形里从 436¾下降角度线上，当价格下跌到 295 时，它将处在更弱的位置。

将计算图表 0 位叠加在 1939 年 7 月 27 日的最低点 67 美分上，到 1953 年 2 月 27 日是 163 个月，到 1953 年 3 月 27 日是 164 个月。假如我们将 67 加上 144，得到 211，作为第 1 个正方形价格的顶部。将计算图表 0 位叠加在 211，那么 164 在第 2 个 144 正方形内是 20 个月。注意始于 108 的 45 角度线穿越 299 使之成为卖出位。

1920 年 2 月 15 日高点 405 到 1953 年 2 月 15 日时间是 396 个月，跨越 2 个 144 正方形并位于在第 3 个正方形 108 处。将主计算图表分别叠加在 202½即 405 的 1/2 和 1953 年 2 月的 108 上，价格 298 是按 96 的刻度，即 144 的 2/3 换算的，这是阻力点。

将主计算图表叠加在 1951 年 2 月 6 日的 344½上，299 按价格刻度是 99，始于 72 的 45 角度线穿越 297 处。这是正方形核心和阻力位，当价格收盘价低于 296 时，它是更弱的位置，表明行情将进一步下跌。

要记住，每年的这时候价格可能反转或继续上涨，因此，应该将止损点设定在 299 上面的 3 美分即 302 处。如果 5 月大豆期货的价格下跌且收盘价低于 287，它将进入始于 0 位的第 2 个正方形中，位于更弱的位置。3 月 15 日之后，如果 5 月大豆期货的价格低于

286，它将运行到始于 1932 年 12 月 23 日 44 美分的 45 度角度线下面。

如果你对主计算图表持续练习，将其叠加在日、周、月图表的所有重要顶部、底部和中位点上，不久你将发现它运行的多么完美，同时你可以快速获取趋势指标！

［W·D·江恩于 1953 年 3 月 6 日］

Chapter 14
在周周期上用主计算图表确定股票和商品期货的趋势

第 1 节　概　述

主计算图表上显示了每 7 天的周时间周期，一年内共有 52 周。相当于 364 个日历日，因此在每年时要增加 1 天，7 年增加 7 天，重要的高低点价格日期出现前时间周期多出 1 周。每个闰年也要增加一天。假定你要得到 15 年的时间周期，共 15×365 天，再加上闰年的天数，然后你用总天数除以 7 就得到每 7 天的周时期数（请参考价格和时间周期表格）。

52 的平方是 2704，它是用来测量周、日、月、年或小时的数字。在使用日周期的过程中，需要 2704 天才能越过 52 的正方形。这就需要 386 周零 2 天，或约 7 年零 5 个月，非常接近于重要的 7½年循环，即 90 个月循环。

如果我们将时间单位用小时来衡量是 2704 正方形，用 2704 除以 24 得到 112⅔天，24 是地球自转一圈的小时数。

由 7 天的时间周期组成 52 的方图是测量价格和时间最重要方式之一。与任何其他数字相比较，7 是《圣经》里除 3 外多次被提及的数字。这些数字在价格和时间变化上的应用非常有价值。

从重要高低点价格的实际天数开始计算时间周期，而不从每个月的第一天或每年的第一天算起。

计算表中的宽度是 104 周，即 2 年。时间周期跨越表的底部，从左到右至 104，需要 2

年，至 208，需要 4 年。在计算图表的顶部从左边运行到 312，需要 6 年，至 416，需要 8 年，到 520 需要 10 年。

时间周期的划分

将一年按不同等分划分，时间周期如下：

1/8 年 = $6\frac{1}{2}$周
1/4 年 = 13 周
1/3 年 = 17 周
3/8 年 = $19\frac{1}{2}$周
1/2 年 = 26 周（最重要的时间和阻力位）
5/8 年 = $32\frac{1}{2}$周
2/3 年 = 35 周
3/4 年 = 39 周
7/8 年 = $45\frac{1}{2}$周
1 年 = 52 周

为了能使正方形达到平衡并显示价格与时间周期指示的趋势变化阻力位，对于价格和时间，从每个时间周期运行角度线。

时间和价格的第三维和第四维

我们知道三维空间由长度、宽度和高度构成，但是在市场运行中存在第四维或第四要素。用主计算表或 7 周和更长时间周期中 52 的正方形以及相似价格关系来证明第四维。7× 52 等于 364 周，或 7 年。

圆、三角形和正方形

360 度圆和 9 位数字是所有数学的计算基础。在圆内可放置一个正方形和三角形，除了内部圆和内部正方形外，也可以在圆的外部放置正方形和圆。这些足以证明市场运行中存在第 4 维。

价格

我们认为最重要的点位是：

1. 最低价格；
2. 最高价格；
3. 1/2 点，在极限最高点和极限最低点的中位点或平均值位。在主计算图表上，通过绘制出始于 1/2 点或重心（这是最重要的价格阻力位）的 45°角度线，我们得出第四维。
4. 成交量。这是驱使行情上涨或下跌的力量，但是要记住，时间是基本的因素，当时间结束时，成交量开始驱动市场上涨或下跌。

时间

我的将时间分为几段或几个周期，以便确定趋势的变化。

1. 日高低点价格；
2. 周高低点价格；
3. 月高低点价格；
4. 年高低点价格。

年和周周期对于趋势指标和趋势变化最为重要。

将日周期分成小时、分钟和秒。日可以分成四部分：日出、中午、日落和午夜。其中最重要的是中午，那时太阳与顶端垂直或成 90 度角，然后是午夜，它是中午的对冲位或与中午成 180 度角，同时与日落成 90 度角。

由于我们用 7 天时间周期制作计算表，所以 7 天的 1/2 或 3½对于趋势变化也很重要。始终要观察始于任何重要高低水平的第 3 天和第 4 天对于次级趋势变化的影响，因为后来它可能转化成主趋势。

7 天周期——始于任何重要高低点水平的 7 个公历日时间周期非常重要。14 天是最重要的周期，21 天即 3 周是次要的周期。回调经常持续 2 周，有时是 3 周，然后恢复主趋势。在熊市里经常是反弹持续 14 天，有时是 21 天，然后趋势恢复向下。

7 天的倍数——7 的平方即 49 天对于趋势的变化非常重要。你可以在第 42 天之后开始观察这种变化，但是第一种变化指标要到第 45 或第 46 天才发生，因为它们是一年或 365 天的 1/8。一年的 1/16 是 23 天。因此，46 天和 23 天的时间周期对趋势变化都很重要。

下一个重要时间段是 63 到 65 天，因为 7×9 等于 63，8 的平方是 64。9 的平方即 81 天也至关重要。90 至 91 天是一年的 1/4，7×13 = 91，这对趋势变化极其重要。再下一个重要时间段约是 182 天即一年的 1/2。

年周期

稍后将提及一年中的 4 个季节，即春、夏、秋、冬。它们对于观察趋势变化很重要，不过时间的划分是从实际重要的高低点价格的日期开始计算。

重要年周期是 1、2、3、5、7、9、10、12、14、15、18、20、21、22½、24、25、27、28、30、40、45、49、56、60、84，以及 90 年的大周期。我们把周期分成最重要的 1/2、1/8、1/3 和 2/3 时期，观察周期的这些比例部分以发现趋势的变化。例如：

大周期 90 年的划分

90 年等于 1080 个月；

1/2 是等于 45 年或 540 个月；

1/4 是等于 22½年或 270 个月；

1/8 是等于 11¼年或 135 个月；

1/16 是等于 5⅝年或 67½个月；

30 年周期或任何其他周期同样可以如此划分。

7 年的倍数——7 年的倍数或 84 个月的倍数对观察趋势变化更加重要。它们是 7、14、

21、28、35、42 年以及最重要的 49 年，49 是 7 的平方。下一个重要周期是 56 和 63，63 等于 7×9。81 是 9 的平方。

价格上也使用 7 的倍数。例如，2×49 = 98；2×63 = 126；2×81 = 162 等。

年度时间周期——三角形和正方形：当始于重要低点的 1/3 年周期，与始于另外重要顶部或者底部的 1/4 年或 1/2 年周期同时出现时，它们对于趋势变化至关重要。1/2 年时间周期始终是最重要的，它与最高售价的 1/2 及幅度的 1/2 价位成为阻力位同等重要。通过实践、研究和比较并将主计算图表叠加在周高低点图表上，你能看出价格和时间周期是如何运行的。

时间、价格、成交量、速度、斜率或趋势

当一个周期结束时，成交量增加，行情开始快速上升或快速下降。

最重要的 45 度角主要用来确定斜率或趋势，但是其他角度用来确定趋势。斜率或趋势是第 4 维，通过角度可以显示行情是否变慢还是变快，是否剧烈或者高于 45 度角或平缓，位于 45 度角下面将出现运行更慢的行情，如果稍后恢复到重要角度线上，斜率加大那么行情开始快速上升。所有这都在主计算图表或 52 的正方形上显而易见。

时间和价格成正方形或平衡的三种方式

1. 运用以周为单位测量与时间平衡时最低点价格以及与时间平衡时最高点价格。
2. 极限高点和极限低点之间价格总幅度的平衡。
3. 通过显示在 52 主方图表上的周时间周期与价格的平衡得到第 4 维。

价格刻度

价格按一定比例快速上涨或下跌到 104、208、312、416 和 520，最终与时间周期达到平衡。对于谷物类期货来说，这个比例为 4 美分/蒲式耳。对股票来说，这个比例是每股 1.00 美元。像时间周期一样将价格周期划分为 1/8 和 1/3。

棉花、咖啡、可可粉和鸡蛋的刻度——每1/8美分等于10个点。因此，对于棉花和其他商品期货在100到1美分内交易而言，52在价格上表示为520，104代表1040。

鸡蛋周高低点图表——鸡蛋期货交易最小单位为5点。我们在日高低点图表上使用每1/8英寸代表10点。经验证明，对于一周来讲适合用每1/8英寸代表25点。因此，对于鸡蛋期货来说，在计算表上的52格将表示1300或13美分；104指2600；156指3900；208指5200或52美分/打等。一年时间周期内得到价格幅度是13美分，它的1/2是6½美分，1/4是325，1/8是162。因此，如果你想得到超过26美分的阻力位价格，就在26美分基础上再加上6½美分，结果是32½美分。

所有这些都显示在图表上，它的有效持续期40年。你所要做的是横穿标记“1/2”的时间周期并取得每年内的确切日期。当时间从重要高点或低点算起是1/2或182天时，以同样的方法从图表上获得确切时间，你可以得到基于52方图的价格阻力点。

第2节　如何使用主计算图表

计算图表上的一列可表示一个月或者一年，计算图表在周高低点图表上的运用主要是为了确认趋势的变化。

如何在周图表上使用计算图表

将计算表的起点或“0”位叠加在任意价格的“0”位或最低点价格上，这样你可以看到角度线穿越到何处时阻力位会显示。

将计算图表的上高价格区标示“顶部”的位置叠加在被标记好精确日期的重要价格上，那么你能看到重要角度线上从顶往下的阻力点。

内部正方形或1/2点

将计算图表叠加在最高卖出价的1/2点位或高低点幅度的1/2点位。将标记为1/2或26

周的计算图表叠加在高低点在同一水平线的图表上。将计算表叠加到1/2点位和26周将显示出阻力位并可看出当前价格是否处于强势位或弱势位。

45°角度线的内部正方形

45°角度线的内部正方形从52的1/2即26开始上下运动。它穿过52的1/2即26。从“0”开始的上升45度角度线超越52和104，始于顶部或高位水平的下降45°角度线跌穿52并终止于“0”位。始于任何重要高低点的所有45°角度线穿越52的1/4、1/2、3/4等，此时时间和价格达到平衡。

最重要的时间周期

最重要的时间周期是始于重要高低点的日期和1、2、3年或更多周年纪念日。其次是每年的1/2；再次是每年的3/4或39周；最后是1/3位或2/3位（17周），35周也是趋变化的重要时间周期。

当你在计算周时间周期时，同时也必须考虑重要的3年循环、5年循环、7年循环、10年循环、15年循环即30年的1/2，20年循环即60年的1/3，以及30年即一个完整360个月周期。始于重要顶部和底部的较长时间周期，在其循环结束前行情会有大的差异，因为时间周期每年至少要增加一天，在闰年还要额外增加天数。

价格和时间周期表格显示了52周到一年内精确时间或364个公历日。通过计算闰年以及按每年增加一天速率，你就可以知道减去多长时间能对完整周期做出调整。

季节性时间周期

在计算季节性的时间周期过程中，我们不是从1月1日开始计算时间周期，而是从3月21日的春季开始计算时间周期。这些周期标明在图表里的1/8，1/3等处，参见图14-1。如下所示：

5月5日　　结束于　　1/8　　或始于3月21日的6½周

6 月 21 日	结束于	1/4	或始于 3 月 21 日的 13 周
7 月 23 日	结束于	1/3	或始于 3 月 21 日的 17 周
8 月 5 日	结束于	3/8	或始于 3 月 21 日的 19½周
9 月 22 日	结束于	1/2	或始于 3 月 21 日的 26 周
11 月 8 日	结束于	5/8	或始于 3 月 21 日的 32½周
11 月 22 日	结束于	2/3	或始于 3 月 21 日的 35 周
12 月 21 日	结束于	3/4	或始于 3 月 21 日的 39 周
2 月 4 日	结束于	7/8	或始于 3 月 21 日的 45½周
3 月 20 日	结束于	1 年	或始于 3 月 21 日的 52 周

时间周期的季节中期

它们是指 5 月 5 日、月 5 日、1 月 8 日、2 月 4 日。重要的趋势变化大约在这些季节中期发生，除了上述时间周期外，要留意其他所有重要趋势变化的时间周期。

时间周期和重要的高低点价格表格显示了顶部从 1 运行到 38 的数字。用确切的日期显示重要的时间周期，比如你想要查询第 7 年行情的运行情况，那么就上移到标记为“7”的那列上，然后下移到 1/2 位置。你将找到 7½年即 390 周依些方法你能找到其时间周期的行情情况。在同一条线上的任何价格都是重要的阻力点位。

对主计算图表进行研究、实践和实验，你将会认识到这些 7 的倍数的时间和价格周期是多么的有价值！

［W · D · 江恩于 1955 年 1 月 10 日］

周时间周期　　7天——1到30年

3月20日		1	2	3	4	5	6	7	8	9	10	11	12	13	14	15	16	17	18	19	20	21	22	23	24	25	26	27	28	29	30
5月5日	1/8	6	58	110	162	214	266	318	370	422	474	526	578	630	682	734	786	838	890	942	994	1046	1098	1150	1202	1254	1306	1358	1410	1462	1514
6月21日	1/4	13	65	117	169	221	273	325	377	429	481	533	585	637	689	741	793	845	897	949	1001	1053	1105	1157	1209	1261	1313	1365	1417	1469	1521
7月23日	1/3	17	69	121	173	225	277	329	381	433	485	537	589	641	693	745	797	849	901	953	1005	1057	1109	1161	1213	1265	1317	1369	1421	1473	1525
8月5日	3/8	19	71	123	175	227	279	331	383	435	487	539	591	643	695	747	799	851	903	955	1007	1059	1111	1163	1215	1267	1319	1371	1423	1475	1527
9月22日	1/2	26	78	130	182	234	286	338	390	442	494	546	598	650	702	754	806	858	910	962	1014	1066	1118	1170	1222	1274	1326	1378	1430	1482	1534
11月8日	5/8	32	84	136	188	240	292	344	396	448	500	552	604	656	708	760	812	864	916	968	1020	1072	1124	1176	1228	1280	1332	1384	1436	1488	1540
11月22日	2/3	35	87	139	191	243	295	347	399	451	503	555	607	659	711	763	815	867	919	971	1023	1075	1127	1179	1231	1283	1335	1387	1439	1491	1543
12月21日	3/4	39	91	143	195	247	299	351	403	455	507	559	611	663	715	767	819	871	923	975	1027	1079	1131	1183	1235	1287	1339	1391	1443	1495	1547
2月4日	7/8	45	97	149	201	253	305	357	409	461	513	565	617	669	721	773	825	877	929	981	1033	1085	1137	1189	1241	1293	1345	1397	1449	1501	1553
3月20日	1	52	104	156	208	260	312	364	416	468	520	572	624	676	728	780	832	884	936	988	1040	1092	1144	1196	1243	1301	1352	1404	1456	1508	1560

图 14-1

Chapter 15
5 月大豆现货和期货价

第 1 节　时间周期

1920 年 2 月 15 日～1954 年 11 月 4 日的时间周期

这些时间周期从 1 运行到 38。假定你想要取得 1/2 点位或始于任何重要高低点的 26 周，向下找到标记为“1/2”的列，横向得到始于任何高低点的 1/2 年或 26 周的所有时间周期。从 1 运行到 38 的时间如下：

8 月 19 日	6 月 29 日	4 月 2 日	10 月 14 日	4 月 17 日
1 月 25 日	6 月 19 日	2 月 8 日	3 月 11 日	4 月 14 日
7 月 31 日	4 月 25 日	4 月 25 日	7 月 19 日	8 月 18 日
11 月 22 日	4 月 9 日	5 月 24 日	8 月 13 日	9 月 26 日
2 月 20 日	5 月 24 日	6 月 29 日	11 月 10 日	4 月 13 日
8 月 12 日	1 月 7 日	6 月 7 日	10 月 25 日	2 月 12 日
8 月 17 日	10 月 20 日	2 月 18 日	10 月 31 日	11 月 20 日
1 月 25 日	3 月 25 日	5 月 2 日		

所有这些日期都是每年 1/2 的时间周期。

最重要的始于周年纪念日的时间周期

它们是时间表上从 1 ~ 38 的极限高低点的实际日期，如下所示：

2 月 15 日	12 月 28 日	10 月 5 日	4 月 10 日	10 月 20 日
7 月 27 日	12 月 20 日	8 月 10 日	9 月 13 日	10 月 17 日
1 月 27 日	10 月 28 日	1 月 15 日	2 月 14 日	5 月 20 日
10 月 9 日	11 月 26 日	2 月 9 日	3 月 24 日	8 月 24 日
11 月 16 日	12 月 28 日	5 月 8 日	10 月 16 日	2 月 8 日
7 月 9 日	12 月 10 日	4 月 21 日	8 月 14 日	2 月 13 日
4 月 16 日	8 月 20 日	4 月 27 日	5 月 18 日	7 月 27 日
9 月 27 日	11 月 4 日			

持续研究这些日期并观察高低点价格何时会围绕这些日期变化。

例如，假定你想查询 5 月大豆期货在 1954 年 11 月走势，首先找到高点或低点的实际日期。你可以查到 1948 年 11 月 26 日的高点是 276¾，以及 1949 年 11 月 16 日的低点是 220。其次再查询 1/2 的位置，1948 年 11 月 22 日、1950 年 11 月 10 日，以及 1954 年 11 月 20 日。然后在时间表里 1/8 位置那列可以发现 11 月 19 日、11 月 23 日、11 月 30 日，以及 11 月 12 日。下一步，时间周期的 1/4 位置是：11 月 11 日、11 月 23 日、11 月 15 日，以及 11 月 21 日。再一步是 1/3 的位置：11 月 27 日、11 月 9 日，以及 11 月 27 日。接着是 3/8 的位置：11 月 8 日、11 月 24 日、11 月 6 日。然后是 5/8 的位置：11 月 28 日、11 月 12 日；接下来是 2/3 的位置：11 月 26 日。3/4 的位置是：11 月 18 日、11 月 17 日、11 月 12 日、11 月 11 日、11 月 16 日；最后是 7/8 的位置：11 月 14 日、11 月 5 日、11 月 14 日。

大豆期货的周时间周期

1920 年 2 月 15 日 ~ 1954 年 11 月 4 日

始于不同高点和低点的所有时间周期显示在始于 1954 年 11 月 4 日开始下行的列上。高点在 11 月 4 日是 229，向下运行到 18 列；然后观察顶部的日期，你会看它到 18 位于 1949 年 2 月 9 日的低点 201 处。因此，299 是从“0”位上升到 201 的 45°角度线上。

为了得到当前上升到 1955 年 1 月 22 日当周结束时的价位，加上 11 周。即给 299 加上 11 得到 310。用同样的方法，将 11 与其他同列数字相加，这将获得当前数据。观察第 21 列，你将看见到 1954 年 11 月 4 日时间是 253 周。这 253 周是从 1949 年 12 月 28 日的最后低点算起。

到 1955 年 1 月 22 日当周结束时，加上 11 周，即 253+11=264，264 意味着在周图表上 45°角度线从“0”位上升穿越 264。这个角度每周上升 1 美分。因此，如果收盘价收在这条角度线之下时，行情将变得更弱预示价格走低。

最重要的时间循环是始于 1939 年 7 月 27 日低点 67。它在第 6 列下面。穿过第 6 列到 11 月 4 日的线下，你会发现时间是 797 周。加上 11 到达 1955 年 1 月 22 日得到 808 周。将其 2 等分、3 等分和 4 等分，可以获得最新的角度线。

用同样的方法找到其他所有时间周期。用时间表检查从 1 到 40 年运行的价格和时间阻力位。例如，5 月大豆期货最后高点是 1954 年 12 月 29 日的 285¼。286¼是价格幅度的1/2。查看表中 1/2 以下的位置，你会看到价格 286 位于 1/2 区域内，时间是 5½年。同一区域内的266¼是 5⅛年。你将发现始于时间和价格的阻力位在交易指标中会全部显示。

结合 52 的主方图研究价格和时间阻力位表格，你将看到我以往发现的这个最重要的价格和时间趋势指标。

1954 年 11 月～1955 年 1 月

11 月 4 日——高点 299，这是日高低点图表上信号日。注意价格刻度上的 299，你将发现它作为精确的阻力位出现在 5¾年，从 1949 年 2 月 9 日算起是 299 周。因此，时间和价格在始于“0”位 45°角度线上达到平衡，使之成为一个卖出位。

为什么 5 月大豆期货在 11 月 4 日创出高点？查看一下表格，你就能发现 5/8 位置或季节中期出现在 11 月 8 日，这对于趋势变化很重要。如果你将主计算图表的起点“0”位叠加在 5 月大豆期货 1949 年 2 月 14 日最后一个低点 201½上，可以发现这条角度线在 1954 年 11 月 6 日当周穿越 299，这就是为什么价格筑顶后反转向下的原因。

11 月 15 日——低点 282。从 299 下跌 17 美分到达 282，这是 1/3 年和精确的阻力位。

1953 年 8 月 20 日，五月大豆期货低点是 239½。注意 240⅜是 44 到 436¾之间幅度的 1/2位。在这日期上将主计算图表的“0”位叠加到 239½。这价格加上 52 得到 281½，这是时间周期顶部的第一年。从极限低点到 1954 年 11 月 20 日当周是 65 周或 1¼年，本周价格创出新低 282，次级趋势反转向上。

1954 年 4 月 27 日，五月大豆期货极限高点是 422。从 1953 年 8 月 20 日最低点算起上涨了1.82½美元/蒲式耳。182 等于 3½年，同时位于 3½的精确阻力位。4 月 27 日出现高点的原因是，从 1932 年 12 月 28 日算起是 1/3 年，最低点是 44 美分/蒲式耳，从 1939 年 7 月 27 日算起是3/4年，最高点是 67 美分。因此，时间周期和价格在精确的阻力位上出现。如果我们使用精确高点价格 422，等于 8 年，这时 416+6½=422½作为 1/8 位和自然阻力位。从 1954 年 4 月 27 日到 1954 年 11 月 6 日当周是 26 周或者 1/2 年，这是顶部价格在 299 的原因。

从 1954 年 9 月 27 日的最低点 265¾到 1954 年 12 月 30 日当周是 13 周或者 1/4 年，同时 12 月 28 日是周年纪念日日期，也是从 1932 年 12 月 28 日算起的 22 年，这对趋势的变化非常重要。5 月大豆期货在 1954 年 12 月 29 日最后反弹高点是 285¼，趋势再次反转向下。

1 月 15 日——我们认为下一个或最重要的极限高点出现在 1948 年 1 月 15 日。因此，到 1955 年 1 月 15 日结束是 7 年，或 364 周。在 7 年周期结束时价格可能会直上或直下。5 月大豆期货在 1955 年 1 月 17 日跌到 268½，这是筑底反弹位。

如何确认趋势的改变

计算从任何价格低点或次级低点下跌的每蒲式耳美分总数。计算极限高点或低点从“0”位上升的幅度，你将会发现价格出现在阻力位上，与计算表和时间价格表精确一致。

例如，1949 年 2 月 9 日，低点 201½。它从 435¾下跌了 234¼。如果你观看表格，你将看到 4 年等于 216 周，使之成为精确的阻力位或支撑位。下一步，考虑价格 201½，182 是 3½年；给 182 加上一年的 3/8，即 19½周，结果是 201½，视为阻力位和买入位。然后考虑 360°圆。它的 1/2 是 180°，加上 22½得到 202½。22½是 1/6 圆，是 45°的 1/2。1920 年高点在 405，这是 202½的 1/2。所有这些都表明支撑位和买入位处于 202½~201½之间。参考 1937 年 4 月 10 日的高点，你将发现它是 202½。因此那时价格恰好是卖出位，后来变成买入位。

5 月大豆现货和期货高低点价格

下面给出大豆的现货价格记录以便你通过检查它们来确定期货的年和月循环。

1913 年 11 月 15 日低点 154	1923 年 2 月 15 日高点 154	1930 年 6 月 15 日高点 216
1915 年 1 月 15 日高点 235	1923 年 10 月 15 日低点 209	1931 年 1 月 15 日高点 146
1915 年 10 月 15 日低点 138	1924 年 10 月 15 日低点 216	1931 年 11 月 15 日低点 15
1916 年 10 月 15 日低点 210	1925 年 2 月 15 日高点 264	1932 年 3 月 15 日高点 66
1917 年 10 月 15 日高点 257	1925 年 12 月 15 日低点 216	1932 年 12 月 28 日低点 44
1918 年 2 月 15 日高点 382	1926 年 1 月 15 日高点 238	1933 年 7 月 18 日高点 104
1919 年 3 月 15 日低点 292	1926 年 12 月 15 日低点 182	1933 年 10 月 15 日低点 68
1920 年 2 月 15 日高点 405	1927 年 6 月 15 日高点 220	1934 年 7 月 20 日高点 154
1921 年 2 月 15 日低点 217	1927 年 12 月 15 日低点 160	1934 年 11 月 15 日低点 89
1921 年 11 月 15 日高点 222	1928 年 6 月 15 日高点 213	1935 年 2 月 10 日高点 126
1921 年 12 月 15 日低点 218	1928 年 11 月 15 日低点 189	1935 年 10 月 15 日低点 68
1922 年 2 月 15 日高点 216	1929 年 7 月 15 日高点 246	1936 年 8 月 15 日高点 119
1922 年 10 月 15 日低点 189	1929 年 11 月 15 日低点 168	1936 年 9 月 20 日低点 110

上述数字来自于政府记录。它们仅在每月 15 日以现货价格报告。期货是从 1936 年 10 月 5 日开始上市交易。5 月大豆的当天最低点是 120。从这个日期起，所有未来的高低点价格都记录在时间表里。除使用这些现货卖出价得到期货周期外，你还能从这些表中查阅任何周时间周期。例如，1915 年 1 月 15 日到 1955 年 1 月 15 日是 40 年的循环。从 1925 年 2 月到 1955 年 2 月是 40 年的循环。从 1925 年 2 月到 1955 年 2 月是 30 年的循环，同时 30 年的循环结束于 1955 年 12 月的低点。

第 2 节　5 月大豆的现货和期货价格阻力位

当价格到达极限高点或极限低点价格时，在周时间周期和价格表上查询其位置。当价格从重要点位上涨或下跌时，仔细观察它位于什么样的阻力位上。

下面的表格给出两种情况：

（1）从低点或高点价格的上涨或下跌；

（2）高点或低点价格的位置。所有这些都覆盖了从 1920 年到 1954 年 11 月价格情况。今后当高低点价格到达时，用同样的方式关注价格阻力位，观察在同一时间的时间周期和时间阻力位。就像在例子中显示的。以这种方法你将获得时间和价格阻力位以及在主计算图表和时间价格周期表上显示趋势的变化。

1920 年	高点			美分数	7¾年
1932 年	低点	44	下跌	361	7/8 年和 7 年
1933 年	高点	104	上涨	60	2 年和 1⅛年
1933 年	低点	68	下跌	36	1½年和 2/3 年
1934 年	高点	154	上涨	86	3 年和 5/8 年
1934 年	低点	1989½	下跌	1964½	3/4 年和 1¼年
1935 年	高点	126	上涨	1936½	2½年和 2/3 年
1935 年	低点	68	下跌	58	1½年和 1⅞年
1936 年	高点	119	上涨	51	2⅓年和 1 年
1936 年	低点	110	下跌	10	2⅛年和 1/48 年
1937 年	高点	201½	上涨	1992½	3⅞年和 3/4 年
	从	68	上涨	134½	2⅝年
	从	44	上涨	158½	3 年
1939 年	低点	67	下跌	135½	1½年和 2⅝年
1939 年	高点	131½	上涨	1964½	2½年和 1¼年
1940 年	低点	69	下跌	1962½	1⅓年和 1¼年
1941 年 9 月	高点	202	上涨	133	3⅞年和 2½年
1941 年 10 月	低点	154½	下跌	1947½	3 年和 7/8 年
1942 年 1 月	高点	203½	上涨	1949½	3⅞年和 1 年
1942 年 10 月	低点	164	下跌	1939½	3⅛年和 3/4 年
1947 年 10 月	低点	334	上涨	170	6⅔年和 3¼年
1948 年 1 月	高点	436¾	上涨	102¾	8⅜年和 2 年
	从	164	上涨	272¾	5¼年
	从	44	上涨	392¾	7½年
	从	67	上涨	369¾	7⅛年
1948 年 2 日	低点	320½	下跌	116¼	3⅓年
1948 年 5 月	高点	425	上涨	104½	2 年
1948 年 10 月	低点	239	下跌	186	4⅝年和 3⅝年
	从	436¾	下跌	197¾	8¾ 年和 3¾年

1948 年 11 月	高点	276¾	上涨	1937¾	4⅝年和 3/4 年
1949 年 2 月	低点	201½	下跌	1975½	5⅓年和 1½年
	从	436¾	下跌	235½	5½年
	从	44	上涨	157½	3 年
	从	67	上涨	134½	2⅝年
1949 年 8 月	高点	243½	上涨	42	4⅔年和 3/4 年
1949 年 12 月	低点	224	下跌	2019½	4⅓年和 3/8 年
1950 年 5 月	高点	323½	下跌	1999½	7⅛年和 1⅛年
	从	201½	上涨	122	2⅓年
1950 年 10 月 16 日	低点	232½	下跌	91	4½年和 1¾年
1951 年 2 月	高点	344½	上涨	112	6⅝年和 2⅛年
	从	201½	上涨	143	2¾年
1951 年 7 月	低点	258½	下跌	76	5⅛年和 1½年
1951 年 12 月	高点	309¾	上涨	1941¼	6 年和 3/4 年
1952 年 4 月	低点	281	下跌	2028¾	5⅜年和 1/2 年
1952 年 8 月	高点	314¾	上涨	1933¾	6 年和 5/8 年
1953 年 2 月	低点	279¾	下跌	35	5⅜年和 2/3 年
4 月	高点	309	上涨	2029¼	6 年和 5/8 年
8 月	低点	239½	下跌	1969½	4⅝年和 1⅓年
	从	201½	上涨	38	3/4 年
	从	436¾	下跌	197¼	3¾年
1954 年 4 月 27 日	高点	422	上涨	182½	8⅛年和 3½年
	从	44	上涨	378	7¼年
	从	67	上涨	355	6⅞年
1954 年 5 月	低点	361	下跌	61	7 年和 1⅛年
7 月 22 日	低点	284½	下跌	137½	5½年和 2⅝年
7 月 27 日	高点	306¾	上涨	2022¼	5⅞年和 1/2 年
	从	422	下跌	115¼	2⅓年
9 月 27 日	低点	265¾	下跌	41	5⅛年和 3/4 年
11 月 4 日	高点	299	上涨	1933¼	5¾年和 5/8 年
	从	239½	上涨	159½	1⅛年

5 月大豆现货和期货始于重要高低点的时间周期

你将得到显示重要高点与低点价格的表，图 15-1。这些时间周期从 1 到 38 被标明。第一个时间周期从 1920 年 2 月 15 日高点 405 开始，下一个时间周期从 1932 年 12 月 28 日低点 44 美分开始。这是测量未来时间周期的最重要的两个时间点。

1936 年 10 月 5 日大豆期货开始交易。这些时间周期直至 1936 年 10 月 10 日当周结束。

从 1920 年 2 月 15 日到 1932 年 12 月 28 日当周，时间是 672 周。

从 1920 年 2 月 15 日到 1936 年 10 月 10 日当周，时间是 869 周。

从 1932 年 12 月 28 日到 1936 年 10 月 10 日当周，时间是 197 周。

下面是你增加上述数字得到的时间日期，如下所示：

1937 年 4 月 10 日，加上 26 周

1938 年 10 月 20 日，加上 80 周

1939 年 7 月 27 日，加上 40 周

1940 年 8 月 10 日，加上 33 周

1941 年 9 月 13 日，加上 57 周

1941 年 10 月 17 日，加上 5 周

1942 年 1 月 27 日，加上 15 周

1942 年 10 月 28 日，加上 39 周

大豆期货交易市场从 1943 年 1 月至 1947 年 7 月因战争停止。5 月大豆于 1947 年 10 月重新交易。

1947 年 10 月 28 日，加上 261 周

1948 年 1 月 15 日，加上 11 周

1948 年 2 月 14 日，加上 4 周

1948 年 5 月 20 日，加上 14 周

1948 年 10 月 9 日，加上 20 周

1948 年 11 月 26 日，加上 7 周

1949 年 2 月 9 日，加上 11 周

1949 年 3 月 24 日，加上 6 周

1949 年 8 月 24 日，加上 21 周

1949 年 11 月 16 日，加上 13 周

1949 年 12 月 26 日，加上 6 周

1950 年 5 月 8 日，加上 19 周

1950 年 10 月 16 日，加上 23 周

1951 年 2 月 8 日，加上 16 周

1951 年 7 月 9 日，加上 22 周

1951 年 12 月 10 日，加上 22 周

1952 年 4 月 21 日，加上 19 周
1952 年 8 月 14 日，加上 16 周
1953 年 2 月 13 日，加上 26 周
1953 年 4 月 16 日，加上 9 周
1953 年 8 月 20 日，加上 18 周
1954 年 4 月 27 日，加上 36 周
1954 年 5 月 18 日，加上 3 周
1954 年 7 月 27 日，加上 10 周
1954 年 9 月 27 日，加上 9 周
1954 年 11 月 4 日，加上 5 周

这样将计算提升到第 38 行。上述时间周期是在 11 月 4 日得到，日历周结束于 1954 年 11 月 6 日。

你要记录并考虑，从 1920 年 2 月 15 日、1932 年 12 月 28 日、1939 年 7 月 27 日、1948 年 1 月 15 日、1948 年 2 月 14 日和 1949 年 2 月 9 日的极限低点 201½算起的非常重要的最新总时间周期。下一个重要日期是，1950 年 10 月 16 日、1951 年 2 月 8 日、1953 年 2 月 15 日、1953 年 8 月 20 日、1954 年 4 月 27 日、1954 年 7 月 27 日。除上述重要时间周期外，其他时间周期都应该被安置到最新的周图表上。然后你可以观察时间表，看看时间是否位于 1/4、1/2、2/3、3/4 或整年周期上。

为了在时间表上确定阻力位，你必须计算从这些最高与最低点价格开始上涨或下跌总数。如果在周图表上放置计算图表，你能看见趋势变化和阻力位。请看下列例子：

1939 年 7 月 27 日，低点 67 美分。这是 5 月大豆期货曾经卖出的最低价。

1948 年 1 月 15 日高点 436¾，这是 5 月大豆期货曾经卖出的最高价。

从 1939 年 7 月 27 日到 1948 年 1 月 15 日，总时间周期是 3094 天，或 442 周。在周图表上从“0”位上升的 45°角度线穿越 442，价格到达 436¾时正好位于这条角度线下。这是时间和价格的平衡位。

从 1939 年 7 月 27 日到 1954 年 12 月 23 日，时间为 5628 天或 804 周。这是基于天的 84 个 64 方图，即 84×67＝5628 天，或基于周的 12 个 67 方图，即 12×67＝804 周。

为得到从“0”位以每周 1/4 美分速率上升的角度线，用 804 除以 4，得到 201；67＋268＝335，这是 4×1 的角度线在 1954 年 12 月 23 日穿越的位置。如果用 268 加上 67 的 1/4 即16¾，结果是 284¾的阻力位。将 804 周除以 3，得到 258。如果用 258 加上 22，可以得到 290，22 是 44 的 1/2，正好是大豆现货的极限低点。

第3节　5月大豆的日、周和月行情

在交易前，分析行情在日、周和月高低点图表上所处的位置。

5月大豆的日高点和低点

1954年

11月4日，高点299，信号日。然后趋势反转向下。

11月15日，价格处在始于265¾的2×1的角度线上，是支撑位和市场反弹位。

11月30日，高点292¼，收盘在始于295的2×1的角度线下面。次级趋势仍然向下。

12月7日，低点277，处在始于299的45°角度线和始于265¾年的4×1角度线上面。时间和价格达到平衡，预期反弹。

12月10日，高点283½，较低的顶部，处在始于292½的45°角度线下面。趋势仍然向下。

12月14日，低点274½，这是开盘跳空缺口。开盘和收盘价格再未出现低于这个价格的顶部，这是市场信号日，预示市场准备反弹。

注意10月6日的低点274，创出双底。

12月17日，高点280¼，收盘在始于292¼的45°角度线下面。

12月20日，低点276½，位于始于低点274½的2×1角度线上面，这是支撑和买入位。

12月21日，高点281。

12月23日，低点277¾，位于始于274½的2×1角度线上面，这是支撑位。

12月27日，开盘在278½，这是开盘新高价格。高点281½，收盘在281¼，这是表明后市价格更高的信号日。价格第一次收在始于299的2×1角度线上和始于265¾的4×1角度线上，预示行情上升。

由于1954年4月27日是5月大豆的高点，1954年7月27日为目前价格的高点，9月27日为目前价格的低点，这三个因素使12月27日成为重要的趋势变化日。日图表表明趋势在那个日期正反转向上。

12月28日，开盘在282½留下一个缺口。在上午12点钟价格未能低于开盘价或回解缺口，表明价格会更高。

12 月 29 日，开盘 285，最高 285¼，最低 282½，收盘 283，这是信号日，表明后市价格会更低。此后，从 1954 年 12 月 31 日到 1955 年 1 月 5 日主趋势继续向下。

当重要的时间周期耗尽且价格正好到达阻力位时，就要观察高低点图表上第一个趋势变化指标。在日图表上使用 90 的主方图获得趋势指标。

周高低点图表

1953 年 8 月 20 日，低点 239½。以每周上涨 1/2 美分的 2×1 角度线在 1954 年 12 月 18 日当周穿越 274½。价格在这条角度线上获得支撑，并且收盘在始于 285¾的 45°角度线上面，表明次级趋势向上。

1954 年 12 月 28 日，价格穿越前两周的顶部，上升到始于 306¾的 45°角度线上，在 12 月 29 日穿越 284½，与始于 299 的 1×2 角度线（以每周 2 美分速率下跌）交叉于 283。当周收盘价格 282 重返这些角度线下，同时位于价格中点 288¼下面，表明这是卖出位且后市价格将会走低。下跌行情持续到 1955 年 1 月 17 日。

月高低点图表

始于 1953 年 8 月 20 日低点 239½的 1×2 角度线（以每周 2 美分速率上升）在 1954 年 10 月穿越 267½，虽然盘中价格稍微低于这条角度线，但是收盘价却高于它，表明后市价格将会走得更高。

从 1932 年 12 月 28 日到 1954 年 12 月 28 日是 264 个月，因此，始于“0”位的 45°角度线穿越 264，给 264 加上极限最低点 44 的 1/2 即 22 得到 286，它是阻力位和卖出点。

1954 年 12 月 29 日对于趋势的变化很重要，因为它是新的月循环开始。从 1948 年 1 月 15 日到 1955 年 1 月 15 日是 7 年，因此是下一个重要的趋势变化周期。

月图表上始于 306¾的 1×4 下降角度线在 1951 年 1 月 20 日当月穿越 287。这表明虽然始于顶部的主趋势在下降，但是始于底部的主趋势却在上升。

根据上述数字，你可以观察到 5 月大豆期货如果跌破 268 和 264，行情将处于非常弱势中，意味着后市价格会大幅走低，尤其是它已经距离顶部近 7 年和距离 1920 年 2 月 15 日高点 405 是 35 年（5×7 = 35）时。

从 1939 年 7 月 27 日到 1955 年 1 月 6 日共 806 周，即 15½年，正如你在周价格周期表格上所看到的。从 1955 年 1 月 6 日运行到 1955 年 2 月 15 日这段时间周期对于趋势的变化至关重要。

当你准备交易 5 月大豆期货或者其他商品期货时，为了避免你犯错，确信你已经在日、周、月图表上绘制到目前为止所有最新的角度线和全部时间周期。

[W·D·江恩于 1955 年 1 月 24 日]

5月期货和现货始于高低点的周时间周期　　1年的1/8和1/3分法

高低点		1	2	3	4	5	6	7	8	9	10	11	12	13	14	15	16	17
		405	44	120	202-1/2	68-1/2	67	69	202	154-1/2	203-1/2	164	334	436-3/4	320-1/2	425	239	276-3/4
日期		1920年	1932年	1936年	1937年	1938年	1939年	1940年	1941年	1941年	1942年	1942年	1947年	1948年	1948年	1948年	1948年	1948年
3月20日		2月15日	12月28日	10月5日	4月10日	10月20日	7月27日	8月10日	9月13日	10月17日	1月27日	10月28日	10月28日	1月15日	2月14日	5月20日	10月9日	11月26日
5月5日	1/8	3月31日	2月11日	11月19日	5月27日	12月4日	9月12日	9月27日	10月29日	12月1日	3月12日	12月12日	12月12日	3月1日	3月30日	7月7日	11月23日	1月9日
6月21日	1/4	5月17日	3月27日	1月30日	7月13日	1月18日	10月28日	11月11日	12月12日	1月15日	4月27日	1月26日	1月26日	4月12日	5月16日	8月23日	1月7日	2月24日
7月25日	1/3	6月17日	4月27日	2月1日	8月13日	2月16日	11月27日	12月10日	1月1日	2月13日	5月28日	2月24日	2月24日	5月16日	6月16日	9月23日	2月4日	3月25日
8月5日	3/8	7月3日	5月13日	2月16日	8月29日	3月3日	12月11日	12月25日	1月26日	2月28日	6月12日	3月11日	3月11日	5月30日	7月2日	11月8日	2月20日	4月9日
9月22日	1/2	8月19日	6月29日	4月2日	10月14日	4月17日	1月25日	2月8日	3月11日	4月14日	7月31日	4月25日	4月25日	7月19日	8月18日	11月22日	4月9日	5月24日
11月8日	5/8	10月4日	8月15日	5月18日	11月28日	6月2日	3月9日	3月23日	4月25日	5月29日	9月14日	6月10日	6月10日	9月2日	10月3日	1月6日	5月22日	7月9日
11月22日	2/3	10月19日	8月31日	6月3日	12月12日	6月18日	3月24日	4月8日	5月12日	6月15日	9月30日	6月25日	6月26日	9月18日	10月18日	1月20日	6月7日	7月21日
12月21日	3/4	11月18日	9月30日	7月4日	1月11日	1月19日	4月24日	5月9日	6月12日	7月16日	10月30日	7月27日	7月27日	10月18日	11月17日	2月19日	7月8日	8月25日
2月4日	7/8	1月2日	11月14日	8月20日	2月24日	9月4日	6月10日	6月24日	7月28日	9月1日	12月14日	9月12日	9月12日	12月2日	1月1日	4月4日	8月24日	10月9日
3月20日	1年	2月15日	12月28日	10月5日	4月10日	10月20日	7月27日	8月10日	9月13日	10月17日	1月27日	10月28日	10月28日	1月15日	2月14日	5月20日	10月9日	11月26日

高低点		18	19	20	21	22	23	24	25	26	27	28	29	30	31	32	33	34
		201-1/2	210	220-1/2	224	323-1/2	232-1/2	344-1/2	288-1/2	309-3/4	291	314-3/4	279-3/4	309	239-1/2	422	361	306-3/4
日期		1949年	1949年	1949年	1949年	1950年	1950年	1951年	1951年	1951年	1952年	1952年	1953年	1953年	1953年	1954年	1954年	1954年
3月20日		2月9日	3月24日	11月16日	12月28日	5月8日	10月16日	2月8日	7月9日	12月10日	4月21日	8月14日	2月13日	4月16日	8月20日	4月27日	5月18日	7月27日
5月5日	1/8	3月25日	5月9日	12月29日	2月11日	4月28日	11月30日	3月24日	8月25日	1月23日	6月7日	10月1日	3月29日	6月3日	10月7日	6月13日	7月5日	9月12日
6月21日	1/4	5月11日	6月24日	2月14日	3月27日	6月25日	1月14日	5月10日	10月10日	3月10日	7月24日	11月15日	5月15日	7月19日	11月21日	7月31日	8月21日	10月28日
7月25日	1/3	6月11日	7月27日	3月15日	4月27日	8月11日	2月12日	6月10日	11月9日	4月8日	8月24日	12月14日	6月15日	8月19日	12月20日	8月31日	9月21日	11月27日
8月5日	3/8	6月27日	8月9日	3月20日	5月13日	9月11日	2月27日	6月26日	11月24日	4月22日	9月9日	12月29日	7月1日	9月17日	1月4日	9月15日	11月6日	12月11日
9月22日	1/2	8月13日	9月26日	5月24日	6月29日	11月10日	4月13日	8月12日	1月7日	6月7日	10月25日	2月12日	8月17日	10月20日	2月18日	10月31日	11月20日	1月25日
11月8日	5/8	10月28日	11月12日	6月29日	8月15日	12月25日	5月28日	9月26日	2月19日	7月23日	12月9日	3月27日	10月2日	12月4日	4月3日	12月15日	1月4日	3月9日
11月22日	2/3	10月13日	11月26日	7月11日	8月31日	1月9日	6月14日	10月12日	3月6日	8月4日	12月23日	4月12日	10月17日	12月18日	4月18日	12月30日	1月18日	3月24日
12月21日	3/4	11月12日	12月25日	8月15日	9月30日	2月7日	7月15日	11月11日	4月6日	9月5日	1月22日	5月13日	11月16日	1月17日	5月19日	1月28日	2月17日	4月24日
2月4日	7/8	12月26日	2月8日	9月29日	11月14日	3月23日	8月31日	12月25日	5月23日	10月23日	3月7日	6月28日	12月31日	3月2日	7月4日	3月13日	4月2日	6月10日
3月20日	1年	2月9日	3月24日	11月16日	12月28日	5月8日	10月16日	2月8日	7月9日	12月10日	4月21日	8月14日	2月13日	4月16日	8月20日	4月27日	5月18日	7月27日

1到40年的时间和价格周期

天	年	1	2	3	4	5	6	7	8	9	10	11	12	13	14	15	16	17	18	19	20
46	1/8	6-1/2	58-1/8	110-1/2	162-1/2	214-1/2	266-1/2	318-1/2	370-1/2	422-1/2	474-1/2	526-1/2	578-1/2	630-1/2	682-1/2	734-1/2	786-1/2	838-1/2	890-1/2	942-1/2	994-1/2
91	1/4	13	65	117	169	221	273	325	377	429	481	533	585	637	689	741	793	845	897	949	1001
121	1/3	17	69	121	173	225	277	329	381	433	485	537	589	641	693	745	797	849	901	953	1005
136	3/8	19-1/2	71-1/2	123-1/2	175-1/2	227-1/2	279-1/2	331-1/2	383-1/2	435-1/2	487-1/2	539-1/2	591-1/2	643-1/2	695-1/2	747-1/2	799-1/2	851-1/2	903-1/2	955-1/2	1007-1/2
182	1/2	26	78	130	182	234	286	338	390	442	494	546	598	650	702	754	806	858	910	962	1014
227	5/8	32-1/2	84-1/2	136-1/2	188-1/2	240-1/2	292-1/2	344-1/2	396-1/2	448-1/2	500-1/2	552-1/2	604-1/2	656-1/2	708-1/2	760-1/2	812-1/2	864-1/2	916-1/2	968-1/2	1020-1/2
242	2/3	35	87	139	191	243	295	347	399	451	503	555	607	659	711	763	815	867	919	971	1023
273	3/4	39	91	143	195	247	299	351	403	455	507	559	611	663	715	767	819	871	923	975	1027
319	7/8	45-1/2	97-1/2	149-1/2	201-1/2	253-1/2	305-1/2	357-1/2	409-1/2	461-1/2	513-1/2	565-1/2	617-1/2	669-1/2	721-1/2	773-1/2	825-1/2	877-1/2	929-1/2	981-1/2	1033-1/2
365	1年	52	104	156	208	260	312	364	416	468	520	572	624	676	728	780	832	884	936	988	1040

天	年	21	22	23	24	25	26	27	28	29	30	31	32	33	34	37	38	39	40
46	1/8	1046-1/2	1098-1/2	1150-1/2	1202-1/2	1254-1/2	1306-1/2	1358-1/2	1410-1/2	1462-1/2	1514-1/2	1566-1/2	1618-1/2	1670-1/2	1722-1/2	1878-1/2	1930-1/2	1982-1/2	2034-1/2
91	1/4	1053	1105	1157	1209	1261	1313	1365	1417	1469	1521	1573	1625	1677	1729	1885	1937	1989	2041
121	1/3	1057	1109	1161	1213	1265	1317	1369	1421	1473	1525	1577	1629	1681	1733	1889	1941	1993	2045
136	3/8	1059-1/2	1111-1/2	1163-1/2	1215-1/2	1267-1/2	1319-1/2	1371-1/2	1423-1/2	1475-1/2	1527-1/2	1579-1/2	1631-1/2	1683-1/2	1735-1/2	1891-1/2	1943-1/2	1995-1/2	2047-1/2
182	1/2	1066	1118	1170	1222	1274	1326	1378	1430	1482	1534	1586	1638	1690	1742	1898	1950	2002	2054
227	5/8	1072-1/2	1124-1/2	1176-1/2	1228-1/2	1280-1/2	1332-1/2	1384-1/2	1436-1/2	1488-1/2	1540-1/2	1592-1/2	1644-1/2	1696-1/2	1748-1/2	1904-1/2	1956-1/2	2008-1/2	2060-1/2
242	2/3	1075	1127	1179	1231	1283	1335	1387	1439	1491	1543	1595	1647	1699	1751	1907	1959	2011	2063
273	3/4	1079	1131	1183	1235	1287	1339	1391	1443	1495	1547	1599	1651	1703	1755	1911	1963	2015	2067
319	7/8	1085-1/2	1137-1/2	1189-1/2	1241-1/2	1293-1/2	1345-1/2	1397-1/2	1449-1/2	1501-1/2	1553-1/2	1605-1/2	1657-1/2	1709-1/2	1761-1/2	1917-1/2	1969-1/2	2021-1/2	2073-1/2
365	1年	1092	1144	1196	1248	1300	1352	1404	1456	1508	1560	1612	1664	1716	1768	1924	1976	2028	2080

图 15-1

Chapter 16
5 月大豆期货日、周和月时间周期的 67 方图

1939 年 7 月 27 日，5 月大豆期货历史最低价是 67 美分/蒲式耳，因此，这个价格的正方或平衡是 67 天、67 周或 67 个月。图 16-1 为 67 方图，以便你能将它放置在日、周和月高低点图表上，然后观察基于时间和价格的平方位置及其阻力位。这个正方形显示了价格 67 平方的 1/8、1/4、1/3、3/8、1/2、5/8、2/3、3/4、7/8、8/8 阻力位。在从左到右的图表顶底的时间周期也被分成 1/8、1/3 和 2/3 段。67 的第一个完整的循环或第一个正方形标注为 1，依次增加到第 12 个正方形。价格周期用相同的方式标明。你会注意到 5 月大豆期货的最高价 436¾位于正方形里的 1/2 位。它处于始于“0”位的第 7 个正方形和 6½个价格正方形内，从 67 到 436¾总共增加了 369¾，而 5½×67 正好是 368½。当市场到达一个极限高点或极限低点价格时，有一点很重要，即检查时间周期并观察价格和时间如何在角度线和正方形里运行。

从 1939 年 7 月 27 日到 1948 年 1 月 27 日是 102 个月。跨越了一个 67 的方图并位于第二个方图的 35 处。将 35 移到价格 436 上面，你会发现，1½个时间周期除了位于始于 0 位的上升 45 度角度线外还处在正方形中点上方，这就使之成为基于时间和价格的阻力点和卖出位。

从 1939 年 7 月 27 日到 1948 年 1 月 15 日是 3095 天，这是 442 周零 1 天。402 是 6 个 67 正方，加上 42 后出现在第 7 个正方形中，42 是 67 的 5/8，价格 436¾在 6½个 67 方形图中。这个价格等于 180 度，是强大的阻力点，时间周期等于 225 度，也是强大的阻力点，436¾是卖出做空位，将止损点设定在 440。

在时间上需要 4489 天才能形成 67 的正方形。这个时期终止于 1951 年 1 月 10 日。在那时注意 5 月大豆期货和其他大豆合约的价位，你将会看到时间周期和价格协调一致！

4489 天合计 641 周零 2 天。注意 637 是 9½×67，641 超出正方形中点 4 周。

从 1939 年 7 月 7 日到 1953 年 2 月 5 日是 706 周。注意 670 是 10 个 67 方形。加上 36 周后得到 706，出现在第 11 个正方形里。沿着第 36 行向上延伸到价格区域，45°角度线上出现价格 304。在价位 292 做空 5 月大豆期货。注意 292 在第 5 个 67 方形的 3/8 阻力点。由于它们位于时间周期下面，因此处在弱势位置。

时间周期恰好超过正方形的 1/2。注意 10½个 67 方形是 703½周，对价格而言是强势位，因此它必然超过 304。

2 月 6 日，5 月大豆期货下跌到 385¼。注意 385¼是 67 平方的 1/4，它是除了 67 的第 4 个完整方形 268 之外的次级阻力位。

从 1939 年 7 月 27 日到 1953 年 2 月 5 日是 4942 天。这是 73 个 67 方形零 51 天。换句话说，日历时间周期位于第 74 个正方形的 51 天上。注意 50 天是 64 方形的 3/4，2 月 4 日是正方形的 50 天，或 3/4 点。2 月 4 日收盘价格 292 位于 3/8 位置。日图表上显示价格疲软，主趋势向下。因此，在月、周和日图表上清楚显示主趋势沿着基于 67 正方形里的位置下跌。注意日图表上始于 1939 年 7 月 27 日的第 74 个正方形将在 2 月 21 日结束。因此这是留意次级趋势变化的重要日期。假定价格在 276，这是正方形的 1/8，即第 4 个正方形结束于 268，它对于支撑和反弹很重要。

1920 年 2 月 15 日大豆现货高点在 405，到 1953 年 2 月 15 日将是 396 个月。注意 395 是 67 的 5⅞，即在第 6 个正方形中。20 的平方是 400 个月始终非常重要。因此，1953 年 6 月 15 日将是 20 的平方的结束，对于 7 月或 11 月大豆合约趋势而言是重要的变化。

1932 年 12 月 28 日大豆现货低点 44 美分，此价格我们使用 44 的平方。到 1952 年 12 月 28 日是 20 年的周期，即 240 个月。从极端低点到 1953 年 2 月 28 日是 242 个月。注意 242 是 5½个 44 方形，时间上显示这是强大的阻力位，286 是 6½个 44 方形。因此，当 2 月 6 日卖出价在 285¼时，它位于价格的中点与时间的中点上，这是导致其快速下跌的原因。第 6 个正方形结束于 264，第 7 个 44 方形 1/4 的点是 276。自从 2 月价格到达 44 的正方形时间中点和第 5 个正方形价格中点后未再涨到原价上面并跌至 3/4 下，这时第 7 个 44 方形的 2/3，即 293 与 44 方形的 3/4 即 296 这两个数字始终显得很重要。44 和 67 的方形都能用来确定时间和价格阻力位。也能用 144 的主计算表和正方形。

将图表叠加在日、周、月图表上，在正方形中你能得到准确的位置，并清晰看出价格何时处于强弱位。常年研究和计算自然数字的正方形，以及价格高低点与幅度的正方形，对于确定主要与次要趋势变化极其重要。

要继续根据价格阻力位检查这些时间周期，对于大豆期货你将会更熟练使用 44、67 和

144 正方形图。

你也可以使用时间和价格周期 144 的主平方图，通过将其叠加在图表上你能得到任何从 1 到 144 的正方形。144 的主平方图能给予价格和趋势的变化结果，所以你要始终使用始于所有重要高低点的主计算图表。

月、周、日时间周期的67平方图

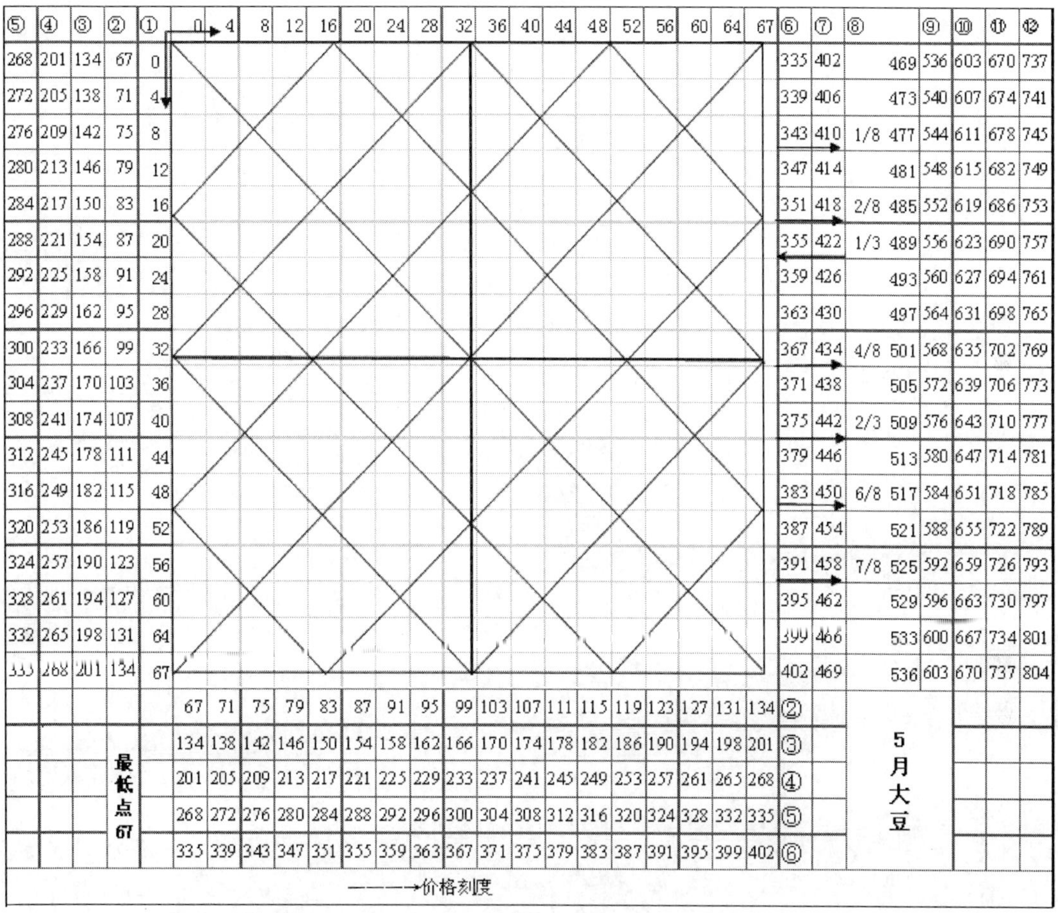

图 16-1

［W·D·江恩于 1953 年 2 月 7 日］

第五篇

主图表教程

Chapter 17
主 图 表

第 1 节　图　表

对于价格、时间和成交量而言，主图表代表自然角度和固定的阻力位。这些图表位置固定，你应当在每张不同的主图表上仔细研究并学会如何运用。

12 主图表

12 主图表（参见图 17-1）是 12 的平方或 12×12，第 1 个 12 的平方结束于 144，第 2 个 12 的平方结束于 288，第 3 个 12 的平方结束于 432，第 4 个结束于 576，这些已经涵盖了大多数你想要的数字，此外你还可以自行编制更多你需要的平方数。

这个图表可以应用于商品期货的任何要素——时间、空间、价格或成交量，上升或下降的点数；天数、周数、月数、年数。

第 1 组正方形从 1 到 144，上面我已经绘制主要的角度线显示了每一个次级正方形的重心和最强阻力位。次级重心是次级顶底最强阻力位，它们是 14、17、20、23、50、53、56、58、86、92、95、122、125、128、131。

主要重心是最强大的阻力位。这些数字是 66、67、78、79。股票价格上涨或下跌到这里时将遇到最顽强的阻力。下一个强大角度线是 45°角度线，在它之上的最强阻力数字是 14、27、40、53、66、79、92、105、118、151 和 144。另一条始于 12 的 45°对角角度线与上一条

	1	2	3	4	5	6	7	8	9	10	11	12
12	12	24	36	48	60	72	84	96	108	120	132	144
11	11	23	35	47	59	71	83	95	107	119	131	143
10	10	22	34	46	58	70	82	94	106	118	130	142
9	9	21	33	45	57	69	81	93	105	117	129	141
8	8	20	32	44	56	68	80	92	104	116	128	140
7	7	19	31	43	55	67	79	91	103	115	127	139
6	6	18	30	42	54	66	78	90	102	114	126	138
5	5	17	29	41	53	65	77	89	101	113	125	137
4	4	16	28	40	52	64	76	88	100	112	124	136
3	3	15	27	39	51	63	75	87	99	111	123	135
2	2	14	26	38	50	62	74	86	98	110	122	134
1	1	13	25	37	49	61	73	85	97	109	121	133

图 17-1　12 主图表

45°阻力线一样强大，这些数字是 12、23、34、45、56、67、78、89、100、111、122 和 133。

被 45°角度线穿越的每个 1/4 正方形中点是下一个重要的阻力位。这些数字是 7、20、33、46、59、72、6150、39、28、17 和 6；穿越中点后，正方形中心的另一边数字是 73、86、99、112、125、138、139、128、117、106、95 和 84。

正方形顶部和底部的数字对于顶部和底部的形成非常重要，因为它们是对冲数字且等于中点。第 1 组正方形中的数字是 1、13、25、37、49、61、73、85、97、109、121、133。顶部数字是 12、24、36、48、60、72、84、96、108、120、132、144。它们对于测量日、周、月和年时间周期非常重要。

从东到西平分正方形并穿越中心的对冲角，由于它是整个正方形的一半，因此是非常强大的角度。股价上涨或下跌到这里时，将会遇到若干阻力并构筑顶部或底部。这些数字是 6、7、18、19、30、31、42、42、54、55、56、67、78、79、90、91、102、102、11、115、126、127、138、139。

记住，当价格从起点穿越三个区域时，它就到达自己的正方形，这将是第一个强阻力位。当从起点穿越六个区域时，到达对冲位，即等于自身的正方形一半位置，依然是较强阻力位。当从起点开始穿越九个区域时，到达 3/4 位置，为另一个正方形。第 8 和第 9 个区域是最强大和最牢固的关口，可称得上是“死亡”区。下一个依然强大的是第 12 列或段，结束于 144。当价格到达这个区间将会遇上最强大的阻力，但是假如价格穿越正方形超过 3 点即 147，就会脱离第 1 组正方形而进入第 2 组正方形，预示后市价格走高。在到达第 2 组之后价格不应回落 3 点，即不应回落到第 1 组正方形里的 141 点。

当股价进入第 2 组 12 的正方形时，它将加速运行；当始于高低点的时间或月数运行到第 2 个正方形时，预示着行情快速上涨或下跌。

将同样的规则用于第 3、4、5、6 个正方形。在 12 主正方形的第 3 和 4 个正方形里，当以月为单位测量时，你将会发现大多数牛市和熊市在此结束。其他所有应用于空间运动、角度和时间的规则也能用于“12”主图表上。

9 方图

参见图 17–2，你已经拥有 12 主平方图表，它用于测量日、周、月和年，以及 12 方图或 12 圆周的时间；同样也用于测量价格运行和阻力位。

	1	2	3	4	5	6	7	8	9
9	9	18	27	36	45	54	63	72	81
8	8	17	26	35	47	53	62	71	80
7	7	16	25	34	43	52	61	70	79
6	6	15	24	33	42	51	60	69	78
5	5	14	23	32	41	50	59	68	77
4	4	13	22	31	40	49	58	67	76
3	3	12	21	30	39	48	57	66	75
2	2	11	20	29	38	47	56	65	74
1	1	10	19	28	37	46	55	64	73

图 17–2 9 的正方图

9 方图之所以非常重要，是因为 9 这个数字被用于世间万物中，我们循环使用除 0 外的 1 ~9 这几个数字。比如我们将 360°9 等分，每等分是 40°，这个刻度标准 40 可以表示为 40 个月、40 日、40 周、40 年，这就是为什么市场的顶底经常出现在用 1/9 圆划分角度上的原因，也是以色列孩子为什么在荒野上流浪了 40 年的原因。

如果我们用 9 划分 20 年时间周期或 240 个月，得出 $26\frac{2}{3}$个月这一重要角度，可以表示成 $26\frac{2}{3}$个月、$26\frac{2}{3}$日或 $26\frac{2}{3}$周。9 乘以 9 等于 81，完成 9 的第 1 个正方形。观察它们的角度以及如何从主要中心运行的。9 的第 2 个正方形结束于 162。观察它是怎样与主要中心对冲的。9 的第 3 个正方形结束于 243，等于 243 个月，或 20 年零 3 个月，说明行情运行三个月或三个月以上后循环才改变。9 的第 4 个正方形结束于 324。注意 45°角度线穿越 325，说明这时循环将变化。完成 360 度循环需要 4 个 9 的平方再加 36 即 4×81+36=360。注意 19 的平方等于 361，这些证明 9 的正方形在计算重要角度并比较彼此之间的差异中有巨大价值。

从中心 1 开始，注意 7、21、43、73、111、157、211、273、343 位于 45°角度线上。以另外一种方式运行的 3、13、31、57、91、144、183、241、307 也出现 45°角度线上。请记住，你可以使用四种方式从中心 1 沿着 45°角或 180°角，或 90°角进行测量，这些测量方式效果相同。注意数字 8、23、46、77、116、163、218、281、352 都在始于主要中心的同一条角度线上。同样从主要中心开始的 4、15、34、61、96、139、190、249、316 都在始于主要中心的同一条角度线上，所有这些都是强大阻力位，同时也是重要测量的时间因素和角度。

结合 12 主图和 360 度圆周图（见图 17-3）深入研究学习 9 方图。

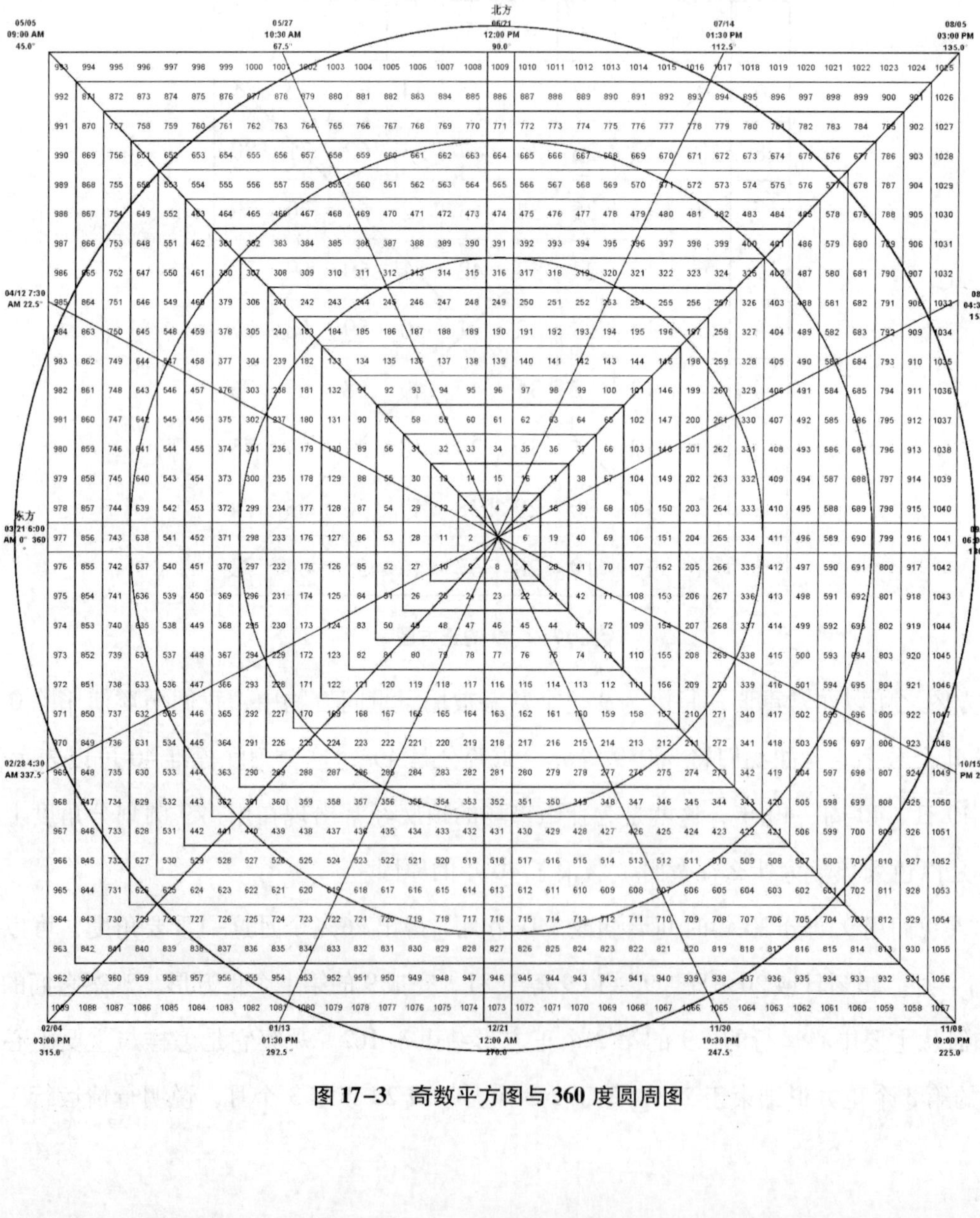

图 17-3　奇数平方图与 360 度圆周图

6 个 9 方图

参见图 17-4，你将看到 6 个固定的图表，每个图表包含 81 个数。第 1 个 9 方图从 1 运行到 81。任何事物都包含一个底、顶和四边构成一个正方形或立方形。第 1 个正方形运行到 81 是底部、基点、原地或起点。第 2、3、4、5 个正方形是四个边，每个都包含 81 个数。第 6 个 9 方图是顶点，9 是《圣经》里谈及较多的数字，或者事物通过自身大量累计的次数。9 乘以 9 得 81，6 乘以 81 等于 486，9 乘以 81 得 729。

9	18	27	36	45	54	63	72	81
8	17	26	35	44	53	62	71	80
7	16	25	34	43	52	61	70	79
6	15	24	33	42	51	60	69	78
5	14	23	32	41	50	59	68	77
4	13	22	31	40	49	58	67	76
3	12	21	30	39	48	57	66	75
2	11	20	29	38	47	56	65	74
1	10	19	28	37	46	55	64	73

90	99	108	117	126	135	144	153	162
89	98	107	116	125	134	143	152	161
88	97	106	115	124	133	142	151	160
87	96	105	114	123	132	141	150	159
86	95	104	113	122	131	140	149	158
85	94	103	112	121	130	139	148	157
84	93	102	111	120	129	138	147	156
83	92	101	110	119	128	137	146	155
82	91	100	109	118	127	136	145	154

171	180	189	198	207	216	225	234	243
170	179	188	197	206	215	224	233	242
169	178	187	196	205	214	223	232	241
168	177	186	195	204	213	222	231	240
167	176	185	194	203	212	221	230	239
166	175	184	193	202	211	220	229	238
165	174	183	192	201	210	219	228	237
164	173	182	191	200	209	218	227	236
163	172	181	190	199	208	217	226	235

6组9的平方

252	261	270	279	288	297	306	315	324
251	260	269	278	287	296	305	314	323
250	259	268	277	286	295	304	313	322
249	258	267	276	285	294	303	312	321
248	257	266	275	284	293	302	311	320
247	256	265	274	283	292	301	310	319
246	255	264	273	282	291	300	309	318
245	254	263	272	281	290	299	308	317
244	253	262	271	280	289	298	307	316

333	342	351	360	369	378	387	396	405
332	341	350	359	368	377	386	395	404
331	340	349	358	367	376	385	394	403
330	339	348	357	366	375	384	393	402
329	338	347	356	365	374	383	392	401
328	337	346	355	364	373	382	391	400
327	336	345	354	363	372	381	390	399
326	335	344	353	362	371	380	389	398
325	334	343	352	361	370	379	388	397

414	423	432	441	450	459	468	477	486
413	422	431	440	449	458	467	476	485
412	421	430	439	448	457	466	475	484
411	420	429	438	447	456	465	474	483
410	419	428	437	446	455	464	473	482
409	418	427	436	445	454	463	472	481
408	417	426	435	444	453	462	471	480
407	416	425	434	443	452	461	470	479
406	415	424	433	442	451	460	469	478

图 17-4　6 个 9 的正方图

5 是最重要的数字，它是数字平衡点或主要中心。它的每边都有 4 个数字，观察 5 作为平衡点或中心数字是怎样在 9 方图上显示的。

在中心从 1 开始按正方循环运行到 360。注意 9 的正方形出现 361。原因在于 361 是从 1 开始的 19 乘以 19，1 代表开始，360 代表结束。361 是下一个循环开始的过渡数字。假如我们将第一个空白区域标为 0，那么我们就可以得出其结束于 360。所有事实已经通过数学得到证明，你可以从中心开始并算出结果，或者从边缘开始计算到中心的数字。从左边开始计算右边到中心的数字，或计算到外边的数字或计算整个平方数字。

注意 9 的方图或圆图，我们从 1 向上开始排列到 19，然后继续横向排列到 19 列，这就是 19×19 的方图（见图 17–5）。同时注意它是如何在圆图上得到证明的。圆的½是 180°。在平面中心上，从四个角和从东、西、南、北四方引出的所有角度线到达重心，数字 181 出现，表示在这个点上穿越赤道或重心，然后是圆周的另一半开始运行。

圆的平方

1	2	3	4	5	6	7	8	9	10	11	12	13	14	15	16	17	18	19
19	38	57	76	95	114	133	152	171	190	209	228	247	266	285	304	323	342	361
18	37	56	75	99	113	132	151	170	189	208	227	246	265	284	303	322	341	360
17	36	55	74	98	112	131	150	169	188	207	226	245	264	283	302	321	340	359
16	35	54	73	97	111	130	149	168	187	206	225	244	263	282	301	320	339	358
15	34	53	72	96	110	129	148	167	186	205	224	243	262	281	300	319	338	357
14	33	52	71	95	109	128	147	166	185	204	223	242	261	280	299	318	337	356
13	32	51	70	94	108	127	146	165	184	203	222	241	260	279	298	317	336	355
12	31	50	69	93	107	126	145	164	183	202	221	240	259	278	297	316	335	354
11	30	49	68	92	106	125	144	163	182	201	220	239	258	277	296	315	334	353
10	29	48	67	91	105	124	143	162	181	200	219	238	257	276	295	314	333	352
9	28	47	66	90	104	123	142	161	180	199	218	237	256	275	294	313	332	351
8	27	46	65	89	103	122	141	160	179	198	217	236	255	274	293	312	331	350
7	26	45	64	88	102	121	140	159	178	197	216	235	254	273	292	311	330	349
6	25	44	63	87	101	120	139	158	177	196	215	234	253	272	291	310	329	348
5	24	43	62	86	100	119	138	157	176	195	214	233	252	271	290	309	328	347
4	23	42	61	85	99	118	137	156	175	194	213	232	251	270	289	308	327	346
3	22	41	60	84	98	117	136	155	174	193	212	231	250	269	288	307	326	345
2	21	40	59	83	97	116	135	154	173	192	211	230	249	268	287	306	325	344
1	20	39	58	82	96	115	134	153	172	191	210	229	248	267	286	305	324	343

图 17–5　19×19 正方图

我们用天文学和数学来论证行情几何角度运行的原因和原理。当你证明后说明你取得了进步，另外我会教给你关键数字和要点。

六边形图表

参见图 17–6，没有事物按直线运行，一切事物都在循环运动。这个图表告诉你当角度处在一个非常高或非常低的位置时如何影响股票价格，以及为什么上涨越快价格越高，原因在于它们的运行已经远离 45°角度线，以至于没有更强动能让价格停止，因此行情上下运行非常快速。

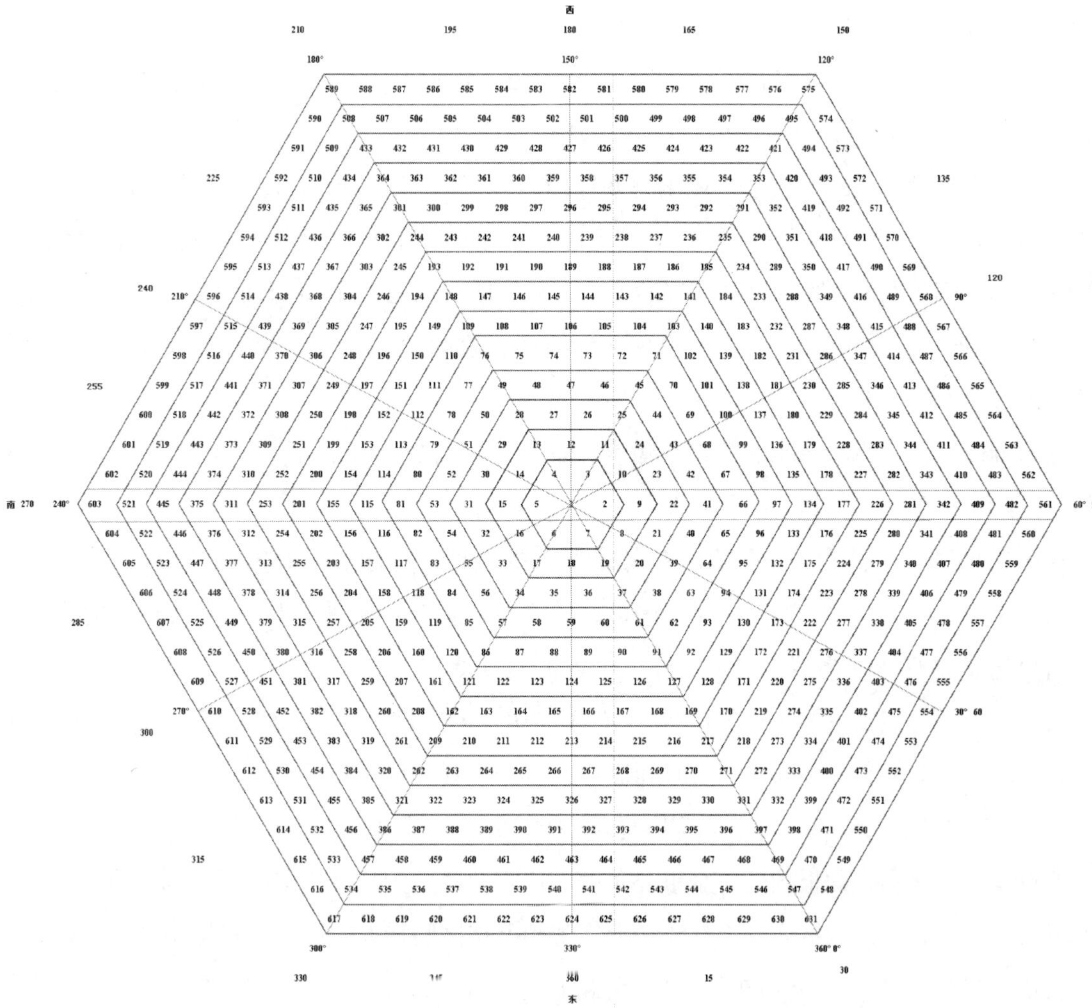

图 17-6　六边形图

第一圈开始于“1”，且这个圈只有 1 这个数字，即 360°圆周上都一样。然后，围绕第一个圆画 6 层同心圆。第一层有 6 个数字，即第二圈到 7 结束，这个 7 在日、月、年、周上是十分重要的，第 7 天是上帝安排的休息日。第三圈结束于 19。第四圈结束于 37，在上一圈基础上增加 18。第五圈结束于 61，在上一圈基础上增加 24。第六圈结束于 91，在上一圈基础上增加 30，第七圈结束于 127，在上一圈基础上增加 36。注意从第一圈开始每循环一次就增加 6。换句话说，当循环了 6 层时，每一圈比上一圈增加 36。注意第一个六边形，等于 127 个月，这也说明为什么一些行情循环要 10 年零 7 个月，或直到它们到达六边形的一个平方或最后重要的 45°角。

第八圈结束于 169，比上一圈增加 42，有更多理由证明，这是非常重要的角度和重要的时间因子。169 等于 14 年零 1 个月，或两个 7 年循环。仔细浏览图表你会发现重要顶底的终点都在这个角度上。

第九圈结束于 217，比上一圈增加 48。第十圈结束于 271，比上一圈增加 54。注意 271

是始于 1 的第九圈，或第三个 90 度或 270 度，它是圆的 3/4，是非常强大位置。这些被 12 主图表、四季循环以及 9 方图表所证明，同样也被六边形图表证明，说明无论你采用多少种方式或从何角度去计算，这些数学证据总是那么有说服力！

第十一圈结束于 331，比上一圈增加 60。第十二圈结束于 397，比上一圈增加 66，这就完成了六边形。66 个月，或 5 年零 6 个月标志着股票市场主要行情到达顶点。注意它们通常在第 60 个月到达顶点，然后回调，接着在第 66 个月出现第二个顶部或底部。在 12 主图表上观察数字 66。注意 9 方图上的 66 出现在六边形图表的 180°角上，所有规则都证明了这是个强大的角度位。

选取 66 度，67½度，68 度这三个角度，证实这些位置对于顶底或价格上下运行具有双重作用。

在六边形图表上注意数字 360，它完成 360°的循环。从起点 1 开始计，360 出现在六边形的 150°角上，但是从中心点测量，它可以等于 90°或 180°，使之成为难以逾越的强大位置，这里通常是行情的终结，也是另外一个行情的开始。

与六边形中心点 1 一样注意数字 7、19、37、61、91、127、169、217、271、331 和 397 在同在一个角度方向上，这些都是测量时间循环的重要位置。从“1”开始，注意 2、9、22、41、66、97、134、177、226、281 和 342 都同样落在 90°角上，或六边形图表 60°和 240°上。

测览这个图表和上面提到的每个重要角度，你将会明白为什么价格在日、周、月和年上会遇到阻力，以及为什么价格会基于时间和价格基础上在这些强大的重要位置停止并创出顶底！

当价格通过 120°，特别超越了 127°或 127 点并且越过第一个六边形图时，其波动会加速，涨跌也会加快。注意在中心附近循环了 6 ~ 7 圈后击穿了 180°角度线和 90°角度线，但是当价格突破了 162 时，在击穿另一条强角度线之前可以到达 169。这就是为什么股价从中心启动以及价格在高位上出现快速上下运动的原因。

记住任何物体都会受到重力作用，重要顶底都是根据中心点和时间的度量形成，这些时间起始于中心、基点或起始点、任一顶部和底部。形成的角度线一直向上和交叉排列，其角度与价格运行数天、数周、数月或数年的股价相同。因此，当一只股票上涨到 22½时将会到达 22. 5°角度线。同样，如果股票运行了 22½天、22½周、22½月，它也会到达 22½度角度线，当这些角度线被穿越时价格越高，此后它会冲击更高的角度线，同时将会遇到更大的阻力。下跌过程则刚好相反。

行情运行模式的结构与其他事物一样。如同你要修建一栋大楼，首先必须打好地基，然后砌完墙壁，除此之外最重要是给大楼封顶。通过立方体或者六边形已经准确证实了行情时空运行的法则。房子的修建都是根据四方形和六边形原理完成的。它有四面墙或四边，地基和房顶。因此，期货行情的运行也具有立方体结构。

在股票市场里要计算 20 年的循环，第一个 60°或 5 年时间完成立方体的底部。第二个

60°运行到 120，完成第一个角度或第一个边，历经 10 年。第三个 60°，即第二边，结束于 15 年或者 180°。这是非常重要的位置，因为已经完成了一半，这时会遇到很强大的阻力。第四个 60 度，结束于 20 年或者 240 个月，完成了第三边。现在我们已经完成这项工程的 2/3，到达一个非常强大的顶峰，同时也完成 20 年循环。第五个 60°，或者 300°位置，（25 日、25 周、25 个月）完成 25 年，重复第一个 5 年循环，这样才完成了整体第四边，它是非常重要的角度。通过时间因子，在第六个 60°或 360°上完成了 30 年循环。在 45°角度线上以每月 1 度的速率完成顶部，一个立方体形成，新一轮的循环即将开始！

将上述观点与六边形图表结合研究，有助于你学习和操作。其他六边形图见图 17-7。

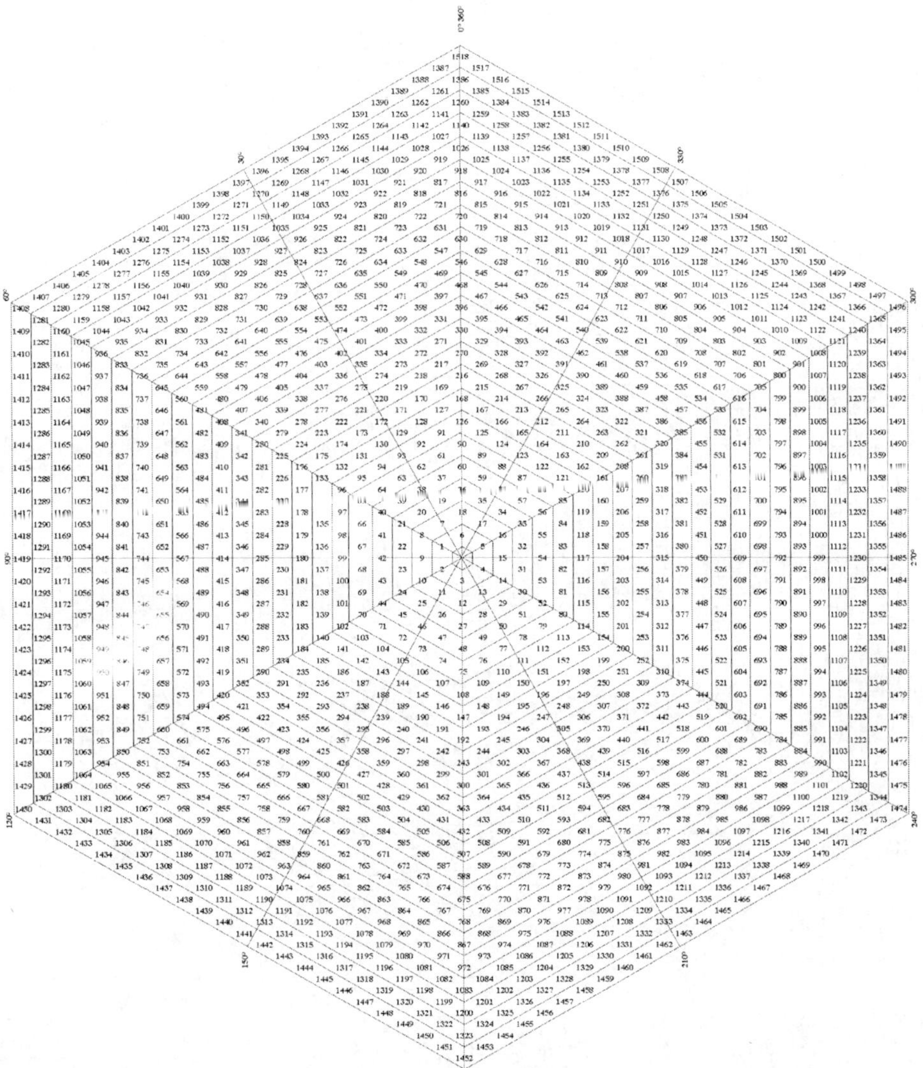

图 17-7 六边形图

[W · D · 江恩约于 1931 年]

360 度主图表

参见图 17-8，这个图表从“0”开始，运行到“360”。首先将圆平分得到 180 度，再将 180 平分得到 90 度，然后平分 90 得到 45 度，再平分 45 得到 22.5，继续平分 22.5 得到 11.25 度，最后平分 11.25 得到 5⅝度，所有这些都是围绕圆形成的重要角度。

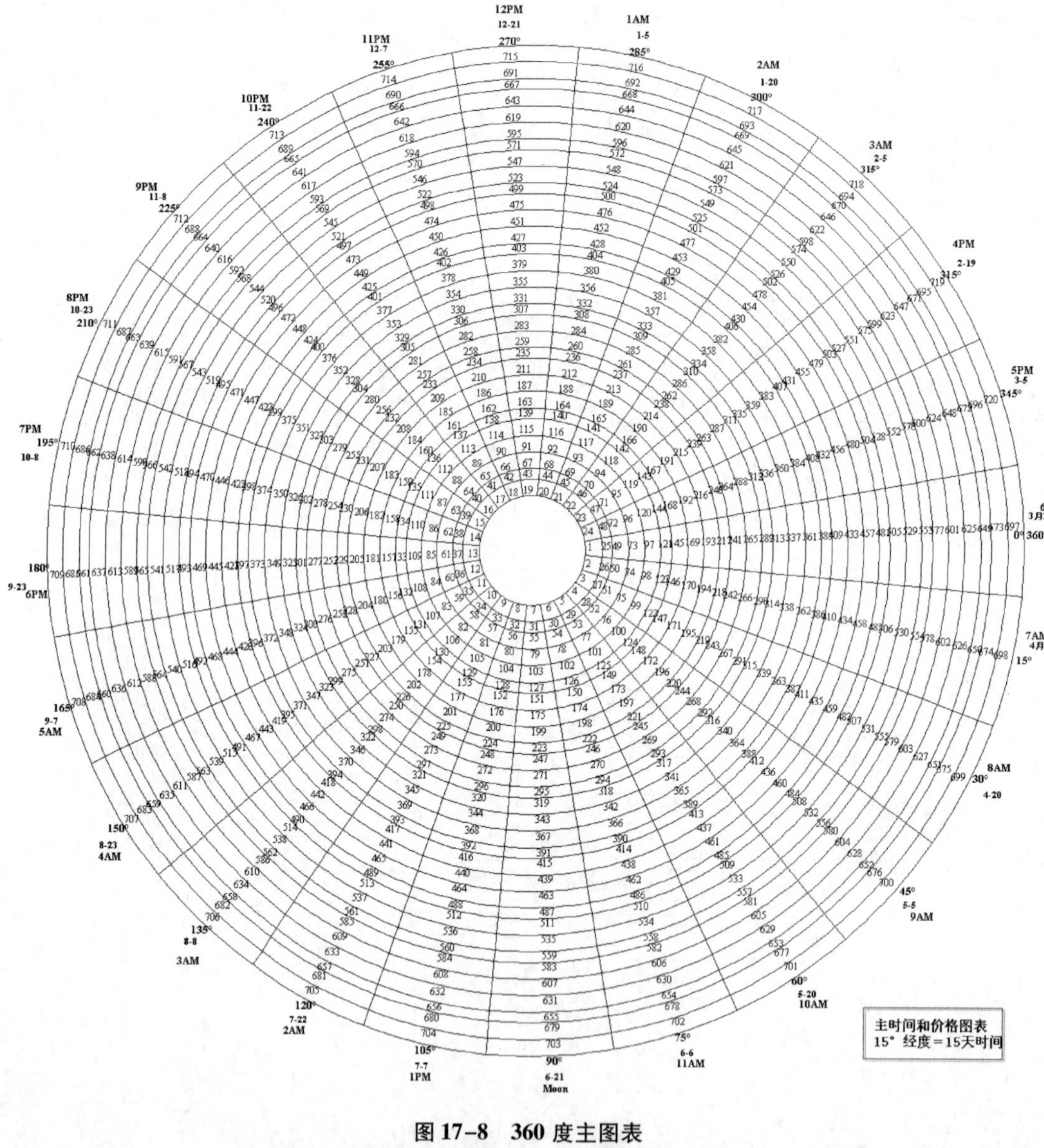

图 17-8　360 度主图表

我只展示出从 3¾到 360 度所有重要角度。这些角度用浅色标示，代表它们是重要的平分角度。

将圆 2 等分后，下一个重要的数字是 3 等分。通过 3 等分，得到 120 度、240 度和 360 度，使之成为重要的三角点。然后平分 120 度得到 60 度、150 度、210 度、300 度和 330 度。平分 60 度得到 30 度，它们都成比例分散在圆的周围。平分 30 度得 15 度，同样平分 15 得到 7½度，它们也是成比例分散在圆周围。

将一天 24 小时划分成每小时 15 度的一个圆。这个圆的 48 等分是 7½度，它们对于测量日、周、月时间周期很重要。

仔细研究 360 度主图表，你将会发现圆为什么会重复循环。当任何事物运转到 180 度时，将会向对立位下降；每个角度上升到 180 度时就到达圆周另一边上的对冲位，这就是为什么顶部和底部每次都出现在这些角度上的原因。例如，顶部曾经出现在 90 度或 90 个月，相隔 90 度或 90 个月后会再次出现，因为这个角度如此的尖锐以至于价格不能在对立面停留太久，所以将会出现相似的顶部导致行情剧烈波动或上下快速移动。

注意顶部通常出现在每 14 年和 15 年，180 个月，或一个 180 度角和一个垂直的角度到达之时。当接近这个角度时价格运行变得极其陡直！上下运行极其快速！反转也极其迅速！45 度、135 度、225 度、315 度同样具有如此特性。当顶部和底部有规律运行且间隔月份数相等时，注意它是如何证实这个重要的市场运行的。注意 22½度、30 度、45 度、60 度、67½度都是非常强大的角度。112½度与 120 度，150 度和 157½度，这两组也是接近强大的角度，预示着将出现重要的底部和底部。诸如此类的其他角度也具有重要意义。

当圆周被 2 等分和 3 等分及多次等分时，我们得到围绕 360 度圆的如下重要角度和时间、空间与成交量刻度。

5⅝，7½，11¼，15，16⅞，22½，27⅞，30，33¾，37½，39⅜，45，50⅝，56¼，60，61⅞，67½，73⅛，75，78¾，82½，84⅜，90，95⅝，101¼，105，106⅞，112½，118⅛，120，123¾，129⅜，135，140⅝，146¼，150，152⅞，157½，163⅛，168⅜，174⅜，180，185⅝，191¼，196⅞，202½，208⅛，210，213¾，219⅜，225，230⅝，236¼，240，241⅞，247½，253⅛，258¾，264⅜，270，275⅝，281¼，286⅞，292½，298⅛，300，303¾，309⅜，315，320⅝，326¼，330，331⅞，337½，343⅛，348¾，354⅜，360，完成整个圆周。

上述通过对圆的分割得到 1/2、1/3、1/4、1/8、1/16、1/32、1/64 这些位置的度量值。

将这些位置同你的主 12 图表、9 方图表以及六边形和 360 度主图表比较，你会发现它们全都证实了重要的角度和时间因子。

数字 7 在决定周、日、月和年周期的顶部时极其重要，因此我们将圆周 7 等分得到重要位置，或圆周上的 1/7 点位，它们都是必不可少和极其重要的角度。

360 度的第一个 1/7 是 $51\frac{3}{7}$度，第二个是 $102\frac{6}{7}$度，第三个是 $154\frac{2}{7}$度，第四个是 $205\frac{5}{7}$度，第五个是 $257\frac{1}{7}$度，第六个是 $308\frac{4}{7}$度，第七个完成一个循环，等于 360 度，以上数字的单位是日、周、月或年。如果再次 2 等分这些点，你同样会得到另外一些重要的和有价值的角度，它们将会证实并符合其他图表上的其他角度。

一年的 1/7 或一个圆的 1/7 显示为什么在第 49 天或 52 天市场行情在顶部快速的运行，为什么第 7 周如此重要，第 7 月和第 7 年也同样重要。

$1\frac{1}{2}$乘以 $51\frac{3}{7}$等于 $77\frac{1}{8}$，这也证实为什么这个点位的角度如此强大，以及为什么第 77 天，77 星期，77 个月对顶点如此重要。本节相关内容参见图 17-10 ~ 图 17-13。

主 360 度方图

当正方形是 90×90 时，主 360 度方图上包含 8100 个正方形、区域或空间。因此，360 的正方形将包含 129600 个空间。这就证实为什么股票在同一区间多次上下波动，因为它在计算方格的数目或在正方形的每个空间振动。例如：

90 平方的 1/8 等于 1012. 5
90 平方的 1/4 等于 2015
90 平方的 1/2 等于 4050
90 平方的 3/4 等于 6075
90 平方的 1/3 等于 2700
90 平方的 2/3 等于 5400
360 的平方，或 360 乘以 360 等于 129600
360 平方的 1/4 等于 8100
360 平方的 1/3 等于 10860
360 平方的 1/2 等于 16200
360 平方的 2/3 等于 21600
360 平方的 3/4 等于 24300
360 平方的 7/8 等于 28350

这些点位用在时间、价格度量和成交量上非常重要。假如你想知道天数需要绘制 90 方图。一年有365天，20年就是7300天，算上闰年的话会比7300多一些。因此，大约需要22年2个月零10天就可算出行情在90方图上的波动。

螺旋图表

螺旋图表描述了任何事物以零为起始的点位、时间和空间，以螺旋方式运行。它准确地显示了数字是如何以螺旋方式逐渐增大的以及为什么随着时间的流逝价格运行越来越快，或者当价格达到更高位时波动更加迅速。在中心点、起点或零位，45度表示1个点。当股票围绕中心运行7次，那么它再次到达45度角前需要7个点。当它围绕中心运行了12次，再次到达45度时需要10点。这就意味着股票在没有其他原因导致行情回调的情况下，将继续沿着同一方向运行10个月，在这个图表上，我们仅仅展示了45、60、90、120、135、180、225、240、270、300、315、360度角。图表中显示的被2、4、8等分的圆以及1/3位和2/3位，全都是重要的角度，将其标出来以便你能看到空间和时间是如何剧烈波动的。

第2节　固定图表

纽约股票交易所固定图表

参见图17-9，这是20正方形图表，或20×20，总数400，它可以用来测量日、周、月或年时间周期并测出顶部和底部何时与强大的角度对冲，如固定图表所示。

例如：纽约股票交易所成立于1792年5月17日。因此，我们以1792年5月17日作为“0”位，股票交易1年后的1793年结束于1。1812年出现在20上；

1832年出现在40上；1852年出现在60上；

1872年出现在80上；1892年出现在100上；

1912年出现在120上；1932年出现在140上。

注意139即1931年，到达45度角，位于第20行之下和第七列，或结束在第七个间隔内，它显示了1931年是熊市的结束，牛市的开始。但是当第139年到达这个角度时，我们

纽交所NYST固定图表　　1792年5月17日

1	2	3	4	5	6	7	8	9	10	11	12	13	14	15	16	17	18	19	20
1812	1832	1852	1872	1892	1912	1932	1952	1972	1992	2012	2032	2052	2072	2092	2112	2132	2152	2172	2192
20	40	60	80	100	120	140	160	180	200	220	240	260	280	300	320	340	360	380	400
19	39	59	79	99	119	139	159	179	199	219	239	259	279	299	319	339	359	379	399
18	38	58	78	98	118	138	158	178	198	218	238	258	278	298	318	338	358	378	398
17	37	57	77	97	117	137	157	177	197	217	237	257	277	297	317	337	357	377	397
16	36	56	76	96	116	136	156	176	196	216	236	256	276	296	316	336	356	376	396
15	35	55	75	95	115	135	155	175	195	215	235	255	275	295	315	335	355	375	395
14	34	54	74	94	114	134	154	174	194	214	234	254	274	294	314	334	354	374	394
13	33	53	73	93	113	133	153	173	193	213	233	253	273	293	313	333	353	373	393
12	32	52	72	92	112	132	152	172	192	212	232	252	272	292	312	332	352	372	392
11	31	51	71	91	111	131	151	171	191	211	231	251	271	291	311	331	351	371	391
1802	1822	1842	1862	1882	1902	1922	1942	1962	1982	2002	2022	2042	2062	2082	2102	2122	2142	2162	2182
10	30	50	70	90	110	130	150	170	190	210	230	250	270	290	310	330	350	370	390
9	29	49	69	89	109	129	149	169	189	209	229	249	269	289	309	329	349	369	389
8	28	48	68	88	108	128	148	168	188	208	228	248	268	288	308	328	348	368	388
7	27	47	67	87	107	127	147	167	187	207	227	247	267	287	307	327	347	367	387
6	26	46	66	86	106	126	146	166	186	206	226	246	266	286	306	326	346	366	386
5	25	45	65	85	105	125	145	165	185	205	225	245	265	285	305	325	345	365	385
4	24	44	64	84	104	124	144	164	184	204	224	244	264	284	304	324	344	364	384
3	23	43	63	83	103	123	143	163	183	203	223	243	263	283	303	323	343	363	383
2	22	42	62	82	102	122	142	162	182	202	222	242	262	282	302	322	342	362	382
1	21	41	61	81	101	121	141	161	181	201	221	241	261	281	301	321	341	361	381

图 17-9　纽约证券交易所永固正方图

一定要留意在 1931 年的 5 月和 6 月左右行情会发生突变。

注意，横穿正方形的 10、30、50、70、90、110 等系列数字将其等分，1802 年出现在 10，1822 年出现在 30，1842 年出现在 50，1862 年出现在 70。1861 年内战爆发时是在数字 69 上，正好是 45 度。然后注意 1882 年 5 月结束于 90，即 1/2 位置，它水平横穿 180 度。

此外 1902 年在 110 上，1/2 位置，在 1903 年和 1904 年到达 45 度角度线上。

1920年和1921年在数字129上到达45度角度线上，1922年正好是牛市的第一年，位于1/2位置即数字130上。

注意1929年是第137个数字，或相当于第137个月，到达45度角度线上，1930年又在第四正方形上的1/2位置这个强大的阻力位上，显示行情剧烈暴跌。

此外138是12主图表上的1/2位。

1933年在第8区域的141上，位于第二组20方图的中点或1/2位。

1934年和1935年5月，分别是142和143，1935年出现在第8区域正中心的45度角度线上，同时在第二正方形的1/2位上。当到达正方形的1/2位，预示1936年内有一波下跌和回升并创出较高的底部。随后在1937年到达145，它位于同列向上正方形的1/4内。

如果你研究周、月和年，并将它们应用在这些重要的位置和角度，你将看到它们在过去的运行中是如何确定重要顶部和底部的。

美国钢铁公司名字图表

美国钢铁公司，包含17个字母。因此根据它的名字为美国钢铁公司编制一个17×17＝289大小的固定正方形。17实际上是美国钢铁最低价格的2½倍，所以是买卖的一个关键点。

价格34、51、68、85、102、119、136、153、170、187、204、221、238、255、272都很重要，因为它们在美国钢铁名字和角度上引发了重要的波动。

基数或低点，例如9是美国钢铁上最小的阿拉伯数字，根据它的名字波动，这些导致有时候它与其他股票的波动方式有些不同，因为每一只股票都按照自己的基数、起点、数字、名字来运行。

美国股票在自然角度和主图表上运行良好，原因在于数字9是通过其他所有方式得出的精确的9点波动，结束于261，从它的起点或最低位开始运行28次后结束于261。

研究这些不同的图表的将有助于你更好理解阻力位置。

“美国”固定主图表

我们用7的正方形代表“美国”这个名字，因为美国包含7个字母，它的平方数是49，是非常重要和关键的数字。

将美国图表的起点设定在 1492 年 10 月 12 日，绘制这些 7 的正方形并逐年增加。你将观察到它是如何预示美国经济恐慌和繁荣年代的。

你同样可以绘制一个 21×21 的正方形，21 是“美利坚合众国”的字母数。当我们使用“美国”时，同样得出所有角度和重要点位，因为 3×7 等于 21。然而，如果你绘制 21×21 正方形后你将得到更强的角度和更重要的点位，因为 220½是运行到 441 的 1/2 点。

你对这些固定图表研究越多，你就越能体会到它们的巨大价值，同时你将会发现决定万物未来的数字！几何角度和数学测量所有阻力位、时间、价格、空间或成交量。

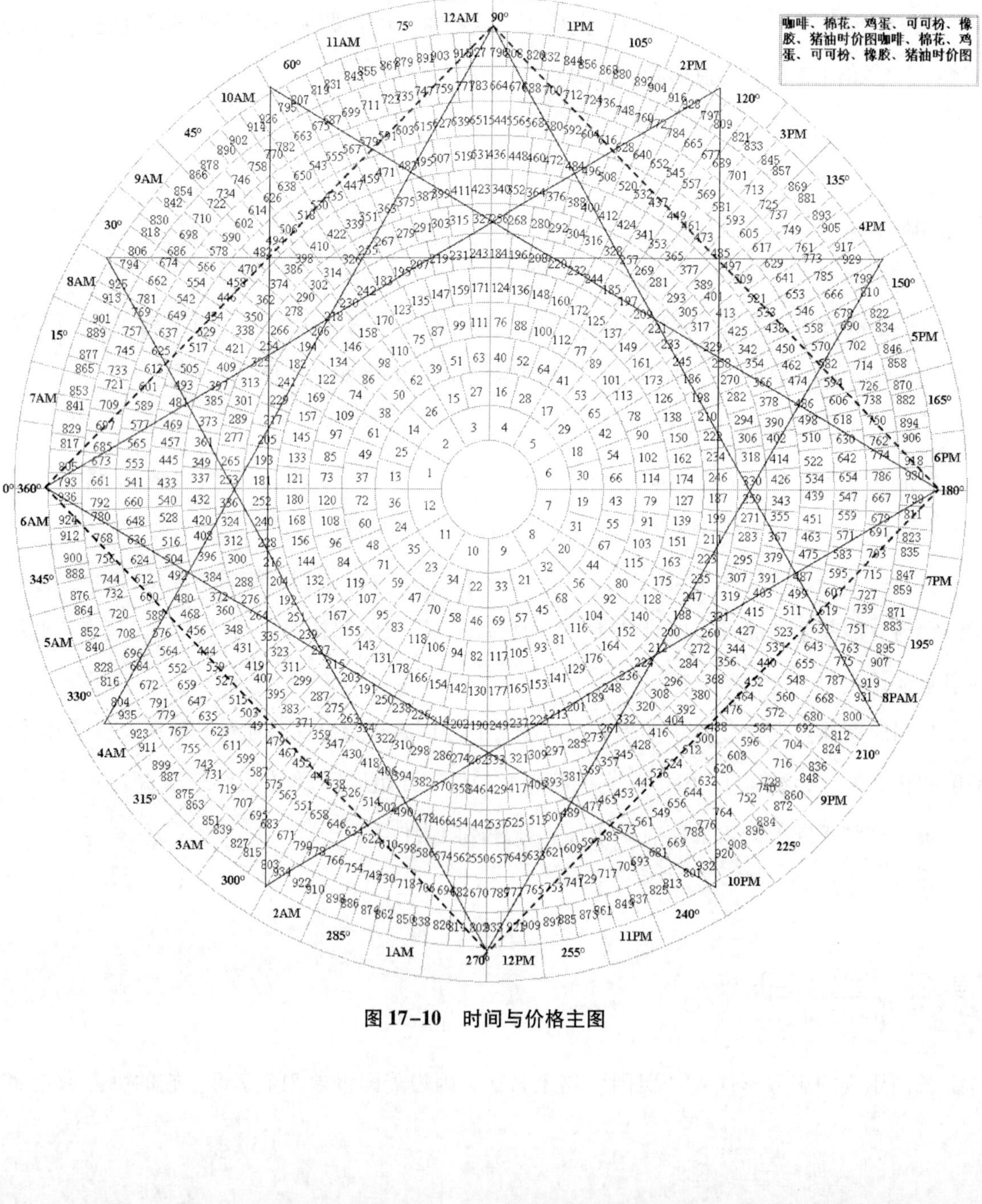

图 17–10　时间与价格主图

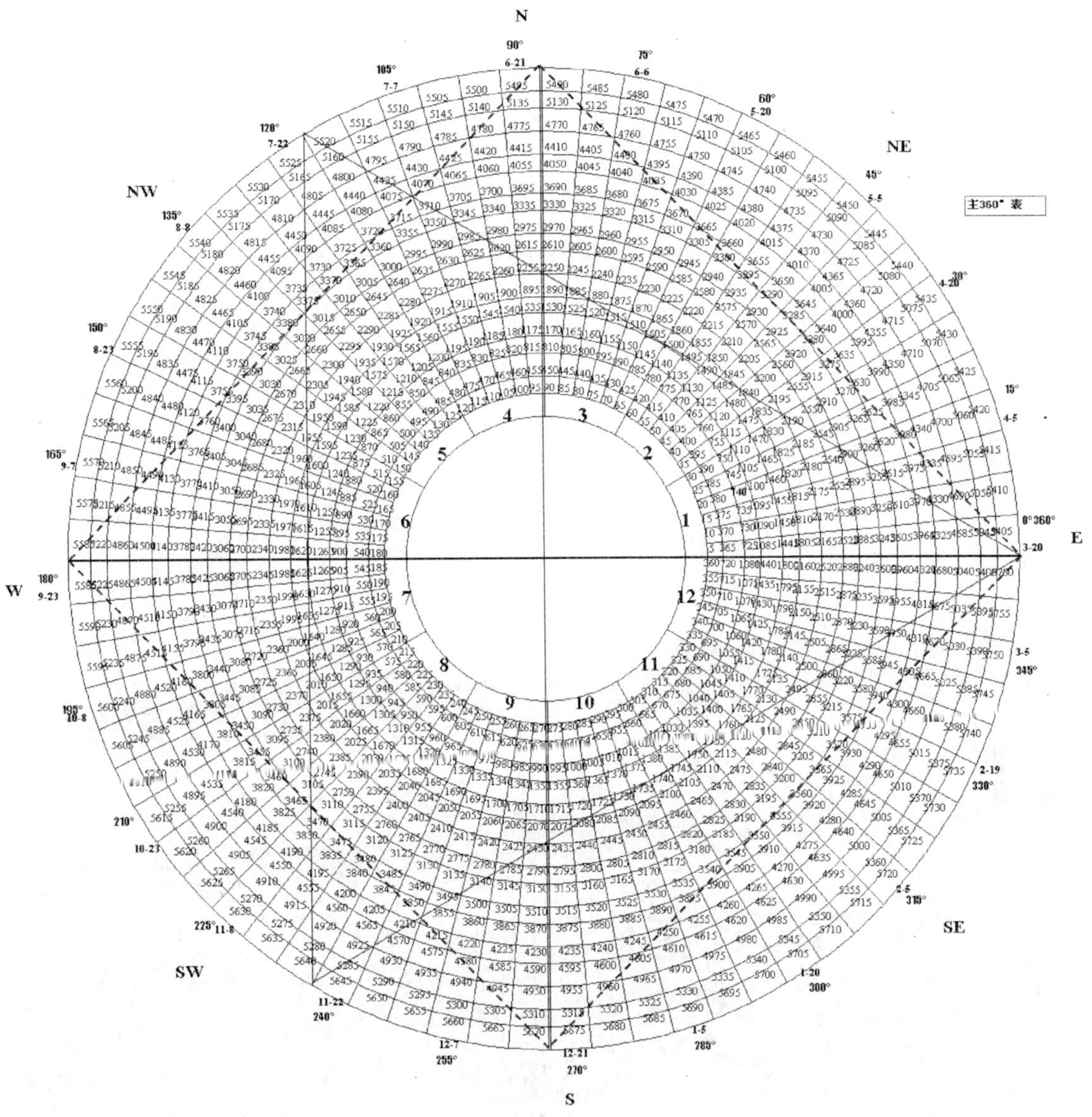

图 17-11　时间与价格主图

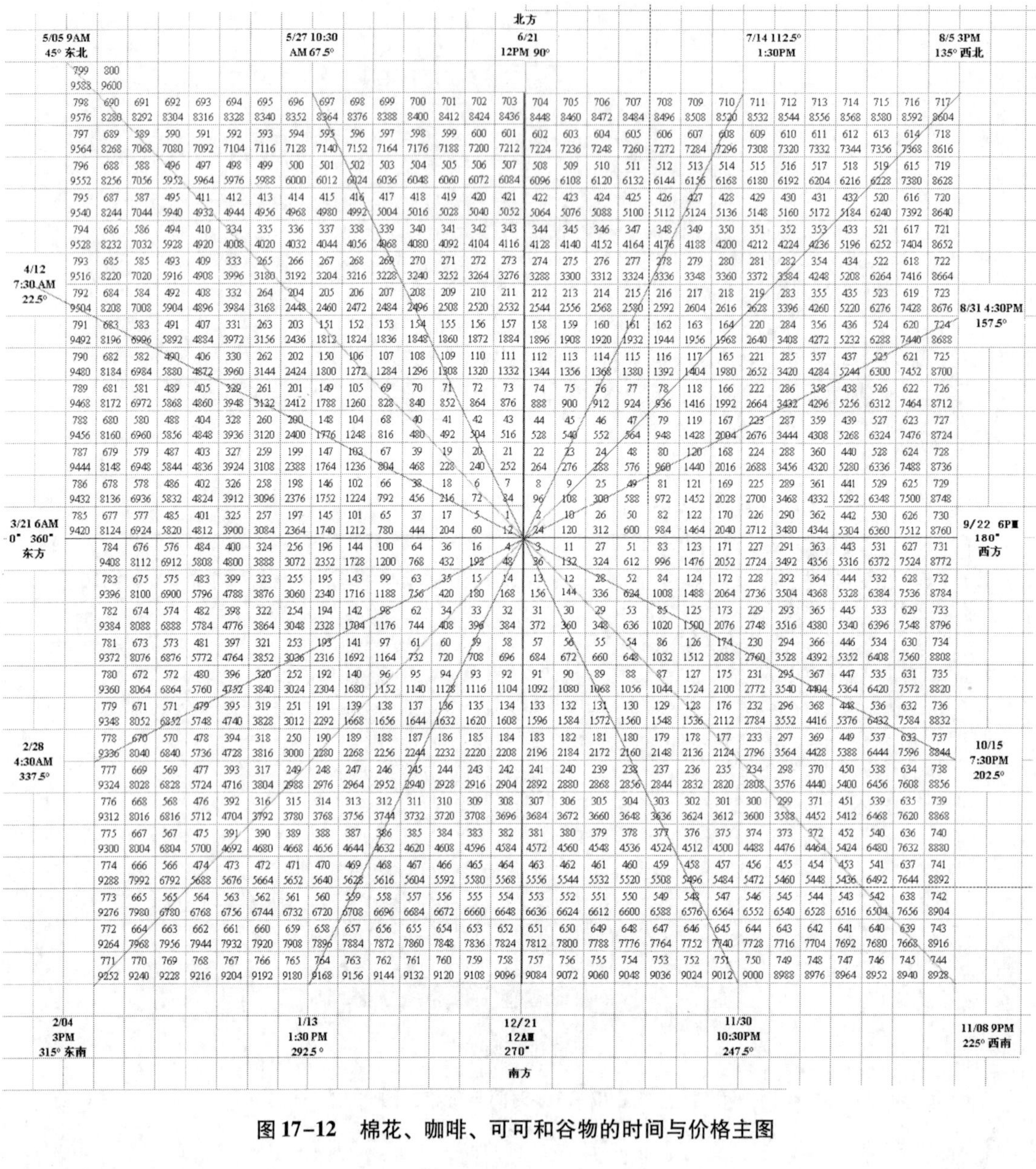

图 17-12 棉花、咖啡、可可和谷物的时间与价格主图

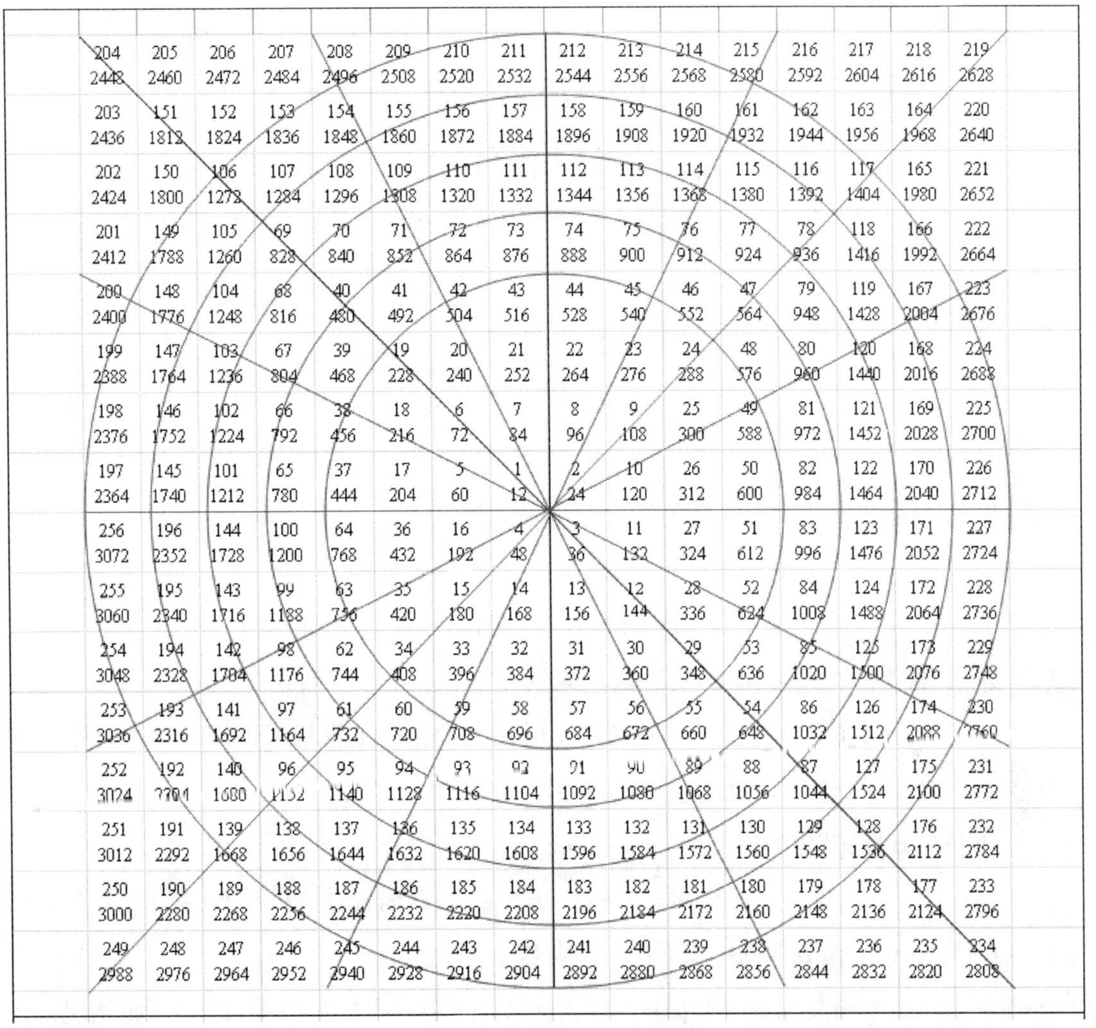

图 17-13　时间与价格主图

Chapter 18
主时价图表

1～33 平方（即 1～1089）时价

请参见图 18-1，这张从中心点 1 的平方开始的图表沿着顺时针旋转以奇数平方出现在 45°角度线上，即 1、9、25、49、81 等数。偶数平方沿着相反方向在 45°角度线上运行，从 2 的平方即 4 开始沿这条角度线运行。这就产生时间与价格 2 个变量。价格上 2 点，相当于时间上的 2 日、2 周或 2 个月。通过这个图表可以测量出所有正方形内的精确阻力位，这可以证明为什么价格越高运行越快。

例如，5 月大豆期货极限低点 44 美分位于 7 的平方内。从 43 到 49 为 90°。当价格为 436¾，从 421 到 441 包含了 90°。因此，在这些角度之间的波动需要 20 点，而在低位波动时仅需要 5 点，但是时间周期是相同的。5 月大豆期货从 1932 年 12 月 28 日开始到现在运行了 253 个月，注意到价格从 241～257 是 90°，在价格上是 16 点，就时间月、周、日而言则是 16 个时间周期。注意到 253 个月在角度 22½上，或从起点算起的 112½度上，该角度的对冲位是 1 月 13 日，使得 1 月 13 日到 1 月 15 日是趋势变化的关键时段。始于左边东方的 3 月 21 日日期是季节性时间周期起点，根据相同时间位，你应当从 12 月 28 日开始进行大豆期货交易，它恰好穿越季节日期 12 月 21 日，从 22½度角到 1 月 15 日仅仅 2 天。5 月大豆在 7 月 27 日的极限低点越过始于 7 月 14 日的 22½角度线。

5 月大豆期货上所有重要高点用深色标注，重要低点用浅色标注。注意到 44 美分位于 45°角度线上 1 点，而极限高点 436¾位于 45°角度线上，同样也位于 22½度深色角度线上。5 月大豆期货在 1939 年 7 月 27 日的极限低点 67 位于 22½度深色角度线上，这条角度线持续

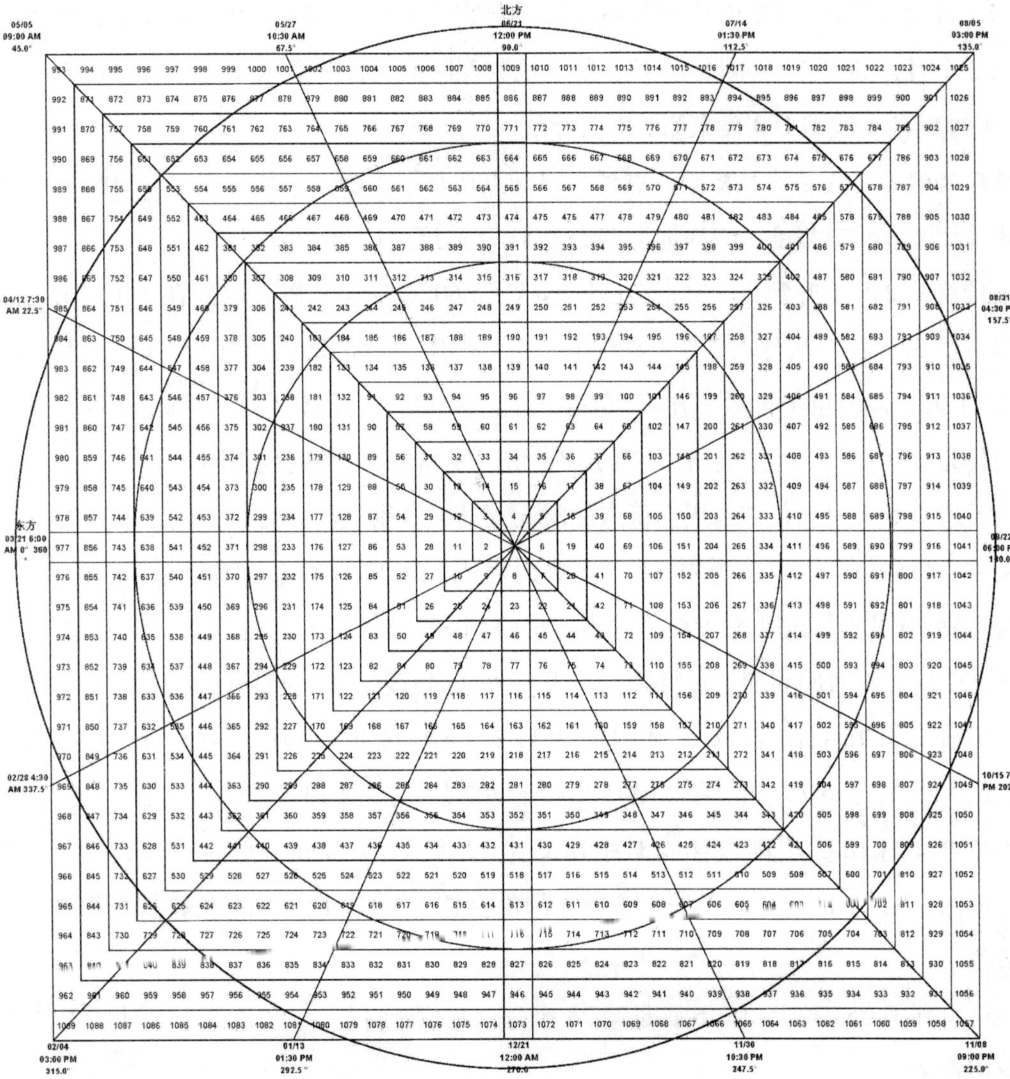

图 18–1　时间价格高级图表

运行到 8 月 31 日和 2 月 28 日。同样 202½与 67 在同一条线上，405 距离 221½角度线 1 美分。为了方便你能看到重要的阻力位，我已经根据这些重要的极限高点和极限低点绘制出 45°角度线和 90°角度线。

例如，5 月大豆期货在 1953 年 12 月 2 日创出的近期高点 311，其位于 90°角度线上，或始于 436¾向上的直线，同时也在从 44 和 277 延伸的 22½度角度线上。注意到 310 在始于 1953 年 8 月的低点 240 的 45°角度线上。使之成为强大阻力位和卖出点。浅色数字时间周期 253 个月和价格 305 位于从低点 233 到低点 240 的 90°角度线上。价格 305 位于始于 44、344、240 的 45°角度线之下。它位于始于 240 的 0 度角度线之上。当卖出价在 303 时，它位于始于 240 的 45°角度线之下。一个完整的循环或往返一圈对于观察趋势变化很重要。从 240 到 305，这是个完整循环，除了要到达 90°角度线，价格必须要到 308。始于 307 的 45°角度线到始于316的90°角度线，其幅度中点即311是自然阻力位和卖出点。

当5月大豆期货在12月17日跌到296时，它位于始于44的45°角度线上，因为时间周期是252个月，296加上44得到340，使之成为暂时的支撑和买入位。同时它位于始于极限低点44的0°角度线即180度东侧上1美分处。

你应当经常考虑价格从极限高点到极限低点运行了多少度。从高点311到67½度角度线的298，大约运行11¼度，67½加上11¼得到78¾度，即90的7/8。

当价格从240上升到305时，它已经运行了360°或完整一圈。因此在311，比完整的一圈多运行了33¾度。从低点340下跌到下一个自然阻力位是289，它位于90°角度线上，289是17的平方，同时位于自然平方45°角度线上。从311下行90°角将会到达285。下一个重要阻力位是277～276，它与始于311的180°角度线和22½°角度线相同。

查看所有始于月高低点与周高低点的时间周期，观察它们在与价格成正方形的位置。

例如，1954年1月9日当周，5月大豆期货从8月20日的低点算起是20周。以1的平方为起点则20位于22½度角度线上，当价格跌到303那么它位于这个时间角度线下面，当下跌到297时，在时间周期上它将位于始于20的0°角度线或180°角度线上。

1920年2月15日高点405，到1953年11月15日是405个月。因此，12月15日是406个月，1月15日是407个月，那么303是始于407的0°，或130°。

1945年1月15高点到1954年1月15日是72个月，观察正方形内的72，你会发现在8的正方形内，72与44在同一条线上，横穿的价格是295。因此，如果价格低于295，表明这是弱势位。

1954年1月15日到2月15日是第73个月，它位于自然45°角度线上，使得2月对于趋势变化很重要。

5月大豆期货从1939年6月27日的低点67到1954年1月27日是174个月。请注意，174与价格296对冲，3月27日将是第176个月，它在两根浅线之间保持平衡，季节性时间周期标记在3月21日上，这对于观察趋势的变化非常重要。

假如价格为288，它将位于时间周期176的90°角上。176与低点69相冲，到5月27日将是178个月，它也与始于5月大豆极限低点67的180°相冲。

如果你研究并反复实践这个主图表，运用所有时间周期和价位，你将很快发现单独使用这个图表去判断趋势变化非常容易。

[W·D·江恩于1953年11月30日]

Chapter 19
0～360°的时价循环图表

15 天时间周期的正方角度—用于日时间循环的 24 个循环和 24 个价格

请参见图 19-1，这张图表与前面的主方图表完全不同，它主要用在谷物期货和羊毛期货上，当然也适用于股票市场。外圆从用“E”标明的东边 3 月 20 日作为起点，它是每年季节性时间周期的开始，由于每 24 小时地球绕轴自转一圈，使用经度 15°来表示 1 小时或 15 天。春季从 3 月 20 日到 5 月 6 日结束，经过 45°或 3 小时经度，从 3 月 20 日到 6 月 21 日，是一年的 1/4，即 90 度或 6 小时经度。7 月 23 日是一年的 1/3，或从 3 月 20 日开始的 120 度，或 8 小时经度。

9 月 23 日是从 3 月 20 日开始的 180°经度，或 12 小时经度。由于地球绕太阳公转一周的周期和外圆相同。一个完整的圆周是 12 个月时间，或 365¼天。对于月周期，12 个月完成一个循环，对于周周期，52 周完成一个循环，364 是 52 的 7 倍，或 7 年。

价格也是围绕 360 圆运行的。5 月大豆期货的价格 44 美分低于 5 月 5 日的 45°角度线 1 美分，价格 405 与之处于同一角度，因为 45+360=405。5 月大豆期货另外一个极限低点价格 67 位于 67½度，或 60°和 75°的 1/2 位。因为价格 470¾超过一个完整循环 76¾，所以这个价格在 76°45′上。

注意内圆中价格和时间周期的零位是从 1 开始，结束于 24 和 360，经过一个完整循环或等于地球绕轴自转一次的周期。这些数字常用于日内价格波动，它们的循环如下：24、48、72、98、120、144、165、192、216、240、264、288、312、330、360、384、408、432、466、480、504、528、552，以及 24 的平方 576。这就说明当这些价格出现时，它们运行了

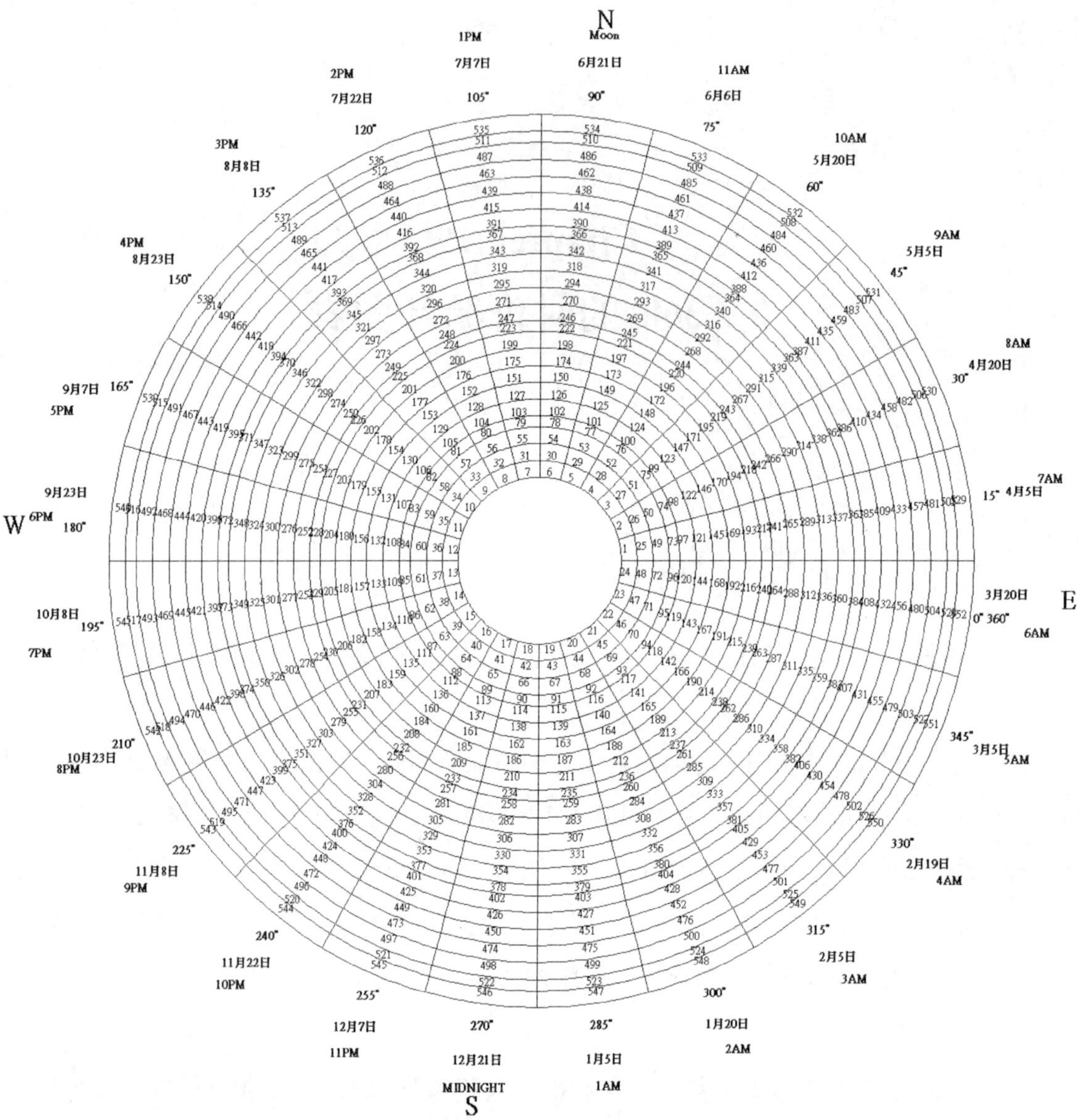

图 19-1　360 度圆周图

24 小时经度，并已经完成 360°循环。

从 1 或 0 开始计算，3 美分/蒲式耳等于 45°。6 美分/蒲式耳等于 90°或 1/4 圆。9 美分/蒲式耳等于 135°，12 美分/蒲式耳等于 180°或 1/2 圆。15 美分/蒲式耳等于 225°或 5/8 圆。18 美分/蒲式耳等于 270°或 3/4 圆；21 美分/蒲式耳等于 315°或 7/8 圆。在价格方面，24 美分/蒲式耳等于 360°或一个完整的圆，其他循环类似。为了让你能看见 5 月大豆期货的价格何时到达始于任意高点或低点的 45°、90°、120°、135°、180°、225°、240°、270°、315°以及 360°角度线上，我已经将 5 月大豆期货极限高点用深色标注，极限低点用浅色标注。

一个完整的循环或 24 美分的往返对于趋势变化极其重要。48 美分是下一个关键点，24 美分的 3 倍，即 72 美分，同样非常重要。

例如，5 月大豆期货的低点 239¼，注意 240 是第 10 个循环的结束，假如我们用 239¼ 加上 72，得到 311¼。因此当 5 月大豆期货到达 311¼时，一个完整的循环就结束了，这是强大阻力位和卖出位。当从 311¼下跌 15 美分到达 296 时，已经下行到 225°或 5/8 圆周，使之成为一个阻力位。注意价格 296 位于 120°，对应的时间周期 7 月 23 日接近 7 月 17 日，同时从最后的极限高点 344 下跌两圈到达 296。沿着这个角度线到达 180°，你将会看到 296 的 44 对冲位，65 与 144 对冲。你也会注意到 295 与极限低点价格 67 成 180°或对冲。当价格下跌到 294 时，它位于这个角度线与自然 90°角度线下。下一步，你看到从 311 下跌了一个完整的循环 24 美分，并到达 287，如果价格低于这个价位，你将会看到 284 与 44、68、164 在同一循环上，285 与 67 也在同一循环上。当价格从 201½上涨到 344½时，它只比 6 个完整循环少 1 美分，但价格却在 344½滞涨，因为它在 7 月 7 日底部的正对面，即与低点 44 和 68 成 180°。

注意 436 依靠在 5 月 20 日的 60°角度线上。这是始于低点 67 的角度线，与始于 44 的角度线相同，仅隔 15°。价格从 67 上涨 369 分到达 436。注意 369 是与 8 月 8 日的 135 成 45°角。这是始于低点 44 的自然阻力位和 180 度角。

价格从 436¾下跌到 301½共下跌 135¼点。135 是大圆上的 45°角，202 是在 150°上或依靠在 8 月 23 日上，同时也靠着圆里的 154，与 344½回落了 33 美分的高点 311 美分则相对冲。注意 33 这个价格，你将会发现它是逆行的 45°或正常的 135°，8 月 3 日是另一个确认的阻力日。

从 201½到 311½涨幅是 110。观察 110，你会发现它位于 210°并且是另外一个历史顶部 314 的对冲位。210 的日期是 10 月 23 日。这是价格再次到达 311½的高点，它位于 3 月 8 日的 345°。这个价格超前于时间并反弹了 72 美分。当价格下降到 305 时，它的时间周期会在 12 月 7 日和 255 度下面。

价格取决于时间，时间引起价格的改变，时间角度是价格的阻力。这些通过基本的几何角度——小时经度来测量以确定趋势的变化。回顾过去记录，你可看出它们运行的多么精确。

例如，1920 年 2 月 5 日高点价格 435。这个价格是在 2 月 5 日 315 上的逆行 45°角，你必须留意趋势的变化，因为它恰好处在年周期上，同时价格位于 24 圆周循环 360 上下 45°内，可以确定行情出现日内波动和急速上下运动。首先，你要检查价格在周和月图表上所处的位置，其次检查在日图表上的位置，同时关注日图表上的阻力位，以及日图表在 12 月 2 日首次的趋势变化指标和显示的运行时间。由于 311½是从低点 239½开始的 3 个完整的 24 价格循环。为什么 240 是支撑点？因为 240 是圆的 2/3，从高点 436¾到低点 44 的重要中位点是

240⅜，下个重要的中点是436¾的1/2位即218⅜。注意219停靠在5月6日的45°角度线上，它位于大圆上的210和225间的中点。低点67到高点436¾的中点是251。注意24圆周上的252位于9月25日的180°，使之成为极其重要的阻力位。当其突破252之后，决不会再跌至249下面，那么当价格在此阻力位上后，它会继续上升至311。假设5月大豆期货下跌到276，它位于从中点252历经1个循环的价位即180°上。

用同样方法分析谷类期货的价格，通过使用单独图表能取得高低点价格和时间并能计算出角度。

[W·D·江恩于1955年]

第六篇

商品期货其他相关摘要

Chapter 20
5 月桑托斯咖啡 D 合约

第 1 节　价格与星座

1954 年 3 月 19 日桑托斯咖啡 D 合约高点 8729。

假定 1 点刻度等于 1 度，8729 等于双子座 29 度。

假定 30 点刻度等于 1 度，8729 等于白羊座 21 度。

假定木星 12 点刻度等于 1 度，8729 等于白羊座 7 度 30 分。

假定 1 美分刻度即 1 度，8729 等于双子座 27 度 16 分。

合约保证金 28171 美元对应摩羯座 11 度 45 分。

假定 1954 年 3 月 19 日，5 月合约的平均价格是 8663，它等于白羊座 28°，或以日心测量的木星 60°。以日心测量的木星位于双子座 20°35′，这意味着 8729 的价格处于这个角度线上。以日心测量的天王星位于巨蟹座 21°52′，同时价格处于摩羯座 21°的对冲位上。

1931 年 4 月 16 日低点 435 到 1954 年 4 月 16 日是 276 个月。以每月 50 点的速率，45°角度线在 1954 年 3 月 19 日穿越 8715，同时太阳从 1931 年 4 月 16 日算起来移动了 8253°。给 8235 加上 435 得出的 8688，它是一个阻力角度。

3 月咖啡期货从 1936 年 10 月 1 日的低点 300 到 1954 年 4 月 1 日是 210 个月，以每月 30 点的速率，45°角度线穿越 5600，以每月 40 点的速率，则穿越 8700。

以地心测量的土星从 1931 年 4 月 16 日到 1954 年 3 月 19 日运行了 285°38′，到达价格 8572。1936 年 10 月 1 日到 1954 年 3 月 19 日以地球为中心的土星运行了 231°，相当于 7230 的价格。

1940 年 5 月 15 日到 1954 年 3 月 19 日，土星运行了 181°35′，到达 6990 的价格，以 45 点等于 1°，到达 8715 的价格。

1940 年 8 月 19 日，土星运行了 173°23′。假定 45 点等于 1°。价格是 8760。

1931 年 4 月 16 日到 1954 年 3 月 19 日以日心测量的土星运行了 287°15′，它等于摩羯座的 17°13′，价格 8632。

1936 年 10 月 1 日，土星运行了 225°，价格 7150。

1940 年 5 月 15 日，土星运行了 179°44′，价格 5940。

1940 年 8 月 19 日，土星到达 176°14′，价格 5842。

以日心测量的行星：

1954 年 3 月 19 日木星 89°35′等于双子座 29°35′；土星运行 214. 44°等于天蝎座 4°44′；天王星运行 111. 52°等于巨蟹座 21°52′。

以上 6 个行星的平均值是 164. 17 或室女座 4°17′。

以地心测量的行星：

海王星 204. 35°等于天秤座 24°35′。冥王星 144°等于狮子座 24°。火星 221°等于天蝎座 11°。

以上 6 个以地心测量的行星平均值是 173. 26 或室女座 25°26′。

以日心测量的木星到土星的一半是 152. 09，等于处女座 5°10′。这个平均数的 1/2 即 155. 10 是双子座 17°35′，木星，天王星的 1/2 是 100. 43，等于以日心测量的巨蟹座 10°43′。以地心测量的木星到天王星的 1/2 是 93. 48 或等于巨蟹座 3°48′。

第 2 节　5 月咖啡期货的高低点与相位

5 月咖啡期货高低点

参见图 20-1，每月的第 1 天、第 15 天、第 18 天和第 19 天是关键日期。当前行情的运行状态与上述日期联系紧密。

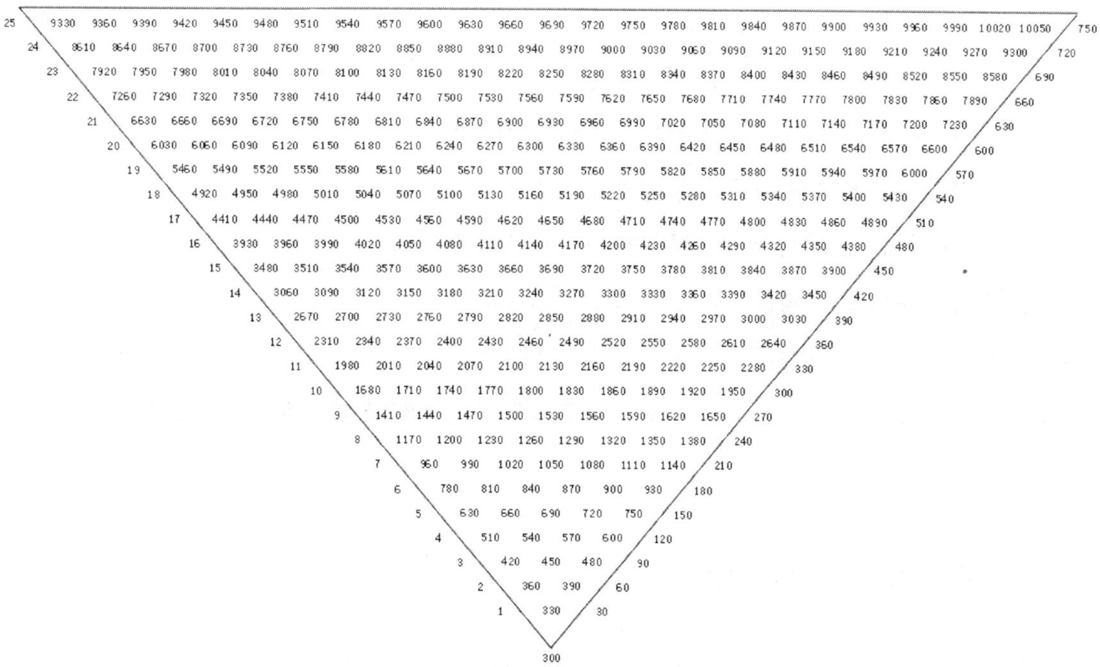

图 20-1　咖啡时间与价格主图

1953 年

6 月 19 日低点 5050；7 月 17 日低点 5555；

8 月 17 日高点 5765；9 月 15 日低点 5565；

9 月 21 日高点 5710；10 月 9 日最低点 5470；

10 月 19 日高点 5860；

12 月 9 日高点 6240；

1954 年

1 月 13 日高点 7470；

1 月 19 日低点 6560，从 1953 年 6 月 19 日计 7 个月

3 月 15 日高点 8625；

3 月 18 日低点 8465；

3 月 19 日高点 8729，这个极限高点从 1953 年 6 月 19 日计 9 个月；离 1954 年 1 月 19 日低点计 2 个月，从 1953 年 9 月 15 日低点计 6 个月，从 1953 年 10 月 19 日高点 5860 计 5 个月。

以日心和地心测量的相位

1954 年

3 月 24 日——以日心测量，木星进入巨蟹座。

6 月 24 日——以日心测量，木星与土星成 120 度。

4 月 12 日——以地心测量，太阳与木星成 60 度。

4 月 15 日——以地心测量，太阳与海王星成 180 度。

4 月 13 日——以地心测量，木星与土星成 135 度。

4 月 16 日——以地心测量，木星与冥王星成 60 度。

4 月 26 日——以地心测量，木星与海王星成 120 度。

4 月 26 日——以地心测量，土星与太阳成 120 度。

由于 4 月份的这些相位组，价格将会非常活跃并且巨幅波动，因此 4 月显得极其重要。

始于咖啡低点的地心运行图

1931 年 4 月 16 日到 1953 年 8 月 7 日——火星绕行了 12 圈。

1954 年 10 月 29 日——火星对冲或与其 1931 年 4 月 16 日的价位成 180°。

1936 年 10 月 1 日到 1953 年 9 月 19 日——火星绕行了 9 个 360°。

1954 年 12 月 9 日——火星绕行了 9½圈或与其 1936 年 10 月 1 日的价位对冲。

1940 年 5 月 15 日到 1953 年 6 月 12 日——火星绕行 7 圈或结束循环。

1954 年 4 月 9 日——火星绕行了 7½圈或与其 1940 年 5 月 15 日的价位对冲。由于火星处于逆行状态，它将再次分别于 1954 年 7 月 7 日和 8 月 17 日绕行 7½圈。由于是第三次与它自己原来的价位相冲，因而显得非常重要。

1940 年 8 月 19 日到 1953 年 9 月 15 日——火星绕行了 7 圈。注意这是咖啡低点的日期。

1954 年 12 月 4 日——火星绕行 7½圈或与 1940 年 8 月 19 日的价位对冲。

如果 1954 年 3 月 22 ~ 24 日三天内咖啡价格下跌，那么它在木星逆行土星和太阳逆行海王星结束之前将持续跌至 4 月 15 日前后。根据上述日期，当木星与海王星成 120°以及太阳与土星成 130°时，你应关注 1954 年 4 月 26 日反弹的可能，这个力量会导致行情急剧下跌之后伴随一波快速拉升。通过研究上述规则并应用于咖啡期货的走势，你将学到更多的关于趋势改变的原因，你能够更多地了解导致趋势变化的原因。

[W · D · 江恩于 1954 年 3 月 20 日]

第3节 小 结

将同样的规则应用到谷物期货或其他商品期货。通过研究和实践，你将学会如何判定价位由强到弱再到强的趋势变化。

记住，你已经签署了不得泄露这些规则和教学内容给任何人的协议，保守这些秘密为己所用，稍后你将得到非常重要的CE平均数和MOF公式，这些内容仅向学习同样课程的学生传授，不得透露给那些付费较少只学了初级课程的学生。

我衷心祝你获得成功!

[W·D·江恩于1954年11月16日]

Chapter 21
关于市场供需的信件摘要

（1947 年 8 月 20 日）

谷物：谷物价格由投机决定而不是由经济状况决定。这可以通过公开利率和日成交量得到验证。它也可以通过价格历史记录得到确认。这些将在关于谷物论述的特别函件中讨论，那些函件将在周五带着我的问候送到我指定的地方。所有的谷物商品在经过长期上涨后，必会在更广泛的区域交易，它们正创出顶部。但是市场过热了。深度和宽幅的波动就在眼前。任何方式的许诺都非常危险。但是有利的空头和大的震荡，无论它来自哪里都会使行情出现单边下跌。如果你处于空头，那么你总会发现有人在高位卖出。但是要想象当大火喷发时，你正随拥挤的人群涌向唯一的门。如果你碰巧远离大门，你将没有生还的机会。

关于谷物的特别政府报告将在周四收市时发布。我们希望它是牛市。但是应该谨慎，当前的价格可能大打折扣。自从谷物报告数据被编制以来，大多数谷物生产区正下着雨。如果我们没有内幕信息，我们会相信人性是完美的。我们听到市场上涨和下跌的谣言，这些依托于华盛顿政府关系的人必会在谷物市场上犯大错。

谷物上操作的特别建议—因为当前的价格关系，我建议那些牛市买小麦和熊市卖玉米，强势卖玉米而弱势买小麦应该会证实有利可图的。应用五月期权。

12 月小麦——趋势正上升。跌破 237 预示价格走低。

五月小麦——反转向上。跌破 233 预示价格走低。

12 月玉米——卖空并将止损点设定在 225。跌破 217 预示价格走低，跌破了希望阻力区。

五月玉米——卖空并将止损点设定在 220。跌破 212 预示价格走低。

燕麦跟随玉米的运行模式而不是小麦。

12 月燕麦——收盘价高于 100 预示价格上升。跌破 96 预示价格走低。

鸡蛋：当前价格创新高但是已经卖完，收盘在当天的低点。10 月，卖空并将止损点设定在 5280。跌破 5160 预示价格走低。

棉花：抛压持续增强，市场不可能吸纳，今天以后，价格将暴跌，收盘接近低点。主趋势向下，我强烈建议于任何反弹时卖出。

10 月棉花——卖空并将止损点设定在 3290。跌破 3220 预示价格走低。跌破 3180 预示价格更低。

12 月棉花——卖空并将止损点设定在 3250。跌破 3180 预示价格走低。跌破 3080 预示价格将到达 29 美分。

玉米价格

最近九月玉米卖价高于九月小麦卖价。在历史上玉米卖价高于小麦卖价的情况出现三次。在过去，这种价格关系在玉米长期始终是“结束即开始”的话，我们不会相信当前的状况是个例外。

目前玉米运行起始于 1947 年 1 月，那时 12 月期权卖出价是 124。我们相信顶点出现在 1947 年 8 月，那时合约卖出价是 229¾。

这种情况被其他统计数字所支撑。

从 1932 年低点，小麦上涨少于 700%。燕麦上涨大约 500%。鸡蛋上涨大约 350%。另一方面，玉米上涨大约 1050%。生猪上涨大约 1400%。

进一步，12 月玉米从 1 月低点到高点大约上涨了 123 点。在 7 个月里几乎上涨了 100%。玉米价格远远超过了小麦。当前它们之间的价格关系是不合理、不可持续的。既然小麦交易范围明显要广，顶部的反弹不可能完全与最近玉米的强势相呼应。我相信玉米将会急剧下跌建议卖空。

但是投机者应该记住在玉米上的投机已经过度，市场处于极不稳定和极危险状态。然而我们相信收益与风险是成比例的，建议如果以中等规模和资本金交易，要用止损指令保护。

对于玉米的特别建议

九月玉米——不要交易这个合约。

12 月玉米——如果你做多，收割利润并做空。卖空并将止损位设定在 231。跌破 225 是价格走低的明确信号，收盘价低于 222 预示下跌趋势开始。

5 月玉米——如果你做多，收割利润并做空。卖空并将止损位设定在 227½。跌破 220 明确预示价格走低，跌破 218 预示价格更低。

三月玉米——永远不要交易这个合约。

七月玉米——不要交易这个合约直到 11 月。

特别的农作物预测

如果最近天气将下雨而不会有霜，玉米作物产量前景可期。当然，如果坏天气持续时间超过正常周期或出现霜冻，玉米作物产量前景堪忧。假定平均状况下，预测这个国家农作物产量是上一年度的 70% ~80%，这种情况还不算坏。